청소년복지론

김경신 · 박옥임 · 임형택 · 이민창 · 김오남

청목출판사

머 리 말

오늘날 청소년을 둘러싼 사회적 환경이 크게 변화하면서 청소년의 정신건강은 날로 위협받고 있다. 개인, 가정, 사회의 기본적인 삶의 틀이 흔들리면서 발생하는 혼란 속에서 청소년은 가장 큰 희생양이 되고 있는 것이다. 따라서 청소년에 대한 진정한 관심과 지원 체계는 국가의 미래를 위하여 매우 중요하며, 청소년복지도 그러한 의미에서 사회적 우선 순위를 가져야 할 것이다.

이처럼 청소년의 중요성에 대한 사회적 각성은 오랫동안 이어져 왔으나, 아동에서 성인기로 전환되는 청소년의 주기상의 특성과 이들이 학교 제도 속에서 보호되고 있다는 현상적 믿음에 의하여 제도적 보호의 사각지대에 놓이는 경우가 많아, 자주적이고 독자적인 지원책에 대한 접근은 최근 들어서야 이루어지기 시작하였다. 따라서 학문적인 접근 역시 아동기의 연장으로서 이론적, 실천적 연구의 틀을 유지하여 온 한계가 있다. 그러나 청소년문제와 성인문제의 차별성이 사라지면서 오히려 과거의 성인문제가 청소년문제로 전이될 가능성이 큰 만큼, 보다 멀리 보는 시각을 가지고 광역 환경과 더불어 청소년 문제를 조망하여야 할 필요성이 제기되고 있다. 따라서 청소년복지의 관심 영역은 지금까지는 청소년의 비행과 문제를 중심으로 다루어져 왔으나, 향후 청소년복지의 사회적 관심은 양적, 질적으로 보다 다양화되고 심화될 것으로 예측할 수 있다.

그러나 아직까지 청소년복지 관련 연구들은 복지 실태조사나 정책 제언에 치우친 감이 있으며, 이론 정립이나 프로그램 관련 연구는 아직 미진한 상태이다. 그리고 청소년의 복지환경 변화를 추적하는 종단적 연구 혹은 청소년의 발달과 적응을 통합적으로 분석해보는 학제적인 접근 등이 아직은 부족한 형편이므로, 청소년의 변화를 다양한 분야에서 접근하되 최종적으로 복지적 관점에서 분석과 논의가 필요하며, 이를 기초로 청소년과 관련 환경에 대한 통찰을 제시해 나가는 미래지향적 접근이 더욱 필요하다.

그러한 의미에서 이 책은 청소년발달, 교육, 상담, 정책 등 다양한 관심 분야의 저자들이 모여, 기초적으로 청소년 개인의 사회심리적 발달 측면에서 시작하여 가족과 사회 환경에 이르기까지 생태학적 환경 조건을 탐색해 보고 청소년복지의 기본 개념과 특성 이해를 전제로 각종 서비스 분야별로 다양한 실천적 장을 논의해 보았다. 따라서 제1부는 주로 청소년 혹은 청소년기를 이해하고 청소년복지를 정의해 보는 기초적인 내용으로 구성하였으며, 제2부는 청소년복지를 접근하기 위한 이론, 실천방법 등으로 구성하였다. 또한 제3부는 청소년복지의 실제적인 서비스 및 활동 분야로, 비행청소년 복지서비스, 상담서비스, 시설보호서비스, 진로 및 직업능력개발, 자원봉사활동, 학업 및 생애지도 등 구체적인 복지실천내용과 방법을 기술하였다. 마지막으로 제4부는 청소년복지의 법과 정책, 과제와 전망 등 주로 사회·정책적 측면의 제언으로 구성하였다.

이러한 구성이 청소년복지의 모든 분야를 포함하기에는 어느 정도의 제한이 있으며, 실제 실천 가능한 방법론이나 기술론들의 제시도 다소 미흡하여 꾸준한 보완이 필요함을 저자들 자신이 잘 알고 있다. 그러나 이 책이 청소년 혹은 청소년복지에 관심을 가지고 탐구하는 모든 이들에게 다양한 측면에서 정보와 지식을 전해 줄 수 있기를 바라며, 보다 발달된 청소년복지의 미래를 여는 기회가 되어 아직은 다른 복지 분야에 비하여 독자적인 영역을 확보하고 있지 못하는 청소년복지의 지평을 넓히는 계기가 되기를 기대하는 바이다. 끝으로 정성과 노고로 출판이 가능하게 해 주신 청목출판사의 유성렬 사장님 이하 직원 여러분께 깊이 감사드린다.

2007년 2월

저 자

차 례

제2부 청소년복지의 이론과 실천

제 1 부

청소년복지의 기초

제1장

청소년의 특성

1. 청소년의 정의와 인구 현황

1) 청소년의 정의

청소년기는 인간의 일생 중 가장 매력적인 시기로 불리우곤 한다. 정열과 낭만, 사랑과 고뇌가 있고 소년, 소녀가 성인 남성, 여성으로 되는 시기이며, 다양한 측면에서 개인의 생활이 극적으로 변화되는 시기이다. 이 시기에 경험하고 수립하여야 하는 발달과정과 과업은 생애 어느 시기보다 중요한 의미를 가진다. 청소년기의 경험과 생각이 일생을 결정지울 수 있다는 측면에서, 청소년기는 그 이전 단계의 산물이며 동시에 그 이후 단계의 시작이다.

인간의 발달과정은 연속적이어서 단계별로 엄격히 분리될 수 없는 측면이 있지만, 특히 청소년기는 아동의 성장과정의 마무리 단계로 간주하는 경향이 있어 왔다. 따라서 아동기 성장 특성의 연속선상에서 그 특성이 다루어져 왔으며, 특별히 청소년기에 국한된 전문 분야가 발달한 것은 최근의 일이라 할 수 있다. 특히 학교교육의 확대에 따라 청소년기 교육이 주목을 받게 되고, 최근의 사회적 변화에 따라 청소년기가 문제 중심으로 접근되면서 인간발달의 중요한 시기로 주목받고 사회적으로 인식되기 시작하였다.

따라서 청소년의 개념이나 이에 대한 정의는 생물학적, 사회문화적, 역사적 상황에 따라 다양하게 나타날 수 있다. 일반적으로 우리나라와 유사한 학제와 의무교육체제를 가진 나라에서는 그 기간이나 특성이 명확하게 정의되는 반면, 일정한 통과의례를 거쳐 성인으로 진입하거나 성인으로 간주되는 사회에서는 특별히 청소년기에 대한 인식이 없다.

청소년기는 이처럼 아동기에서 성인기로의 전환기이므로, 전통적인 기준으로는 청소년의 신체적 변화를 기준으로 그 연령적 범주를 정의하는 경우가 일반적인데, 아동기와 분리되어 사춘기 변화가 본격적으로 시작되는 12세 정도를 그 시작 시기로 인식하는 경우가 많으며, 개인차에도 불구하고 거의 대부분의 신체적 성장이 마무리되는 21세 정도를 마무리 연령으로 보는 경우가 많다. 그러나 청소년의 연령적 범주를 어디까지로 볼 것인가는 완벽하게 통일되어 있지 않는데, 학문적으로는 사회문화적 기준에 따라 12세에서 18세 혹은 13세에서 21세 등 다양하게 그 연령적 범위를 정하고 있다. UN에서 공식적으로 규정한 청소년의 범위는 15세에서 24세까지이나, 각 나라마다 그 기준과 범위는 서로 다르다.

우리나라의 경우 평균 학제에 비추어 볼 때, 중학교, 고등학교, 대학교 시기로 구분하는 광범위한 청년기 개념이 통용되었으며, 이를 청년 초기, 중기, 후기로 구분하기도 하였다. 그러나 사춘기 변화가 빨라지고 있어 청소년기의 시작 시기가 당겨지고 있으며, 교육기간이 확대되면서 마무리 시기도 늦춰지고 있다. 특히 보호가 아닌 육성의 개념이 도입되면서 청소년의 법적 범위가 확대되고 있다. 법에 근거한 기준은 청소년과 아동이 엄격히 분리되어 있지 않은 측면이 있어, 청소년 보호법은 0세~18세(만 19세 미만), 청소년 기본법은 9세~24세 이하, 아동복지법은 18세 미만으로 규정하고 있다. 최근에는 다수의 학자들이 청소년기 본법에 준하여 탄력적으로 청소년기에 대한 연령적 접근을 하고 있다.

따라서 이러한 연령적 기준을 토대로 청소년기의 정의적 특성을 정리해 보면, 청소년기는 생애주기의 한 단계로서 성호르몬 분비가 촉진되면서 성인으로서의 신체적 발달이 이루어지고 인성, 지성, 도덕성들의 변화를 통하여 자아정체감 및 새로운 성인으로서의 역할 개념이 수립되며 법적, 제도적으로 사회적 권리가 형성되는 동시에 부모로부터 독립적이고 자립적인 능력을 형성해 나가는 시기라 할 것이다.

2) 청소년 인구 현황

청소년 기본법에 기준한 청소년 인구는 2005년 현재 10,871,222명으로, 남자는 5,712,621명, 여자는 5,158,601명이다(성비 110.7). 청소년 인구는 17세까지 꾸준히 줄어들다가 다시 약간 증가하는 양상을 보이고 있다. 연령별 분포에서 가장 인구가 많은 연령은 24세이며, 가장 적은 연령은 17세이다. 성비는 20세까지 늘어났으나 18, 19세에 줄었다가 그 이하 연령층은 110선을 유지하고 있다. 18세 이하 인구가 총인구에서 차지하는 비율은 2005년 24.7%로, 1965년 51.3%에 비해 26.6% 낮아졌다. 이 중 청소년 범위인 9~24세 청소년 인구는 총인구의 22.9%로서 2004년에 비해 1.3% 낮아졌다. 1960년 이후 0~18세 인구구성비는 1965년 51.3%를 정점으로 하여 1980년 43.4%, 1990년 33.8%, 2000년 27.5%로 계속 낮아지고 있다. 〈표 1-1〉은 2005년 기준 청소년 연령별 인구 수를, 〈표 1-2〉는 2001년 기준 추계 인구 변화를 보여주고 있다.

〈표 1-1〉 청소년 연령별 인구수 및 성비(2005)

연령	인구	남자	여자	성비
9세	673,685	354,023	319,662	110.8
10~14세	3,434,891	1,816,318	1,618,573	112.2
10세	688,137	364,196	323,941	112.4
11세	687,458	365,574	321,884	113.6
12세	698,946	370,451	328,495	112.8
13세	698,454	368,417	330,037	111.6
14세	661,896	347,680	314,216	110.7
15~19세	3,100,523	1,626,378	1,474,145	110.3
15세	632,099	333,397	298,702	111.6
16세	616,884	326,807	290,077	112.7
17세	605,737	318,289	287,448	110.7
18세	608,180	313,987	294,193	106.7
19세	637,623	333,898	303,725	109.9
20~24세	3,662,123	1,915,902	1,746,221	109.7
20세	652,709	349,720	302,989	115.4
21세	685,145	364,872	320,273	113.9
22세	737,176	384,239	352,937	108.9
23세	781,407	403,667	377,740	106.9
24세	805,686	413,404	392,282	105.4
계	10,871,222	5,712,621	5,158,601	110.7

자료: 통계청(2005). 인구총조사

〈표 1-2〉 청소년 인구 및 구성비

(단위 : 천명)

	총인구	0~18세	9~24세	구성비 (%)	
				0~18세	9~24세
1960	25,012	12,508	7,957	50.0	31.8
1965	28,705	14,720	9,121	51.3	31.8
1970	32,241	16,419	11,330	50.9	35.1
1980	38,124	16,545	14,015	43.4	36.8
1990	42,869	14,489	13,553	33.8	31.6
2000	47,008	12,904	11,501	27.5	24.5
2004	48,199	12,099	11,242	25.1	23.3
2005 (증감률)	48,461 (0.5)	11,984 (-1.0)	11,101 (-1.3)	24.7 (-0.4)	22.9 (-0.4)

자료 : 통계청. 2001년 장래인구추계

참고로 학령인구를 보면 2005년 초등학교에서 대학교까지의 학령인구라 할 수 있는 6~21세 인구는 10,588천명이며, 연령대별로는 6~11세 인구(초등학교)가 4,034천명, 12~14세(중학교) 2,078천명, 15~17세(고등학교) 1,855천명, 18~21세(대학교) 2,622천명이다. 이는 학령인구가 가장 많았던 1980년(14,401천명)에 비해 26.5%(3,813천명) 감소한 것이며, 2004년에 비해서도 1.6%(171천명) 감소하였다(〈표 1-3〉 참조).

〈표 1-3〉 학령인구

(단위 : 천명, %)

	계 (6~21세)	6~11세 (초등학교)	12~14세 (중학교)	15~17세 (고등학교)	18~21세 (대학교)
1960	8,552	3,629	1,566	1,417	1,941
1970	12,604	5,711	2,574	2,101	2,218
1980	14,401	5,499	2,599	2,671	3,632
1990	13,361	4,786	2,317	2,595	3,663
2000	11,383	4,073	1,869	2,166	3,275
2004	10,759	4,130	2,005	1,836	2,788
2005 (증감률)	10,588 (-1.6)	4,034 (-2.3)	2,078 (3.6)	1,855 (1.0)	2,622 (-6.0)

자료 : 통계청. 2001년 장래인구추계

2. 청소년의 발달적 특성

1) 신체적 발달

인간발달 주기 중 성장급등기라고 부르는 시기는 '태아기'와 '사춘기'이다. 이 중 태아기가 인간의 기본적인 모습을 만들어 나가는 동시에 양적인 확대를 이루는 시기라면, 사춘기는 아동에서 성인으로 변화하는 질적인 성장기라 볼 수 있다. 따라서 사춘기는 성적인 측면 뿐만 아니라 정신적, 사회적으로도 매우 중요한 발달과업이 요구되는 시기이다. 그 중에서도 특히 성적인 발달은 이 시기가 생식의 기능을 완성해 가는 시기라는 점에서 매우 중요한 의미를 갖는다. 이 때의 발달이 실로 인간의 이후 전체 생애의 성공적 발달을 좌우한다고 해도 과언이 아니다.

성은 전생애를 통해 발달하지만 2차적 성징이 나타나는 사춘기를 전후하여 확실하게 성 변화가 나타난다고 할 수 있다. 남녀의 외형적 변화를 주도하는 물질로는 성호르몬을 들 수가 있는데 남성은 안드로겐(androgen), 특히 테스토스테론(testosterone)이, 여성은 에스트로겐(estrogen)과 프로게스테론(progesterone)이 상대적으로 많이 분비되는 것으로 알려져 있다. 난소에서 분비되는 에스트로겐은 여성의 성 특징인 유방의 발달이나 음모의 성장 등을 자극하고, 프로게스테론은 임신을 준비, 유지하게 하는 기능을 한다. 안드로겐은 주로 남성 생식계의 성장이나 발달에 영향을 주는 호르몬의 총칭으로, 가장 영향력이 크고 중요한 안드로겐은 남성의 고환에서 생성되는 테스토스테론이다. 고환에서 분비되는 테스토스테론은 신장 증가, 2차성징 발달, 정자생산 및 성욕 증가 등에 관여한다.

이처럼 출생 후 발육성장해서 사춘기가 되면 성호르몬의 분비가 높아져 골격과 수염, 피하지방의 형성, 유방의 발달, 음성 등 남녀의 신체적 차이가 뚜렷해진다. 이와 같은 성차를 2차 성징이라고 한다. 그뿐 아니라 정신적인 태도와 행동양식, 성행동과 성심리의 면에서도 뚜렷이 남녀 차이가 보이며 뇌하수체의 생식선자극호르몬과 성호르몬의 분비 패턴에 성차가 보인다. 이와 같은 것은 뇌의 성분화의 결과로서 나타난다.

사춘기 성적 성숙의 첫 신호는 여아의 경우 초경이라 할 수 있고, 남아의 경우에는 몽정과 같은 사정 행위를 들고 있다. 그러나 사춘기 초기 1, 2년은 생식 기능이 아직 불안정하고, 이후 점진적으로 생식기의 성장, 규칙적인 월경, 완전 사정 등의 행위가 이루어지면서 완벽한 성인으로 성숙되어 간다. 그 구체적인 성장 과정은 〈표 1-4〉에서 보여주는 바와 같다.

제 2차 성징이 나타나는 성적 성숙은 일반적으로 여성이 남성보다 조금 빠르다고 보고 있고, 남녀 모두 과거보다 성적 성숙이 빨라지고 있다. 성적 성숙에 미치는 요인은 여러 가지가 있을 수 있는데 대체적으로 영양 상태가 좋아지고, 건강수준이 향상된 점, 성에 대한 각종 정보의 범람으로 성에 대한 자극이 증대되고 성개방의 풍조 또는 이민족 간의 결혼 증대 등의 영향을 들 수 있다.

〈표 1-4〉 사춘기의 신체적 변화

시기	남성		여성	
	특성	평균 연령	특성	평균 연령
사춘 전기	- 성기가 커지고 색이 붉고 거칠어짐 - 음모는 발생 초기	12~13	- 엉덩이가 둥글어짐 - 가슴, 유방 융기 - 음모 발생 초기	10~11
사춘기	- 음모가 발생하여 점차 착색되고 구부러짐, 배쪽으로 확대, 겨드랑이털 발생 - 성기 성장 - 신장은 급성장 - 불완전 몽정 - 목소리가 거칠어지고 굵어짐	13~16	- 음모가 발생하여 점차 착색되고 구부러짐, 삼각형으로 확대, 겨드랑이털 발생 - 신장 급성장 - 유방발달 - 초경시작 - 음순이 커지고 질분비물 산성화	11~14
사춘 후기	- 얼굴, 몸에 체모 발생, 음모는 밀생 - 목소리 깊어짐 - 성기 계속 성장, 완전사정 가능 - 신장 계속 성장	16~18	- 겨드랑이 체모 발달, 음모 완전 발달 - 유방 계속 발달 - 규칙적 월경 - 신장 계속 성장	14~16
사춘후기 ~성인기	- 1차, 2차 성장 완성 및 성숙 - 근육, 체모는 계속 증가	18~20	- 겨드랑이 체모 밀생 - 유방 완전 발달	16~18

사춘기의 신체적 발달의 정도와 그 결과는 사회적, 심리적 함수와 관계가 깊다. 예를 들어 초경 연령의 경우 인종과는 상관없이 영양상태나 의료상태 등 사회문화적 함수와 관련이 깊은데, 시대적 변화에 따라서는 일반적으로 초경연령이 빨라지는 경향이 나타나고 있다. 여타의 신체적 성장 속도나 변화의 시점 등도 마찬가지 경향을 보이고 있다. 사춘기 동안에 이루어진 신체적 특성의 유형이나 이러한 변화가 얼마나 빨리 이루어지고 적응되었는가 등은 이후의 개인의 개성과 사회적 기능에 영향을 줄 수 있다. 그러므로 청소년기의 신체적 변화의 특성과

그 정도는 자아개념 등 인성과 사회성 등을 결정해 주는 매우 중요한 요소가 된다.

2) 성적 발달

성이란 사춘기의 최대 관심사 중의 하나이다. 성적 발달은 아동기부터 시작하나 청년기에 와서 성욕의 급격한 증진과 변화가 나타난다. 호르몬 변화, 신체적 변화 등으로 인하여 성에 대한 호기심도 증가하고 또 실제로 이러한 행동을 취해볼 만한 기회도 증가한다. 따라서 사춘기는 이러한 성적 욕구를 다스리고 조정해 나가는 '성적 사회화'를 이루어야 하는 소중한 시기이다. 성적 사회화란 성적 동일시 획득, 성역할 학습, 성행동의 이해, 성적 지식·기술 습득 등의 포괄적인 과정을 일컫는다.

아동에서 성인으로의 체형 변화 과정에 있는 청소년들은 변화해 가는 자신의 신체에 매우 예민하며 신체 이미지에 많은 관심을 두게 된다. 남학생의 경우 성기의 크기나 형태, 색조 등을 비교하며 고민을 하게 되고 여학생의 경우는 가슴의 크기나 생김새, 몸무게 등을 비교하며 고민하게 된다. 요즈음의 다이어트 열풍도 청소년을 괴롭히는 현상 중 하나이며, 대중매체에 등장하는 모델들의 마른 몸매가 기준이 되어 이를 추구하다 보면 섭식장애를 일으키는 경우도 있다.

특히 사춘기는 성장 속도가 개인마다 다르며 신체의 모든 부분이 균형있게 성장하지 않으므로 감수성이 예민한 청소년은 자신의 신체에 불만을 가지기 쉽다. 따라서 사춘기를 지도하는 입장에서는 사춘기가 성인이 되는 준비과정임을 인식시키고, 신체보다는 내적인 아름다움에 자신감을 가질 수 있도록 지지해 주며, 건강한 신체발달을 위하여 고른 영양 섭취와 규칙적인 운동이 중요함을 강조해 주어야 한다.

사춘기는 신체적으로 성인으로 변화하는 중요한 시기인 만큼 이들의 성에 대한 인식은 자칫 신체적인 성행동에 머무를 수가 있다. 또한 이에 관련된 호기심이나 욕구도 왕성한 시기이다. 실제로 '성'이라는 단어를 듣고 연상하는 것이 무엇인가를 조사해 보면 80% 이상이 성행동이나 이와 연관된 개념을 떠올리게 되고, 사전적 의미인 '성구별'에 대한 개념 인식은 매우 희박하다. 성지식 습득 매체도 비디오테이프, 영화, 친구인 경우가 많고, 최근에는 인터넷을 이용한 무분별한 성지식 획득이 많아, 자칫하면 청소년의 성의식이 남녀간의 상호이해와 인간관계 수립이라는 측면보다는 성행동이나 성충동적인 측면으로만 인식될 가능성이 점차 커지고 있다. 최근 인천 흥사단이 중·고교생 800명을 대상으로 실시한 인터넷 유해 사이트 실태 조사 결과에 따르면, 남자 중학생 70%, 남자 고교생은 85%가 음란사이트에 접속한 경험이 있다고 대답하고 있어 이를 뒷받침해 주고 있다.

성행동에 있어서도 남아들은 흔히 수면 중 몽정의 경험을 통하여 사춘기에 진입한다. 이러한 경험을 통하여 자위를 학습하게 되며 거의 모든 남아들은 한번 시작하면 이를 규칙적으로 반복하는 경향을 보인다. 최근 조사에 의하면 중학교 3학년까지 남학생은 95% 이상, 여학생은 1/3이 자위행동을 하는 것으로 알려지고 있다. 일반적으로 자위는 과도하거나 기구 등을 무리하게 사용하지 않는다면 신체적으로 해롭다는 증거는 없으나 죄악감을 가지는 경우 전체적인 생활태도에 영향을 미치게 된다. 부모의 억제는 행동중지에는 효과적일지 모르나 오히려 죄악감은 증가시키는 것으로 나타나고 있다. 성범죄자 연구에서 보면 자위행위에 대한 처벌이나 죄의식이 강간이나 여성 지배욕과 관계가 깊다는 사실이 보고되고 있다. 또한 일반적으로 청소년기에 긍정적인 성의식을 습득하여야 결혼 후 원만한 성생활을 지속하는 비율이 높은 것으로 나타나고 있어(문인자, 1997), 사춘기의 성의식 형성은 매우 중요한 의미를 가진다.

청소년기의 성적 사회화는 성욕구의 측면뿐만 아니라 다양한 사회문화적 측면을 포함하는데, 이성에게 성적 관심을 표시하는 것을 배우는 과정인 성 대상의 선택력 발달, 성적 동일시의 발달, 성역할개념의 획득, 성기술, 지식, 가치의 획득, 성적인 상황에서의 행동력 발달 등 다양한 측면이 포함된다. 물론 아동기에도 성적인 관심과 즐거움을 느낄 수 있으나, 청소년기에는 금제의 이유를 터득해 가면서 개인의 가치, 행동 기준을 포괄적으로 학습해 나가는 시기라는 면에서 의미가 있다.

3) 정서적 발달

청소년기는 급격한 신체적 발달과 더불어 성인으로서의 선택과 적응이 요구되면서 강한 정서적 혼란을 경험하게 된다. 대표적인 정서적 특성을 보면 우선 자아중심성을 언급할 수 있다. 사춘기의 자아중심성은 청소년들로 하여금 자신이 남과 다른 독특한 인물이고 어떤 사건을 당하더라도 아무런 문제가 생기지 않으며 자신에게만은 고난이 예외로 닥치지 않으리라 생각하게 되는 것이다(이춘재 외, 1990). 청소년의 새로이 발달된 추상적, 가설적 인지 능력이 발휘될 대상은 무한하다. 그러므로 청소년은 자신의 가설적 확신에 따라 새로운 사고를 즐긴다. 즉 각 개인의 고유한 사고가 인지적 관심의 대상이 된다. 따라서 청소년기의 자아중심성 발달은 인지적 발달 특성으로도 다루어질 수 있다.

엘킨드(Elkind)는 이러한 청소년의 자아중심성이 두 부분으로 이루어진다고 하였는데, 첫째는 청소년은 자신과 타인의 사고간의 차이를 발견 못하고 자신에게 사로잡혀 타인도 자신처럼 생각하고 행동하리라 믿는다. 따라서 청소년은 가상적 청중을 갖는다. 청소년은 자신이 특별한 행동을 하면 타인들이 이에 호응하고 관심을 가지리라 생각한다. 둘째는 청소년기의 사고와 감정은 새롭고 독특한 것을 추구한다는 것이다. 즉 자신만이 고유한 사고와 감정을 갖는 인간이라는 생각을 갖는다. 부모 역시 유사한 경험을 했으리라는 생각을 못하기 때문에 자신의 고민에 매몰되어 부모와의 갈등을 초래하기도 한다. 이러한 자아중심성은 친구나 선배, 동료 등 사회적 관계를 강화하고 역할과 책임을 수행하면서 사라지게 된다.

청소년의 무모한 성행동도 그들의 심리적인 특성 중 하나인 자아중심성과 연관하여 설명될 수 있다. 이러한 자아중심성은 청소년의 잘못된 판단과 행동을 자극하고 결국 원치 않는 임신을 하게 되는 등 문제 발생의 소지를 안게 된다.

더욱이 청소년기는 신체적 발달뿐만 아니라 동료 및 이성관계, 학업, 진학, 부모로 부터의 독립 등 여러 가지 문제들이 한꺼번에 밀어닥치는 격동기이다. 또한 정신적, 신체적으로 불안정과 불균형이 심하여 갈등과 불안이 고조되는 시기이다.

이러한 청소년들의 갈등과 고민은 또한 사회나 가정 안에서 스스럼없이 수용되지 못하고 있다. 청소년들이 자신의 문제를 상담하는 대상은 친구인 경우가 대부분이고 부모나 교사인 경우는 10% 미만이다. 이러한 현상은 평소 청소년들이 상대방과의 접촉 빈도나 부담감의 정도에 따라 의논 상대를 선택하기 때문이다.

청소년들의 40%는 자신의 문제를 누구와도 의논하지 않으며 따라서 이들은 문제를 방치하고 있다고 볼 수 있다. 청소년 문제는 청소년 개인에게 뿐만 아니라 장기적으로는 사회 적응과 관련되기 때문에, 청소년을 둘러싼 주변에서 이들의 문제를 효과적이고 전문적으로 도와주어야 한다.

특히 청소년기는 성적으로 성숙해지고 이성에 대한 관심이 증가하면서 사랑과 같은 정서적인 갈등에 빠지게 된다. 사랑이란 인간의 정서 중에서 빼놓을 수 없는 요소로서 가족 역시 사랑에 의해 시작하고 사랑에 의해 유지된다. 따라서 가족의 형성과 발달을 준비하여야 하는 사춘기나 청년기에는 매우 중요한 과제이기도 하다. 이러한 사랑의 발달을 청소년기의 연령별로 살펴보면 다음과 같다.

(1) 제1단계 – 이성혐오기

유아기나 아동기에는 자기가 생활하는 데 만족을 주는 사람들에게 사랑을 느끼게 되지만 아동 후기에 이르면 이성에 대한 반발을 느끼고 경쟁하며 업신여기거나 멀리한다. 이러한 경향은 사춘기에 이르면 절정에 달해 이성이 가까이 있는 것조차 불결하게 느끼기도 한다. 대체로 12-14세경은 동성애의 시대라고 불리울 정도로 동성사이의 애정이 깊고 이성을 거부하는 시기이다. 특히 여자 아이의 경우 더 심하다.

(2) 제2단계 - 동성애착기 및 영웅숭배기

제1단계의 이성 혐오기가 지나면 자기보다 나이가 많은 동성의 인물에 대해 열광적인 애착을 갖게 된다. 여학생들 사이에는 의자매를 맺기도 한다. 이 시기가 조금 지나면 이성인물에 대한 강렬한 애정을 나타내는 영웅 숭배기를 맞게 된다. 즉 이성의 배우, 가수, 운동선수, 교사 등을 열광적으로 좋아하게 된다. 이러한 현상은 자신에게 부족된 것을 상대방에게서 찾아 불안감을 없애려는 정서적 보상욕구가 원인이다. 따라서 그 대상은 고정되어 있지 않고 쉽게 그 대상을 바꾸며 한번에 여러 대상을 갖기도 한다.

(3) 제3단계 - 이성애기

이 시기는 비로소 이성에 관심을 기울이고 사랑을 느끼며 성적애정의 단계로 발전하는 최종 단계이다. 허얼럭(Hurlock)은 이 단계를 다시 세 과정으로 나누었는데 첫번째는 「송아지 사랑」의 시기로 영웅 숭배기와 비슷한 대상인 배우, 교사 등의 연장자인 이성을 사모하는 시기로 비교적 애정적 요인이 강하게 나타난다. 두번째는 「강아지 사랑」의 시기로 연령이 비슷한 이성에 대한 성적 관심이 처음으로 생긴다. 이때는 이성 접촉을 처음 하므로 긴장하게 되어 행동이 어색하고 불안정한데, 이 어색함을 감추려고 때로 장난기 있는 행동을 하기도 한다. 대체로 고등학교 상급학년에서 나타나는 현상인데 주로 집단 활동을 통해 이루어지고 마치 강아지들이 모여 장난하는 모습과 같다. 마지막 단계는 「연애기」로서 주로 두 이성이 만나 이야기를 주고받고 여가를 즐기게 되는데 이를 통해 이성에 열중하게 된다. 따라서 다른 사람에게는 관심이 없고 두 사람만이 서로 집중하게 된다. 이 시기에 깊어진 이성관계는 비교적 영속적으로 자주 만나는 동안 감정적 유대가 깊어져 결혼하는 경우가 많다.

흔히 젊은이들 중에는 사랑을 잘못 인식하여 성생활을 지나치게 강조한 나머지 사랑을 마치 성인세계로 들어가는 일종의 수단으로서 생각하기도 한다. 그러나 사랑은 분별할 수 없는 격렬한 감정이나 조절하기 어려운 감정도 아니며 미지의 사람에게 보내는 막연한 애정도 아니다. 즉 감정을 교류하지 못하고 반응이 없는 일방적인 것은 사랑이라고 말할 수 없는 것이다. 또 사랑은 두 사람을 함께 묶는 강제성이 있는 것도 아니다. 만일 어떤 사람이 사랑을 요구하거나 그를 지배하려고 한다면 사랑은 성장하지도 않을 것이며 그 관계는 파괴되기 쉬울 것이다. 따라서 사춘기에 사랑의 감정을 잘 학습시키고 훈련시키는 일은 매우 중요한 사회적 책임이기도 하다.

4) 사회적 발달

청소년기는 성인이 되려는 강렬한 독립 욕구로 인하여 부모와의 갈등이 발생하기 쉬우나 한편으로 경제적, 현실적 측면에서 의존적인 경향이 지속되고 있으므로 양가적 갈등에 빠지기 쉽다.

청소년들은 자신의 변화에 임하여 자신이 과연 누구이며 어떤 인간이 될 것인가에 회의감을 갖고 불안해하게 된다. 또한 이 시기는 궁극적으로 자신의 진로를 결정해야 하는 시기인만큼 자아정체감의 확립은 필수적인 과정이다.

마르샤(Marcia)는 에릭슨(Erikson)의 정체감 형성 이론을 토대로 자아정체감 수립의 수준을 네 가지로 나누었다. 정체감 성취(identity achievement), 정체감 유예(identity moratorium), 정체감 유실(identity foreclosure), 정체감 혼미(identity diffusion) 등으로, 정체감 성취란 정체감 수립의 위기를 겪고 나서 스스로의 의사결정 능력을 함양하는 등

정체감을 성취한 경우를 말하며, 정체감 유예는 위기를 겪고 있으나 현재까지 완전한 정체감 획득 상태에 이르지 못하고 정체감 수립에 노력하는 단계를 일컫는다. 그리고 정체감 유실은 부모나 다른 역할 모델의 기대를 그대로 수용하여 고민 없이 위기를 경험 못하고 정체감 수립을 타의주도로 한 상태를 일컬으며, 정체감 혼미는 위기를 경험하지도 않고 정체감 수립에 관심도 성공도 하지 못한 경우이다. 정체감을 수립하면 권위적 가치에 무조건 따르지 않고 자신의 주관에 따라 행동하며, 자존감이 높고 집단에 대한 무조건적인 복종력이 낮다. 반면 정체감 혼미의 상태에서는 권위적 가치 존중력이 높고 자존감이 낮으므로 부정적 정보에 취약하며 집단에 대한 복종력도 유예나 유실 집단에 비하여 높지 않다.

정체감 수립은 연령이 증가할수록 성취 수준이 높게 나타나고 있으며, 부모와 친밀한 관계를 유지하면서 자신의 의견을 활발히 제시할 수 있는 청소년은 정체감 성취나 유예 상태에 있는 경우가 많다. 정체감 유실의 경우에는 부모와의 친밀한 관계를 유지하지만 부모와의 분리를 두려워하며, 혼미의 경우는 부모와의 친밀성이나 대화 정도가 낮다 (Papini, Micha, & Barnett, 1989).

		정체감 위기 경험	
		유	무
정체감 획득	유	정체감 성취	정체감 유실
	무	정체감 유예	정체감 혼미

〈그림 1-1〉 Marcia의 정체감 형성 이론

또한 청소년기의 사회성 발달은 주로 친구나 또래 집단에 의하여 형성되기 쉬운데, 또래에 대한 사회화는 아동기에도 발달이 이루지지만 청소년기에 들어서 상호작용의 빈도와 깊이가 더해지고 심리적, 행동적 의존도가 증가하게 된다. 청소년의 정체감 형성이나 진로 결정, 스트레스 해소, 고민 상담 등에 있어서 친구의 기능이 중요해지며 긍정적, 부정적 영향을 둘 다 받게 된다. 이 시기에 친구들로부터 심리적, 사회적 지지를 받지 못하고 관계의 경험을 수립하지 못하면 자아정체감 확립이나 사회화, 인간관계 적응 등에 곤란을 겪게 될 수 있다.

친구관계는 동성친구뿐만 아니라 이성친구로 확대될 수 있는데, 이 시기가 이성에 대한 관심과 호기심이 급격하게 증가하는 만큼 이성교제 혹은 이성관계 형성의 최초 경험을 쌓게 된다. 실제로 가족 형성의 실질적인 준비과정으로서 이성교제는 필수적으로 요구되는 과정이다. 전통적인 혼인 풍습과 달리 근대 이후의 결혼은 길든 짧든 당사자간의 탐색 과정이 필연적으로 요구되므로 청소년기에 이성교제에 대한 준비와 실질적 경험이 중요하다.

이처럼 인간이 사춘기에 도달하면 자아의식의 발달에 따라 이성에 대해 새로운 흥미와 관심을 가지게 되고, 그 관심을 표현할 대상자를 찾으려고 이성교제를 하는 것은 자연스러운 모습이다. 젊은이들이 이성교제를 하는 것은 사회인으로서 기대되는 성인남녀의 역할을 수행하는 준비단계라고 볼 수 있다. 성격이 다른 여러 이성 친구와 접촉하며 교제를 하는 동안 동성 친구에게서는 구할 수 없는 다양한 역할을 실제로 상호작용을 통해 배우게 되며 이처럼 성인으로서의 경험을 쌓아감으로써 사회생활의 훈련을 하게 되는 것이다. 이성교제를 허용하는 사회에서는 어려서부터 사회적으로 기대하는 성인남녀의 역할을 배우게 되며, 성장함에 따라 이성교제를 통해 이를 실천하고 더욱 익히며 습관화하게 된다.

특히 현대사회에서는 남녀간의 만남이 어릴 때부터 매우 자연스럽게 이루어지므로 올바른 이성교제의 개념 습득과 자세 확립은 관계에 대한 적응과 성공을 위해 매우 중요한 요소가 되고 있다. 이러한 이성교제의 과정을 통해 점진적으로 배우자 선택이 이루어진다면 결혼의 성공도나 성인으로의 적응도도 매우 높아질 수 있다.

그러나 남녀가 교제하는 양상이나 이성교제에 대한 사회의 태도는 각 사회마다 일정치 않다. 이것은 사회마다 문화적인 배경이 다르고 그에 따라 사회가 기대하는 역할이 각기 다르기 때문이다. 하지만 여성의 사회활동 증가, 남녀공학과 같은 사회환경의 변화, 휴대전화, TV, 영화, 인터넷 등 매스컴의 발달이 남녀의 접촉을 보다 쉽게 만들었고 이성에 대한 낭만적 꿈을 더욱 키워줌에 따라 세계 공통적으로 젊은 층의 이성교제의 비율은 계속적으로 증가하고 있고 데이트를 시작하는 연령도 점차 낮아지고 있다. 따라서 사춘기에 계속되는 이성교제에 어떻게 대응해야 할 것인지 부모 등의 경험있는 성인이 같이 참여하고 논의하여 지도해 주어야 할 필요가 크다.

5) 지적, 도덕적 발달

대표적인 인지발달 이론가인 피아제(Piaget)에 의하면 청소년기는 마지막 발달단계인 형식적 조작기(formal operational stage)에 해당한다. 이 시기는 문제해결에 있어 과거, 현재, 미래를 모두 이용할 수 있고, 추상적이며 논리적인 사고가 가능하며, 상대적이고 다차원적인 사고가 가능한 시기이다.

형식적 조작기의 사고의 특성은 첫째, 가설적, 연역적 사고가 가능하다는 것이다. 가설적 사고가 가능하게 되면 일련의 가설을 차례로 실험하면서 정답의 범위를 점점 좁혀갈 수 있다. 이 전의 아동들이 문제를 사전에 계획해서 해결하지 않고 이것저것 시도해 보는 시행착오적 방법을 택하는 반면, 청소년은 문제해결을 위한 모든 방법을 생각하여 그 결과를 가상해 보고 여러 방법 중에서 가장 정확한 것을 시도해 본다. 뿐만 아니라 가설의 설정을 통해 특정한 사실을 정립해 나간다.

둘째는 조합적 사고가 가능하다는 것이다. 즉 문제 속의 어떤 요인들의 조합을 고려하여 한 번에 한 가지 요인만 변화시키는 방법으로 차례차례 검증해 나갈 수 있다. 피아제의 실험(3가지 액체를 섞어야 요구하는 색이 나올 수 있도록 만들어진 5개의 액체 병을 제시)에 의하면, 이 이전의 아동들은 2개의 병을 차례로 섞어보다가 안 되면 나중에는 무분별하게 액체를 섞어보다가 포기하는 것에 반하여, 형식적 조작기

청년은 2개의 조합, 3개의 조합, 4개의 조합 등 차례로 모든 가능성에 대해 체계적으로 시험해 보고 이를 성공시켰다.

셋째는 추상적 사고가 가능하다. 이 이전의 아동들은 구체적 사실에 한해서 사고하고 실제로 존재하지 않은 추상적 개념 즉 자유, 박애, 민주주의 등의 개념을 이해하지 못하지만, 청소년들은 이상주의적 삶의 의미를 이해하고 추구할 수 있게 된다. 자신과 타인의 사고를 객관화시켜 그 내용과 논리를 깨닫고 평가할 수 있게 되며, 미래생활에 대하여 계획하고 환상하는데 많은 시간을 보내기도 한다. 따라서 이에 지나치게 심취하게 되면 청소년들은 현실과 동떨어진 이상주의자가 될 수 있으며 자기중심적인 사고에 빠질 가능성이 있다.

Piaget의 인지발달 단계
제1단계 감각운동기(sensory-motor stage) 반사활동기→ 일차순환반응기→ 이차순환반응기→ 이차반응의 협응→ 3차순환반응→ 사고의 시작 제2단계 전조작기(preoperational stage) 상징놀이, 자기중심적 사고, 물활론, 직관적 사고 가능 제3단계 구체적 조작기(concrete operational stage) 보존개념, 분류화, 서열화 가능 제4단계 형식적 조작기(formal operational stage) 가설-연역적 인지구조, 조합적 분석능력, 추상적인 사고 가능

한편, 콜버그(Kohlberg)는 도덕발달의 단계를 수립한 학자로서, 인간의 도덕적 추론 능력은 인지적 발달과 관련되어 있다고 보고 있다. 청소년기는 도덕발달의 수준에 있어 세 번째 단계인 후인습적 도덕발달(post-conventional morality)의 단계를 이루어야 한다. 후인습적 단계는 다시 두 단계로 나누어지는데 사회계약적 법률 지향단계와 보편적 윤리적 원리 지향 단계가 그것이다.

사회계약적 법률 지향 단계는 자아와 사회와의 내면적 계약관계를 수립함을 일컫는다. 이 때의 인간은 사회가 개인에게 의무를 다해주고 보호해 주므로 사회의 규율과 제도를 지키게 된다. 즉 사회의 제도는 계약의 일부가 된다. 이 단계에서의 인간은 내면적 사회 계약을 위반한다는 의미에서, 또는 사회의 다른 구성원의 권리를 상호 존중한다는 의미에서 규범을 지키게 된다. 다음 단계인 보편적 윤리적 원리 지향 단계는 사회 규범이 주관적이고 독단적일 수 있다는 가정에서 출발한다. 이 단계의 인간은 도덕적 판단은 구성원의 주관이 아닌 양심에 의해서만이 가능하다고 본다. 다만 계약에 대한 한 개인의 주관적 관점이 합법적일 때 이것은 도덕적 판단의 근거가 된다. 인간의 양심, 개인적 원리 등이 도덕적 결정의 궁극적 자원이 될 수 있다. 이 때 초월적이고 범우주적인 도덕성 원리, 규칙이 양심의 근거가 되어야 한다.

청소년기는 부모나 또래관계 등의 사회적 경험에 의하여 도덕성 발달을 완성해 나가게 된다. 특히 가족 밖의 사회적 접촉은 다양한 경험과 판단의 기회를 줌으로써 도덕성 발달을 향상시키게 된다. 왜냐하면 부모자녀간의 권력 차를 벗어나서 도덕적으로 주의화된 사고를 포함한 자발적 상호작용을 증가시킬 수 있기 때문이다. 따라서 청소년의 동료집단과의 상호작용은 도덕성 발달을 원활하게 하는 귀중한 장이 될 수 있다. 물론 부모 등 가족과의 상호작용 경험은 그 이전의 도덕성 발달과정에 가장 중요한 요소가 될 수 있다. 이것이 기초가 되어 청소년의 도덕성 발달이 점차 완성될 수 있는 것이다.

Kohlberg의 도덕발달 단계
제1수준: 전인습적 도덕발달(pre-conventional morality) 단계
제1단계 복종과 처벌 지향
제2단계 상대적 쾌락주의
제2수준: 인습적 도덕발달(conventional morality) 단계
제3단계 착한 사람(善人) 지향
제4단계 권위, 사회질서 지향
제3수준: 후인습적 도덕발달(post-conventional morality) 단계
제5단계 사회계약적 법률 지향
제6단계 보편적 윤리적 원리 지향

3. 청소년과 사회적 환경

청소년기는 가족을 포함한 동료집단, 학교, 종교, 기타 각종 사회조직과 밀접한 접촉을 갖게 된다. 이를 통하여 사회의 정치, 경제, 법적 질서를 학습하게 되고 대중매체를 통하여 많은 영향을 받기도 한다. 청소년기의 발달을 이해하려면 이러한 사회적 접촉의 영향과 그들 간의 상호작용을 파악하는 것이 관건이다.

1) 가족관계

가족은 사회의 기본단위로서 출산, 교육, 재생산의 장이다. 아동은 가족 내에서 사회화되며 청소년기 역시 인성의 형성, 가치의 전수, 생활습관의 형성 등 광범위한 측면에서 가족이 중요한 역할을 한다. 특히 부모는 자녀의 모델로서, 성인기로 진입하는 청소년에게 있어서 성인적 학습은 부모로부터 이루어지는 경우가 일반적이다. 직·간접적인 경로를 통하여 습관 및 태도, 가치관, 행동의 유사성이 나타나며 흡연, 음주, 성행동 등의 성인적 행동 양식도 부모의 영향을 많이 받게 된다.

최근 들어 가족의 변화가 극심하고 가족의 필요성이나 당위성에 대한 논란이 제기되고 있지만, 가정은 아직 몸과 마음이 완전히 독립하지 못하는 청소년세대에게 성장과 가치 판단의 밑바탕이 되어 주어야 하는 곳으로 기대되고 있으며, 부모를 중심으로 한 가족원은 그들의 갈등과 새로운 적응의 과정에 상담자나 지지자의 역할을 해주어야 한다. 따라서 가족과 사회의 변화가 청소년에게 미치는 부정적 영향을 일차적으로 가족 안에서 걸러줌으로써 청소년문제의 해결과 가족의 발달이 가능하므로, 부모자녀관계를 비롯한 가족관련 변인의 탐색과, 이러한 변인들의 대안적 적용방법을 모색해 볼 필요가 있다.

청소년기는 부모와 친구 사이에 세대차를 느낄 수 있으므로 갈등이 발생할 소지가 있다. 그러나 이러한 갈등은 필연적이고 보편적인 과정이다. 청소년은 성인을 동경하지만 부모는 청소년 자녀를 성인 이하로 보기 때문에 규율과 훈육의 기준이 서로 다를 수 있다. 학업에 대한 기대 차이, 귀가시간, 이성교제, 흡연, 장시간 전화하는 행위에 이르기까지 부모와의 갈등은 필연적으로 발생한다. 특히 최근에는 정보매체의 발달로 자녀에 대한 교육적 기능이 감퇴하면서 부모의 영향력은 표면적으로는 점차 감소하고 있다.

가족 자체의 이러한 구조나 기능면에서의 급격한 변화는 이제 더 이상 부모자녀간 상호관계가 청소년 발달에 절대적인 영향을 미칠 수 없게 하고 있다. 미드(Mead)는 문화의 전승과 전달을 위해서는 양성 삼세대가 필요하다고 하였는데, 이들 중 어떤 부분의 상호관계가 상실되면 문화의 단절이 오고 갈등이 나타난다. 오늘날 한국사회는 이러한 시각에서 볼 때 삼세대의 관계가 모두 가치와 규범의 단절 상태에 있어 사회적, 가정적 통합성을 약화시키고 있다.

대체로 부모와 청소년 자녀간에 갈등이 상존하는 이유는 몇 가지가 있다. 우선은 청소년들 자체가 성인과 같아지려는 도달하지 못할 목표를 갖고 있기 때문이며 이 때문에 나름대로의 문화를 형성하여 기성세대를 거부하게 된다. 또한 대부분의 부모가 자신이 그러한 시기를 지나왔음에도 불구하고 자기 자녀에게는 대단히 신중한 태도를 취하기 때문에 반대와 거부를 많이 하게 되고 이에 따라 갈등이 발생한다. 그리고 청소년기가 길어지고 빨라지고 있음에도 이에 대한 준비를 충분히 하지 못한 채 부모나 청소년 자신 모두 사춘기를 맞게 되는 것 또한 하나의 요인이 될 것이다. 청소년기가 빨리 시작한다는 것은 그만큼 갈등의 기간이 길어짐을 의미한다.

러너와 납(Lerner & Knarp, 1975)은 청소년과 그 부모 사이의 세대차이에 대한 연구에서, 청소년들은 부모와의 세대차이를 실제보다 과대평가하는 반면, 부모들은 이를 과소평가하는 경향이 있다고 하였다. 청소년기는 자아 정체감을 수립하는 시기이므로 자신의 생각이 부모의 사고와 확실히 다르다는 자기 중심적 사고방식에 의해 부모와의 세대 차이를 실제보다 확대 해석하는 것으로 볼 수 있다.

의외로 부모자녀간 태도의 차이는 실제보다 서로간의 지각 차이가 더 크게 나타나고 있다(Acock과 Bengston, 1980). 스타인버그 등(Steinberg et al., 1989)의 연구에서 보면 실제로 청소년의 2/3 혹은 3/4 정도가 부모에게 동일시하고 부모와의 상호작용에 만족하는 것으로 나타나고 있고, 특히 부모는 청소년 자녀보다도 그들 상호 관계에 더 만족하고 갈등을 덜 느끼는 것으로 나타나고 있다(Montemayor, 1986; Smetana, 1989). 그리고 청소년 자녀와 부모와의 불일치는 주로 일상생활 상의 사소한 문제에서 많이 발생하고 있다(Montemayor, 1986).

2) 친구 및 동료집단

친구나 동료집단의 영향은 널리 알려져 왔다. 청소년기의 태도, 가치, 신념 등을 결정하는 데는 가족이 가장 중요한 영향을 미치지만, 친구집단 역시 그에 못지않은 영향을 주고받게 된다. 이들은 서로 보호, 협동, 지도 등의 역할을 수행한다. 친구집단은 청소년기 문화를 형성하기도 하는데, 이들은 청소년기 동안의 새로운 변화, 즉 새로운 학교생활, 이성교제 등을 용이하게 하도록 도와주기도 한다.

청년기에는 부모의 영향에 비해 또래 영향의 비중이 증가하는 시기인 만큼 부모자녀관계에 또래 집단이 어떠한 영향을 주는가도 관찰할 필요가 있다. 러너와 납(Lerner & Knarp, 1975)은 부모세대와 청소년 자녀세대가 가치관과 태도의 차이를 나타내는 것은 단순히 정도의 차이에 불과하고 청소년은 자기자신의 태도가 부모와 또래 집단의 사이, 즉 어느 중간 정도에 있는 것으로 본다고 하였다. 그러므로 가치관이나 행동 지향성에 있어서는 부모와 또래 집단은 청년기에 다소 경쟁적인 영향을 주지만 좀더 연령이 증가하면 비경쟁적으로 두 가지가 모두 영향을 주게 된다. 실제로 부모지향적인 청소년은 긍정적인 활동을 많이 하고 또래지향적인 청소년은 긍정적 활동뿐만 아니라 부정적인 활동도 많이 하므로(김경신, 1991), 청소년 문제 행동의 방지를 위해서는 자녀의 지향성이 또래에게 쏠리지 않도록 노력하는 태도가 필요하다. 그리고 최근에는 정보매체라는 새로운 경쟁자에 대해서도 부모의 적극적인 방어 능력이 필요하리라 본다. 정보화 매체에 의한 역기능은 부모가 청소년의 변화에 무관심하고 새로운 세대의 변화에 적응하려는 노력의 부족에서 연유된다고 본다.

친구집단의 상호관계가 돈독해지면 청소년기 동료집단 문화 특성 중의 하나인 파벌이나 패거리 문화를 형성할 수도 있다. 이들은 협력적 관계를 강화하는 등의 긍정적 측면으로 작용하기도 하지만 집단 따돌림, 비행행동 유발 등 부정적인 작용을 하기도 한다.

이 밖에 제도적 동료집단으로 기능하는 여러 가지 사회적 활동 즉 교회 청년회, 보이스카웃, 체육 클럽 활동 등을 하면서 다양한 경험과 여가의 기회를 갖기도 한다. 봉사활동 등의 기회를 통하여 건실한 집단 활동이 이루어질 수도 있다. 그러나 부모가 청소년 자녀의 친구관계 형성에 지나치게 개입하거나 간섭이 있을 때 갈등이 발생하기도 한다.

3) 학교환경

청소년기에 있어 학교는 가정 못지않게 양적 질적으로 생활 터전이라 할 수 있고 사회화의 요체라 할 것이다. 오늘날은 특히 의무교육이 확대되어 학습기간이 증가하고, 고학력시대를 맞아 학업 성취도나 학벌에 대한 기대가 상승하면서 학교의 영향력과 중요도는 날로 증가하고 있다. 특히 청소년기가 사회적인 규제와 억압을 싫어하는 자유로운 영혼의 시기이다 보니 학교라는 규범적 체제에 부적응하는 경우가 발생하고 있으며, 교우관계나 교사와의 관계가 부정적일 때 청소년 일탈을 발생시키는 주요 요인이 되기도 한다.

현재 우리나라의 교육제도는 입시 위주의 파행적 과정을 청소년들에게 강요하는 경우가 많아 이상적인 교육 목적인 열린 교육을 통하여 청소년의 자율적인 성장을 유도하는데 한계를 가지기는 하나 무조건적인 열린 교육에 대한 비판도 제기되고 있다. 학교환경은 학교의 물리적인 환경도 중요하지만 교사나 학급 친구, 학교문화나 학습체계 등 제반의 요인들이 복합적으로 영향을 미친다.

특히 교사는 청소년의 사회화에 매우 중요한 영향을 미치게 되는데, 훌륭한 교사는 위엄이 있고 열의가 있으며 공정하고 적응력이 있고 따뜻하고 융통성이 있으며 학생들의 개인차를 이해하는 자질이 있어야 한다. 효율적인 교사는 학생들의 능력에 대해 기대수준을 설정하고 긍정적인 피드백을 주고 학생들과 자주 대화를 나누어야 한다. 그리고 청소년기가 자율과 독립성이 존중되는 시기인만큼 지나치게 권위적이지 않고 합리적인 규제를 통하여 자연스럽게 권위를 행사하는 교사를 좋아하게 된다(정옥분, 1998).

또한 흔히 '왕따'로 일컬어지는 '집단 따돌림' 등 청소년의 교우들간 발생하는 문제행동에 대한 인식이 최근 증가하고 있다. 고의적인 괴롭힘이나 따돌림, 금품 갈취, 언어적 놀림이나 협박과 욕설, 신체적 폭력 등이 동원될 수 있고 이러한 폭력행위는 반복하여 발생하는 경향이 있다. 2004년 청소년보호위원회 조사에 의하면 폭력 피해 경험은 초, 중, 고 순으로 9.5%, 7.5%, 3.6% 순으로 나타났고, 집단 따돌림 피해 경험은 5.6%, 2.7%, 1.4% 순으로 나타났다. 문제는 학교폭력의 피해로 인하여 심각한 정서적 손상을 입는 경우가 발생하게 되며 행동적 위축, 학업 중단 등으로 이어져 이후의 발달에 심각한 장애를 초래하는 경우가 발생하며 심지어는 자살에 이르는 경우도 발생하고 있다. 2004년부터는 '학교폭력 예방 및 대책에 관한 법률시행령'이 공포되어 학교마다 '학교폭력대책 자치위원회'가 구성되는 등 다각적인 노력이 시도되고 있다.

참 교사상이란

시국에 대한 그릇된 인식을 강요했던 선생님, 아이들이 듣거나 말거나 열심히 공부만 가르친 선생님, 교과 내용에 대한 이해가 부족해서 수업 중 쩔쩔매는 선생님, 잘 가르치지 못하면서 때리기만 하는 선생님, 시종일관 교과 내용과 관계없는 잡소리만 늘어놓는 선생님, 실력이 있더라도 학생들을 무시하면서 얼렁뚱땅 가르친 선생님도 있었다. 이런 분들은 좋은 인상으로 남지 않는다고 한다.

그러나 실력은 부족하더라도 정성을 다하여 열심히 학생과 함께 수업에 임하신 선생님은 좋은 기억으로 남아 있으며, 가장 좋은 기억으로 남는 분은 실력도 좋으면서 학생들에게 인격적으로 감동을 주시는 분이라고 한다.

강교사는 학생들에게 수업 중 끊임없이 자기 정체성을 찾도록 하고 있다. 학생들에게 그야말로 인성의 중요성을 '마음 공부'를 통해서 인식시키고 있는 열의가 돋보인다. 무엇보다도 교사와 학부모의 '마음 공부'가 잘 되어 있어야 학생과 자녀 교육을 잘 할 수 있다는 것이다. 그래서 '실력이 있어 잘 가르치면서 인격적으로 감동을 주는 선생님', '바른 인성을 가지고 자녀에게 감동을 주는 학부모', 이러한 선생님과 학부모가 협조할 때 학생들의 바람직한 행동 변화를 기대할 수 있고, 희망적인 미래가 보임을 역설하고 있다.

강상기 시인의 교단 에세이 '자신을 흔들어라' 서평 중에서
-인터넷신문 〈참말로〉-

참고로 2004년 중·고·대학생들의 전반적인 학교생활 만족 비율을 보면 만족한 경우는 46.5%, 보통은 42.0%, 불만족 11.5%로 나타나고 있다. 부문별로 살펴보면, 교우관계 만족도가 66.6%로 가장 높았고, 다음은 교사관계 42.6%, 교육내용 35.7% 순으로 높게 나타났다. 불만족 비율은 학교시설(30.6%)과 학교주변환경(26.9%), 교육방법(25.2%)에서 높게 나타나고 있다(〈표 1-5〉 참조).

〈표 1-5〉 청소년의 학교생활만족도

(단위 : %)

	계	만족	매우 만족	약간 만족	보통	불만족	약 간 불만족	매 우 불만족
전반적인 학교생활(2000)	100.0	41.3	8.5	32.9	45.5	13.1	10.0	3.1
전반적인 학교생활(2004)	100.0	46.5	9.2	37.3	42.0	11.5	9.2	2.3
교 육 내 용	100.0	35.7	5.8	30.0	48.0	16.2	13.4	2.9
교 육 방 법	100.0	28.0	4.6	23.3	46.9	25.2	20.2	5.0
학 교 시 설	100.0	29.5	6.6	22.9	39.8	30.6	22.9	7.8
교 우 관 계	100.0	66.6	25.2	41.4	29.3	4.1	3.4	0.8
교 사 관 계	100.0	42.6	10.5	32.1	46.0	11.4	9.0	2.4
학교주변환경	100.0	27.6	6.7	20.8	45.5	26.9	20.1	6.7
전 공[1]	100.0	44.4	13.0	31.4	45.3	10.4	8.4	2.0

자료 : 통계청. 2004 사회통계조사보고서
주 : [1] 중·고등학생은 제외함

4) 대중매체 및 유해환경

오늘날 TV, 인터넷 등 대중매체가 청소년에게 미치는 영향을 실로 막대하다 할 수 있다. 대중매체가 가정에서의 여가시간을 대부분 빼앗아 감으로써 가족간의 대화를 단절시킬 뿐만 아니라 대중매체에 대한 무비판적인 모방 등으로 청소년들의 정신적 혼란과 가치관의 갈등을 가져오기도 한다. 매스컴, 컴퓨터 등 정보매체의 발달은 어릴 때부터 자녀의 자기 주장을 강화시키는 요인이 되고 있고, 부모의 교육 기능을 박탈함으로써 부모에 대한 존경심이나 친밀감을 저해하기 쉽다.

2004년 통계청 조사에 의하면 청소년의 주말 및 휴일 여가활용방법은 15~19세의 경우 컴퓨터게임/PC통신(29.7%), TV시청(22.9%), 사교관련(13.5%)순이었고, 20~24세는 사교관련활동(22.2%), TV시청(21.5%), 컴퓨터게임/PC통신(17.0%) 순이었다. 따라서 청소년들은 여가시간에 절대적으로 대중매체나 컴퓨터에 매달리고 있음을 알 수 있다.

특히 인간소외, 물질만능주의 사조, 성의 상품화 등의 제 현상은 산업사회에 속하는 대부분의 나라에서 나타나는 보편적인 현상이나, 나라에 따라 고유한 전통이나 산업화 또는 경제사회 발전단계에 따라 다소 다른 양상으로 전개된다. 1960년대 이후 30여년간의 급속한 경제성장을 경험한 우리나라에서는 부정적인 측면에서 향락풍조의 만연과 각종 퇴폐업소의 범람과 같은 문제가 제기되고 있다. 이런 문제는 서구 선진국에서도 부분적으로 나타나는 예가 없지는 않지만, 서구에서의 경제규모에 맞게 적정 성장된 '생산적 서비스산업'과는 질적으로 다른 것으로 시장경제체제가 도입되는 단계나 급속한 성장을 경험하는 경우에 흔히 나타나는 현상이기도 하다.

이러한 퇴폐・향락산업의 무분별한 증가는 시청각적 효과와 간접경험을 통해 청소년들에게 교육적으로 악영향을 미치고 있다. 더욱이 향락업소의 미성년자 출입, 주류 판매, 음란비디오 및 영상물 상영, 불법 약물사용 및 판매, 숙박시설에서의 미성년자 혼숙 등 각종 퇴폐 변태영업은 미풍양속을 저해하고 청소년들의 탈선 및 범죄 조장의 온상이 되고 있다. 또한 구인광고 등을 통해 청소년들을 유인 또는 납치하여 인신매매를 하며 학대・혹사행위를 하는 등 범죄의 근원이 되고 있다. 특히 가출청소년의 대부분이 이러한 향락산업에 흡수되고 있는 것으로 밝혀지고 있다.

따라서 사회적으로 이러한 청소년 유해환경이 발을 붙이기 어렵도록 감시활동이 이루어져야 할 것이며, 정부의 정책적 의지뿐만 아니라 우리 사회의 전반적 분위기 개선, 민간감시 활동의 강화, 해당 업주들의 각성 등이 수반되어야 한다. 특히 청소년의 건전한 여가선용을 유도할 수 있는 다양한 관민조직의 프로그램 및 시설 제공과 참여가 필요하다.

청소년들의 주요 관심사항과 사회를 보는 시각
- 최근의 청소년세대는 자극둔감세대, 점진적으로 보다 자극적인 매체로 이동 - 환경적 스트레스에 대한 대처자원으로서 이성적인 사고보다는 감정적인 행동자원을 다수 사용 - 집단적이고 직접적인 놀이문화보다는 개인놀이, 매체를 이용한 놀이에 몰두 - 자의식이 강해지면서 참여하는 비판자가 아닌 방관하는 비판자로서 기능 - 개인주의적 사고의 팽배로 자신의 이익과 즐거움에 관련되지 않은 사안에 대해서는 매우 냉담함. 또한 자극에 둔감해지면서 상당 정도의 사회적 자극(자살·폭력사건, 엽기적 행동 등)에도 무관심함. - 성인들에 대해 비판적이면서도 의존성은 강함. 특히 경제적인 기대 수준이 높아가면서 독립에 대한 의지가 약하고 부모의 지원에 대한 기대가 당연시되면서 부모에 대한 원망, 감정적 대응 경향이 상승

제2장

청소년 문제

1. 사회환경의 변화와 청소년문제

청소년기는 다른 시기와 달리 신체적, 심리적으로 급격한 변화를 경험하는 시기이고, 가치관의 혼란으로 감정적 불안정 상태에 빠지기 쉬운 시기이다. 이러한 변화와 특징은 청소년기의 발달상 불가피한 경험으로서, 특히 환경적 여건이 순조롭지 못할 때에는 발달과정에 장애를 일으키거나 정서적 불안정감으로 사회적 일탈행동을 유발하게 된다.

특히 최근의 급격한 사회적 변화와 환경조건의 다양성은 청소년의 사회적 적응을 어렵게 하고 있는데, 예를 들어 이러한 청소년의 사회적 부적응의 한 단면인 일탈행동은 최근 들어 그 행위의 빈도나 정도가 증가하고 유형도 다양화해지고 있으며, 폭력비행이 증가하고 비행자 연령이 낮아지는 등 주목할만한 변화를 보이고 있다.

청소년들은 일반적으로 발달 특성상 변화에 대한 수용 속도가 빠르고 진보적인 행동특성을 보이는 경우가 많아, 사회적 변화에 가장 민감하고 그 부작용에도 쉽게 노출되는 편이다. 특히 우리나라는 성장일변도의 사회적 흐름 속에서 근대화의 다양한 부작용에 대하여 적절히 대처하지 못한 채 오늘에 이르고 있어, 청소년들은 이중, 삼중의 적응상 어려움을 겪고 있다 할 수 있다.

이처럼 청소년 문제의 다양화, 심각화는 이들이 미래사회의 주역이라는 단순한 논리에서 알 수 있는 바와 같이, 우리 사회의 전반에 광범위한 종적, 횡적인 파급효과를 미치게 되고 이에 상응하는 해결책이 필요하게 된다. 따라서 청소년문제의 현황에 대한 심층적인 분석과 이에 영향을 미치는 요인에 대한 탐색이 요구되며, 이를 통하여 청소년문제의 해결책 및 복지적 대안을 모색함이 필요하다.

특히 청소년기는 아동기와 성인기의 중간 단계로서, 가정과 사회의 양 변인의 영향을 동시에 받게 된다. 가정은 아직 성장기에 있는 청소년의 정신·신체적 발달에 잠재적이고 결정적인 영향을 미치며, 사회는 부모로부터 독립하려는 강렬한 욕구를 가진 청소년들에게 새로운 대안이며 영향 요인으로 등장하게 된다. 따라서 본 장에서는 청소년의 문제 발생에 영향을 미치는 두 가지 요인으로 가정과 사회의 변화를 살펴보고자 하며, 먼저 한국사회의 역사적 변화를 조망하고 이에 견주어 가족의 변화를 청소년의 변화나 문제와 접목하여 관찰해 보고자 한다.

1) 한국사회의 변화

우리 사회가 전통으로부터 근대로 이행하는 과정을 조망해 볼 때, 유교에 근거한 사회윤리는 근대사회로의 변화 속에서 위상을 재정립하지 못하였다. 이는 무엇보다 한국의 근대화가 전통에 토대를 둔 내생적 변화와 발전을 통하여 이루어진 것이 아니라 서구적 근대 양식의 급속한 이식을 통해서 이루어졌기 때문이다(김만흠, 1999). 따라서 이러한 혼재된 변화 양상은 그 구성원들간의 갈등과 부적응을 양산하였다.

한국사회의 현대적 발전을 논하기 위해서는 그 기점을 1970년으로 설정함이 타당할 것이다. 1970년대는 박정희 대통령이 주도하여 시작한 새마을 운동이 전국을 휩쓸며 정치, 경제, 문화에 결정적인 영향을 미친 시기로서, 고질적인 가난의 병폐에서 벗어나는 계기를 마련해주면서 반면에 정치적인 억압의 눈가리개용이라는 비난과 물질만능주의의 폐해를 확장시켰다. 물질적인 풍요가 자율성을 통제하는 이러한 형식의 합리화는 이후에 우리 사회의 삶의 저변에 흐르는 하나의 기류가 되었다 해도 과언이 아니다. 또한 이 때의 정부 주도적 경제정책은 행정관료와 기술관료 계층의 역할과 기능을 크게 증대시켰다. 자녀양육관에 주된 영향을 미쳐온 학벌주의, 계급주의, 치열한 입시제도 등은 이러한 흐름의 결과라 할 수 있다.

더불어 박정희 정권은 수출에 의한 경제성장을 뒷받침하기 위하여 저고가 저임금정책을 실시하면서 1970년대 중반 국민총생산에서 공업이 농업을 능가하기 시작했으며, 농가인구의 도시탈출이 시작되었다. 따라서 농촌지역의 노인인구 비율이 증가하였고, 이는 외적으로 핵가족의 증가뿐만 아니라 부모부양과 효의식을 비롯한 자녀세대의 가치관의 필연적인 변화를 초래하는 계기가 되었다. 인구통계에 의하면 3,4세대 가구 비율은 1960년 28.59%에서 1970년 23.21%로 5.38% 감소하였고, 1980년에는 16.99%로 1970년에 비하여 6.22% 감소하였다.

또한 1971년에 겨우 62만대에 불과하던 텔레비전 수상기의 보급대수는 1980년에는 10배 이상인 660만대에 이르게 되었고, 상업광고 역시 본격화되었다. 또한 경제수준의 향상은 집단나들이나 향락문화를 강조하게 되었다. 특히 젊은 세대들 사이의 연애관, 결혼관 등의 변화는 이러한 주변 환경과 정보매체의 변화에 힘입은 바 크다.

1980년대 들어 이러한 대중문화의 양적, 질적 확대는 가속화되어 대중문화가 과소비를 낳는 상업화의 도구로 더욱 부각되었다. 80년대에 이르러 컬러TV 시대가 시작되면서 대중문화는 더욱 자극적이 되기 시작하였다. 5·18 민주화 운동 이후 정치적 유화책으로 내놓은 통행금지 해제, 교복자율화, 해외여행 자유화 조치 등 일련의 개방화 정책은 국민생활의 선택권을 증가시킨 긍정적 측면도 있으나, 음주문화의 확산,

강력범죄의 증가 등 부수적인 사회문제들을 야기시켰다. 신세대적 자유주의 사고의 등장으로 세대관계가 단절되고 가족윤리의 전수가 어려워진 계기도 바로 이러한 전략적 개방화 정책이 실시된 것과 흐름을 같이 하고 있다. 1980년대 이후 과학기술 혁신을 바탕으로 한 첨단산업분야 위주의 산업구조 조정은 정경유착 등 한국사회의 고질적인 병폐를 더욱 심화시켰고, 사회적 부의 불평등은 국민의 박탈감과 위화감을 조장하는 요인이 되었다. 근면 성실이라는 윤리규범보다는 한탕주의, 기회주의 등 비합리적인 사고와 의식을 조장하는 결과도 초래하였다.

1990년대는 문민정부의 출현, 경제적인 풍요, 신세대문화의 등장 등으로부터 시작하여 최근 정보화사회의 특성에 이르기까지 급속도의 변화를 거듭한 시기이다. 냉전시대의 종식으로 비롯되는 세계화의 기류는 각종 금기에 갇혀 있던 다양한 욕구들을 한꺼번에 분출시키는 계기가 되었다. 무한경쟁의 글로벌시대에 한국적인 것을 찾기 어려울 정도로 사회현상의 서구화는 아주 자연스러운 현상이나, 반대로 정신적인 변화속도가 지체됨에 따라 나타나는 정신과 물질문화의 괴리, 세대간 격차 등이 가족과 사회내에서 상호 갈등을 야기하는 원인이 되고 있다. 이렇듯 전반적인 국가 주도의 근대화 과정과 급속한 상업화는 결국 자발적 공공영역의 형성을 제한하는 결과를 가져왔다. 자본주의적 개인주의가 지배하고 있지만 이를 뒷받침하는 공정한 게임의 법칙이나 공동체 윤리는 보이지 못한 것이다. 가족주의마저도 시민사회의 공공성과는 결합하지 못한 채 배타적, 이기적 성격이 더욱 두드러지게 되었다.

2) 한국 가족의 변화

최근의 다양한 가족의 변화는 청소년 자녀 역시 그 구성원일 수 있다는 점에서, 청소년문제를 분석해 나가는데 중요한 논점을 제공해 주고 있다. 청소년 시기가 개인의 발달상으로 가장 변화가 큰 시기이며 혼돈의 시기라는 점에서 어떤 가족구성원보다도 적응의 문제를 일으킬 가능성이 크기 때문이다. 따라서 가족적 특성과 청소년문제를 아울러 살펴봄은 매우 필요한 일이다.

기본적으로 현대사회의 특성은 부모자녀관계에 변화를 가져오고 있는데, 무엇보다도 먼저 물질위주, 물질만능주의의 사고방식이 확대되면서 미치는 영향이 가장 뚜렷하다고 할 수 있다. 황금만능주의로 인하여 부의 축적, 사회적 출세 등을 강조하다 보니 자녀에게 성적이나 학업 중심의 가치관을 지나치게 강조하여 가족 안에서도 제대로 된 인성 교육이 부재한 형편이다. 또한 상대적 빈곤감으로 인한 부모자녀간 갈등도 심각하게 일어나고 있다.

둘째는 전문화시대, 경쟁시대가 되면서 부모자녀관계에 미치는 영향이다. 집단의식과 소속감이 약화되고 개인주의가 발달하면서 부모자녀간의 단절이 일어나고 있는 것이다. 세대간 격차가 심화되면서 부모자녀간의 활동 영역이 달라지고 대화가 통하지 않으며 상호 접촉시간도 감소하고 있다.

셋째는 대중매체, 정보매체의 발달이 미치는 영향이다. 대중매체가 청소년의 여가 시간 대부분을 침범함에 따라 가족간의 대화가 단절되고 모방행위가 증가하며 무분별한 지식의 유입으로 부모에 대한 저항을 유발하기 쉽다.

넷째는 영양상태 상승이 미치는 영향이다. 건강, 의료, 성장조건이 좋아지면서 자녀가 조숙하여 청소년문제 발생의 평균연령이 낮아지고 있으며, 일찍부터 신체적으로 부모에 대한 자신감이 생김으로써 저항적이 되기 쉽다.

다섯째는 변화의 속도가 미치는 영향이다. 재생산 주기로 본 생활연령상 세대 간격은 30년 정도를 유지하고 있지만, 사회문화적 세대간격은 반 이상으로 축소되고 있으며 감각적 세대간격은 더욱 빠르게 축소되고 있다. 따라서 부모세대의 학습속도로는 급변하는 자녀세대의 문화 특성을 수용하기 어려우므로 세대갈등이 심화될 수밖에 없다.

(1) 가족 형태의 변화

한국가족은 세대구성에 있어서 지속적인 변화를 하여 왔다. 단독가구를 포함한 핵가족의 비율은 1970년 76.8%에서 2005년 91.6%로 증가하였고, 확대가족은 1970년 23.2%에서 2005년 7.0%로 감소하였다. 단독가구 구성비율도 1980년 1.1%에서 2005년 20.0%로 증가하였으며, 노인단독가구 역시 3.7%에서 18.1%로 증가하였다.

가구당 평균인원수도 점차 줄어들어, 1970년대에는 5인 가족 수준을 유지하였으나 1980년대에 4인 가족 수준으로 줄어들었으며 1990년대 진입하면서 3인 가족 수준으로 축소되어 1995년에는 3.44인으로, 2005년에는 2.9명으로 나타났다. 따라서 소인수 가족화는 더욱 가속화될 것임을 알 수 있다.

자녀 출산율도 1970년 4.5명이던 것이 1980년 2.8명, 1998년 1.48명으로 감소하여, 대부분의 유럽국가(프랑스·영국 1.71, 네덜란드 1.54, 스웨덴 1.52 등) 및 미국(2.03) 등보다 더 낮은 출산율을 나타내었다. 특히 2005년 들어 출산율은 1.08명으로 감소하였다.

핵가족은 고립된 단위인만큼 인간관계의 범위가 부부와 자녀와의 관계로 좁아질 수밖에 없다. 따라서 가족의 안정은 부부 생활의 감정조절과 인간적 융합에 의존하게 된다. 부부사이의 강한 감정적 유대는 오히려 때로는 불만과 실망을 낳게 하여 애정의 냉각을 초래하기 쉽고 인격적 성장이 이러한 위기를 극복치 못하게 될 때 결혼생활은 갈등의 연속이 되기 쉽다. 이러한 부부갈등의 영향은 즉각적으로 자녀에게 전달되고 특히 부모의 영향권에서 벗어나려 하는 청소년 자녀에게는 더욱 부정적인 영향을 미쳐 가족으로부터의 이탈을 촉진하게 된다.

또한 이처럼 핵가족화가 진행되고 자녀수가 축소되면 자녀에 대한 지나친 기대나 과잉보호가 유발되어 합리적인 양육태도를 유지하기 어렵게 된다. 또한 형제관계의 질도 변화되고, 친척들과의 접촉도 감소되면서 상호 부조의 정신이 전수되지 못하게 된다. 특히 조부모를 모시고 사는 경우가 축소되면서 복종의 모델이 사라지고 올바른 예절 문화가 전수되지 못한다. 따라서 핵가족화, 소인수 가족화로 가족원의 집단의식, 협동정신, 인내심 등의 태도 발달이 저해되므로, 청소년문제의 원인을 제공할 가능성이 증가한다.

(2) 가족의 불안정성 증가

우리나라 조이혼율은 1989년 1.0이던 것이 1997년에 2배인 2.0에 이르렀고 1998년에는 1년 사이에 0.6이 상승한 2.6을 나타내었으며, 2003년에는 3.50을 기록하였다. 이러한 이혼 상승률은 세계 최고 수준이라 할 수 있다. 1997년 통계로 비교해 보아도 우리나라 조이혼율은 일본(1.8)을 앞서고 프랑스(1.9, 96년), 독일(2.1, 96년)과 비슷한 수준이다.

특히 1998년 경제위기 이후 이혼율은 엄청난 비율로 증가하여, 경제적인 요인이 오늘날의 우리나라 부부관계에도 결정적인 역할을 함을 보여주었다. 이혼부부의 연령계층별 분포의 변동을 살펴보면, 20대의 구성비는 감소한 반면 40대의 구성비는 증가하는 추이를 보이고 있다. 동거기간이 15년 미만인 경우의 이혼율은 줄어드는 반면, 청소년기 자녀를 두는 시기인 15~20년 미만의 동거자 이혼율은 1989년에 비하여 2배인 16%에 이르고 있다.

또한 이혼율의 증가는 필연적으로 한부모가족의 비율을 증가시키게 된다. 우리나라의 한부모 가구 수는 1966년 39만2천 가구에서 1975년 85만 가구로 증가하였고, 2005년에는 2세대 한부모 가구만이 150만 가구를 넘어서 전체 2세대 가구의 17%에 이르고 있다.

또한 이혼율이 증가하면서 재혼율도 증가하고 있는데, 혼인형태의 비율로 보면 남녀 어느 한쪽 이상이 재혼인 비율이 1989년 10.4%에서 1993년 12%, 2006년 22.8%로 증가하였다. 특히 남녀 모두 재혼인 비율이 큰 폭으로 증가하고 있어 이혼 당시 미성년자녀 동반 비율이 72.2%에 이른 점을 감안해 본다면 자녀를 데리고 재혼하는 경우가 증가하고 있음을 알 수 있다.

(3) 여성의 경제활동 증가

청소년 시기는 제2의 이유기로 불리우는 만큼 부모로부터 이탈하기 쉬운 시기이다. 따라서 전반적으로 부모와의 접촉시간이 감소하고 대화의 질적 측면도 변화한다. 더욱이 사회경제적 이유로 인하여 부모의 직업 생활 비중이 증가하면서 부모자녀간의 상호작용은 더욱 감소해 가는 추세이다.

여성의 경제활동참가율은 1970년 39.3%에서 2006년 50.3%로 11.0% 증가하였다. 이 중 유배우자 및 사별, 이혼자 비율이 75%이므로 우리나라 부부동거가구(총가구에서 단독가구 및 한부모가구 제외)의 50% 이상이 맞벌이가구임을 알 수 있다. 이러한 수치는 이제 우리나라의 맞벌이 가족의 문제가 일부 소수 계층의 문제가 아닌 전 가족과 사회의 문제로 인식되어야 한다는 필요성을 절감하게 하여 준다.

이러한 맞벌이 가족의 증가는 필연적으로 가족원간의 접촉시간을 감소시키는 결과를 가져올 수 있는데, 사실 취업모는 비취업모보다 적은 시간을 가족원과 보내지만 이것이 반드시 가족의 적응에 관련된다고 볼 수는 없다. 그럼에도 불구하고 주말부부와 같이 장기적인 별리 등의 영향은 심각해질 수 있으리라 본다. 실제로 주말부부들의 경우 자녀양육 및 교육의 문제를 심각하게 지적하고 있는 것으로 나타났다(이기숙, 1999).

사실 1980년대 후반 이후 지속적 물가 인상과 소비 확대, 그리고 최근의 경제위기는 중산층 남성생계부양자 가족 모형의 현실적 타당성을 근본적으로 약화시켰다. 특히 환란 이후 가속화된 노동시장 유연화는 임금 수준뿐 아니라 고용 안정성을 근본적으로 약화시켰기 때문에 남성 가장에만 의존한 가족생계 안정화가 매우 어려워지고 있다. 또한 서비스 산업의 확산, 성배제적 고용구조의 완화, 여성의 교육·직업 자격 향상 등으로 고학력 여성의 취업 기회가 최근 점차 확대되고 있다. 이러한 경향들이 합해져 이제 중산층도 남성생계부양자 가족 모형이 축소되고 맞벌이 혹은 여성의존 생계부양이 늘어나고 있다.

(4) 가족 기능의 변화

산업화가 진행되면서 가족의 경제적 생산기능은 직장으로 이전되고, 가족은 소비기능만을 담당하게 되었다. 따라서 가족의 생산 기능 소멸과 소비단위로서의 기능강화로 많은 상품 중에서 어떻게 현명하게 물자구입을 해서 어떻게 현명하게 소비하느냐가 가장 큰 과제가 되었다.

또한 과학문명의 발달과 신지식의 급격한 유입은 전문기술교육의 필요성을 강화시키게 되었다. 따라서 전통적 사회화 과정은 쇠퇴하고 가정 외 교육기관에 의한 기술·직업교육이 중시되면서 자녀에 대한 인성·도덕교육의 주관자였던 가족의 교육기능은 감퇴되고 있다. 이밖에 보호, 휴식, 종교, 오락 등 많은 부차적 기능들이 다른 전문기관으로 넘어가 가족의 기능은 점차 축소되고 약화되어 가고 있다.

그러나 이와 같이 가정의 기능이 약화되고 분화됨에도 불구하고, 현대사회의 과도한 경쟁성과 갈등적 요소들 속에서 애정적 양육을 통한 정서적 안정을 꾀할 수 있는 곳은 오로지 가정이라는 점에서, 현대가족의 애정기능은 과거보다 훨씬 그 중요성이 강조되고 있다. 따라서 현대가정의 여러 기능이 약화된다 하더라도 자녀의 출산 양육기능, 사회화와 정서적 안정의 역할 등은 포기할 수 없는 기능이라고 할 수 있다.

어쨌든 가족의 기능이 축소되면서 가족원들이 가정에서 생활하는 시간이 점차 감소하고, 가정 안에서도 TV 시청, 컴퓨터 게임 등 독자적인 활동 시간이 증가하므로 가족원간의 상호작용이나 대화 시간이 감소할 수밖에 없다. 특히 부모자녀간에 정보전달 채널이 다르므로 의사소통은 더욱 어려워지고 있다. 부모의 교육적 기능과 역할의 감소는 부모의 권위 하락과 연결되어 자녀에 대한 교육, 훈육, 통제가 어렵게 되었다.

(5) 가족가치관의 변화

가족주의와 관련된 문헌들을 종합해서 정리해 보면 한국사회의 변화는 가족주의 가치관의 변화와 그 궤적을 같이 한다. 전환기 사회에서의 가족주의는 가족이기주의를 표면화시켰다. 즉, 우리사회의 가족주의는 사회경제적으로 기여한 바가 크다는 점에서 긍정적인 평가를 내리게 하나, 이기주의화하는 가족의 특징을 증가시켜 사회 전체에 대한 역기능성이 강화된 측면도 있다. 이러한 가족의 변화는 개인적 합리성은 증대시킨 반면 집단적 합리성이 무너진 과정으로 설명되기도 한다.

최근에는 가족이기주의의 강화로 인해 가족의 지위재생산에 대한 강조 및 다른 가족과의 경쟁을 부추기는 양상을 띠고 있다. 가족이기주의로 인해 가족의 역기능적 측면이 증대되어 가족의 반사회적인 성격이 강화된다는 지적이 일고 있다. 사회적이고 민주적인 시민을 길러내야 할 가정이 지나치게 자신의 가족만을 중요시할 때 반사회적인 이기적 집단으로 전락하게 된다.

2. 청소년 문제의 개념과 특성

1) 청소년문제의 개념

청소년문제는 청소년 문제행동 혹은 비행의 관점에서 주로 다루어지고 있지만, 포괄적인 의미로는 청소년 자신들의 가치관 혹은 그들이 지니고 있는 문제, 고민, 욕구좌절, 문제의식 등을 포함하여야 한다. 따라서 청소년 문제는 청소년 비행이나 문제행동뿐만 아니라 청소년이 살고 있는 환경, 청소년의 고민, 일상생활, 가치관 등에 대한 포괄적인 내용을 포함한다(도종수, 1993).

또한 문제행동이란 대다수에 의해 기대되거나 인정되는 행동으로부터의 일탈을 의미하며 구체적으로는 지배적인 사회집단에 의해서 인정되지 않는 행동, 특히 개인이나 집단에게 실질적으로 또는 잠정적으로 신체적이거나 정신적 또는 사회적으로 손상을 주는 것으로 인정되는 행동을 의미한다(Ebel, 1969).

일반적으로 사회적 반작용은 객관적으로 법에 의해 구체적으로 판정된다. 이것은 비사회적 범죄행위, 촉법행위, 우범행위 및 불량행위로 나눠지는데 청소년기에게 있어 문제행동은 주로 우범행위와 불량행위를 말한다. 물론, 광의로는 비행·범죄가 모두 문제행동의 개념에 포함되지만 협의로 말할 때는 우범·불량행위를 지칭한다. 그러나 행위와 실질법과의 관계에서 우범행위는 반사회적 성격이 강하고 불량행위성격을 많이 내포하고 있다. 이러한 행위들은 그냥 방치해 두면 범죄를 저지를 우려가 많다는 데 특징이 있다(한국청소년개발원, 1996).

결국 문제행동이란 어떤 개인이 가정, 학교, 기타 장면에서나 사회생활에서 행하는 개인적으로나 사회적으로 바람직하지 않은 행동을 말한다. 문제행동은 사회적, 문화적, 경제적 기타 여러 조건에 따라 변화하는 것으로 고정적인 것은 아니며 문제행동과 정상행동을 구별하기 또한 상당히 어렵다.

청소년의 문제행동은 성인의 입장에서 보면 신체적, 정신적으로 아직 미숙하여 생활에 책임을 질 수 없는 행동이다. 따라서 사회에서는 법에 저촉되기 전에 문제행동을 통제하고 예방하려 한다.

본 장에서 문제행동을 논의하는 주된 관점은 그 행동을 통제하거나 변화시켜야 할 필요가 있다는 시각에서 출발한다.

그러므로 청소년 문제행동이란 법률의 저촉 여부를 불문하고 학생 청소년으로서 공동의 가치 체계를 침범 또는 그 위험성이 예측되는 것으로 대체적으로 보통 범죄라고 불리는 행위를 비롯하여 사회가 합의하고 있는 도덕적, 관습적, 규범적 규준을 위반한 행위를 의미한다.

문제행동과 비슷한 의미로 일탈, 비행이 혼용되어 사용되고 있는데, 일탈(deviance)은 규범(norm)으로부터 벗어난 것을 의미하며 긍정적 의미와 부정적 의미를 모두 포함한다. 비행(deliquency)은 라틴어로 '과오를 범한다', '의무를 태만히 하다'라는 뜻에서 유래된 것으로 바람직하지 않은 행위라고 불리어진다. 비행은 협의의 뜻에서 반사회적인 행위만을 의미하는 것으로 성인의 범죄행위와 분리 취급하지만, 광의의 뜻에서 반사회적 행위와 비사회적 행위인 불량행위 및 장래에 죄를 범할 가능성까지 포함하고 있으며, 사회가 기대하고 있는 여러 가지 일상적인 행위규범을 어긴 행위까지 포함하고 있다. 다시 말하면 청소년 비행은 청소년기에 일어나는 도덕적, 윤리적, 사회적, 법률적 측면에서의 옳지 못한 행동으로 법률 위반 행위나 사회규범을 위반한 행위를 의미한다.

2) 청소년문제행동의 유형

청소년 문제행동의 유형은 주로 청소년 비행이라는 용어로 설명되고 있는데, 비행이 처벌적 개념을 포함하고 있다면 문제행동은 개인적 부적응과 발달문제를 포함하는 포괄적 개념이라 할 수 있다. 우선 비행은 다양한 유형으로 구분되고 있는데, 맥코드 등(McCord & Zola, 1959)의 외국 학자들은 부모와의 관계성에서 형성되는 성격 역동적 측면에 기초를 두고 사회화된 비행, 신경증적 비행, 정신병질적 비행으로 구분하였으며, 자아 심리학적 접근에서 자아 통정 능력의 정도에 따라 비교적 통정된 비행, 자아의 힘이 약한 비행, 초자아의 결함이 있는 비행으로 구분하기도 하였다, 또한 심각도에 따라 경정도 비행과 중정도 비행으로 구분하거나, 자아통제능력에 따라 충동적 비행, 비사회화된 비행, 사회화된 비행으로 구분하기도 하고, 행위의 지속성과 빈도의 차원에서 단발적 비행행동, 다양한 비행을 단기간 집중적으로 일으키는 비행, 간헐적이지만 반복적인 비행, 지속적인 비행으로 구분하기도 한다 (Weiner, 1982). 국내 학자들로 나철 외 2인(1984)은 여러 학자들의 견해를 종합하여 문제행동유형을 사회화 수준과 공격행위 유무와 행동목표 등 3가지 측면의 상호교차 형태에 따라 사회화 성인 모방행동, 사회화 잠재 공격행동, 사회화 성표출 행동, 비사회화 공격행동, 사회화 비공격행동, 비사회화 학교 규범 회피행동, 비사회화 공격행동이라는 7개의 하위 문제 행동 유형으로 나누었다. 또한 문제행동을 사회적 행동의 형태에 따라 반사회적 행동과 비사회적 행동으로, 범법비행과 신분비행으로, 폭력비행, 재산비행, 성비행 및 지위비행으로 분류하기도 하였다(유혜경, 1987). 이외에도 문제행동 유형을 문제행동의 경중에 따라 잠재적 문제행동, 중정도 문제행동 및 비행행동으로, 가정생활, 학교생활, 사회생활 문제행동 등의 청소년의 생활 영역별로, 도덕적 문제행동, 음성적 문제행동, 물질적 문제행동, 공격적 문제행동으로 분류하기도 하였다(허인수, 1988).

청소년 비행에 관해서는 제 7장에서 자세히 설명될 것이므로 본 장에서는 포괄적 개념으로서의 청소년 문제행동 유형에 대하여 설명하고자 한다.

(1) 문제행동의 일반적 경향

비교적 가벼운 정도의 일탈행동으로부터 범법적 수준의 문제행동에 이르기까지 포괄적인 범주로 볼 때, 청소년 문제행동은 점차 증가하고 있다. 1990년대 후반에는 "우리나라 고3 남학생의 흡연율 41.6%(조선일보, 1999. 9. 6)", "서울시 고교생 월 1회 이상 음주율 43%(경향신문, 1999. 9. 3)", "미혼모 보호시설 입소자의 55%가 10대(대한매일, 1999. 9. 9)" 등의 신문기사가 청소년 문제행동의 경향을 말해 주었으나, 최근 조사(민수홍, 2005)에 의하면 중학교 2학년생의 음주 경험은 30.6%, 절도 경험은 6.9%에 이르는 것으로 나타났다.

조윤정 · 김경신(1999)의 연구에서는 고등학교 1,2학년생의 흡연율 57%, 절도경험 68%, 타인구타경험 73% 등으로 나타나 청소년비행이 상당히 심각한 수준임을 알 수 있으며, 자해행위(22%), 금품갈취(21%), 자살기도(19%), 가출(15%) 등도 주목할만한 비율로 나타났다. 조사대상자의 문제행동유형별 경험에 대해 살펴보면, 전체 410명 중 409명(99.8%)이 한 번 이상 문제행동을 일으킨 경험이 있으며, 하위영역별로 살펴보면 도덕적 문제행동 401명(98.8%), 음성적 문제행동 396명(96.6%), 물질적 문제행동 397(96.8%) 등의 순으로 많이 나타났다. 그리고 공격적 문제행동은 298명(72.7%)이 경험이 있는 것으로 나타났다.

따라서 대부분의 청소년들이 문제행동의 경험을 가지고 있음을 알 수 있으며, 특히 늦은 귀가, 컨닝, 음란물 접촉, 욕설 등은 80% 이상이 경험하였음을 알 수 있어 이러한 행동은 이제 전통적인 문제행동의 범주에서 제외해야 할 것인지를 결정해야 할 것이다.

또한 흡연(56.6%), 절도(68%), 구타(73.3%) 등도 비교적 높은 비율로 나타나 청소년 문제행동의 심각성을 나타내주고 있으며, 유흥업소 출입(39.8%), 이성과의 성관계나 성적 표현(36.1%), 무단외박(31.0%) 등도 점차 일반적인 행위가 되고 있음을 알 수 있다. 그리고 가출(15.4%), 자살기도(19%), 자해행위 (21.7%), 절취(21.2%) 등도 비율은 낮으나 문제행동의 성격상 주목할만한 비율이라 할 수 있다(〈표 2-1〉 참조).

이러한 비율을 1995년에 청소년 대화의 광장에서 실시한 청소년 문제행동 실태조사 결과와 비교해 보면, 다양한 문제행동에서 그 빈도가 증가한 것으로 나타났다. 부정행위 경험(80.5%:65%), 흡연행동 경험(56.6%:30.7%), 외박경험(31.0%:17.9%), 공공기물파괴나 남의 물건을 손상시킨 경험(67.1%:40%), 음란 서적이나 음란 비디오를 관람한 경험(93.2%:70.4%)은 다소 증가하였고, 남을 구타하거나 폭력을 사용한 경우(73.2%:36.7%), 협박을 통해 남의 물건이나 돈을 빼앗은 행동(21.1%:9.8%), 패싸움을 해본 경험(23.7%:11.6%), 가스나 본드를 흡입한 경험(4.9%:2.6%), 혼숙경험(26.6%:13.8%) 등은 두 배 이상의 증가율을 보였다.

〈표 2-1〉 청소년 문제행동의 일반적 경향

	항 목	없다 (%)	있다 (%)	한두번 (%)	서너번 (%)	대여섯 번(%)	많다 (%)
도덕적 문제행동	학교에서 근신이나 경고 처분 혹은 퇴학을 당했던 적이 있습니까?	n=365 (89%)	40 (11.0)	30 (7.3)	6 (1.5)	0 (0)	4 (2.2)
	부모님이나 선생님이 지시한 것을 일부러 어기거나 반대로 행동한 적이 있습니까?	101 (24.8)	309 (75.4)	160 (39.0)	59 (14.4)	18 (4.4)	72 (17.6)
	부모님이 허락한 귀가시간을 어기고 밤늦게 집에 간적이 있습니까?	72 (17.6)	338 (82.4)	93 (22.7)	63 (15.4)	41 (10.0)	141 (34.4)
	가출해 본적이 있습니까?	347 (84.6)	63 (15.4)	38 (9.3)	8 (2.0)	3 (0.7)	14 (3.4)
	부모님 허락 없이 외박을 한 적이 있습니까?	283 (69.0)	127 (31.0)	48 (11.7)	20 (4.9)	13 (3.2)	46 (11.2)
	시험을 위해 컨닝페이퍼를 만들거나 컨닝을 해본 적이 있습니까?	80 (19.5)	330 (80.5)	133 (32.4)	63 (15.4)	31 (7.6)	103 (25.1)
	친구를 왕따시킨 경험이 있습니까?	266 (64.9)	144 (35.1)	90 (22.0)	29 (7.1)	5 (1.2)	20 (4.9)
	계(모든 항목 중 한 가지라도 해본 경험)	9(2.2)	401 (97.8)	401(97.8)			
음성적 문제행동	담배를 피워본 경험이 있습니까?	178 (43.4)	232 (56.6)	67 (16.3)	19 (4.6)	27 (6.6)	119 (29.0)
	유흥업소(호프, 락카페, 나이트클럽, 술집)에 가본 경험이 있습니까?	247 (60.2)	163 (39.8)	60 (14.6)	19 (4.6)	20 (4.9)	64 (15.6)
	이성과 키스나 애무를 한 적이 있습니까?	305 (74.4)	105 (25.6)	44 (10.7)	17 (4.1)	7 (1.7)	37 (9.0)
	이성과 성관계를 해본 적이 있습니까?	367 (89.5)	43 (10.5)	13 (3.2)	5 (1.2)	5 (1.2)	20 (4.9)
	음란전화를 걸어본 적이 있습니까?	332 (81.0)	78 (19.0)	42 (10.2)	10 (2.4)	8 (2.0)	18 (4.4)
	음란 비디오, 음란 사이트, 음란 서적을 본 경험이 있습니까?	28 (6.8)	382 (93.2)	108 (26.3)	73 (17.8)	42 (10.2)	159 (38.8)
	부모님 허락없이 여자친구(들)와 여행을 간 경험이 있습니까?	332 (81.0)	78 (19.0)	34 (8.3)	14 (3.4)	3 (0.7)	27 (6.6)
	환각제나 본드를 사용한 경험이 있습니까?	390 (95.1)	20 (4.9)	7 (1.7)	0 (0)	1 (0.2)	12 (2.9)
	남녀혼숙, 합숙해 본 경험이 있습니까?	301 (73.4)	109 (26.6)	42 (10.2)	24 (5.9)	6 (1.5)	37 (9.0)
	계	14(3.4)	396 (96.6)	396(96.6)			

〈표 2-1〉 이어서

	항 목	없다 (%)	있다 (%)	한두번 (%)	서너번 (%)	대여섯 번 (%)	많다 (%)
물질적 문제행동	상점에서 물건을 훔쳐본 적이 있습니까?	131 (32.0)	279 (68.0)	126 (30.7)	48 (11.7)	27 (6.6)	78 (19.0)
	남의 물건이나 돈을 협박으로 빼앗은 경험이 있습니까?	323 (78.8)	87 (21.2)	43 (10.5)	15 (3.7)	9 (2.2)	20 (4.9)
	경찰서나 파출소에 잡혀간 적이 있습니까?	330 (80.5)	80 (19.5)	41 (10.0)	13 (3.2)	9 (2.2)	17 (4.1)
	계	112 (27.3)	298 (72.7)	298(72.7)			
공격적 문제행동	공공장소의 기물을 함부로 파손하거나 다른 사람의 물건을 파손한 적이 있습니까?	135 (32.9)	275 (67.1)	145 (35.4)	51 (12.4)	16 (3.9)	63 (15.4)
	장난 삼아서라도 다른 사람을 괴롭힌 적이 있습니까?	115 (28.0)	295 (72.0)	138 (33.7)	45 (11.0)	23 (5.6)	89 (21.7)
	다른 사람을 때려본 경험이 있습니까?	109 (26.6)	301 (73.4)	122 (29.8)	57 (13.9)	31 (7.6)	91 (22.2)
	패싸움을 해본 경험이 있습니까?	313 (76.3)	97 (23.7)	53 (12.9)	18 (4.4)	11 (2.7)	15 (3.7)
	오토바이를 타고 질주해 본 경험이 있습니까?	287 (70)	123 (30.0)	52 (12.7)	20 (4.9)	13 (3.2)	38 (9.3)
	심한 욕설을 한 적이 있습니까?	65 (15.9)	345 (84.1)	94 (22.9)	47 (11.5)	31 (7.6)	173 (42.2)
	학교가 인정하지 않은 불량 서클이나 폭력 서클에 가입한 적이 있습니까?	382 (93.2)	28 (6.8)	15 (3.7)	3 (0.7)	1 (0.2)	9 (2.2)
	자살을 기도한 적이 있습니까?	332 (81.0)	78 (19.0)	48 (11.7)	10 (2.4)	2 (0.5)	18 (4.4)
	자해행위를 한 적이 있습니까?	321 (78.3)	89 (21.7)	31 (7.6)	8 (2.0)	6 (1.5)	44 (10.7)
	계	13 (3.2)	397 (96.8)	397(96.8)			
	총계	409 (99.8)	1 (.02)	409(99.8)			

이러한 자료를 비교해 보면 전체적인 문제행동 비율이 증가하고 있음을 알 수 있고, 특히 공공기물파괴나 남의 물건을 손상시킨 경험, 남을 구타하거나 폭력을 사용한 경험, 협박을 통해 남의 물건이나 돈을 빼앗은 경험, 패싸움을 해본 경험이 과거에 비해 많이 증가한 것으로 보아 청소년들의 공격적 문제행동이 더 많이 일어나고 있음을 알 수

있다. 그리고 음란물 접촉의 비율도 눈여겨봐야 할 수치이다.

(2) 문제행동별 특성

① 가출 행동

청소년 가출행동이란 통상적으로 18세 미만의 청소년이 부모의 허락을 받지 않고 24시간 이상 귀가하지 않은 경우로 정의할 수 있지만, 가출동기, 가출 기간, 문제 정도, 가족요인 등에 따라 다양하게 그 유형이 정의되고 있다. 2004년 통계에 의하면 가출 청소년은 16,894명으로, 전체 가출자 63,142명의 26.8%를 차지하고 있다. 2003년 13,374명에 비해서는 3,520명이 증가하여 26.3%의 증가율을 보이고 있다. 이를 성별로 보면, 남자 7,153명(42.3%), 여자는 9,741명(57.7%)으로 여자 청소년이 보다 많이 가출한 것으로 나타나고 있다.

〈표 2-2〉 가출 청소년 현황

(단위 : 명, %)

	1994	1998	2000	2001	2002	2003	2004		
							계	남자	여자
전체	35,865	41,329	59,099	61,319	60,499	60,628	63,142	26,335	36,807
9세~20세	13,522	15,316	18,442	18,276	14,865	13,374	16,894 (100.0)	7,153 (42.3)	9,741 (57.7)

자료 : 경찰청(www.police.go.kr)

최근에는 청소년의 가출행동을 단순한 일탈행동이라기보다는 환경에 의한 피해행위로 간주하는 경향이 증가하고 있다. 즉 부모자녀간 갈등 등 가정적 요인, 교우관계 등 학교적 요인, 유해환경 증가 등 사회적 요인이 작용할 가능성이 크다는 것이다.

이러한 가출청소년은 불신감, 분노, 소외감 등 정서적 문제를 겪을 가능성이 크며 경제, 주거 문제 등이 열악하여 불량집단화될 가능성이 커진다. 또한 교육을 받아야 할 중요한 시기에 결손이 일어나면서 사회적 적응의 지체가 일어나게 된다. 이러한 학력문제는 성인이 된 이후에 빈곤의 악순환을 초래할 가능성을 높여준다. 또한 불건강한 섭생문제, 음주, 흡연, 약물 복용 등으로 한창 성장할 나이에 건강문제를 초래할 가능성이 크며, 부적절한 성경험, 성병 감염, 임신, 미혼모 출산 등의 문제로 빈곤의 세대계승이 이루어지는 계기가 될 수 있다. 실제로 가출청소년의 경우 성적행동 비율이나 성관계 경험이 많고(안창규 외, 1995), 미혼모의 비율도 높게 나타나고 있다.

② 청소년의 성행동 문제

최근 10대들의 성의식은 어른의 상상을 넘어설 정도로 개방되어 있고 적극적인 것으로 나타나고 있다. 그들은 과거에 성은 어렵고 비밀스러운 것이라고 여긴 것과 달리 자신이 책임지고 즐기는 것이라는 의식을 보인다. 청소년대화의 광장(1996)의 상담유형을 보면 여학생의 경우 원치 않는 임신에 대해 물어온 경우가 18%로 가장 많고 남학생의 경우는 성충동, 자위행동 등에 관한 고민 상담이 많았다. 청소년의 성개방성을 조사한 연구에서도(가족과 성상담소, 1997) 여중생이 여고생보다 성에 대해 더 개방적이어서 여중생의 경우 혼전 순결에 찬성하는 비율이 반수 정도인 것으로 나타났다.

과거의 청소년은 막연하게 소설이나 영화에서 보고 이성을 동경한 반면, 지금은 다양하게 성매체를 접할 기회가 증가하고 있고 또한 성관계 등을 직접 해볼 수 있는 기회도 증가하여 성의식이나 성행동의 유형이 매우 달라지고 있다. 청소년들이 성행동을 하는 이유를 보면, 첫째 가족간의 대화단절로 인한 외로움을 들고 있고, 둘째 친구에게 인기를 얻고 싶은 욕구를 들고 있으며, 셋째 친구들의 권유를 들고 있다. 사춘기의 행동은 부모보다는 친구에 의존하는 경향이 더 높아 또래집단의 안정감을 얻고 싶다는 욕구가 성행동을 불러일으킬 수 있음을 알 수 있다. 그리고 넷째는 성행동이 사랑을 검증하는 것이라는 믿음을 가지고 있기 때문이며, 다섯째는 자기 만족이나 부모로부터 독립하려는 욕구 등을 들고 있다. 실제로 청소년 성경험자의 32%가 사랑하기 때문이라는 이유를 들고 있는데(조선일보, 1998), 이것은 청소년의 현실의식이 얼마나 부족한 것인가를 나타내주는 한 단면이다.

실제로 사춘기의 성행동은 호기심과 모방적인 차원에서 이루어질 가능성이 매우 커 그 결과는 실망감과 후회를 경험하게 한다. 따라서 적절한 시기에 체계적인 성교육을 실시해 줌으로써 과도한 호기심을 다스릴 수 있는 능력을 함양해 주는 것이 필요하다. 일부 보도(한겨레신문, 1998)에서 보면 보호시설에 입소한 미혼모 중 10대의 비율이 91년에서 97년까지 24%에서 48%로 2배로 증가하였음을 보여주었다. 이들의 원치 않는 임신은 피임의 실패와 성에 대한 무지가 원인인 경우가 62% 이상이며, 실제로 성경험을 한 청소년의 65%가 피임을 하지 않았다는 응답도 보고되어, 청소년의 성관계가 임신, 낙태, 질병, 미혼모 등과 밀접하게 연관될 가능성이 점차 커지고 있다.

이러한 청소년의 무모한 성행동은 그들의 심리적인 특성 중 하나인 자아중심성과 연관하여 설명될 수 있다. 즉 청소년은 자신이 남과 다른 독특한 인물이며 어떤 사건을 당하더라도 아무런 문제가 생기지 않으며 심각한 사고와 재난이 자신에게만은 예외로 닥치지 않으리라 생각하게 된다(이춘재 외, 1990). 이러한 자아중심성은 청소년의 잘못된 판단과 행동을 자극하고 결국 원치 않는 임신을 하게 되는 소지를 안게 된다.

따라서 임신 등에 대한 교육은 성인들이 생각하는 것보다 조기에 이루어질 필요가 있다. 청소년에 대한 피임 등의 교육이 성행동을 유발하지 않을까 하는 논란도 있으나, 실제로 미국의 연구에서 보면 이러한 교육이 결코 청소년을 성적으로 적극적으로 되도록 자극하지 않는다고 밝히고 있다. 오히려 이미 성적으로 적극적으로 개입한 학생은 성교육 후 십대 출산율을 감소시킨 것으로 나타나고 있다.

청소년의 성의식과 행동은 하루가 다르게 변화하고 있다. 그 변화의 속도도 매우 빨라지고 있으며 미처 사회가 이를 받아들이지 못하는 가운데 다양한 성문제를 발생시키고 있다. 성에 대한 개방적이고 적극적인 사고를 성에 대한 충분한 이해로 지지하지 못하면 성문제는 증폭될 수밖에 없다. 따라서 청소년들의 달라져가는 성의식과 행동에 대한 파악과 이해가 충분히 이루어져 이것을 적절한 시기에 성교육의 내용에 수렴할 수 있어야 한다.

③ 사이버 중독

20세기 중반 이후 정보통신기술의 급격한 발전과 컴퓨터 보급, 네트워크의 발달로 인터넷 사용이 일반화되면서 정보사회가 빠르게 정착되어가고 있다. 특히, 우리나라의 인터넷 사용은 확산기를 지나 성숙·안정기에 접어든 것으로 나타났다. 한국무역협회 발표에 의하면 인구 1,000명당 초고속 인터넷 가입자 수는 136.5명으로 세계 1위를 차지하고 있으며, 이는 세계 2위인 캐나다의 61.2명보다 배 이상 높은 수치이다(한국전산원, 2004). 정보통신부와 한국인터넷진흥원이 실시한 2005년 상반기 정보화실태조사에 따르면 6월 현재, 우리나라의 인터넷 이용률은 71.9%, 이용자수는 3,257만 명으로 전년대비 3.7%(190만 명)가 증가하였으며, 남성의 77.4%(1,783만 명), 여성의 66.3%(1,504만 명)가 인터넷을 이용하고 있어 여성보다 남성의 이용률이 11.1% 높은 것으로 조사되었으나 전체 인터넷 이용자의 남녀 구성비의 차이는 점차 감소하는 추세이다(한국전산원, 2005).

연령별로 살펴보면 20세 미만의 인터넷 이용률은 97.3%, 20대의 이용률은 97.2%이며, 30대의 이용률은 89.3%로 나타났다. 또한 40대 이용률은 67.2%, 50대의 이용률은 34.7%로 나타났다(한국전산원, 2005). 청소년 연령층을 보다 세분화하여 살펴보면, 초등학생의 97.4%, 중학생의 98.7%, 고등학생의 98.5%, 대학생의 경우는 99.7%가 인터넷을 사용하고 있는 것으로 나타났다. 인터넷은 모든 연령층에서 사용하고 있었으나 특히 주사용자는 20대 전후의 연령층인 것을 알 수 있다. 이런 이유로 청소년 세대를 “사이버 세대” 또는 “N세대”라고 하기도 한다. 정보제공 뿐 아니라 생활의 효율성과 편리성을 제공하는 인터넷은 다양한 긍정적인 기능에도 불구하고 인터넷의 과도한 사용으로 인한 여러 부정적인 영향이나 부작용이 나타나고 있다. 또한 인터넷이 가지고 있는 익명성, 탈개인화, 접근의 용이성, 자료 보관의 반영구성 등의 특성 때문에 청소년들을 여러 가지 부정적 행위에 노출되게 한다. 그 예로 청소년들은 거의 무방비 상태로 인터넷에서 유통되는 음란물이나 자살 사이트에 접하고, 인터넷을 통한 성매매, 음란 스팸메일, 사이버 범죄 등에 노출된다. 문제는 사이버 세계에 한 번 빠져들면 헤어나기 어려울 정도로 중독성이 강하다는 것이다(장휘숙, 2004). 이제 인터넷 중독은 개인적 문제만이 아닌 사회적 문제로까지 확대되었다고 볼 수 있다.

한국정보문화센터(2002)는 인터넷 중독의 하위유형을 게임, 채팅, 사이버 섹스, 사이버 정보거래, 정보검색 중독의 다섯 가지 유형으로 나누었다. 이러한 인터넷의 중독적 사용으로 인하여 발생하는 문제로는 신체적 문제, 심리적 문제, 가족관련 문제, 대인관계 문제, 학업문제 등이 나타난다.

인터넷 중독이 야기하는 심각한 문제점으로 VDT(Visual Display Terminal)가 있다. 이는 컴퓨터 앞에 앉아 오랜 시간을 보내는 것으로 인해 가시적으로 드러나는 신체적 증상들을 일컫는다. 지나친 컴퓨터 사용은 눈의 충혈 및 시력 저하, 피로, 두통, 불면, 식욕부진, 근육긴장, 집중력 저하 등의 신체적 증상을 초래한다. 또한 자기 통제가 불가능해지기 때문에 초조, 불안 짜증 등의 증세를 호소하며, 심장박동이 불규칙해지고 부정맥이나 뇌혈류 이상이 생기기도 한다. 지속적으로 과도한 사용을 하게 되면 면역이 약해져 질병에 걸리기 쉬우며, 이로 인해 실생활에서의 기능문제 또한 심각해질 수 있다. 청소년 보호위원회(2004)가 전국의 초·중·고등학생 총 1,865명을 대상으로 인터넷 이용실태를 조사한 결과, 인터넷의 과다사용으로 인하여 56.4%의 응답자가 수면부족과 시력저하, 그리고 신체적 피로를 느낀다고 하였다. 청소년의 인터넷 과다사용은 신체발달에 부정적인 영향을 주는 것으로 나타났다.

인터넷의 중독적 사용은 신체적 문제 뿐 아니라 심리적인 문제를 가져온다. 청소년 보호위원회(2004)의 연구결과에서는 인터넷의 과다사용으로 인하여 성격이 나빠진다고 17.4%가 응답하였다. 인터넷의 과도

한 사용은 심리정서발달에 부정적 영향을 주는 것으로 나타났다. 영(Young, 1999)은 우울과 불안이 인터넷 중독에 영향을 준다고 하였고, 만성적인 낮은 자존감을 경험하는 사람이 인터넷의 중독적 사용이 높은 것으로 나타났다. 또한 국내의 연구에서도 우울의 수준이 높을수록 인터넷을 중독적으로 과도하게 사용을 하는 것으로 나타났다(윤재희, 1999). 김종범(2000)은 낮은 자아존중감과 우울이 인터넷의 중독적 사용에 영향을 준다고 하였다.

골드버그(Goldberg, 1996)는 인터넷에 중독이 되었다면 인터넷 사용으로 인해 중요한 사회적, 직업적, 여가활동이 줄어들 것이고 친구의 감소, 학교와 가정, 직장 일을 소홀히 여기는 것이 위험수준에 이를 것이라고 하였다. 영(Young, 1996)은 인터넷 중독은 다른 중독 장애와 유사하며 중독이 심한 경우는 가상공간만을 통해 즐거움을 느끼게 되고 인터넷을 사용하지 않을 때는 불안, 금단증상, 통제력 상실, 내성 등의 증상이 나타나는 등, 개인적, 경제적 생활면에서 다양한 손상을 경험하고 있음을 보고하였다.

인터넷 중독의 결과는 학생들의 학업부진과도 연관되는 것을 알 수 있다. 영(Young, 1996)은 지나친 인터넷 사용의 결과 학생들이 성적하락으로 인한 갈등을 경험하였다고 하였고, 인터넷을 중독적으로 사용하는 대학생 연구에서는 전반적으로 대학생활 능력이 떨어진 상태로 시험이나 과제를 하는 것에 과도한 부담을 느끼고 공부시간을 효율적으로 사용하지 못하며, 자신의 학점에 만족하지 못하였다. 이와 같이 인터넷 중독은 학업 측면에서도 손상을 주는 것으로 나타났다. 그리피스(Griffiths, 1997)는 인터넷 채팅과 관련하여 이에 매달리는 경우 많은 학생들이 성적저하로 학교에서 도태된다고 하였다. 송명준·권정혜(2000)는 인터넷을 중독적으로 사용하고 있는 대학생의 경우 시험이나 과제를 하는 것에 과도한 부담을 느끼고, 공부시간을 효율적으로 사용하지 못하며, 자신의 학점에 만족하지 못하는 경향이 있다고 하였다. 결국 이들은 대학 자체에 대하여 가지는 호감도 떨어져 학교를 그만

두거나 다른 대학으로 옮기고 싶어 하는 경향을 보였다.

따라서 인터넷 혹은 사이버중독의 문제는 점차 심각해질 것으로 예상되며 청소년의 전반적인 생활 모습에 큰 변화를 초래하리라 예견되고 있다.

④ 청소년범죄행동

청소년 범죄행동은 제 7장에서 설명될 것이므로 여기서는 그 대체적인 발생 경향만을 살펴보고자 한다. 최근 들어 소년범죄(12세 이상 20세 미만)는 점진적인 감소 추세를 보이고 있다. 2004년 소년범죄자 수는 72,770명으로 전체 범죄사건과 비교해 볼 때 5.4%를 차지하고 있다. 이 중 형법에 저촉된 경우가 70.5%, 도로교통법 등 특별법에 저촉된 경우가 29.5%에 해당한다. 형법범 중에는 절도, 폭력 등이 대다수이며 사기, 강도, 상해 등이 뒤따른다.

소년범죄자의 연령별 현황을 보면 14세 미만의 경우 0.9%, 14-15세 이하 21.8%, 16-17세 31.3%, 18-19세 45.9%를 차지하고 있으며, 범행동기는 우발적인 경우가 27.5%로 가장 높고 호기심, 유흥비나 생활비 마련 등이 그 뒤를 잇고 있다. 부모와의 관계를 보면 실제부모가 있는 경우가 69.8%이며 모가 없는 경우 7.9%, 부가 없는 경우 6.9% 등이다. 교육정도는 고등학교 재학 중인 경우가 31.6%로 가장 많고 중학교 재학 중인 경우 13%, 고등학교 졸업인 경우 11.9% 등이다.

⑤ 기타 청소년 문제

청소년 개인의 심리, 정서적 문제 등을 비롯하여 학교 적응문제 등 청소년문제는 이 밖에도 다양하게 나타날 수 있다. 우선 정신건강문제로는 이 시기가 변화가 심한 시기인만큼 정서적 성장통이 동반될 수 있으며 불안, 우울 등으로 자살 충동 등을 강력하게 느낄 수 있다. 해마다 5천여명의 청소년이 자실을 시도하는 것으로 추정되며 이 중 500여명은 실제로 목숨을 잃는다. 15-24세의 청소년의 사망 원인 중 자살이 15.9%로, 교통사고에 이어 2위를 차지하고 있다(통계청, 2001).

또한 청소년 개인의 성격문제도 불안정한 시기적 변화와 더불어 촉발되기 쉬운데, 열등감이 심하여 자기주장이나 표현의 문제가 발생할 수 있으며, 심각한 경우 성격장애로 발전하여 의심형, 고립형, 분열형, 미숙형, 자기도취형, 경계선형으로 되거나, 반사회적, 가학적, 자해적, 수동공격적, 강박적, 회피적, 의존적으로 고착될 수 있다. 이 시기는 흔히 이유없는 반항의 시기로 불리우는 만큼 분노 및 충동조절의 문제가 발생하기 쉬운데, 병리적 도벽 등으로 발전할 수 있다.

교육 및 학습문제는 청소년시기가 학업 스트레스가 가장 강화되는 시기라는 점에서 강조되고 있는데, 기본적인 발달 장애 이외에도 학업부진, 학교 기피 등의 현상이 발생할 수 있다. 이 시기의 학업부진 요인은 선수학습의 결핍, 학습동기 결여, 가정환경문제, 부모자녀관계, 또래집단의 영향, 비효과적 공부방법, 시험불안, 정신건강문제 등이 지적되고 있다. 마찬가지로 학교생활 적응문제로 상습적 지각, 결석, 외톨이(왕따), 교사와의 불안정관계 등이 형성될 수 있다.

그리고 청소년기가 진로 모색의 결정적 시기라는 점에서 진로, 직업 적응문제도 제기될 수 있다. 진로문제 갈등 및 진로 무선정, 직업 부적응과 갈등, 과중한 직업 스트레스 등이 그 예가 될 것이다. 이에 관해서는 제9장에서 다시 언급될 것이다.

3. 청소년문제에 영향을 미치는 요인

1) 개인적 요인

(1) 자아개념

청소년문제행동과 연관된 개인 특성 중에서 경시할 수 없는 변수는 자아개념이나 자존감, 수치심 또는 자아상이다. 이러한 변수와 문제행동과의 관계를 규명한 연구(윤진 외, 1989)에 의하면, 두 변수간의 방향성을 파악하기 어렵지만, 대체로 부정적 자아상과 문제행동과의 관계는 정적인 것으로 나타났다.

(2) 충동성

청소년문제행동과 밀접한 상관을 보이는 개인적 변수 중 최근 들어 선행연구에서 많이 다루어지는 것은 충동성이다. 개인의 충동성과 비행과의 관계를 규명한 연구에 의하면, 각각의 연구에서 사용하고 있는 충동성에 대한 개념정의가 다소 차이가 있음에도 불구하고, 일반적으로 비행청소년의 경우 일반 청소년보다 충동성이 높다는 결과를 제시하고 있다.

조은경(1997)은 충동성을 단순성, 사태의 감정적 처리, 즉흥성, 흥분성, 폭발성, 찰나성, 자유분방성 등을 말하며 판단이나 행동이 기분에 좌우되며 침착성과 자제력이 결여된 상태로 보았다. 이러한 충동성은 정신집중이 흐트러지는 정도, 높은 활동수준, 욕구만족 지연의 불가능, 지속적이지 못한 대인관계, 반사회적 행동 등으로 표출되며, 충동성이 높은 사람은 행동을 취하기 전에 비슷한 능력을 가진 다른 사람보다 심사숙고를 덜 하는 경향이 있다고 보았다. 조은경은 교도소에 수감된 499명의 강력범죄자를 대상으로 한 연구에서 대물범죄인 절도범죄자보다 강력범죄자의 충동성이 높고, 강력범 중에서도 살인범에 비해서 폭력범과 강간범의 충동성이 더 높으며, 조기비행자일수록 충동성이 더 높다고 밝혔다.

(3) 규범에 대한 인지 수준

청소년 문제행동과 관련된 요인으로 자주 언급되는 것은 규범이나 법에 대한 지각 및 인지 수준이다. 억제 이론에 의하면 기본적으로 인간은 합리적인 존재이며, 자신에게 돌아올 손해와 이익을 합리적으로 계산하여 행동한다고 가정한다. 따라서 범죄는 법규 위반으로 인한 손해와 이익을 합리적으로 계산한 결과이며, 범죄를 저지름으로써 받게 되는 손해가 이익보다 크면 클수록 범죄의 발생률은 더 낮아진다고 본다. 법규 위반자에 대한 처벌은 처벌받지 않은 사람에게 범죄로 인해 손해를 보게 된다는 정보를 제공함으로써, 일반 사람의 법규 위반을 감소시킨다고 보며, 이를 법 처벌에 의한 일반적 억제라고 한다(최인섭 · 이성식, 1996). 특히 처벌의 엄격성, 신속성, 확실성이 높을수록 범죄의 가능성은 줄어든다고 본다. 개인을 분석단위로 한, 일반적 억제를 다룬 미시적 연구결과에 의하면, 법 처벌에 대한 지각된 확실성이 범죄 행위의 증가 및 감소에 영향을 준다고 하여 억제효과를 증명해 보이고 있다.

2) 가족적 요인

(1) 부모의 양육태도

부모의 양육태도는 다양한 방식으로 분류되고 있으나, 일반적으로 부모가 지나친 폐쇄성, 방임성, 통제성, 보호성 등의 심리적 특성으로 자녀를 양육하는 가정은 청소년 비행의 주요 원인이 된다는 것이다. 스나이더와 패터슨(Snyder & Patterson, 1987)은 부모의 지나친 처벌, 허용적 양육태도와 자녀의 비행이 관계가 깊다고 하였고, 뮤센(Mussen, 1979)은 부모의 양육태도가 지나치게 통제적이거나 강압적일 때 자녀의 비행의 빈도가 많아진다고 주장하였다. 패링턴(Farrington, 1978)은 부모의 양육태도와 청소년의 공격성향에 관한 연구에서, 강압적인 부모의 양육태도, 범법 경험이 있는 부모, 부부 별거 등이 청소년 비행을 유발하게 된다고 하였다. 심응철(1992) 역시 부모의 양육형태와 비행 유형간의 차이를 본 결과 부모의 양육형태에 따라서 비행에 큰 차이가 있는 것으로 보고하고 있으며, 과잉통제나 과잉보호로 인한 청소년비행이 점차 늘어나고 있다고 하였다. 또한 김준호 등(1990)은 부모의 양육방식과 비행종류와의 관계 연구에서, 부모의 양육방식이 권위적일 때 비행이 가장 많이 이루어지고, 방임과 보호, 민주의 순으로 비행빈도가 나타난다고 하였다.

(2) 부모자녀간 의사소통

알렉산더(Alexander, 1973)도 비행가족과 정상가족의 상호작용을 비교한 결과 비행가족은 방어적인 의사소통이나 가족원 가운데 한 사람에 의한 의사소통의 지배, 또는 대화의 초점이 맞지 않는 등의 혼란된 의사소통을 한다고 하였다.

국내 연구에서도 부모-자녀간의 폐쇄적이고 역기능적 의사소통이 청소년 자녀의 비행과 관련이 있음을 보고하고 있다(김주분, 1994). 정유미 · 김득성(1998)은 가정불화가 잦고 가족간 갈등이 많은 가정일수록 부모와 역기능적으로 의사소통하며 청소년자녀의 문제행동이 높게 나타난다고 하였다. 그리고 권미연 · 전귀연(1998)은 약물남용 청소년의 가족적 특성 연구에서 부모자녀간 의사소통 중 불성실, 윽박 및 평가형이 많은 가정에서 청소년의 약물사용 습관 정도가 높게 나타났다고 하였다.

(3) 부모의 부부관계

부부불화는 가족체계의 긴장유발과 불만요인으로 기능할 수 있고, 이러한 부모 밑에서 성장하는 자녀들은 우울, 부모에 대한 격분, 공포 등으로 죄의식에 사로잡혀 바람직하지 않은 행동을 하게 된다(임종렬, 1995).

그로건과 그로건(Grogan & Grogan, 1971)은 부부간의 갈등과 불화는 자녀의 인격형성 및 사회적 발전을 저해한다고 하면서, 가족 구성원들이 갈등과 긴장감으로 가정생활을 계속할 때 자녀들은 사회에 잘 적응하지 못하게 되고 법의 가치 기준과 행동규칙을 수용할 마음의 자세를 갖추지 못하게 되어 결국 가족보다는 또래의 가치관을 추구하게 되고, 반사회적인 비행집단에 들어가 그 집단의 가치 기준을 받아들이게 된다고 말하고 있다.

이경주(1997)는 어머니의 결혼만족도는 청소년의 행동문제에 영향을 미치는 주요한 변인이라고 하였는데, 즉 부부관계의 질이 낮으면 가족의 결속력과 정서적 유대감이 낮게 되어 청소년 자녀에게 우울, 사회적 위축, 가출, 비행 등의 행동문제를 일으킨다고 하였다. 또한 김선애(1995)도 부부간의 불화가 잦고 가정내 갈등과 충돌이 많을수록 청소년의 문제행동이 많다고 보고하고 있고 김윤희(1990)는 부부간의 관계를 잘 유지시켜 가족의 애정적 결속을 융통성있게 조절하여야 비행청소년이 예방될 수 있다고 하였다.

부부불화의 부정적 결과로 나타나는 이혼은 우선 이혼 당사자에게 여러 가지 문제점을 안겨주지만 자녀 역시 부모의 이혼으로 인하여 상당한 영향을 받게 된다. 학업성적수준의 하락(Hetherington, 1979; Zill, 1988)과 분노, 공격성, 후회, 억압, 죄의식의 감정유발, 동료와 대인관계에서의 문제(Hetherington, Cox & Cox, 1982, Zill, 1988) 뿐만 아니라 부정적 자아개념, 인지능력 저하, 비사회적 행동(Demo & Acock, 1988) 등의 문제까지 수반하게 된다고 하였다. 그러나 최근에는 부모의 이혼이 자녀에게 주는 부정적 영향이 크게 감소한 것으로 나타나고 있는데 이는 이혼의 일반화가 가져온 효과라고도 볼 수 있다.

(3) 가족유형

한부모가족은 경제적, 사회적, 정서적, 도구적 어려움을 경험하게 되며 대부분의 가족이 사회관계망의 변화까지 경험하게 된다. 따라서 가족내 상호작용 뿐만 아니라 새로운 사회적 상호작용에도 적응해야 하는 문제를 갖게 된다. 특히 자녀들은 부모부재 이후에 오는 감정처리나 생활의 변화에 적응해야 하는 정서적 문제와 더불어 증가된 책임량을 완수해야 하는 역할문제, 친구와의 관계나 학업성적에 영향을 받는 학교생활의 적응문제 등 위기적 상황에 직면하게 된다(현온강 · 이순덕, 1992; Hetherington & Anderson, 1989; Wallerstein & Kelly, 1980).

가족유형과 청소년 비행과의 상관을 보면, 서울보호관찰소(1996)의 청소년 보호관찰 대상자의 보호자 유형에서는, 친부모 동거 57.9%, 계부모 동거 22.0%, 한부모 동거 18.0% 등을 이루고 있어, 비행청소년의 한부모나 계부모 동거 비율이 일반청소년에 비하여 높게 나타나고 있다. 또한 사별보다 이혼, 별거의 경우에 비행과 의미있는 관계를 보였다는 연구(김준호 외, 1990)도 있다. 최근 들어서는 점차 단순한 부모 유무보다는 가족의 유형, 기능적 특성들이 더 중요하다는 연구결과들이 증가하고 있으나, 전반적인 가족의 불안정성 증가는 청소년의 발달과 적응에 어려움을 초래하는 것이 사실이다.

또한 이혼율이 증가하면서 재혼율도 증가하고 있는데, 앞서 제시한 대로 보면 남녀 어느 한쪽 이상이 재혼인 비율이 1989년 10.4%에서 2006년 22.8%로 증가하였다. 이혼 당시 미성년자녀 동반 비율이 70% 이상 이르고 있어 재혼가정의 자녀양육문제가 중시되고 있다.

Bray(1988)는 재혼가정의 자녀에게 약간의 우울, 불안 등 내면적 행동장애나 동료관계 혹은 학업에서의 외현적 행동장애가 나타난다고 하였고 청소년의 음주율이 다소 높게 나타남을 보고하였다. 학업성적은 한부모 가족의 경우와 비슷하고 일반 핵가족의 경우보다는 다소 낮은 것으로 나타나고 있다(Zill, 1988).

또한 이들 재혼가정 자녀들이 이혼을 더 쉽게 수용하는 태도를 보이고 있다는 연구결과(Colman & Ganong, 1984)도 있으며 혼전 성관계 비율이 더 높고(Kinnard & Gerrard, 1986), 친구지향적이며 반사회적이라는 연구결과(Steinberg, 1987)도 있다.

청소년자녀는 부모의 이혼보다 재혼을 더 받아들이기 힘들어 하므로 일반적으로 계부모가족은 의사소통이 개방적으로 되지 않아 자녀의 문제행동을 야기시키기도 한다(최연실, 1995; Lamanna와 Riedmann, 1991).

최근에는 과거와 달리 재혼 후의 계부모관계를 수용적이고 긍정적으로 이해하려는 경향이 증가하고 있다. 그러나 초혼보다는 재혼에서의 이혼율이 더 높게 나타나고 있어, 자녀가 받는 연속적인 상처는 심각한 손상을 가져올 수 있다.

(4) 가족기능성

기능적인 가족관계의 경험이 결핍될 경우에는 대인관계 및 사회적응 등의 사회생활에 어려움을 겪게 되며 사회규범일탈, 문제행동, 비행, 범죄 등의 발생원인이 될 수 있다. 특히 최근에는 일 대 일의 가족관계보다 가족의 기능성이나 역동성에 대한 관심이 커지고 있고 실제적으로 이의 영향력도 증가하고 있다.

맥코드와 졸라(McCord & Zola, 1959)는 가족기능성을 알아보는 변인으로 가족간의 결속력에 대한 연구에서, 결속력있는 가족이 결속력 없는 가족과 비교하여 자녀의 문제행동 발생이 적다고 보고하고 있다. 가족의 기능성 중에서 특히 가족의 건강도 혹은 유능성은 가족체계의 전반적인 체계적 기능(Beavers와 Hampson, 1993)으로 정의되며 체계 발달의 개념에 기초하고 있다. 따라서 가족의 건강·유능성 수준이 높을수록 가족체계의 기능은 효율적이며 건강하다. 송성자(1987)의 연구에 따르면 가족의 건강·유능성이 결핍될 경우 대인관계 및 사회적응 등의 사회생활에 어려움을 겪게 되며 사회규범일탈 및 문제행동 등의 발생원인이 될 수 있다고 하였다. 즉 역기능적인 가족적 특성이 역기능적인 인간을 만든다는 것이다.

(5) 부모의 개인적 요인

최충옥(1993)은 부모의 낮은 소득수준 즉 가정의 빈곤상태는 문화실조를 초래하여 비행 속성을 유발한다고 하였으나 정기숙(1993)은 빈곤은 가정내 훈육 및 경험, 가족해체에는 영향을 미치나 비행에는 간접적으로만 작용한다고 하였다. 그리고 권미연·전귀연(1998)은 자녀의 약물 사용 습관 정도는 부모의 도박, 외도, 음주, 흡연과 상관이 있다고 하였고, 정기숙(1993)도 반사회적 가족이 범죄의 전달매체라고 하였다.

이상과 같은 다양한 가족변인의 검토 결과를 보면, 청소년 문제행동 혹은 비행방지를 위해서는 기본적으로 부모의 양육태도를 비롯한 부모자녀관계의 질적 수준이 매우 중요함을 알 수 있으며 이것의 실천적 방법으로서의 기능적 의사소통을 중시하여야 함을 알 수 있다. 또한 효율적인 가족관계 이외에도 특히 가족유능성, 적응성, 결속력 등 가족 전체의 기능성이 매우 중요함을 알 수 있다. 그리고 부모의 부부관계 역시 청소년의 가정환경의 하나로서 중요한 영향을 미치므로, 직접적인 자녀교육 이외에도 부모가 일상생활이나 인간관계의 모델이 되어주는 것이 필요함을 다시 한 번 확인할 수 있다.

3) 또래 및 교사관련 요인

일반적으로 비행 또래집단과 자주 어울리게 되면, 비행가치에 내면화되거나 동조적 성향을 보며 비행에 가담하기 쉽다고 한다. 특히, 관심과 사랑을 충분히 받지 못하는 청소년은 나름대로 자신의 자아를 지지해 줄 타인을 찾게 되고, 비행집단을 통한 유대감과 소속감이 비행가치를 쉽게 받아들이게 되어 행위화시킨다고 한다.

권정혜, 이봉건과 김수현(1992)은 중학교 1학년생의 숨은 비행에 미치는 영향을 분석한 바, 부모관련 변수보다 또래에 의한 수용 또는 배척여부가 비행을 예측하는 중요 요인으로 나타났다. 문은영(1993)의 연구결과에서도 또래로부터 배척받는 청소년집단과 또래와의 갈등 상황에서 화를 내어 문제를 해결하려는 청소년집단은 비행빈도가 더 많은 것으로 나타나 또래 집단의 성격이 비행에 영향을 미치는 것으로 나타났다.

패터슨(Patterson et al., 1989)은 또래 배척의 효과를 장기종단적인 관점에서 인과모델을 제시했다. 아동 초기에는 부모의 비효율적인 양육방식과 가족의 환경적 맥락이 아동의 품행장애를 유발하고, 아동 중기에는 초기의 품행장애가 학업성적 부진과 또래 배척으로 진전이 되어 아동 후기나 청소년에 이르면 일탈또래집단에 가입하여 청소년이 만성적인 비행에 가입하게 될 수 있다고 제시하였다. 즉, 부모나 또래관계, 학업수행 등이 비행에 영향을 미치는 주요 변수이지만, 아동발달단계에 따라 각 변수의 영향력은 다를 수 있다는 것을 시사하고 있다.

또한 청소년들이 학교 생활에서 만족스럽게 잘 적응해 나가는 것은 청소년의 성격 형성과 사회성 발달에도 상당한 영향을 미친다. 학생들이 학교에 애착과 참여가 낮고 무단 결석이 많을수록 범죄와 관련이 있다는 보고들이 나오고 있다.

특히 근래와 같이 학교내 폭력 집단 등 불량 교우 집단이 난무하는 경우에는 청소년들의 비행화 소지가 많으며, 일반 다른 청소년들도 심리적으로 학교 생활에 불안을 느끼기 쉽다.

김준호(1990) 역시 청소년 비행을 유발하는 하나의 중요한 요인은 학교교사의 공부압력이라고 지적하였고, 교사에 대한 불신과 반항도 비행초래 요인으로 제시하였다.

제3장

청소년복지의 이해

1. 청소년복지의 개념

1) 복지 및 사회복지의 개념

복지 즉 welfare란 단어는 '평안한 상태 혹은 만족스런 상태'의 의미인 'well'과 '지내다, 해나가다, 일이 잘 되어 나가다'의 뜻인 'fare'의 복합명사이다. 따라서 welfare란 일반적으로 '평안히 잘 지내는 상태'를 의미한다. 여기에 'social'이란 형용사를 붙여 사회복지 개념이 되면 '사회적으로 행복하고 만족스런 상태를 행하는 것'을 뜻하게 된다.

따라서 인간이 만족스런 상태가 되기 위해서는 무언가 열심히 추구해야 한다는 의미로 받아들여질 수 있으므로, 복지는 목적적 개념이며 동시에 실천적 개념이 될 수 있으며, 사회복지는 이에 덧붙여 사회적으로 목적을 수립하고 체계화된 활동을 행하는 것을 의미하게 된다.

그러나 인간의 행복이란 추상적 개념은 다양하게 접근될 수 있어, 사회복지의 용어에 대한 정의를 통일시키기 위한 많은 노력이 있어 왔지만 아직도 다양한 개념이 혼재되어 사용되고 있는 것이 사실이다. 용어뿐만 아니라 그 실천 내용에 있어서도 국가, 사회마다 다르게 이해되고 사용되고 있다. 광범위한 사회복지 개념에 포함되어 사용되고 있는 용어들은 사회복지의 전문적 접근이라 할 수 있는 '사회사업(social service)', 최저생활의 확보를 위한 사회적 제반 서비스의 총칭인 '사회서비스(social service)', 사회적 취약성을 보완하고 지원, 보호해 주는 '사회안전(social security)' 등이 있다.

사실 사회적 문제는 어느 사회, 어느 시대에나 존재해 왔다. 특히 사회가 산업화되면서 전통적으로 인간의 안전을 책임졌던 사적 제도들이 사라지면서 공적이고 형식적인 사회서비스 체계를 필요로 하게 되었다. 따라서 사회복지는 인간의 기본적인 욕구 만족을 보장해 주기 위한 산업사회의 새로운 선택이며 과학적 제도라 할 수 있다.

2) 청소년복지의 개념

청소년복지는 말 그대로 청소년과 복지의 복합체이며 사회복지 영역을 광범위하게 볼 때에는 고유한 한 부분이 될 수 있다. 그러나 청소년의 개별적 특성과 고유성을 이해하여야 한다는 점에서 기본적으로는 인간발달과 심리사회적 특성에 관련된 기초 이해를 필수적으로 요구하며, 실천적 방법론으로서 청소년복지를 포함할 수 있다. 그러한 의미에서 '청소년'에 초점을 둘 경우 '청소년학'의 한 부분으로 이해할 수 있겠고, 사회복지적 실천과 방법론에 초점을 둘 경우 '사회복지' 영역의 한 부분으로 이해될 수 있겠다. 그러나 청소년이 그 주인이요 소재가 될 수밖에 없다는 점에서, 또한 사회복지의 총체적인 구조와 방법론적 이해를 중시하여야 한다는 점에서 '청소년복지'는 이 두 가지가 보완적으로 접근되어야 한다.

청소년기본법에서는 청소년복지의 범주를 청소년에 대한 교육, 직업훈련, 의료보호, 수련활동 등의 시책과 함께 청소년관련매체에 대한 지원, 청소년유해요인 정비, 청소년의 비행예방을 포함하고 있다.

이러한 포괄적 개념에 기초하여 정의된 청소년복지는 가정이나 사회로부터 버려지거나 적응하지 못하는 청소년들뿐만 아니라, 모든 청소년들의 안녕을 위하여 청소년들의 기본적 욕구를 충족케 하고, 정신적·정서적·신체적으로 최상의 발달을 기하기 위하여 청소년 자신들에게 직접적으로 또는 가정이나 사회를 통해 간접적으로 제공되는 모든 사회제도적·전문적 활동이다(김성이, 1993; 한국청소년개발원, 1993).

또한 청소년복지는 사회복지분야 중의 하나로서 청소년의 기본적 욕구의 충족과 건강한 성장·발달의 촉진은 물론, 청소년이 현재 사회구성원의 한 사람으로서 주체적인 삶을 영위하도록 하고, 더 나아가 청소년을 둘러싼 환경이 청소년의 성장을 돕기 위해 최적의 기능을 발휘할 수 있도록 청소년과 가정·사회를 통해 직·간접적으로 제공되는 모든 사회정책과 관련제도 및 전문적 활동이다(홍봉선·남미애, 2000).

송정부(1992)는 청소년복지는 사회복지의 하위범주로서 청소년이 사회활동을 유지, 발전시킬 수 있도록 작용하는 제도, 정책, 행위의 체계를 발하며, 사회생활의 기본적 요구와 관련하여 경제적 안정, 직업적 안정, 가족적 안정, 보건·의료보장, 교육의 보장, 사회참가 내지 사회적 협동의 기회, 문화오락의 기회를 충족시키는 과정이라고 보았다.

아동과 청소년을 함께 묶어 아동·청소년복지의 개념을 정의한 장인협·오정수(2000)는 사회제도로서의 아동·청소년복지는 사회구성원으로서 아동·청소년의 기본적인 욕구를 충족시키고 건강한 성장과 발달을 도모하기 위하여 여러 가지 활동을 가능케 하는 공적인 방법과 절차를 말한다고 하였고, 사회체계로서의 아동·청소년복지는 아동·청소년복지를 인접체계와 끊임없이 상호작용하며 변화해 가는 사회복지의 하위체계로서 간주하였으며, 프로그램과 서비스분야로서의 아동·청소년복지는 소득보장, 영 유아보육, 입양, 가정위탁, 시설보호, 재가복지, 강제보호 서비스, 학교사회사업 서비스 등이 포함된다고 하였다.

전정태(1997)는 청소년복지란 가정, 국가 및 지방자치단체, 기업 및 노동조합, 사회단체 등이 주체가 되어 청소년이 가정이나 직장 내외의 생활을 통하여 신체적, 정신적, 사회적으로 조화될 수 있는 발달을 보장하고 아울러 생활복지의 증진 및 문화생활의 향상을 도모하고 건전한 가정을 통한 인격도야의 기회를 부여하는 활동을 말한다고 하였다.

노혁(1998)은 청소년복지는 사회 지향적이며, 사회적 문제예방과 청소년의 사회문화적 특성을 고려한 보완적 복지지원의 범위에서 프로그램과 사업이 체계화되고, 사회보장적 기능보다는 복지활동 프로그램과 기반을 구비한 전문적인 기능적 복지활동의 방법으로서 접근되어야 한다고 보고 있다.

따라서 이러한 정의들에 기초하여 볼 때 결론적으로 '청소년복지'란 '청소년이 신체적, 정신적, 정서적으로 건강하게 성장, 발달하고 사회인으로서의 적응하고 기여할 수 있도록, 청소년 개인과 그를 둘러싼 환경적 요인을 최적화시키고 상호적인 발전이 가능하도록 지원하는 제반 사회정책과 관련제도 및 전문적 활동'으로 정의할 수 있다.

2. 청소년복지의 의의와 목표

청소년이 나라의 동량이며 기둥이다는 표현을 흔히 사용함에도 불구하고 청소년을 아동의 연장선상에서 보아 왔던 전통적인 인식구조로 인하여 청소년문제를 사회문제로 보고 청소년 복지를 국가의 정책으로 해결해야 한다는 인식이 생겨난 것은 최근의 일이다. 이처럼 정책적으로 청소년에 대한 접근이 일어나게 된 배경을 지적하면서 청소년복지의 의의를 살펴보면 다음과 같다.

첫째, 인간의 발달주기가 변화하면서 청소년기가 전반적으로 확대되었다. 복지의 포괄적 대상으로서 사춘기의 신체적 변화로부터 독립에 이르기까지를 포괄적으로 청소년기로 본다면, 조숙으로 인한 사춘기로의 조기 진입, 교육기간 확대, 결혼 및 독립의 지연 등의 사회적 변화는 청소년기의 전반적인 기간을 연장시켜 왔다. 따라서 청소년인구가 1990년대에는 전 인구의 1/3을 차지하게 되었다. 2000년 이후 이러한 비율은 1/4 이하로 줄어들고 있지만 청소년인구가 장차 사회 주요 구성원으로서 우리 사회의 미래를 책임진다는 측면에서 그 양적인 규모를 결코 무시할 수 없다. 따라서 이들의 삶의 질은 지속적으로 국민의 삶의 질을 결정한다 하여도 과언이 아닐 것이다.

둘째, 청소년 시기는 아동에서 성인으로 진입하는 중간 시기로서 인간의 양적 성장 발달이 완성되며 자아정체감, 독립능력 등 사회구성원으로서 살아가기 위한 기본 소양을 완성하는 시기이다. 따라서 청소년 개개인이 이때 어떠한 자아관을 가지고 자기 능력을 개발해 나가느냐에 따라 국가의 미래가 결정된다 하여도 과언이 아닐 것이다. 특히 이 시기는 인간에 대한 교육훈련이 피크를 이루는 시기로서 이러한 환경적 조건이 결여되어 성장을 마무리하지 못하거나 하는 치명적 결핍이 일어나지지 않도록 각별히 보호해 주어야 하는 시기이다. 국가의 입장에서도 청소년기는 각종 자원의 투입이 집중되어야 하는 인적자원개발의 가장 핵심적인 대상이기도 하다. 복지의 개념에 목적적인 개념이 포함되어 있다면, 청소년복지야말로 효율적인 '투입'으로 최선의 '산출'을 꾀하여야 하는 영역이다.

셋째, 물질만능주의적 사회 변화 속에서 인간은 각종 이익집단의 공격에 무방비 상태로 노출되기 쉽다. 특히 신체적으로는 성인에 접근하나 자아의 확립이 불완전하고 독립적 능력이 취약한 청소년들은 이러한 환경의 변화에 매우 민감하게 반응하기 쉽다. 따라서 청소년은 유해환경으로부터 가장 노출이 쉬우며 동시에 가장 보호되어야 할 집단이라 할 수 있다. 사회, 국가적으로 적극적인 보호 정책을 통하여 원만한 성장이 마무리될 수 있도록 하여야만이 국가사회의 복지의 총량이 확보될 수 있다. 따라서 청소년복지는 사회의 변화에 가장 민감하게 반응하여야 하는 영역이며 그 당위성과 대응성이 가장 두드러지는 부분이다.

따라서 이러한 청소년복지의 의의를 기초로 하여 볼 때, 청소년복지는 모든 청소년이 심신의 불완전한 상태를 극복하는 정상화를 지향하며, 다양한 서비스의 제공은 결국 이들이 원만한 인격체로 성장할 수 있는 바람직한 환경의 조정을 위한 제도적 개선을 지향한다(오영재 외, 2004).

이 같은 청소년복지의 목표를 단순히 청소년 개인과 가족, 사회 등의 대상 중심으로 열거하면 첫째, 청소년 개인의 정상적인 성장과 발달을 지원하여 건강한 청소년 개체를 성장시키고자 하며 둘째, 청소년들이 건강한 양육 환경 속에서 성장을 마무리할 수 있도록 특히 양육의 기본 터전인 가족환경을 강화시켜 주고자 하며 셋째, 청소년과 그 가족을 둘러싼 사회환경적 조건을 광범위하게 개선함으로써 직간접적인 성장환경을 조성하여 주고자 한다.

연관된 구분이긴 하지만 또 한편으로 청소년복지의 목표를 청소년에 대한 지원 서비스의 유형 및 수단별로 살펴보면, 첫째, 의식주생활, 교육 등 청소년의 기초 성장에 필요한 서비스 제공과 지원을 하고자 하며 둘째, 청소년 부적응에 대한 예방과 치료서비스를 실시함으로써 보다 질적으로 고양되고 지속적인 국가 사회적 인적자원의 성장 목표를 달성하고자 하며 셋째, 범국가 사회적인 인프라, 즉 청소년보호 법과 제도, 유해환경 규제, 청소년 노동시장 조정 등 응용적이고 타 분야와 복합적인 협조영역의 서비스를 통하여 체계적인 청소년 지원 기능을 강화시키고자 한다.

두 번째 구분에 기초하여 청소년복지의 목표를 좀더 구체적으로 살펴보면, 우선 첫 번째의 청소년 기초성장 지원에 있어서는 무엇보다 양육과 교육 지원에 의한 개인 복지 실현이 우선이라 하겠다. 청소년기가 성장을 마무리하는 시점이라는 점에서 개인의 성장과 발달을 위하여 이 두 가지가 지원되지 않을 때 복지의 달성은 기대할 수 없기 때문이다. 청소년 양육은 성장에 필요한 의식주 등 기본 생활 조건이 제공되어야 하므로 청소년이 발달주기에 맞는 성장발달을 할 수 있도록 지원이 이루어져야 한다. 특히 청소년 양육의 터전이 가족이라 할 때 가족의 물질적, 정서적 결핍을 보완해 줌으로써 청소년 개인이 성장 발달을 완수할 수 있도록 지원해 주어야 한다. 그러한 의미에서 소년소녀가장·시설보호청소년·영세청소년 등 요보호대상이 되는 불우청소년들이 사회의 보호 속에서 떳떳하게 살 수 있도록 사회부조제도를 내실화하고 각종 후원제도를 마련하여 인간적 생활의 영위가 가능하도록 하는 것이 중요하다.

그리고 교육은 가정과 사회의 공동 책임이나, 특히 이 시기의 특성상 학교 교육의 역할이 강조될 수밖에 없다. 바람직한 교육환경의 조성, 다양한 능력과 개인차가 존중되는 교육을 제공함으로써 진정한 성장의 개념을 실현하면서 청소년들의 행복과 안녕이 보장될 수 있어야 한다. 학교교육은 개인이 갖고 있는 잠재가능성을 최대한으로 개발하여 인류문화와 문명사회에 공헌케 하는 동시에, 개인의 존재가치와 의미를 충족하게 하는 데 있으며, 더 나아가서 인류문화의 전수를 위한 사회화를 촉진하고, 과거와 현재의 인류역사를 영속케 하며, 미래를 개척하고자 하는데 있다. 즉 성인으로 활동하게 될 청소년들에게 바람직한 활동능력을 갖추어 주고, 나아가서는 변화하는 사회 환경에 잘 적응하도록 교육·훈련을 통하여 준비시켜 주는 데 있다. 청소년이 책임감을 성숙시키고 자육적인 의사결정능력을 개발해 주어 이들이 원만하게 자신들의 생활을 영위할 수 있는 힘을 길러 주도록 노력해야 한다.

청소년복지의 두 번째 목표인 청소년 부적응에 대한 예방과 치료서비스는 청소년 시기가 매우 불안정하고 혼란된 시기이므로 자칫 건강성을 상실하기 쉬운 청소년들을 바람직한 방향으로 유도하고 개선함으로써 성장 지체가 일어나지 않도록 도와주고자 하는 목표이다. 특히 청소년의 특성별로 그들이 처해 있는 상황을 고려하여 전반적인 사회화의 과정을 잘 파악하고 그 문제점을 시정할 수 있도록 구체적인 서비스를 제공하는 것을 의미한다. 이 영역에서 제공되는 서비스는 청소년의 비행이나 문제를 미연에 방지하는 것을 목적으로 하는 예방적 성격이 강하며, 동시에 체계적인 서비스 제공을 위해서 복지 서비스의 제도화가 필요하다. 특히 예방적 복지는 학생·청소년·근로청소년·군인 청소년·실직청소년 등 청소년의 특성에 따라서 적절한 복지 서비스가 제공됨으로써 그 목표가 실현될 수 있다.

이러한 청소년복지의 목표는 청소년문제의 예방뿐만 아니라 치료와도 연결되는데, 즉 비행청소년문제와 불우청소년문제와 관련하여 사후적이고 치료적인 방법을 지원하는 것이다. 각종 상담, 교정교화 사회사업을 통한 청소년의 사회 복귀 지원 등도 그 한 수단이 될 수 있다.

청소년복지의 세 번째 목표인 범국가 사회적 인프라 조성을 통한 체계적인 지원 실현은 최근의 사회 환경 변화를 감안할 때 가장 크게 요구되는 부분이라 할 것이다. 사회문화적 환경의 개선은 청소년의 가치관 형성에 부정적 영향을 미치는 환경을 극복하여 바람직한 가치관의 형성을 위한 새로운 긍정적 준거(positive reference)를 제공하는 것을 목적으로 한다. 청소년을 둘러싼 사회 일반의 가치와 규범체계로 이루어진 사회문화적 환경의 개선을 위해서는 오늘날 청소년들의 가치관 형성에 있어 부정적인 영향을 미치는 편법주의와 같은 도구주의적 문화, 이기주의·경쟁주의 등의 반 공동체적 문화, 성장주의·물질주의 등이 극복되어야 한다. 가치혼란이나 가치부재를 극복하고 있는 새로운 사회윤리의 창출 그리고 자신과 타인의 권리를 동시에 인정하는 평등과 참여와 같은 공동체적 가치의 정착을 통해서 사회문화적 환경이 개선되도록 해야 한다.

이를 위하여 청소년의 정신과 신체에 부정적 영향을 미치는 유해 환경 규제, 청소년 보호를 위한 법과 제도의 정비가 이루어지는 등 사회 인프라의 구축이 필요하다. 또한 일찍부터 노동시장에 노출되는 청소년을 위하여 이들이 사회 생산 인구로 정착할 수 있도록 보호, 지원해주고 적절히 개입함으로써 사회인으로서의 성장을 도와주고 삶의 질을 향상시켜 주어야 한다. 근로청소년들을 위한 복지증진을 위해서는 임금과 노동시간 및 작업환경·시설 등의 근로조건의 개선을 위한 기업복지, 직업훈련과 알선사업 등의 고용정책, 여가 및 문화활동을 지원하기 위한 사업, 근로청소년을 위한 주택, 보건위생을 위한 사업이 포괄적으로 다루어져야 한다. 군인청소년에 대한 복지는 우리나라와 같은 모병제하에서 거의 대부분의 청소년들의 군대를 가게 되어 있어 군인사회복지사와 같은 제도의 도입이 요구된다. 실직청소년에 대해서는 경제적 어려움과 사회적 소속감의 문제를 해소하기 위한 서비스를 제공함으로써 이들이 비행화하는 것을 예방해야 한다. 고용을 위한 서비스의 실업상태에서 작업을 위한 기술과 지식교육은 적극적인 대책이 될 것이다(오영재 외, 2004).

3. 청소년복지의 발전과정

최근에 들어 청소년들의 성장 속도가 빨라지고 정보매체에 노출되는 등 전통적인 방법으로 청소년을 다루어 나가는데 한계를 느끼게 되면서 청소년문제에 대한 인식이 확대되고 국가의 개입과 대책이 적극적으로 요구되게 되었다. 이제 청소년관련문제는 더 이상 가족 내의 문제가 아닌 전체 사회의 문제로서 다루어져야 하며, 가정, 사회 국가가 종합적으로 협응적으로 이에 대응하여야 하는 시점이 되었다.

그러나 최근까지도 우리나라의 청소년복지는 아동복지의 연장선으로 다루어져 왔으며 현재의 관련 제도나 법에서도 이러한 구분이 모호한 경우가 있다. 또한 청소년복지가 단독으로 국가적 차원에서 정책적으로 다루어지고 공적 제도로 접근하게 된 것도 1990년을 전후한 극히 최근의 일이라 할 수 있다.

이러한 이유는 청소년기를 가정 안에서 보호되고 성장되어야 하는 아동기의 연장으로 보았기 때문에 공적인 개입이 이루어져야 한다는 인식의 전환이 더디었고 특히 문제에 대한 인식은 있으나 학교교육의 테두리 안에서 교육적인 접근 대상으로 바라보았기에 복지적 접근이 이루어지기 어려웠기 때문이다. 현재도 공적제도 상으로 청소년 관련

기구, 단체, 주무 부서 등은 복지분야로 통합되어 있지 않은 형편이다.

이처럼 청소년복지의 발전과정이 일천하지만 그 태동으로부터 포괄적으로 청소년복지의 발전 과정을 살펴보면 크게 3단계로 구분할 수 있는데, 해방 이후~1961년까지를 청소년복지의 태동기로, 미성년자보호법과 아동복리법이 제정된 이후 1987년까지를 청소년복지의 도입기로, 청소년육성법이 제정, 실시되기 시작한 1988년 이후 현재까지를 본격적인 확대기로 보는 것이 일반적이다. 이러한 청소년복지의 발전과정은 기존연구들(김성이, 1995; 이용교, 1995; 홍봉선·남미애, 2001; 오영재 외, 2004)을 토대로 다음과 같이 정리할 수 있겠다.

1) 청소년복지의 태동기(1945년~1961년)

일제 하에서는 우리나라 청소년을 위한 독자적인 제도와 체제가 부재하였다고 보고 1945년 해방 후부터 아동복리법과 미성년자보호법이 제정된 1961년까지를 청소년복지의 태동기로 볼 수 있다. 이 시기에는 청소년복지가 아동복지와 그 영역이 구분되지 않았으며, 다른 사회복지의 다수 영역에서도 그러하듯이 아동 및 청소년복지 서비스도 일시적이고 구호적인 수준에서 이루어졌다.

이 시기의 공공구호대상은 65세 이상의 무의탁노인, 6세 이하의 아동을 부양하는 여자(모), 13세 이하의 아동, 불치의 병으로 신임하는 사람, 요보호임산부, 심신장애자 등이었다. 따라서 긴급구호의 대상은 요보호아동·여성·노인·장애인이었고, 연령적 기준으로 볼 때는 청소년은 포함되지 않았음을 알 수 있다.

또한 이 시기에 정부(사회부)는 '후생시설 설치기준'(1950)을 공포하여 아동시설을 '인가시설'로 하였다. 이 기준은 6·25로 발생된 수많은 전쟁고아를 수용 보호하는데 근거가 되었으며, 이후 '후생시설 운영요령'(1952)으로 강화되었다. 이에 의하면 아동시설을 영아원·육아원·감화원 등으로 구분하고, 이 밖에도 후생시설을 모자원·정신치료감화원・불구자수용원・맹아원・직업보도원・양로원 등으로 구분하였다. 이러한 제도적 장치를 통하여 비로소 정부의 개입과 책임이 강조되기 시작하였다.

이 시기에는 청소년 연령층의 많은 수가 학교교육 대상이 되지 못하고 근로 현장으로 나가게 됨에 따라 청소년복지는 근로정책과 관련하여 시행된 것이 대표적이다. 미군정은 '아동노동법규'(1946)에서 아동의 노동을 보호하기 위하여 상공업체 고용금지(14세 미만), 중공업체 또는 유해업체 종사금지(16세 미만), 위험직종 또는 유해직종 종사금지(18세 미만), 그리고 일일노동시간의 제한(16세 미만 8시간 이내)을 규정하였다. 여기서 등장하는 연령적 기준이 청소년계층을 일컫는다는 점에서, 18세 미만 '근로청소년'을 보호하기 위한 최초의 규정이란 점에 그 의의를 둘 수 있다.

한편으로 범법에 대한 사회적 인식과 그 규제의 필요성은 비교적 일찍부터 시작되었는데, 비행청소년에 대한 법령으로 1942년에 소년령이 제정되고, 경성소년재판소(1942)란 소년법원이 설치되었다. 또한 반사회적 성향을 가진 20세 미만 소년의 생활환경 조정과 성행교정을 위해 보호처분을 행하고, 형사처분에 있어 특별조치를 하기 위한 소년법(1958)이 제정되었다.

청소년 연령층에 대한 혼란과 차이는 이 시기에도 이미 존재하여, 시설보호의 대상은 13세 이하로 제한하였으나, 근로아동은 18세 미만, 비행소년에 대한 규제 기준은 20세 미만으로 확대되었다. 이는 자립도의 정도에 따라 기본권에 해당하는 생계 관련 복지 서비스는 아동에 한정시키고, 노동과 인권의 차원에서는 그 대상을 청소년까지 확장시켰다.

이 시기의 청소년복지는 그 이전에 비하여 비록 아동에 포함하여 규정하고 있으나 청소년에 대한 일부 접근이 시도되었다고 할 수 있으며, 청소년 특성에 대한 별도의 인정과 인식보다는 자립도가 부족한 청소년을 지원하고 청소년 인권이 침해되지 않도록 규제하는 선에서 이루어졌다. 전반적으로 이 시기의 청소년에 대한 인식은 매우 열악하며 그

보호 수준도 체계적이지 못함을 알 수 있다. 그러나 이러한 수준은 청소년복지만이 해당하는 사항이 아니며 이 시기의 우리나라 사회복지의 전반적인 발전 수준과 괘를 같이 한다 할 것이다 .

2) 청소년복지의 도입기(1962년~1987년)

1962년부터는 청소년복지의 본격적인 도입기라 할 수 있는데, 이는 미성년자보호법과 아동복리법(1961)의 제정이 그 기점이라 할 것이다. 아동복리법의 제정 이전에도 '보호시설에 있는 고아의 후견직무에 관한 법률'(1961), '고아입양특례법'(1961)이 제정되었지만, 그 이름에서 볼 수 있는 바와 같이 아동의 극히 일부인 '고아'에 대한 보호가 입법목적이었다. 비로소 청소년의 보호와 선도를 위한 법적 장치가 마련된 것은 미성년자보호법의 제정 이후라 할 것이다.

이 시기는 크게 몇 가지로 청소년복지의 기초를 닦은 시기라고 볼 수 있는데, 첫째가 아동복지의 연령 기준을 청소년시기까지 확대하여 법적 토대를 다졌다는 것이다. 아동복리법의 제정을 통하여 그 이전에 13세 이하에 그쳤던 보호 대상이 청소년기가 포함되는 연령까지 확대되었고, 국가의 책임을 명시하였다는 점에서 큰 의의가 있다. 즉 아동복리법은 요보호아동의 연령을 기존의 13세 이하에서 18세 미만으로 상향시키고, 보호의 대상인 '요보호아동'에 대한 정의를 명확히 하였으며, 이들 아동복지에 대한 국가의 책임을 법적으로 제도화하였다. 이처럼 보호대상을 18세 미만의 아동으로 확장시킨 것은 비록 '아동'이란 용어를 사용하고 있지만, '청소년'까지 포함한 것으로 볼 수 있다. 즉 아동이 그 보호자로 부터 유실 · 유기 또는 이탈되었을 경우, 아동의 건전한 출생을 기할 수 없는 경우, 그리고 기타의 경우에 아동이 건전하고 행복하게 육성될 수 있도록 하였다. 그러나 이 역시 아동의 연장선에서 청소년 복지의 서비스가 행해졌기 때문에 진정한 청소년복지 지원체계라고 보기는 어려웠다.

이러한 아동복리법의 체제는 이후 전면 개정되어 아동복지법(1981)이 제정되면서 보호의 대상이 '요보호아동'에서 '전체아동'으로 크게 바뀌었다. 이 법에서는 이전처럼 '아동'이란 용어를 상용하고 있지만, 그 대상이 확대되었다는 점에서 의의를 찾을 수 있겠다.

또한 아동복리법은 아동복리시설을 세분화하면서 전문화시키는 계기가 되었는데, 즉 아동복리시설을 아동상담소, 보육시설, 조산시설, 정신박약아시설, 맹아양호시설, 신체허약아보호시설, 아동휴양시설, 교호시설, 부랑아보호시설, 소년직업보도시설, 지체부자유아보호시설, 모자보호시설 등 13개 종류로 규정하였다. 이를 후생시설운영 요령의 시설유형과 비교하여 볼 때, 시설의 종류가 세분화되었고, 특히 장애아동을 위한 시설이 성인시설과 구분되었음을 알 수 있다.

이 시기에 설치된 아동상담소는 기존의 아동복리시설과는 다른 기능을 수행하였다. 이전 시기의 시설들은 요보호아동을 긴급 구호하는 차원에서 수용보호가 핵심이었고, 아동의 연령과 장애유무로 분리 수용하는 정도이었다. 그런데 아동상담소는 가정에서 보호자로부터 유실·유기 또는 이탈된 아동을 상담하고 귀가조치하거나 수용시설로 이송하는 기능을 수행하였다. 따라서 이 상담소는 가정과 수용시설의 중간지점에 있으면서 요보호아동을 보호하였는데, 특히 가출·부랑아동과 학대받는 아동을 상담하는 기능을 수행하였다. 또한 아동복리시설에 아동휴양시설을 포함시킨 것도 의미 있는 것으로, 전통적인 아동복리시설은 수용시설만 취급하였는데, 이 법에서 아동이용시설까지 포함시킨 것은 장차 청소년육성법에서 '청소년이용시설'을 포함시킬 수 있는 선례를 보인 것이다.

이 시기의 두 번째 특징은 장애청소년에 대한 복지 사업을 실시하는 진전을 보였다는 것이다. 장애청소년에 대한 복지 역시 장애아동 혹은 전체장애인에 대한 복지와 분화되지 않은 상태에서 이루어졌지만, '특수교육진흥법'(1977) 제정을 통하여 장애청소년에 다가갈 수 있는 토대를 형성하게 되었다. '특수교육진흥법'은 장애인에 대한 특수교육을 증진하여 그들에게 필요한 생활지식과 기능을 전수함으로써 일반사회생활에 참여하게 함을 목적으로 하였다. 장애인에는 시각·청각·정신박약·정서장애·언어장애·및 기타 심신장애자 등이 포함되었다. 이들은 국공립 특수교육기관에 취학하거나 사립 교육기관 중 의무교육과정에 취학할 경우 무상교육을 받을 수 있도록 하였는데, 일차적인 수혜자는 장애아동과 청소년이었다. 이 법은 이후 '장애인복지법'(1989)으로 전문 개정될 때까지 장애인복지사업의 근거법이 되었다. 이 법을 계기로 이제까지 사회적 사각지역에 있던 장애청소년에 대한 관심이 부각될 수 있었으나, 그 대상으로 포함되었을 뿐 전문적인 접근이나 서비스가 이루어지지는 못하였다.

세 번째로 이 시기는 '미성년자보호법'(1961)의 제정으로 보다 적극적인 청소년 보호와 선도가 이루어지기 시작한 시기이다. 이 법은 만 20세 미만 미성년자의 흡연, 음주, 기타 선량한 풍속을 저해하는 행위를 금지하고 미성년자의 보호에 필요한 사항을 규정함으로써 미성년자의 건강보호와 선도를 도모하고자 하는 목적으로 제정되었다. 기타 생계·보건·교육·주거 등 인간의 기본적인 욕구에서는 아동과 차별화되지 않았다. 다만 통제, 처벌 위주의 법 집행으로 인해 청소년의 보호와 선도보다는 자칫 비행청소년으로 낙인이 찍히는 등 청소년의 인권이 침해될 수 있는 정형화된 제도적 특성을 보여주었다.

네 번째로 이 시기에는 근로청소년을 위한 복지사업이 전개되기 시작하였다. 정부가 청소년에게 비로소 구체적으로 복지 서비스를 하기 시작한 신호로, 일반학교에 부설된 야간특별학급과 산업체 부설학교 개설(1977)을 통하여 중·고등학교에 취학할 기회를 박탈당한 근로청소년에게 중등교육기회를 제공하였다. 이 사업은 산업체에게는 고용안정을 주고, 근로청소년에게는 일하면서 공부할 수 있는 기회를 주는 이중적 목적을 가졌다. 또한 근로청소년의 건전한 여가생활을 도모하기 위하여 주요 공단지역에 '근로청소년회관'을 건립하기 시작하였고, 미혼여성근로자의 주거욕구를 충족시키기 위해서 '근로청소년 임대아파트'를 건립(1981)하였다. 그러나 이러한 지원은 청소년 개인의 주도적 권리 인정이나 향상의 측면보다는 노동력 양성과 확보라는 사회 주도적 측면이 더 강조되었다.

다섯 번째로는 비로소 실질적인 청소년 정책을 관장하는 기구의 탄생이 이 시기의 주목할만한 성과인데, '중앙청소년보호대책위원회'(1964)의 설치가 그것이다. 정부가 명시적으로 아동을 포함하지 않은 '청소년'을 정책의 대상으로 설정한 최초의 기구로서 의의를 가진다. 그러나 청소년이 보호의 대상으로 인식되고, 국가가 이들을 보호하기 위한 행정적인 대책을 세우고자 하는 의지가 인식되었다는 의미를 가질 뿐 실제적으로는 상징적인 기능을 하는데 그쳤다. 이 위원회는 후에 '청소년대책위원회'(1977)로 개칭되고, 위원장의 위상이 내무부장관에서 국무총리로 바뀌었지만, 그 역할은 크게 달라지지 않았다. 오히려 이 위원회의 설치로 인하여 정부가 청소년 보호와 육성의 책임을 위원회에 전가시키는 부정적 효과를 가져왔다는 평가도 있으며, 최근까지도 청소년정책 실행의 단독 부처가 유동적이고 주무 부서가 혼재된 단초를 제공하였다고도 할 수 있다.

3) 청소년복지의 확대기(1988년~현재)

앞서도 청소년복지의 역사적 전환기를 법률의 제정을 통해서 찾아보았듯이, 이 시기 역시 '청소년육성법'(1987)의 제정에서 그 변화의 시점을 찾을 수 있다. 우리나라에서 아동복지와 구분되는 청소년복지의 고유 영역이 확보될 수 있었던 것은 바로 이 법의 제정을 통해서이고, 이 시기가 청소년복지의 확대기의 시작이라 할 것이다. 그런데 이 법의 어느 조항에도 '청소년복지' 혹은 '복지'란 낱말은 없다. 다만 이 법은 "청소년의 인격형성을 도모하고, 청소년의 보호・육성・선도 및 지원에 관한 사업을 효율적으로 추진함으로써 청소년이 국가・사회발전에 이바지할 수 있는 건실하고 유능한 국민으로 성장하도록 함을 목적으로"

(청소년육성법제1조) 제정된 것에 비추어 볼 때, 청소년복지의 수행을 위한 근거법이 될 수 있었다. 청소년육성법의 대체 법으로 이후 제정된 청소년기본법(1991)에서 비로소 복지 개념이 등장하여 "청소년의 복지의 증진"(청소년 기본법제3조)을 법의 목적으로 규정하였다. 또한 이 시기는 청소년헌장 제정(1990), 개정(1998), 청소년보호법 제정(1997) 등 법률적 토대를 공고히 한 시기이기도 하다.

이 시기의 첫 번째 특징은 이제까지 아동복지와 혼재되어 그 대상이 모호하였던 청소년정책 혹은 복지의 대상을 명확히 하고, 청소년복지를 국가의 정책 대상이며 책임이라는 인식을 분명히 한 시기라는 것이다. 청소년 육성법과 기본법의 제정으로 청소년을 9세부터 24세까지로 분명히 구분하였고, 청소년이 사회 구성원으로서 정당하게 대우받고 권익을 보장받으며 국가와 사회가 필요로 하는 건전한 민주시민으로 자랄 수 있도록 가정과 사회가 그 책임을 수행하게 하는 법적, 제도적 장치를 갖추었다. 특히 청소년육성법의 제정을 통하여 청소년정책의 영역을 설정하고 이를 담당할 수 있는 행정체계가 확립되었다는 점에서 그 의의를 찾을 수 있다. 정부는 체육부에 청소년 국을 설치(1988)하고 시·도에 가정복지국 청소년과를 설치하였으며, 매년 청소년의 육성 등을 위한 가정·학교·사회 각 영역에 걸친 종합계획을 수립·시행하도록 하였다.

이 종합계획의 주요내용은 청소년 건전활동 지원, 가정의 교육기능 강화, 학교의 선도기능 강화, 청소년 유해 사회환경 정비, 위약계층 청소년 보호선도, 청소년 육성추진기반 조성 등으로 편성되어서 청소년복지는 위약계층 청소년보호선도에서 취급되었다. 그런데 위약계층 청소년보호선도의 내용은 근로청소년, 농어촌청소년, 무직·미 진학청소년, 요보호청소년, 비행청소년 등 주요 사회 취약계층에 한정하여 청소년복지의 개념을 전개하고 있다.

이후에는 청소년기본법을 통해 청소년복지를 청소년정책의 한 분야로 인정하게 되었다. 청소년육성은 청소년수련활동, 청소년교류활동, 청소년복지, 청소년환경, 청소년문화, 청소년비행선도, 청소년상담 등의 7가지 영역으로 나누고 있다. 이처럼 청소년육성은 청소년복지의 증진을 통해서 이루어진다는 것을 명시하고는 있지만, 청소년복지의 정의, 청소년복지시설의 종류, 그리고 청소년복지에 대한 정부의 책임을 구체적으로 명시하지 않았다는 한계를 안고 있다.

두 번째로 이시기는 청소년육성법을 통하여 청소년단체의 지원과 청소년 시설의 설치, 운영 등 청소년시설의 제도화를 꾀하였다. 청소년시설은 청소년기본법에서 '청소년수련시설'로 바뀌면서 생활권 수련시설, 자연권 수련시설, 유스호스텔로 정리되고, 수련시설이 아닌 전용시설과 이용시설은 법적 지원과 감독의 대상에서 제외되었다. 이처럼 청소년육성법은 청소년시설에 "학교시설 외에 청소년의 심신단련과 정서계발을 목적으로 설치된 시설"(청소년육성법 제2조)을 모두 포괄하고, 청소년기본법은 체육청소년부가 관장할 수 있는 시설만을 수련시설로 분류하였다.

다만 양법에서 모두 청소년복지시설은 매우 소홀히 다루어졌고, 특히 요보호청소년을 일시적 · 장기적으로 수용보호하고 치료하는 청소년쉼터, 가출청소년보호시설, 학대받는 아동일시보호시설, 약물오남용치료시설, 청소년 중간의 집 등의 설치 · 운영, 그리고 이러한 복지시설에 대한 정부지원 등에 대한 규정을 전혀 담고 있지 않았다. 특히 청소년기본법 속에 사회복지사업법과의 연계성을 규정하지 않아 사회복지법인의 등록, 사회복지사의 채용, 사회복지시설에 대한 국가의 책임 등이 모두 배제되어 대부분의 청소년복지시설이 법적, 행정적 지원의 사각지대에 놓이게 되었다.

세 번째로 이 시기의 특징 중의 하나는 교육보호의 제도화이다. 생활보호법의 개정(1982)을 통하여 보호의 종류를 기존의 4가지 보호(생계보호, 의료보호, 해산보호, 장제보호)에 교육보호와 자활보호를 첨가함으로써 특히 교육보호는 그 보호대상자가 중 · 고등학생이기 때문에 생활보호를 받는 빈곤청소년들이 실질적인 혜택을 받게 되었다. 1987년에 처음 실시될 때에는 보호대상자가 생활보호대상자의 일부로 제한되었지만, 점차 저소득층 자녀에게 중학교와 고등학교의 입학금과 수업료를 면제해 주었다. 청소년기의 가장 큰 욕구가 교육욕구라고 할 때 이 교육보호는 빈곤청소년을 위한 가장 필요한 복지사업의 하나라고 할 수 있다.

네 번째로 이시기는 청소년상담사업의 확대를 그 특징으로 들 수 있다. 청소년기본법에서는 지방자치단체로 하여금 청소년업무 중 전문성이 요구되는 상담업무의 수행을 위하여 청소년상담기관을 설치, 운영하도록 하고 있다. 정부는 1990년에 청소년의 건전한 육성과 특히 요보호계층 청소년의 고민상담, 취업과 진로, 여가문제 등을 지원할 수 있는 '청소년 종합지원 센터'를 대구와 광주에 시범적으로 설치, 운영한 것을 시작으로 1991년부터 시·도 청소년상담실로 개칭하여 전국적으로 확대시켰다. 2003년 기준으로 전국에 16개 시도, 128개 시군구 조직이 운영되고 있다.

시·도 청소년상담실은 일반청소년을 위한 복지기관이 거의 없는 상태에서 청소년의 고민을 상담할 수 있는 통로가 되었고, 운영비를 중앙정부와 시·도가 공동으로 분담한다는 점에서 재원조달방식을 제시하였다. 또한 청소년상담실은 기존의 근로청소년회관과 달리 행정공무원이 운영하지 않고, 청소년단체 등 청소년 관련기관이 시·도청으로부터 위탁받아서 운영하면서 사회복지사 등 전문가를 채용하였다는 점에서 청소년복지사업의 전문성을 제고시켰다.

그러나 법률상으로 의무적 설치, 운영을 전제하고 있음에도 청소년상담실이 아직은 모든 지자체에 설치되어 있는 상황은 아니며 청소년상담업무가 지자체별로 각기 다양한 조직 운영체제를 이루고 있어 행정조직의 강화가 필요한 형편이고 운영주체도 다양하여 연계적인 지원이 충분히 이루어지지 못하고 있는 실정이다.

청소년복지는 현재에 이르기까지 초기의 일천한 상태에 비교해 볼 때 괄목할만한 발전을 하여온 것은 사실이나 지금까지는 주로 법적, 제도적 기초를 수립하고 수정하면서 정비를 해 온 단계라고 할 수 있으며, 아직도 법의 테두리에서는 청소년정책의 큰 범주 안에서 청소년복지를 다루어 오기 때문에 그 주도적인 성격이 혼재된 형편이다. 청소년복지가 일부 요보호청소년의 성장을 위한 수단이 아니고 모든 일반 청소년의 행복과 안녕을 위한 서비스라면, 청소년정책의 궁극적 목표가 될 수밖에 없다. 따라서 청소년복지의 역사는 이러한 궁극적 지점의 도달을 위하여 꾸준히 노력하여야 할 것이며, 학문적인 범주로서의 청소년복지는 법과 제도로서의 한계에 준하지 않고 다양한 청소년정책의 수단들을 수렴해 나갈 수밖에 없다.

4. 청소년복지의 원칙

청소년복지는 '청소년'이란 독특한 특성이 반영된 접근이 일차적으로 이루어져야 한다. 앞서도 언급한 바와 같이 청소년이 가지고 있는 모호하고 복합적인 특성으로 인하여 청소년복지의 정체성을 확립하여 나가는 일은 용이하지 않다. 그럼에도 불구하고 청소년복지의 원칙을 제시하는 일은 궁극적인 목적을 분명히 하고 그 실천적 방향을 설정하기 위해 매우 중요하다. 이러한 청소년복지의 원칙에 관하여 선행연구들(이용교, 2002; 주수길 · 김지연, 2002; 홍봉선 · 남미애, 2005)에서 다양한 언급이 이루어지고 있으나, 다음과 같은 몇 가지 사항으로 정리할 수 있겠다.

1) 청소년은 독립적인 인격체로서 존중되어야 한다.

청소년기를 흔히 아동기의 연장으로 보고 있으므로, 이들 청소년을 독립적인 개체로 보기보다는 의존적인 존재로서 인식하기 쉽다. 물론 경제적, 사회적으로 완전한 성인으로 인정받기에는 한계가 있으나, 개인의 인격과 정서적 측면에서 청소년은 성인과 동등한 자주적이고 독립적인 인격체로서 존중되어야 한다. 따라서 빈곤, 장애, 비행 등 어떠한 조건 하에서도 차별없이 인간으로서의 존엄성이 유지될 수 있어야 하며 그들의 개별적이고 다양한 요구를 인정하여야 한다. 또한 청소년을 단순한 교육대상, 양육대상으로 또는 일탈행위 등을 주도하는 요주의집단으로만 보는 인식의 개선이 필요하다. 따라서 청소년을 개인 스스로 자신의 삶을 사유하고 조정해 나가는 주체적 능력을 가진 존재로서 인식하는 것이 청소년복지의 출발이다.

2) 청소년은 복지대상자이자 복지주체이다.

청소년은 자주적인 인격체로서 나름대로의 권리와 의무를 가지지만 육체적, 정신적으로 성장 과정 중에 있으므로 가족과 사회로부터 일정부분 보호와 양육이 필요하다. 다만 이러한 측면이 너무 강조되다 보면 청소년을 단순한 보호대상자요 피동적인 존재로 간주할 우려가 있다. 청소년은 복지 정책의 주요 대상이 될 수 있겠으나 한편으로는 그들이 스스로의 환경을 만들어 나가는 복지 주체가 될 수 있도록 배려해 주어야 한다. 즉 청소년을 정책의 대상으로만 간주함으로써 청소년의 자발적인 참여와 스스로의 활동을 제약하는 결과를 낳지 않도록, 성인과 동등한 권리를 가진 평등한 사회적 존재이며 자의식과 창의성, 호기심과 도전의식, 무한한 잠재능력, 순수한 비판의식 등 나름대로 우수한 역량을 가진 개체로 인정되어야 한다. 따라서 이들의 권리와 참여가 보장되고 증진될 수 있도록 환경을 조성해 주고 잠재능력을 개발해 주는 등, 주도적인 복지정책의 주인공으로 인정하여야 한다.

3) 청소년에 대한 긍정적이고 신속한 접근이 이루어져야 한다.

청소년은 완성된 존재가 아니라 신체적·인지적·정서적·사회적으로 변화하며 성장하는 과정 속에 있다. 따라서 청소년은 완벽하지 않으며 성장과정에서 수없는 혼란과 시행착오를 겪게 된다. 특히 청소년기는 성인으로서의 도약기이므로 새로운 시도와 방황은 오히려 당연한 것이기도 하다. 따라서 이들이 행하는 다양한 시도와 불완전함에 긍정적인 관심과 지지를 바탕으로 한 보호와 지원이 행해져야 한다. 무엇보다도 청소년복지에서는 청소년의 부족한 점, 어려운 점을 보완해주는 것과 동시에 청소년들이 가진 긍정적인 점, 강한 점을 더 강화하고, 극대화시킬 수 있는 방향으로의 접근이 이루어져야 한다. 그러나 지금까지 청소년정책은 청소년을 미성숙한 보호대상으로 규정하여 비행이나 범죄를 예방하는 선도, 보호정책으로 일관하여 온 경향이 있다.

또한 청소년시기의 성장 과정 중 발생할 수 있는 어떠한 종류의 결핍도 성인기에서는 보완하기 어려운 부분이므로, 이들에게 발생하는 장애와 문제는 신속히 접근, 해결되어야 한다. 청소년기의 빠른 성장과정에서 지체가 일어나거나 장애가 발생할 때 이를 신속히 해결해 주지 못할 경우 성인기의 지속적인 장애로 연결될 가능성이 크기 때문이다. 특히 사회적응과 정체성 확립 등 성인으로서의 생활에 필수적인 요소의 결핍은 국가적으로도 인적자원의 확보와 건강한 시민사회 형성에 중대한 장애를 초래하게 된다. 따라서 성인사회의 예방적 지점으로서 청소년기를 간과해서는 안될 것이므로 빠른 치유와 회복이 가능한 복지 수단이 강구되어야 한다.

4) 청소년자신은 물론 다양한 주변 환경을 건강하게 조성하고 지원해 주어야 한다.

청소년은 아직 미숙한 존재인 만큼 주변 환경의 영향을 많이 받게 된다. 가족, 친구, 학교, 사회 등 무수히 많은 환경조건들이 이들에게 영향을 준다. 따라서 청소년이 환경의 영향을 받지 않고 주체적으로 자신의 삶을 선택하고 책임진다는 것은 다소의 무리가 있다. 그러므로 청소년복지의 실천에 있어서는 청소년 당사자에 대한 개입과 지원은 물론, 청소년을 둘러싼 환경이 제대로의 기능과 역할을 수행할 수 있도록 환경을 통제, 변화시키는 등 적극적인 개입이 절대적으로 필요하다. 따라서 청소년 복지 영역은 다른 어떤 복지 영역보다 다양한 지식과 실천을 필요로 한다. 인간의 성장 발달에 관련된 기본 이해를 전제로 다양한 사회집단과의 상호작용에 이르기까지, 청소년 개인과 그를 둘러싼 환경의 영향을 조정해 나가기 위한 통합적이고 지속적인 관심과 실천적 노력이 필요하다.

5) 청소년복지의 대상은 모든 청소년이며, 이들에 대한 통합적 서비스가 필요하다.

청소년시기가 불완전한 성장 시기인 만큼 어떤 청소년이든 크고 작은 다양한 성장 문제를 겪게 된다. 따라서 청소년복지는 문제가 있는 청소년에서부터 일반청소년에까지 모든 청소년을 대상으로 하여야 하며 또한 치료나 재활뿐만 아니라 예방적 차원에서의 다양한 서비스가 행해져야 한다. 최근 들어 정보매체의 발달 등으로 인하여 청소년들이 전면적으로 문제 상황에 노출될 가능성이 크고, 이는 전통적인 가족적 변수 등에 의하여 통제되지 못하는 경우도 많아 청소년 집단 모두를 통찰할 수 있는 자세가 필요하다. 그러나 청소년 중에서도 사회적 필요와 욕구가 크며 상대적으로 더 열악한 상황에 처해 있는 청소년에 대한 개입과 지원이 더 우선되어야 하며 이들에게 최적의 조건이 무엇인지 통합적으로 고려되어야 한다. 청소년을 전체적·통합적으로 보지 않고 어느 한 측면만을 부각시킨다면 다른 측면의 성장이 저해됨으로써 균형적인 발전이 어려울 수 있을 뿐만 아니라 변화의 방향을 왜곡하는 등 바람직하지 못한 결과를 초래하기 쉽기 때문이다.

6) 청소년기의 특성을 고려한 과학적이고 체계적이며 전문적인 개입이 이루어져야 한다.

흔히 청소년기는 성장의 일 과정이므로 청소년복지를 시행함에 있어 단순히 이들의 집단적 특성을 파악하고 이에 대응하면 되는 것으로 생각하기 쉽다. 더욱이 아동기로부터 적용되어 온 발달 이론들이 아직도 이론적 토대가 되고 있고 이에 기초한 접근이 이루어지고 있는 경우가 많아, 청소년기만을 대상으로 한 이론의 부재가 두드러지며 따라서 현대사회에서 급격히 변화하는 청소년 집단의 특성을 발견해내는 과학적인 접근은 미진한 형편이다. 실제로 최근 들어 청소년을 대상으로 한 연구들에서 다루는 전통적인 변수들이 그 영향력을 상실하고 있는 모습을 많이 발견할 수 있다. 이처럼 점차 발달의 개인차가 커지고 있고 이들이 접하고 인지하는 환경 변수도 다양해지고 있으므로, 청소년기 행동 특성에 대한 과학적인 분석과 접근을 통해 기초 자료를 수집하고 이를 토대로 전문적이고 체계적인 개입이 이루어져야 한다.

7) 청소년복지는 네트워킹을 통하여 완성되어야 한다.

청소년기는 아동에서 성인으로 발달하는 시기로서, 가족, 학교, 지역사회 등 다양한 체계들과 끊임없는 영향을 주고받으므로 이들의 건강한 사회화에 필요한 다양한 환경적 고려가 필요하다. 따라서 청소년복지는 단지 요보호청소년만을 대상으로 하는 기초적 수준의 복지뿐만 아니라 가족복지, 아동복지, 교육정책, 노동정책, 기타 사회복지 기본 정책 등 제반 사회정책과 연계되어 논의되어야 하며 통합적으로 추진되어야 한다.

또 이를 다루는 주체에 있어서도 명시적인 청소년복지 관련 기관이나 단체가 주요 정책의 입안과 실천을 다루어야 하겠으나, 청소년복지의 복합적 성격상 다양한 사회 조직들의 협응이 절대적으로 필요하다. 우선 정부는 청소년복지에 일차적인 책임이 있음을 명확히 하고 이들에 대한 지원과 보호에 최우선을 두되, 민간의 협력을 적극 유도하여야 하며 민간의 참여가 소기의 목적을 달성할 수 있도록 최대한 지원을 아끼지 말아야 한다. 민간은 전문성을 지향하여 독자적이고 경쟁력있는 청소년복지 영역을 개척하되, 타 민간기관과 긴밀한 네트워킹을 형성함으로써 관련 사업의 효율화를 꾀하여야 할 것이다. 정보의 교환, 재교육의 활성화, 피드백의 강화 등 네트워킹을 통하여 실천하여야 할 사항이 체계적으로 정비되어야 한다. 또한 청소년은 발달의 과정에서 다루어 주어야 할 측면이 매우 다양하므로, 전문 분야의 참여도 포괄적이어야 한다. 사회복지사 뿐만 아니라 정신과의사, 교사, 경찰, 청소년지도사, 가족치료사, 변호사, 학교사회복지사 등 전문가의 참여와 협력이 절대적으로 필요하다. 특히 전문자원봉사자 등 지역주민의 참여로 지역내 청소년을 보호하고 지역 환경을 정비해 나가는 노력도 필요하다.

5. 청소년복지의 특성과 영역

청소년복지는 사회복지의 한 분야로서, 모든 청소년의 안녕과 복지증진을 목적으로 국가를 비롯한 사회 전체가 행하는 전문적 접근이다. 따라서 청소년복지는 사회복지의 기본이념이나 가치, 방법 등을 그대로 이어받지만 청소년기의 특성과 청소년이라는 계층에 초점을 둠으로써 차별화되는 특성을 갖는다. 청소년복지는 청소년들을 가정적, 사회적 위험 요소로부터 잘 보호하여 청소년들이 원만히 성장단계의 위기를 극복해 나갈 수 있도록 하는데 목적이 있으며, 이러한 측면에서 아동복지에 비하여 청소년 특성에 대한 고려가 더욱 요구된다 하겠다.

그러나 아직도 일부에서는 청소년복지를 아동복지의 맥락에서 이해하는 경우가 있어, 청소년기의 성장 특성과 최근 사회적 변화를 수용한 복지적 특성이 충분히 고려되지 못하는 경우가 있다. 아동복지에 비하여 청소년복지는 청소년 개인의 발달과 독립에 더욱 초점을 맞추고 이들이 성인으로서 발달해 나가는 데 필요한 개별적 복지와 지원에 더욱 초점을 맞추어야 할 것이다. 그러나 청소년복지 영역은 아직까지 다른 사회복지 영역에 비해 학문적 정체성과 발달이 미흡하므로, 청소년의 욕구와 문제가 다양화되는 추세에 맞추어 청소년들의 개별적인 문제나 욕구에 능동적이며 현실적인 대처가 더욱 모색되어야 하리라 보며, 이를 위해 보다 과학적이고 체계적이며 전문적인 접근이 필요함을 알 수 있다.

그러한 의미에서 조흥식(1999)은 청소년복지의 대상과 수단을 언급하면서 과거에는 주요 대상이 요보호청소년과 문제청소년이었으나 최근에는 전체 청소년으로 확대되고 있고 그 주요 수단으로는 청소년복지서비스, 교육기회 확대, 근로조건 개선, 청소년활동사업이나 청소년행정이 포함된다고 하였다(〈표 3-1〉 참조). 그리고 청소년복지에서 실제적인 서비스를 제공할 때 다음과 같은 사항을 고려해야 한다고 하였다. 첫째, 청소년개인의 보호측면과 전체 가족의 유지측면 간의 균형, 둘째, 청소년복지의 대상이나 중점프로그램을 선정하는 과정에서 정책의 모든 대상이 자신의 요구와 관계없이 무차별적으로 주어지는 것으로 보편시여의 성격을 갖는 보편주의와, 도움을 요청하는 경우에 한하여 가장 조속한 시일내에 자립할 수 있게 하는 방향으로 시정적이며 종별적이고 열등처우의 원칙을 바탕으로 시행하는 선정주의간의 균형, 셋째, 재가(in-home)가족 중심 프로그램과 가족외부(out-of-home)의 가족대체 프로그램간의 균형, 넷째, 전문주의 개입 대 일반주의 개입간의 균형, 다섯째, 예방 대 치료간의 균형, 여섯째, 청소년에 대한 투자는 특히 그 결과가 나타나기보다는 시간이 어느 정도 지난 후에야 나타나기 때문에 이에 따른 단기비용과 장기수익간의 균형문제들을 고려해야 하는 특성을 갖고 있다고 하였다.

〈표 3-1〉 청소년복지의 주요 대상과 수단

대 상	수 단
요보호청소년	청소년복지서비스, 청소년활동사업, 청소년행정
비행청소년	청소년복지서비스, 청소년활동사업, 청소년행정
학생청소년	교육기회 확대사업, 청소년활동사업, 청소년행정
근로 · 농어촌청소년	근로조건 개선사업, 청소년활동사업, 청소년행정

또한 이러한 특성상 청소년복지 영역은 광범위한 청소년학, 혹은 청소년정책 등과 비교하여 그 경계와 정체성을 수립하는데 어려움을 겪게 된다. 이미 청소년기본법에서 청소년복지 영역이 청소년육성정책의 포괄적인 범위 안에 포함되어 있는 만큼, 실천영역에서는 제한적 의미로 사용되고 있으나, 사실상 청소년복지란 모든 청소년 행위의 궁극적인 달성 목적이 되어야 한다는 목적적, 당위적 개념으로 볼 때 모든 청소년정책의 결과로서 기능을 한다고 할 수 있다. 따라서 청소년복지는 제도적 영역에서 그 실천영역은 제한될 수 있으나 학문적인 목적과 접근범위는 청소년 당사자의 요건, 환경적 · 제도적 행위의 모든 것을 포함하는 매우 포괄적인 개념이 될 수 있다 하겠다. 따라서 청소년복지가 어떠한 범주와 영역을 가질 것인지는 이러한 제반 여건을 고려하여 심도있게 논의되어야 한다. 다만 사회복지가 실천학문적 성격이 강하므로 사회적 실천으로서의 영역 구분에 준하여 볼 때 청소년복지는 법에서 구분하는 바와 같이 그 활동 영역에서 몇 가지 제한된 범주에 머무르고 있다.

이용교(1999)는 청소년복지의 서비스영역을 3가지 범주로 나누었는데, 가족의 양육을 보호하는 영역으로 생활보호, 교육보호, 시설보호를, 청소년문제를 예방하고 치료하는 영역으로 상담서비스, 일시보호서비스, 문제행동에 대한 대책을, 사회문제의 예방과 피해자를 돕는 영역으로 청소년권리의 옹호, 학대받는 청소년옹호, 청소년 유해환경의 규제, 청소년 노동력의 보전을 제시하였다. 이는 주로 청소년복지의 구체적 서비스 영역을 구분하면서 양육/교육환경 확보, 청소년문제 예방치료, 사회적 조건의 구비 등을 중점적으로 다루고 있다.

청소년복지의 영역은 그 세부 분야로 접근할 때 매우 다양하게 제시될 수 있으나, 기본적으로 청소년의 개인성장의 토대가 될 수 있는 가족과 교육, 사회 환경에 대한 지원, 발달적 불이익 혹은 문제 행위에 대한 접근, 청소년의 독립과 사회적 적응에 관련된 지원 등으로 대별될 수 있겠다. 따라서 가족적 환경이나 양육조건 결여에 대한 지원서비스, 교육환경 혹은 교육복지 지원서비스, 상담・보호 등 문제예방 치료 서비스, 폭력, 유해환경규제 등을 통한 청소년권리 옹호서비스, 노동조건 지원 서비스, 기타 적극적 자활행동 및 사회적응 지원서비스 등이 있다.

6. 청소년복지의 연구

흔히 실천학문은 그 주체의 본질적 특성과 그 행위 유형, 환경적 상호작용 등 기본 패러다임의 설정 및 정체성 확립이 매우 중요함에도 불구하고, 주로 현장 중심의 행위와 과제 중심으로 접근되어지곤 한다. 청소년복지에 대한 연구 역시 지금까지는 청소년정책이나 생활장별 사업 특성과 연관되어 진행되어 왔다. 1980년대 이전에는 청소년복지를 아동복지의 일부분으로 보고 다루어온 연구가 일반적이어서 주제에 대한 정체성이 뚜렷이 수립되지 못한 가운데, 1990년대 들어 청소년복지 관련 시민단체가 나타나면서 관심영역이 세분화되었다. 청소년 가출문제, 학교폭력, 성폭력 등 시민단체의 실천적 경험을 통하여 청소년복지 연구가 분화되었다. 또한 이 시기에 학술단체들도 세분화되어 한국청소년학회(1991), 한국청소년교육연구소(1992), 한국청소년문화

연구소(1992) 등이 조직되었고 한국아동복지학회(1992), 한국아동권리학회(1997) 등도 청소년복지 영역의 연구에 기여하였다.

청소년연구에 대한 관심은 법의 정비와도 맥락을 같이 하는데, 청소년기본법에 의한 청소년상담실 및 청소년자원봉사센터 설립, 청소년보호법에 의한 청소년보호위원회 설치 등 제반 행정적, 제도적 장치들이 청소년연구에 활력을 가하는 계기가 되었고 연구의 실천적 장을 확대시켰다.

청소년복지 연구를 그 세부 분야로 나누어 보면, 우선 요보호청소년에 관한 연구는 시설청소년 지원 방안, 소년소녀가장 등 해체가정 문제, 저소득 결손가정 청소년지원, 약물남용과 일탈청소년 적응 지도에 대한 접근이 대표적이다.

청소년문제행동 연구에 있어서는 가출, 폭력 등을 비롯한 각종 청소년 범죄, 성폭력, 약물오남용, 매매춘 등에 대한 관심이 증가하여 왔고, 청소년쉼터가 설립된 이후에는 사례연구, 프로그램에 대한 관심도 증가하였다. 특히 약물이나 폭력 등에 대한 접근은 점차 상담 분야 연구로 확대되었다.

청소년대화의 광장이 설립된 1993년 이후에 청소년상담 분야는 괄목할만한 발전을 하게 되었는데, 시도나 시군구 청소년상담실이 확대되면서 실천적 영역의 뒷받침이 가능하였다. 주로 청소년상담실은 조사연구를 바탕으로 하고 있으며, 대학의 카운슬링센터(학생생활연구소)들 역시 대학생 실태조사 관련 연구를 토대로 청소년 상담 자료를 제시하여 왔다. 그러나 아직도 임상적 사례를 분석적으로 접근하여 이를 대안으로 연결시키는 연구는 많지 않은 실정이다.

청소년기가 진로선택의 중요 시기인만큼 학업이나 진로에 대한 접근도 이루어졌는데, 진로실태에 관한 연구, 중퇴나 학업중단 관련 연구, 대안교육 등 주로 학교환경에 대한 분석이 주를 이루었다. 또한 청년노동자, 농촌청소년, 장애청소년 등 특성별 접근도 이루어졌다.

특히 1990년대 이후 유해환경에서의 청소년보호 문제에 대한 관심이 중요한 주제로 부각되었는데, 주로 설문조사와 문헌연구에 치우쳤고 실험적 분석은 매우 드물었다. 그러나 이러한 접근은 이후 청소년보호법 제정과 같은 후속 조치로 이어지는 계기를 만들었다.

1995년 교육개혁 이후 학생봉사활동이 의무화되면서 청소년자원봉사와 같은 청소년의 사회참여에 대한 관심도 높아졌는데, 특히 청소년자원봉사센터의 설립을 계기로 욕구 조사, 프로그램개발 · 평가 등을 포함하여 연구보고서, 저서들이 다수 발간되었다.

그러나 아직까지 청소년복지 관련 연구들은 복지 실태조사나 정책제언에 치우친 감이 있으며, 이론 정립이나 프로그램 관련 연구는 아직 미진한 상태이다. 그리고 청소년의 복지환경 변화를 추적하는 종단적 연구, 혹은 청소년의 발달과 적응을 통합적으로 분석해 보는 학제적인 접근 등이 아직은 부족한 형편이다. 따라서 청소년의 욕구 변화나 인구사회적 변화를 적극 반영하는 현장성있는 분석과 논의가 필요하며, 이를 기초로 청소년과 관련 환경에 대한 통찰을 미래지향적으로 제시해 나가는 접근이 더욱 필요하다.

제 2 부

청소년복지의 이론과 실천

제4장

청소년복지의 이론과 접근방법

1. 청소년복지의 이론적 근거

청소년들을 대상으로 한 복지의 이론적 근거는 크게 4가지를 들 수 있다. 생태학적 관점, 임파워먼트 관점, 사회구성주의 관점과 강점관점으로 청소년을 이해하는데 유용한 시각을 제공하고 있다.

1) 생태체계적 관점

생태체계모델은 실천모델을 적용하기 이전에 문제현상을 사정・평가할 수 있는 구조와 준거틀을 제공함으로써 일반적이고 통합적인 관점을 실천가들에게 제공한다. 따라서 실천가들이 실천모델을 적용하기 이전에 문제현상을 정확히 파악하고, 어떤 모델이 개입에 적합할 것인가를 판단・선택하게 함으로써 실천모델을 보다 효과적으로 적용하도록 돕는다.

(1) 생태체계적 관점의 특징

생태체계모델은 생태이론으로부터 일반체계이론이 간과했던 체계 간의 공유영역과 적응 및 상호 교류라는 개념을 도입하고, 체계의 변화속성과 똑같이 유지기능도 중요하다는 점을 강조하며, 인간적 관심과 실천적인 경향을 도입한 통합모델이다.

생태체계 관점의 특징으로는

· 일반체계이론과 생태학의 개념을 사용한 특정개입방법이나 기술을 제시해 주는 실천모델이 아니라 문제현상에 대한 전체적 성격과 다양한 변수들을 객관적으로 사정·평가하기 위한 관점이기 때문에 클라이언트와 관련된 정보와 자료 및 상황변수를 중요하게 고려한다.

· 대상 집단에 관계없이 모든 사회체계에 적용된다.

· 개입 시 실천모델을 사용함에 있어서도 한 모델에 국한하지 않고 다양한 모델들을 절충적으로 활용할 수 있는 관점이다.

· 사정도구로써 직접적인 유용성을 갖는 관점이기 때문에 개입계획을 수립함에 있어서도 확실한 예상을 가능하게 한다.

· 전체 관련체계에 개입하여 체계적인 변화를 일으키기 때문에 그 효과가 지속적으로 유지된다.

· 사례에 대한 순환적 사고와 여러 접근의 임상개입을 할 수 있는 인지적 재구성, 단선적 관점으로는 관심을 갖기 어려운 환경적 변수에 대한 분명한 인식을 필요로 한다.

· 생태체계모델은 사례의 복잡성을 보고 좌절하거나 지각된 요구를 제대로 파악하지 못하는 실천가는 사용하기가 매우 어려운 모델이다.

· 보다 넓은 실천목록과 지식기반을 요구하며, 단선적이고 협소한 관점으로 접근할 경우 인식할 수 없는 문제들에도 도전할 수 있는 순환적·포괄적 모델이다.

생태체계관점의 장점은

· 심리적 접근보다는 개인과 환경의 변화를 중요하게 생각한다.

· 내적인 사고와 감정보다는 한 사람이 다른 사람에게 미치는 영향을 강조한다.

· 개인 · 집단 · 지역사회에 대한 개입을 포함한 단일화와 통합적 총체적 접근이기 때문에 어떤 특정한 방법만을 강조하지는 않는다.

생태체계관점의 단점은

· 문제의 원인에 대해 설명해 주기 어렵기 때문에 실증적인 검증이 어렵다.

· 무엇을 어떻게 접근해야 할지 알려주지 못한다.

· 이론이 지나치게 추상적이다.

· 체계의 유지와 통합을 강조한 나머지 갈등이 주는 긍정적 요소를 고려하고 있지 않다.

· 매우 일반적인 이론이어서 어떠한 특수상황에 적용하기가 어려우며 동일한 사안을 두고 사회복지사들의 해석이 다를 수 있으며, 누가 옳은지에 대한 판단도 쉽게 내릴 수 없다.

(2) 청소년복지실천에의 적용

집단따돌림을 당하는 청소년

· 청소년자신 : 개인과 또래체계 수준에서 우선적으로 행동적, 인지-행동적, 인지적, 이론적 토대를 가지고 있는 사회기술 훈련, 문제해결 훈련과 긍정적 강화훈련 방법 등이 많이 활용되고 있다.

· 부모와 교사 : 성인들의 문제행동이나 애정 부족 그리고 청소년의 존재에 대한 책임이 크게 작용한다.

· 학교나 학급의 분위기 : 학급 내 희생양을 만드는 문화의 촉진매체가 될 수도 있다. 또는 가족 내에서 극도의 과잉보호를 받으며 자란 청소년들은 학교에서의 학습활동 등을 수행하는 과정에서 전혀 자기 방어력을 발휘하지 못할 수도 있다.

· 지역사회 : 다른 종족, 민족, 성별, 성적 성향, 사회 · 경제적 지위 등을 수용하지 않을 수 있고, 학교 학생들로 하여금 지역사회가 제시하는 가치들에만 적응하도록 요구할 수 있다.

➔ 생태체계적 관점에서는 아동 · 청소년들의 인지, 신체, 정서, 행동적 요인들이 사회적으로 수용되지 못할 가능성을 인정하면서, 부모, 교사, 학급이나 학교분위기, 교과과정, 가족, 지역사회, 사회 · 경제적 지위 등과 같은 외적 체계를 동시에 고려하게 된다.

〈표 4-1〉 생태체계적 관점에 의한 사회복지 실천방법 및 프로그램의 예

	개입 방법 및 프로그램
개별적 차원	· 사회적 기술훈련(코칭, 모델링 행동기법을 통해 동료들에게 수용될 수 있는 기술, 자기통제기술, 비공격적인 집단기술과 자기 주장적 기술을 가르침) · 문제해결 훈련(문제에 대한 대안적 해결방안의 모색과 해결책 발견 · 개별상담(청소년의 환경적 안전과 두려움, 우울과 자살 충동적 사고를 사정, 감정정화, 억압된 분노 조절 지원)
동료집단 차원	· 동료관계 강화(학급 내 집단 따돌림이나 집단 괴롭힘 감소를 위해 학급에 관여) · 협동적 활동들(사회적으로 인정받는 또래들과 함께 협동적 게임이나 특별활동) · 짝치료(두 아동 또는 동료 청소년들이 작업이나 놀이를 통해 사회적 상호작용) · 동료 원조자의 활용(사회적으로 인정받는 동료의 활용) · 지지집단의 활용
학교 차원	· 사회적 위계성을 육성하는 교실이나 학교풍토 대신 개방적 환경의 조성 · 다양한 특별교과 활동들 · 교사 대상의 자문(교사들과의 협력적 작업) · 과제 할당(점심시간이나 쉬는 시간에 또래들의 따돌림으로 인해 어려움을 겪고 있는 아동들을 위해 교직원들과 함께 할 수 있는 과제 할당) · 조언자들을 지지체계로 활용(학교와 관계있는 성인들을 행동문제를 지닌 학생과 연계) · 전교 차원의 프로그램(전교 차원의 집단 따돌림 예방운동 전개)
가족 차원	· 가족을 단위로 하거나 특정 성원을 대상으로 한 단기간의 상담, 자문, 의뢰
지역사회 차원	· 문제를 가지고 있는 학생이나 가족들을 지역사회 자원과 연계, 협력

출처 : 성민선 외(2006), 학교사회복지의 이론과 실제, 학지사.

2) 임파워먼트(Empowerment) 관점

사회복지실천에 임파워먼트 개념을 최초로 도입한 솔로몬(Solomon)은 스티그마를 갖는 집단의 대표적 예로 흑인사회를 들었다. 집단에 대한 부정적 평가가 집단성원 개개인들에게 무력감을 갖게 한다고 보고, 임파워먼트란 이러한 무력감을 줄이고 자기 삶에 대한 결정과 행위에 있어서 힘(power)을 가질 수 있도록 돕는 것을 말하며 자신이 가지고

있는 능력을 발휘하지 못하게 하는 사회적·개인적 장해물을 제거하고 자신의 기능과 능력을 육성하도록 하여 자신에게 주어진 권한을 획득해 가는 적극적인 활동이라고 하였다.

솔로몬(Solomon, 1982)은 힘을 대인관계적인 현상으로 파악하고 "힘이 대인관계적 현상이 아니라면 강함으로 정의되어야 하며, 힘이라는 개념은 대인관계에서 더 실천적 의미를 갖게 된다."고 하였다. 솔로몬의 연구 이후부터는 대상을 흑인 클라이언트에게 한정하지 않고, 이와 유사한 상황에 있는 클라이언트에 대한 임파워먼트에 대한 연구가 활발히 진행되었다.

(1) 임파워먼트의 개념

임파워먼트 관점의 핵심어인 임파워먼트(Empowerment)는 힘을 부여한다는 수동적 의미가 아니라 클라이언트가 사회에 적응하기 위한 기술을 습득하고 시스템을 변화시키는 데 있어 한계를 인식하는 등 자신의 기능과 능력을 육성하고, 그 위에 자신에게 주어진 권한을 획득하는 적극적인 활동을 의미한다(小松源助, 1995).

임파워먼트 모델은 개인과 사회환경과의 관계의 질에 초점을 맞추고 사회자원이나 수단을 발견·확대하는 등 주어진 환경을 개선하는 힘을 키울 수 있도록 개인, 집단, 가족, 지역사회를 지원함으로써 공평한 사회를 실현하는 것을 목표로 하는 과정이다.

(2) 임파워먼트 관점의 특징

임파워먼트 관점의 원칙은 다음과 같다.

첫째, 사회복지사와 클라이언트는 생활을 파괴하는 모든 억압에 도전해야 한다.

둘째, 사회복지사는 억압상황에 대해 전체론적으로 이해해야 한다.

셋째, 클라이언트는 자기 스스로가 주체가 되어 자신의 힘을 증강해야 하고 사회복지사는 이러한 측면에서 지원해야 한다.

넷째, 공통기반을 공유하는 클라이언트들끼리는 서로 힘을 증강할 수 있도록 할 필요가 있다. 그리고 사회복지사와 클라이언트는 대등한 관계를 확립해야 한다.

다섯째, 사회복지사는 클라이언트가 자기 자신의 언어로 말할 수 있도록 격려해야 한다.

여섯째, 사회복지사는 일관되게 클라이언트를 억압에 의한 피해를 받고 있는 사람으로서가 아니라 억압에 대항하여 승리하는 자로 인식해야 한다.

일곱째, 사회복지사는 일관되게 사회적 변혁을 중심에 두어야 한다.

이와 같은 임파워먼트의 관점에서 클라이언트는 자신의 생활이나 경험에 관한 한 누구보다 잘 아는 전문가이고 인간 서비스나 정치면에 있어 자기 주장권을 가지며, 자신에게 주어진 권한을 누릴 권한을 가지고 있는 시민이면서 주장자다. 임파워먼트 관점에서는 클라이언트가 직면하고 있는 문제를 부정적인 낙인을 찍은 결과로서의 문제로 다루라는 것이 아니라 적극적인 결과를 낳을 수 있는 기회와 도전으로 보려고 시도하는 등 용어의 전환을 시도하고 있다(Miley et al., 1995).

임파워먼트 관점의 한계는

- 클라이언트가 안고 있는 곤란한 사회적 상황이나 구조를 변화시키는 데까지는 직접적으로 관여하지 않는다(Payne, 1991).
- 자신의 잠재력을 발휘하고 문제를 해결해 갈 수 없는 상황에 놓인 사람들과 무력한 사람들에 대한 언급이 없으므로 사회복지사들은 대상에 따른 일괄적 적용이 용이하지 않다.
- 사람들마다 자신의 역량과 이해관계가 다르기 때문에 임파워먼트 운동은 소득없는 정치적 힘겨루기 상황으로 전락될 수 있으며 억압과 차별에 대한 해방의 결과가 아닌 상호반목의 결과를 가져올 수 있다.

(3) 청소년복지실천에의 적용

집단따돌림을 당하는 청소년

- 일반적인 관점 : 집단 따돌림이나 학교폭력 대상이 되는 피해학생들은 그 원인을 자신의 탓으로 돌리고 자기 비하를 하기 쉽다.
- 임파워먼트 관점 :교육이나 학교제도는 아동 · 청소년 누구나가 학교폭력이나 집단 따돌림으로부터 자유롭게 학습할 수 있도록 환경을 정비하고 이를 보호해 주어야 하며, 사회와 국가는 이를 적극 지원할 수 있어야 한다. 아동 및 청소년들은 그러한 학교환경에서 학습할 권리와 자유를 가진다는 사실 등을 교육함으로써 비판적 의식을 고양하고, 자신의 문제에 대한 해결자로서의 주체성을 가질 수 있도록 돕게 되는 것이다.

➔클라이언트를 불행한 희생자라기보다 자신의 문제를 해결하고, 스티그마를 없앨 수 있는 주체자로 인식하도록 돕는 과정이 매우 중요하다.

➔이에 대한 개입기술을 보면

- 개인적 차원 : 클라이언트 자신이 가지고 있는 문제해결 능력에 대한 의식과 인식을 하도록 지원한다.
- 대인관계 차원 : 해결을 촉진하는 타자경험을 활용한다.
- 정치 · 지역사회 측면 : 자조집단의 촉진과 사회제도의 개선 등의 노력을 개입방안으로 제시한다.

➔ 아동 · 청소년들이 무기력이나 절망감을 지원하기 위한 활용하는 방안으로는

- 자기 효능감 : 아동 및 청소년들이 자신의 생활 속에서 구체적인 일을 창조하거나 통제할 수 있는 능력을 가지고 있다는 신념을 가질 수 있도록 지원한다.
- 집단의식 : 개인이나 집단의 경험이 정치나 사회구조에 의해 얼마나 영향을 받고 있는가를 인식하게 하고 사회에 대해 비판적 관점을 키운다.
- 우리의식 및 공감대 형성 : 개인과 집단, 지역사회 구성원들이 서로 운명을 공유하고 있다는 감정을 강화하도록 한다.
- 변화에 대한 자기 책임의식 : 문제에 대한 자기 비난을 줄이고, 클라이언트는 변화에 무력한 객체가 아니라 적극적으로 변화를 창출하고 이를 위한 활동에 참가하는 주체라는 것을 인식시키면서 여러 기법들을 다양하게 개발 · 활용하도록 한다.

3) 사회적 구성주의 관점

사회적 구성주의 관점은 언어가 세계를 구성한다는 기본 전제에 기초하고 있다. 세계나 사회가 먼저 존재하는 것이 아니라 우리들이 사용하는 말, 언어에 의해 세계는 수정되고 우리들 앞에 형성된다는 것이다.

(1) 사회적 구성주의

일상 세계의 성립에 있어 언어가 결정적인 역할을 하고 있고, 이것이 사회복지 연구에 매우 중요한 의의를 가진다는 점에 처음으로 주의를 기울인 사람은 하트만(Hartman)이다. 그는 언어는 단순히 세계를 반영하는 것일 뿐 아니라 우리들이 공유하고 있는 현실에 대한 인식 또한 우리들이 교환하는 언어에 의해 구성되는 것이라고 진술하고 있다.

사회적 구성주의에서는 클라이언트들이 겪고 있는 차별이나 억압을 재생산하고 고정화하는 것은 소위 제도나 권력기구가 아니라 인간이 일상적으로 사용하는 언어 내지는 일상적 언어실천에 있다는 점을 지적한다. 그러므로 개인의 악순환을 깨기 위해서는 피억압자들이 자신의 언어와 이야기를 만들 필요가 있으며, 그 이야기는 자신들의 억압을 낳는 것과 같은 언어수준에서 권력자들에 대항할 수 있도록 재구성되지 않으면 안 된다고 주장하고 있다. 실천상의 의의로서는 실천 장면에서 문제에 대한 이해와 개입방식에 변혁을 들 수 있다.

따라서 사회적 구성주의 관점은 사회복지사의 실천영역에 언어 또는 언설이 갖는 권력성에 대한 주의를 촉구한 점, 즉 사회복지사의 역할을 언어와의 관련성에서 재정의 한 점에 있다고 할 수 있다. 원조의 구체적이고 결정적인 단서가 언어에 있다는 이 주장은 사회복지연구에 새로운 관점을 제공하고 있다.

(2) 청소년복지실천에의 적용

• 등교 거부 현상

- 일반적인 관점 : 청소년이 등교를 거부하면 부모도, 학교도, 실천가들도 왜 학교에 가지 않게 되었는가, 어떻게 하면 학교에 갈 수 있을까 하는 방향으로 사태를 분석하고 이에 대한 개입방법이나 대책을 강구하게 된다. 이 경우 학교에 가는 것이 당연하다는 것이 지배적으로 학교에 갈 수 없고, 가지 않는 것은 뭔가가 잘못되어 있다는 판단이 전제되고 있음을 알 수 있다.
- 사회구성주의 관점 : 현재의 학교교육 현상에서 볼 때 ⟨⟨학교등교를 거부하는 것⟩⟩은 당연한 것으로, 등교 거부는 오히려 용기있는 행동이고, 학교 현상이 바뀌지 않는 한 등교하지 않도록 부모도, 사회복지사도 지원해야 한다는 또 다른 이야기가 존재할 수 있다는 것이다. 또는 ⟨⟨학교라는 곳⟩⟩은 가고 싶을 때 가야 하는 곳이지 억지로 가는 곳이 아니며, 억지로 학교에 가는 것은 학생들에게 전혀 도움이 되지 않는 만큼 지금은 다른 하고 싶은 것을 할 수 있도록 모두가 함께 힘을 모아 원조할 수 있을 것이다.

➔ 학교에 가지 않는 것 또는 학교에 갈 수 없게 된 것이 이상하다고 생각되는 것, 그러한 언어의 그물에 포위되어 탈출할 수 없는 상황이거나 탈출하는 것조차 도저히 생각할 수 없게 하는 그 자체가 억압의 원인이 되는 것이다.

➔ 사회적 구성주의 관점에서는 원조의 표적은 언어사회가 된다. 학교에 갈 수 없는 것은 본인이나 가족에 문제가 있음에 틀림이 없다는 이야기가 지배적으로 통용되고 있는 지역사회인 것이다. 중요한 것은 지역사회에 적응하는 것만이 아니라 지역사회가 현재 그 같은 형태로 존재하고 있다는 것을 알고 그것과 전혀 다른 방식의 접근도 가능하다는 것을 인식하는 데 있다.

4) 강점 관점

강점이 원조관계의 중심이라는 명제는 강점이 사회복지 전문직의 사명과 가치의 기초가 되기 때문에 실천의 중요한 구성요소가 된다는 것으로 재론의 여지가 없다. 클라이언트의 강점을 구체화하여 문제해결의 자원으로 활용하는 것은 사회복지실천에 있어 가장 중요한 일면이다. 그럼에도 불구하고 오랫동안 결점, 병리, 역기능에 초점을 두는 경향이 전문직에 깊이 뿌리를 내려온 까닭에 여전히 클라이언트의 문제를 사정하는 데 있어 이상이나 병리를 강조하는 진단이 계속되고 있는 실정이다.

(1) 강점이론

강점이론은 1989년 웨이크(Weick, A.) 등에 의해 최초로 발표되었다. 이들은 개인의 문제 및 병리학에 초점을 두고 원인을 찾으려는 의료모델을 비판하고, 인간이 본래 가지고 있는 장점에 초점을 두는 관점의 중요성을 지적했다. 이는 모든 인간은 광범위한 재능, 능력, 허용력, 기능, 자원, 열망을 가지고 있다고 믿는다. 강점 관점에서 말하는 인간의 잠재능력에 대한 신념은 인간이 아직 이용하지 않고 있는 정신적, 정서적, 사회적 능력을 저장하고 있다는 생각과 연결된다.

이후 살리베이(Saleebey, 1992)는 강점 관점의 중요한 개념으로 임파워먼트(Empowerment), 회원제(Membership), 회복(적응), 치유와 전체성, 대화와 협력, 불신의 정지 등의 개념을 확립했다. 살리베이는 대등한 원조관계를 기반으로 한 클라이언트의 강점을 발견하기 위한 방법으로 면접장면에서의 대화를 중시했다. 사회복지실천가는 클라이언트가 말하는 자신의 이야기와 사정에 관한 설명 등을 통해 클라이언트의 강점이나 관심, 희망, 장래에 대한 견해를 발견해 가게 된다. 이를 실천하는 데 있어 중요한 열쇠는 의식의 고양과 임파워먼트로, 강점 관점은 임파워먼트 모델을 사용하는 사회복지사에게는 매우 중요한 준거틀이 된다. 클라이언트의 강점은 임파워먼트를 위한 원료로 활용되며, 이미 그 성과를 포함한 새로운 사회복지실천체계가 구축되고 있다.

(2) 강점 발견과 지원방안

강점 관점은 클라이언트의 강점을 고려하여 문제 상황을 규명하고자 하는 클라이언트와 사회복지사를 돕는 자원이 될 것이다. 사회복지사는 초기 접촉에서부터 클라이언트의 강점을 찾기 시작해야 하며 인터뷰,

반영적 경청, 기록, 계획 등을 통해 사정활동을 하게 된다.

살리베이(Saleebey, 1997)는 강점시각의 원리를 다섯 가지로 정의하고 있다.

- 모든 개인, 집단, 가족, 지역사회는 강점을 가지고 있다.
- 모든 질병과 학대 등 고통이 수반되는 것에는 도전과 기회의 원천이 되기도 한다.
- 클라이언트의 희망과 비전 및 가치는 성장과 변화를 가져오고 성장과 변화는 무궁무진하다.
- 클라이언트에게 가장 좋은 서비스를 주기 위해서는 클라이언트와의 협동적 관계가 되어야 한다.
- 모든 환경에는 자원이 풍부하다.

사회복지사는 클라이언트의 강점을 발견할 수 있도록 돕기 위해 다음과 같은 활동을 하게 된다.

- 실천과정에서 강점과 영향력 있는 중요 사항에 대해 생각하도록 자극하라.
- 클라이언트가 생각하지 못한 강점을 찾도록 지원하라.
- 클라이언트와 함께 나눌 긍정적이고 지지적 내용을 선택하고 찾도록 지원하라.
- 부적절성보다 클라이언트의 영향력과 능력에 기초하여 짤 수 있도록 케이스 계획에 대한 기초를 제공하라.
- 클라이언트를 사회복지사의 확신과 신념으로 받쳐 주라.
- 클라이언트가 가질 수 있는 강점목록을 준비하여 강점사정 시 이를 활용하는 것도 큰 도움이 된다. 강점목록은 강점의 예를 폭넓게 듦으로써 사회복지사로 하여금 발견적, 지지적일 수 있도록 돕는다.

강점 사정시 유용한 지침들로는

- 사실과 상황에 대한 클라이언트의 이해에 최우선을 두라.

〈표 4-2〉 강점 관점과 병리적 관점의 비교

	강점 관점	병리적 관점
사정개념 원리	· 클라이언트가 무엇을 원하며 요구하는가에 중점 · 클라이언트의 역량, 지식, 능력 등에 대한 전인적인 정보 수집	· 문제에 대한 명확한 진단 · 문제와 관련하여 집중적으로 질문 · 클라이언트의 결함, 증상, 병리의 원인을 분석
사정의 초점	· 클라이언트의 현재 상황에 초점을 두면서도 현재와 관련된 과거와 미래에 대해 대화 · 지금까지 살아온 방식(대처방식)에 대해 이야기	· 클라이언트의 과거를 확인하기 위해 진단 순서에 초점
사정의 본질	· 클라이언트의 강점을 사정하기 위해 클라이언트를 개별화하여 구체적이고도 명확하게 진행	· 클라이언트의 문제에 대한 진단과 문제의 분류 및 범주화
클라이언트에 대한 인식	· 나름대로의 역량과 적응력, 강점을 지닌 존재	· 통찰력이 부족하고 결함을 지니고 있는 존재
클라이언트 상황에 대한 접근방법	· 클라이언트 입장에서 정보수집, 민족적 · 문화적 배경도 고려	· 전문가적 관점에서 분석적으로 접근
클라이언트 행동에 대한 해석	· 클라이언트가 표현하고 싶어 하는 의사의 표출	· 클라이언트의 장애로 인해 나타나는 증상
면접시 대화 형식	· 대화 중심으로 전개되며, 질문은 개방적인 질문과 폐쇄적 질문을 적절히 배합하여 질문	· 질문에 의존한 면접과 폐쇄적 질문을 주로 사용
개인 실천과의 관련	· 사정과 개입은 사회복지실천을 위해 진행되는 과정으로 서로 연계성을 지니기 때문에 격려, 칭찬, 조언 등이 이루어짐	· 사정은 주로 인테이크(intake) 면접에서 이루어지고 그 관점에서 거의 종료됨
클라이언트와 사회복지사와의 관계	· 클라이언트는 권위를 지니며 자기 문제의 주인	· 클라이언트는 전문가에 의해 통제됨
사회복지사의 역할	· 클라이언트로부터 무엇을 배울 수 있는지를 탐색	· 클라이언트는 계속 배우고 익혀야 할 존재

· 클라이언트를 믿으라.

· 클라이언트가 원하는 것을 찾으라.

· 개인적 · 환경적 장애나 문제보다는 강점에 대한 사정으로 이동하라.

· 강점사정으로 다영역화하라.

· 독특성을 발견하기 위해 사정을 활용하라.

- 클라이언트의 언어를 활용하라.
- 사회복지사와 클라이언트사이의 공동활동을 사정하라.
- 사정에 대한 상호동의에 도달하라.
- 클라이언트를 꾸짖거나 비판하지 말라.
- 인과적 사고를 피하라.
- 진단이 아닌 사정을 하라.

(3) 청소년복지실천에의 적용

학교 전학문제

- 일반적 관점 : 학교 전학은 복잡한 사회·경제적 적응을 포함한 주요 스트레스 요인이다. 친숙한 환경으로부터 대변동에 의한 불안은 과외 학교활동의 참여를 피하게 하고 성적 하락을 초래하기 쉽다. 이와 관련하여 잦은 이사와 같은 생활 스트레스를 많이 경험한 아동들일수록 아동기 적응에 부정적 결과를 더 많이 갖게 된다.
- 강점관점 : 학업적·사회적 요소의 통합은 학교 전학과 이동에 대한 부정적 영향을 축소할 수 있다는 것이다. 이것은 새로운 환경에 대한 적응은 스트레스를 다루는 개인의 능력에 의해 촉진될 수 있다고 본 것이다.

학생통합에 중요한 영향을 주는 자원으로는

- 학교문화 : 교사, 동료, 행정담당자와 학생과의 관계에 있어서의 안정성과 배려 등이 포함된다. 즉 배려적 학교환경, 교사의 학생에 대한 높은 기대와 학습과정에 대한 교사의 적극적인 관여 그리고 과외활동을 통한 소속감의 경험이 학교와 지역사회 내 청소년의 통합을 촉진한다는 것이다.
- 전학 시 부모의 지지 : 청소년의 성취에 대한 부모의 기대, 학교프로그램 활동이나 학업에 대한 청소년과 부모와의 대화시간, 부모가 교사와 함께 청소년에 관한 대화를 나누는 시간 그리고 학교에서의 부모의 자원봉사활동과 학교행사 참여 등이 청소년들에게는 지지적 환경으로 기능하게 된다.

➔학교와 가족과의 연계와 지지적 가족환경은 새로운 환경에 대한 청소년의 통합에 기여하며, 학교성공을 가져오게 하는 것으로 나타났다. 강점이론은 청소년과 환경적 맥락 둘 다에 중요한 기여를 하게 된다(Strobino & Salvaterra, 2000).

2. 청소년복지 접근모델

이 부분은 사회복지실천 현장에서 주로 많이 이용되고 있는 모델 5가지를 중심으로 제시하되 청소년을 대상으로 적용될 수 있는 내용을 강조하였다.

1) 심리 · 사회모델

(1) 개요

심리 · 사회모델은 홀리스(Hollis, 1964)가 집필한 『케이스워크: 심리 · 사회치료』라는 저서를 통해 집대성되었다. 사회복지실천의 초점은 개인의 심리적 상태, 개인을 둘러싼 사회환경, 그리고 개인과 환경과의 상호작용양상에 동시에 주어진다. 초기 사회 · 심리모델은 정신분석이론의 영향을 받아 개인의 생물학적 내부 정신적 과정을 상대적으로 중시하는 경향을 띠었으나 점차 개인 외부의 물리적 여건이나 사회적 여건들도 함께 중시하는 쪽으로 발전하였다. 1930년대 사회복지실천분야에서 있었던 진단주의와 기능주의의 논쟁에서 진단주의의 실천양식에 뿌리를 둔 모델이기 때문에 어떤 사례를 이해하기 위해 클라이언트의 근접환경을 현재 및 과거시점에서 조사했던 리치몬드의 영향을 반영하고 있으며 관련된 과거사실에 대한 세심한 개인력 조사를 통한 사회연구를 강조한 프로이드의 관점도 반영하고 있다. 따라서 이 모델에서는 가족, 개인 및 가족의 최근접환경, 상황속의 인간 등을 철저히 조사하는 사정(assessment) 또는 진단(diagnosis)이 강조된다. 이는 현재기능이 현재는 물론 과거 사건들의 영향을 받는다는 생각에 기초하고 있다.

(2) 이론적 배경

① 주요전제

첫째, 모든 개인은 생래적인 가치 또는 존엄성을 갖고 있다고 전제한다.

둘째, 모든 인간은 성장능력, 학습능력, 그리고 사회 또는 물리적 환경을 변화시킬 수 있는 능력을 가진 긍정적 존재로 간주된다.

셋째, 개인이 어떻게 기능하는가에 대한 이해를 위해서는 성격체계의 구조나 발달에 관한 프로이드의 관점이 이용된다.

넷째, 심리체계는 독립적으로 존재하는 것이 아니라 생물학적 체계, 사회적 체계와 끊임없이 상호작용한다고 전제한다.

다섯째, 문제상황을 다룸에 있어 차별성이 강조된다. 동일한 문제라 하더라도 청소년의 문화적, 사회경제적 배경, 주변환경 등이 차별적으로 다루어져야 함이 강조된다.

② 모델형성에 기여한 요소들

◦ 사회복지실천방법을 체계화한 Richmond(1917)

첫째, 리치몬드는 개인에게만 초점을 둔 자선활동으로 당시 클라이언트가 경험하고 있던 문제들을 해결하기가 어렵다는 것을 발견했다. 클라이언트의 문제는 개인내부의 도덕적 결함이나 의지 또는 동기의 부족에서만 오는 것이 아니라 외부 환경문제에 의해서도 많은 영향을 받을 수 있다는 판단아래 리치몬드(1917)는 클라이언트의 최근접환경인 가족의 맥락 속에서 클라이언트의 문제를 진단하려 했고 더 나아가서 사회의 개량을 통해 개인문제를 해결하는 쪽으로 시야를 넓혔다. 이러한 시각은 현재의 사회심리 · 모델 속에서 상황속의 인간을 강조하는 것으로 나타났다.

둘째, 자료수집, 사회연구, 진단, 개입계획, 개입으로 이어지는 사회복지실천 절차를 수립하였다.

셋째, 각 개인 및 가족은 나름대로의 독특성과 문제배경을 지니고 있으므로 클라이언트의 문제사례는 차별적으로 진단되어지고 차별적으로 개입되어져야 한다고 하였다.

◦ 정신분석이론

사회복지실천에 가장 많은 영향을 끼친 것은 프로이드의 정신분석이론이다. 사회복지사들은 클라이언트의 내부정신세계, 즉 무의식적으로 잠재되어 있는 동기, 힘, 갈등 등이 클라이언트의 표면적인 행동, 감정상태, 그리고 성격발달에 영향을 주는 것으로 보고 프로이드의 이론을 빌어 내부요인들을 이해하려 하였다. 이러한 활동은 클라이언트가 갖고 있는 문제의 원인을 클라이언트의 내적 상태에서 찾으려고 하는 경향으로 나타나 문제의 사회적, 경제적 배경을 소홀히 다룬 측면이 있다.

◦ 자아심리이론

자아심리학은 자아를 무의식적 성적 에너지 또는 공격적 에너지에 좌우되는 연약한 존재로서가 아니라 나름대로의 독립성과 자율성을 가진 존재로 보았다. 따라서 자아심리학에서 자아는 원초자아의 충동을 억제할 수 있는 힘과 초자아의 지나친 윤리적 요구를 완화시킬 수 있는 힘을 동시에 가진 창조적이고 주체적인 현실적응기제이다. 자아심리학에서 개입대상은 무의식 가운데 있는 보이지 않는 힘이 아니라 자아의 수행능력, 자아방어기제, 자아의 자신감, 자아의 현실판단능력 등을 회복, 향상, 보존해 주는 것 등이 개입의 목표였다. 자아심리학에서는 무의식보다는 인식할 수 있는 세계, 과거의 사건보다는 현재의 사건, 피동성보다는 능동성, 성격의 단점보다는 강점을 강조한다. 이러한 자아심리학의 요소들은 현재 심리·사회모델의 근간을 이루는 개념들이다.

◦ 대상관계이론

인간이 속한 환경과 상호작용하는 가운데서 발전하는 대인관계를 강조한다. 생애초기에 경험한 애착대상과의 관계가 이후 대인관계 유형을 결정짓는다는 것을 강조한다. 따라서 자녀의 성장과정에서 적절한 부모역할을 중요하게 여긴다.

◦ 기타 사회과학의 영향

먼저, 체계이론의 영향을 들 수 있다. 개인체계와 환경체계는 상호영향을 주고받는 개방체계라는 점, 그리고 개인의 행동은 상호작용하는 개방체계의 맥락 속에서 이해되어야 한다는 점 등은 체계이론의 영향이다.

둘째, 인류학의 영향이다. 각 개인의 독특성을 인정하고 차별적 진단 및 차별적 개입을 강조한 심리·사회모델은 각 개인들이 갖고 있는 문화적 배경의 차이, 즉 관습의 차이, 특정 상황에서의 행동양식의 차이, 사회역할 및 성역할의 차이, 어린이나 노인에 대한 보호양식 등을 역설한 인류학의 영향에 힘입은 바 크다.

셋째, 1940-50년대 가족체계에 대한 이론, 결혼생활과 관련된 사회학 연구들이 심리·사회모델의 형성에 영향을 주었다. 사회학이론 외에도 역할이론, 의사소통이론 등의 영향이 심리·사회모델 속에 유입되었다.

(3) 실천전략

① 사회복지사 : 청소년 의사소통유형

홀리스(Hollis, 1967)가 제시하는 사회심리적 개입과정의 경우 실천은 다음 단계가 있다.

- ◦ 감정과 행동에 대한 지지 - 불안감, 자존감의 결핍, 자신감의 결핍 등을 감소시키기 위해 사용되는 의사소통형태이다. 이 의사소통에서는 관심, 수용, 감정이입적 경청, 재보증, 격려, 비언어적 지지 등이 사용된다.
- ◦ 문제해결을 위해 직접 영향주기 - 청소년으로 하여금 특정행동을 하도록 도와주는 것이다. 단순히 강조하기, 제안, 충고하기, 독려하기 등으로 구분된다.
- ◦ 상황을 탐색, 묘사하고 감정을 환기시키기 - 탐색과 묘사는 청소년이 자신의 상황과 자신과 주변 사회환경과의 상호작용 상황에 대한 사실을 그대로 말할 수 있도록 도와주는 의사소통이다. 환기는

구술된 사실과 관계된 감정이나 느낌을 방출할 수 있도록 하는 대화이다.

◦ 상황속의 인간을 성찰하기 - 사회복지사가 청소년을 도와 청소년 자신의 상황과 그 상황 안에서 자신의 위치나 기능, 상황 속에서 경험한 생각, 느낌, 감정 등에 대해 더 잘 이해할 수 있도록 해주는 의사소통이다. 여기에는 다른 사람에 대한 생각, 자기건강에 대한 생각, 일반적 상황에 대한 생각 등과 관련한 질문을 통해 청소년의 인지 및 지식의 상태를 알아보는 외부성찰(extra-reflection), 청소년 자신의 행위, 생각, 감정 등의 세밀한 속성, 이른바 숨겨진 감정 또는 반응을 지각할 수 있도록 하는 내부성찰(intra-reflection), 자신의 행동이 자신 또는 타인에 의해 어떤 영향을 주는가를 생각해 보게 하는 외부와 내부의 중간정도에 해당하는 성찰 등이 있을 수 있다.

◦ 성격과 행동의 역동성 고찰하기 - 청소년의 행동경향, 청소년으로 하여금 어떤 특정행위에 이르게끔 하는 생각이나 감정의 패턴, 또는 어떤 사건에 대한 생각의 경향 등을 청소년 스스로 찾아낼 수 있도록 도와주는 의사소통행위이다.

◦ 사회적 기능에 영향을 미치는 과거와 현재의 경험고찰하기 - 청소년의 현재의 성격이나 기능에 영향을 미친다고 생각되는 성인기이전의 원가족에서의 경험 또는 유아기 때의 경험에 대해 생각해 보도록 하는 의사소통행위이다.

② 사회환경자원과의 작업

청소년의 문제해결과정에서 주변 사회환경 자원을 최대한 활용하기 위해서 사회복지사는 학교와 관련기관의 정책, 자원과 권력구조, 타전문직의 문화 또는 활동분위기 등에 대해 깊은 이해를 하고 있어야 한다. 또한 타기관의 사회복지사 또는 사회복지관련 담당자들과의 지속적인 협력관계를 유지하는 일이 필요하다.

③ 환경에 대한 개입에 있어 사회복지사의 역할유형

환경과의 작업에 있어 사회복지사의 역할과 관련하여 강조되어야 할 두 가지 중요한 사항으로서 비밀보장과 청소년의 책임성을 들 수 있다. 비밀보장은 활동과정에서 청소년신상에 대한 내용이 공개되지 않도록 유의하는 것을 의미하며 청소년의 책임성은 환경에 대한 개입과 관련한 의사결정에 대해 사회복지사가 아닌 클라이언트가 책임을 진다는 것이다.

2) 인간 중심모델

(1) 개요

로저스(Carl Rogers)가 1940년대에 처음 개발한 인간성장과 변화에 대한 접근법이다. 로저스는 정신분석이론과 기능주의이론을 포함하여 다양한 치료방법으로 인간중심의 접근치료를 전개시켰다. 인간은 자아실현의 동기를 가지고 있으며 이 동기를 통하여 자신의 능력을 발전시킨다고 하고 있다. 1950년대에는 비지시적인 접근법으로 불려지다가 1960년대에는 클라이언트 중심으로 발달하였다. 1970년대에는 인간중심모델로 명명하기도 하였다. 인간중심접근법에 있어 핵심사항은 사회복지사가 클라이언트에게 감정이입적 반응, 무조건적 긍정적 관심, 수용, 진정한 수용 등을 표하면 클라이언트에게 긍정적이고 건설적인 변화가 발생한다는 것이다. 클라이언트에 대해 갖고 있는 사회복지사의 자세 및 가치는 사회복지사와 클라이언트와의 관계를 통해서 상호 전달되는데, 로저스(Rogers, 1967)는 인간과의 만남의 질을 의미하는 관계양상이 개입의 효과를 결정하는 가장 중요한 요소라고 하였다. 클라이언트와 사회복지사 사이에 따뜻하고 진정한 보살핌의 치료관계가 형성되면 클라이언트는 자기 스스로에 대해 진정한 이해를 하게 되며, 그것을 바탕으로 클라이언트는 최대한 성장하여 자아실현의 상태를 이룰 수 있다.

(2) 이론적 배경

◦ 랭크의 이론

인간중심모델의 탄생에 많은 영향을 준 랭크의 사상은 세 가지 요인 즉 개인, 치료자, 개인-치료자간의 관계를 강조한다. 개인 클라이언트는 그 자신이 동인(動因)이 되며 그 내부에 건설적인 힘을 가지고 있고 이는 건전한 성장을 향한 의지를 형성한다. 치료자는 개인 클라이언트가 자기 자신을 이해하고 수용할 수 있도록 안내자의 역할을 한다.

클라이언트/치료자간의 관계에서 발생하는 경험의 독특성은 가장 없는 진실한 자연스러움을 통해서 발생한다. 개인의 동기와 의지, 클라이언트의 자기이해를 돕는 치료자, 클라이언트-치료자간의 독특하고도 진솔한 관계 등이 서로 조화를 이룰 때 개인에게서 건설적인 변화가 발생한다는 것이다.

◦ 인본주의 사상

인간을 성장지향적이고 진보적이며, 자신의 기본적인 잠재능력을 실현하려는 경향을 가진 존재로 보고 있다. 이것을 자아실현경향이라 하였다.

◦ 실존주의적 철학

실존주의적 철학에서는 객관적인 현실보다는 개인이 현실을 어떻게 지각하느냐에 따라 보다 큰 의미를 부여한다. 개인의 삶의 경험가운데서 개인이 어떤 의미를 도출해 내는가, 그 의미를 바탕으로 어떤 결정을 내리는가를 탐구하는 것이 실천에서 중요한 의미를 갖는다.

(3) 실천전략

◦ 감정이입 - 무조건적 존중, 일치와 함께 청소년-치료자관계에서 청소년쪽에서 변화가 일어나게 하는 필요, 충분조건들에 해당한다. 사회복지사는 청소년의 정서, 감정, 경험 등을 공유하면서 청소년

의 세계 속으로 들어가게 되지만 청소년의 감정과 경험에 함몰되지 않는 객관적 관점을 유지하여야 한다.

- 무조건적 긍정적 존중 - 청소년을 따뜻하게 있는 그대로 받아들이는 것을 의미한다. 청소년의 상황, 상황파악의 관점, 진술의 논리 등을 따뜻하게 감싸주면서 인정하고 받아들이는 것이다.
- 일치성 - 있는 그대로의 자아상과 이상적인 자아상 사이의 일치를 말한다. 청소년이 자기자신을 평가하고 있는 내용과 타인이 자신을 평가하고 있는 내용과 타인이 자신을 평가하고 있는 내용사이의 일치를 의미하고 사회복지사 입장에서 진솔성과 개방성을 의미한다.
- 공감 - 치료자가 청소년의 생각·느낌·경험에 대하여 치료자 자신의 주관적인 입장에서가 아니라 청소년의 입장에서 듣고 반응하는 것이다. 청소년에게 던져주는 단순한 언어반응이 아니라 청소년과 함께 하는 과정이며 청소년의 내적 참조틀(internal frame of reference)을 이해해야 한다.
- 변화 - 스스로 부여한 자아의 심리적 장애물을 확인할 때, 또한 긍정적인 성장을 위해 청소년의 내적인 잠재성을 자유롭게 펼치게 될 때 일어난다. 사회복지사는 개방성·감정이입·온화함·진심 등을 표현하고 바꾸어 말하기(paraphrasing), 반영(reflection), 적극적 경청의 기법들을 자주 사용한다.
- 비심판적인 태도 - 사회복지사는 충고, 진단, 유형화하는 것을 삼가면서 매우 정중하고 비심판적인 태도를 취해야 한다. 초점은 '과거경험보다 지금-여기'에 두면서 과거에 대한 것을 그리 중요하게 다루지 않는다.

3) 인지행동모델

(1) 개요

인지이론은 아들러(Adler)의 개별심리학, 엘리스(Ellis, 1962)의 이성 및 감성정신치료, 워너(Werner, 1965)의 이성적 개별사회사업, 글래서(Glasser, 1965)의 현실치료 그리고 그 밖에 감정이나 행동 등을 사고의 산물로 보는 사고체계를 포함하는 통합적 범주이다. 여기에 과제내주기, 강화, 보상, 반복, 행동기술의 교육 및 습득원조 등의 행동주의적 요소가 결합된 것을 인지・행동주의적 접근법이라 한다.

인지・행동모델기법의 기본전제는 대부분 사회적, 행동적 역기능이 자기자신, 타인, 그리고 삶의 상황들에 대해 갖고 있는 잘못된 생각에서 비롯된다는 것이다. 인지체계란 자아개념뿐만 아니라 인간의 내면에 저장된 인식의 틀, 지식, 기대, 희망, 의견 등으로 구성되어 있다(Reid, 1977). 인지체계는 또한 사건이나 사물로부터 취하는 개별적 의미이기도 한데 이러한 의미는 첫째, 각자의 자화상이나 자아존중감 속에 내포되어 있는 것, 둘째, 사람들과의 관계, 또는 지역사회 내에서의 자신의 역할 및 가치에 대한 정의, 셋째, 자신의 신념이나 희망, 책임감 등에 대해 자신이 갖고 있는 개념, 넷째, 현재의 일들이 되어가고 있는 상황을 정당화시키기 위해 자신들의 신념, 희망, 책임감 등을 사용하는 방향 등과 관련되어 있다(Goldstein, 1984).

인지행동모델은 개인과 환경 모두에 초점을 두면서 문제에 접근할 수 있는 이론적 틀을 제시한다. 한 개인의 사회행동 또는 사회적 반응을 결정하는 것은 개인적 특성과 상황의 속성 사이의 상호작용의 결과라는 것이다.

(2) 이론적 배경

◦ 행동주의 이론

· 고전적 학습(반응적 조건화) : 음식을 보면 개의 반사반응은 무조건 반응(unconditioned stimulus : US)이며 이때 음식물은 무조건 자극(unconditioned response : UR)이다. 이 과정에서 음식물과 종소리를 함께 반복하여 제시하다가 나중에 종소리만을 울려도 침이 나오는 새로운 연합을 관찰할 수 있는데 이 과정을 조건화라고 한다. 이 때 종소리는 조건자극(conditioned stimulus : CS)이고 이에 반응해서 침을 흘리는 것은 조건반응(conditioned response : CR)이다.

· 조작적 학습(조작적 조건화) : 선행사건에 반응하는 행동에 어떤 결과가 발생하고 그 결과 특성에 따라 유기체가 미래에 그 행위를 반복하거나 멈추는 경향이 있다. 즉 칭찬과 인정하는 등 보상이 따르는 행동은 반복하는 경향이 있고(강화), 결과가 불리하거나 비강화적이면 그 행동을 반복할 가능성은 희박해진다(소거). 이처럼 적응적이고 긍정적인 행동은 보상으로 향상시키고 부정적이고 파괴적인 행동은 처벌 또는 무시로 소거할 수 있다고 보기 때문에 이를 조작적 학습이라고 한다.

· 사회학습(관찰학습) : 타인의 행동을 관찰하고 모방해서 행동을 습득하는 학습유형이다. 사회학습이론은 행동의 환경적이고 상황적 결정요인을 중시한다. 행동을 개인적 변인과 환경적 변인이 계속 상호작용하는 것으로 보기 때문에 인간의 인지적 기능을 강조한다. 행동은 직접 경험하고 관찰을 통해 학습된다.

◦ 인지이론

인지(cognition)란 것은 일정한 자극을 조직하여 지식을 얻는 심리적인 과정으로 인간의 인지활동은 행동에 영향을 미치고 점검되며 변경될 수 있다는 기본실천 등 임상적인 영역에서도 활용하는 경향이 높아지고 있다. 가장 대표적인 엘리스(Ellis)의 합리적·정서적·행동적 치료(REBT : Rational Emotive Behavior Therapy)는 자기의 패배적인 행동과 정서적인 고통을 일으키는 비합리적인 사고와 신념에 초점을 둔다. 따라서 효과적인 심리치료와 상담은 클라이언트가 역기능적 사고와 왜곡된 인지들을 확인하고 이에 도전을 하며 변화시키는데 초점을 두는 원조서비스를 포함해야 한다는 것이다.

엘리스는 ABCDE의 원리로 간단히 도식화하였는데 다음과 같으며 〈그림 4-1〉에 그 관계성이 나타나고 있다.

〈그림 4-1〉 ABCDE 모델

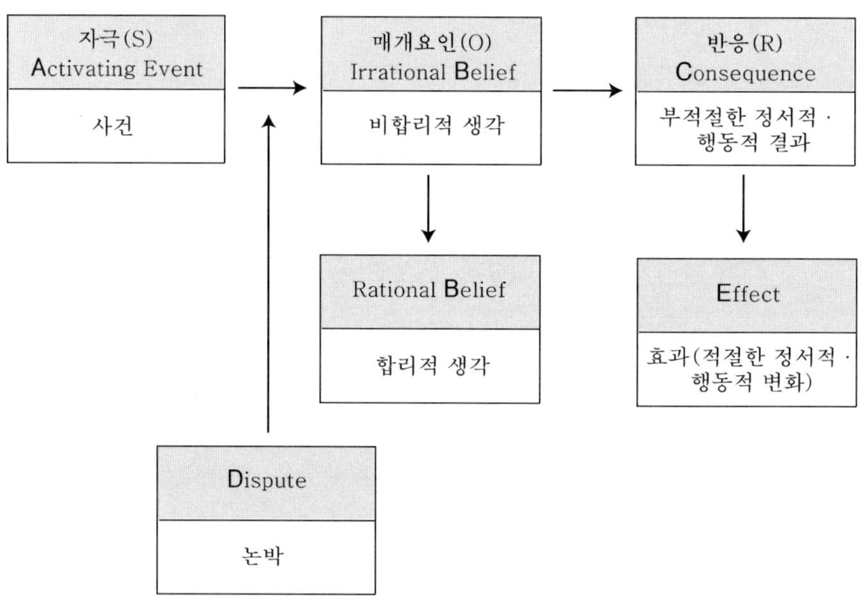

인지행동이론은 클라이언트가 자신의 생활경험을 보다 현실적이고 긍정적으로 인식·사고·해석하는 방법을 해석하도록 지지함으로써 사회적 기능을 향상시키는데, 기본적인 가정은 다음과 같다.

- 인지활동은 행동에 영향을 미친다.
- 인지활동은 모니터되고 변경될 수 있다.

· 바람직한 행동변화는 인지변화를 통한 영향을 받는 것이다.

(3) 실천전략

◦ 부적절한 정서 및 행동 확인 - 청소년이 자신의 문제와 관련하여 자유롭게 이야기하는 가운데 사회복지사와 청소년은 함께 청소년의 문제를 분명히 밝힌다. 특히 그 문제와 관련하여 청소년이 현재 경험하는 정서와 구체적인 행동을 밝힌다.(예: 여러 사람 앞에서 이야기하게 될 경우 불안해서〈정서〉, 말을 이어가지 못한다〈행동〉).

◦ 성격의 ABC이론 - 청소년이 가지고 있는 인지와 행동과 가장 관계가 있는 어떤 사실을 찾아낸다. 그리고 그러한 부적절한 인지와 행동은 그와 관련된 어떤 사실 때문이 아니고 비합리적인 생각 때문임을 분명히 알도록 해준다.

◦ 비합리적 생각 확인 - 청소년으로 하여금 어떤 사실에 대해 부적절한 정서를 일으키게 하는 비합리적 생각과 이러한 비합리적 생각에 근거하여 자신과 대화하는 자기 언어를 찾아내도록 한다. 사회복지사는 청소년이 미처 찾아내지 못하는 비합리적 생각이나 자기언어를 찾아내도록 한다. 인지적 오류에 대해서는 〈표 4-3〉을 참조한다.

◦ 비합리적 생각 논박 - 부적절한 정서와 관련된 생각이 아무런 합리적 근거가 없음을 밝히는 것을 말한다. 이 경우 비합리적 생각에 대해 의문문으로 진술한 후 그 근거를 찾아보려고 한다. 그 근거를 찾지 못하면 그 생각이나 자기언어는 비합리적이라고 볼 수 있다.

◦ 합리적 생각 확인 - 청소년에게 부적절한 정서와 행동을 경험하게 하는 비합리적 생각과 대치되는 합리적 생각과 이러한 합리적 생각에 근거한 합리적 자기언어를 짧은 문장으로 구성하여 진술해 보도록 한다. 이때 합리적 생각과 자기언어의 합리성을 청소년 자신의 논리로 사회복지사에게 설명해 보도록 한다.

〈표 4-3〉 인지적 오류

인지적 오류	내 용	예
과잉일반화 (overgeneralization)	서로 다른 사건에 대한 결론을 연관되거나 연관되지 않은 상황전반에 적용하는 것을 말한다.	좋아하는 여학생에게 거절당한 남학생이 자신은 못생겼으며 제대로 할 줄 아는 게 아무것도 없는 무가치한 사람이라고 결론을 내리는 것을 말한다.
개인화 (personalization)	외부사건이 자신과 관련이 없음에도 불구하고 자신과 연관시키는 것을 말한다. 특히 잘못된 외부사건을 자신의 탓으로 돌려 생각하는 경우이다.	조직이나 집단에서 갈등이 발생한 경우 자신의 일처리 잘못이나 갈등을 조정할 수 없는 능력이 문제라고 생각하는 경향
임의적 추론 (arbitrary inference)	결론을 지지하는 증거가 없거나 반대증거가 있음에도 불구하고 그와 같은 결론을 내리는 것을 말한다.	남편의 외도를 의심하는 아내는 늦은 귀가가 외도의 원인이라고 생각하는 경향
절대적 이분법적 사고(absolute & dichotomous thinking)	모든 경험을 상반되는 양범주인 극단으로 생각하는 것이다.	성자가 아니면 죄인, 결함이 없는 사람 아니면 결함투성이로 본다.
확대와 축소 (magnification & minimization)	사건의 크기와 의미를 왜곡하는 것이다.	우울증 환자의 경우 부정적 사건의 의미는 확대하는 반면 긍정적 사건의 의미는 축소하는 경향이다.
선택적 요약 (selective abstraction)	상황에 대한 좀더 현저한 특성을 무시하고 맥락에서 벗어난 세부내용에 초점을 두는 것을 말한다.	많은 강점에도 불구하고 몇몇 단점에 집착하거나 잘한 것보다는 잘못한 것에 연연해하는 것 등이다.

◦ 합리적 생각 적용 - 비합리적 생각과 대치된 합리적 생각과 그러한 합리적 생각에 근거한 자기논리로 진술할 수 있게 되면 부적절한 정서나 행동을 유발하는 상황에서 이러한 자기 언어를 적용할 수 있도록 한다. 즉 하고자 하는 행동을 하기 전이나 도중에 합리적 생각이나 자기언어를 진술하면서 행동한다.

◦ 합리적 인생관 확립 - 사회복지사는 청소년이 제기한 정서나 문제행동과 관련된 비합리적 생각이나 자기언어를 합리적 생각과 자기언어로 바꾸는데 그치지 말고 이를 보다 일반화할 수 있도록 한다. 결국은 청소년이 합리적인 생각과 자기언어에 근거해서 자신의 삶을 살아갈 수 있도록 돕는다.

4) 과제중심모델

(1) 개요

과제중심모델은 1960년대 라이드와 엡스타인(Reid & Epstein)이 발전시킨 사회복지실천의 한 모델이다. 종래의 긴 개입기간에 비해 단기간의 심리사회적 접근이 보다 효율적이라는 것을 발견하고 체계적이고 종합적이며 효과적인 단기치료모델로서 과제중심모델을 개발하게 되었다.

이 모델의 특징은 첫째, 약 2-3개월 동안 8회기에서 12회기 전후로 이루어지는 시간제한적인 단기개입이며, 둘째, 클라이언트와 사회복지사가 표면적으로 계약한 구체적인 문제들을 해결하는데 개입의 초점을 두기 때문에 개입의 책무성을 강조하며 셋째, 클라이언트의 문제해결활동은 그가 수행에 동의한 과제를 중심으로 이루어지기 때문에 클라이언트의 자기결정권에 대해 강조하며 넷째, 이론보다는 조사에 근거한 경험적 자료를 중심으로 진행되며 다섯째, 다른 모델보다 구조화된 접근(시작 →문제규명 → 계약 → 실행 → 종결)을 한다.

〈표 4-4〉 과제중심모델의 개입단계(Epstein, 1988)

단계	내 용
시 작	기관에서 의뢰된 클라이언트 또는 자발적, 독립적으로 지원한 클라이언트
초기단계	클라이언트의 표적문제가 규정됨
	계약단계: 계획, 표적문제, 우선순위결정, 목적설정, 참여자 실천가의 과업, 전체 시간계획
중간단계	문제해결, 과제계획 및 수행
종결단계	해결

(2) 이론적 배경

과제중심모델은 경험에 기초한 지식을 바탕으로 하여 계획적이고 의도적인 과정을 통해 클라이언트의 문제를 구체적인 과제로 해결해 나가려는 것인데 어떤 특정한 이론이나 개입방법에 고정되지 않는다. 오히려 일반체계이론, 의사소통이론, 인지이론과 정신분석이론, 그리고 학습이론의 기본원칙들을 통합하여 절충주의적 접근을 시도하고 있다. 행동주의적 원칙에서는 문제발생과 변화를 설명하는데 도움이 되는 지식과, 개인이 문제해결과제를 규정하여 수행하는데 도움이 될 수 있는 방법에 관한 지식이 선택되어 사용되고 있다. 또한 과제수행을 어렵게 하는 심리적 장애에 대한 통찰력 획득에도 도움이 되는 정신분석이론과 인지이론의 원리, 가족이나 중요한 타자들과 함께 과제를 수행하는 데에 도움이 될 수 있는 의사소통이론의 원리, 그리고 개인과 다른 사람들, 또는 청소년이 속한 조직들과 같은 소규모사회체계 내에서의 의사결정과 과제수행에 도움이 될 수 있는 사회체계이론의 원리들 역시 과제중심모델에서 발견할 수 있다.

이 모델에서 펄만(Perlman)의 문제해결과정과 스텃(Studt)의 서비스초점을 클라이언트의 과제에 둔다는 생각이 특히 유용하게 받아들여졌다(Epstein, 1988). 이외에도 경험에 기초한 지식을 일반화하고 있는데, 심리치료나 사회사업상담에서 발견된 사실들 즉, 단기의 시간제한적 치료를 받은 사람들이 장기치료를 받은 사람들과 효과면에서 별 차이가 없고, 의도된 기간과 상관없이 비교적 짧은 시간내에 효과를 볼 수 있다는 발견들이 이 모델의 기초가 되었다.

과제중심모델의 가치전제와 관련하여 클라이언트의 자기결정권을 존중한다.

- 사회복지사가 클라이언트의 문제에 대한 최선의 해결책을 가지고 있다고 가정하지 않는다.
- 서로 다른 환경적 장에서 개인의, 개인간의, 그리고 상황적 다양한

문제들에 적용할 수 있다.

◦ 개인의 문제를 완화시킬 수 있는 기술부족이나 자원 부족이 클라이언트의 주 문제이다. 이 두 가지 측면을 명료함으로써 사회복지사는 실현가능한 개입계획을 세우게 된다.

(3) 과정에서의 실천전략

과제중심모델을 이용한 실천은 청소년의 표적문제를 완화시키려는 목적으로 조직적이고 계획적인 노력을 하는 정교화된 일련의 활동들이다(Epstein, 1986).

◦ **문제규명단계**

청소년에 의해 문제가 규정되고 청소년 또는 의뢰기관의 표적문제 우선순위가 결정되어 초기사정이 신속히 이루어져야 한다.

먼저 문제규명에서는 청소년이 표현하는 다양한 문제의 유형과 원인을 탐색하고 표적문제를 선정하는 과정이다. 표적문제는 청소년이 변화를 원하는 문제이어야 한다. 청소년의 이익에 합치되고 자신의 말로 표현하게 한다. 이유는 청소년의 독립성, 자신의 일에 대한 선택권, 그리고 자신의 삶에 대한 스스로의 통제권을 존중한다는 윤리적 토대 위에서 있기 때문이다.

표적문제 선정기준은 청소년이 인정하는 문제, 자신의 노력으로 해결가능한 문제, 구체적인 문제이다. 표적문제가 결정되면 개입의 우선순위를 정하는데 이 때 결정주체는 청소년이다. 사회복지사는 사회복지사의 제안을 소개하고 문제를 분류한다.

◦ **계약단계**

계약이란 전통적인 사회복지실천에서 개입의 가장 기초적인 요소인 청소년과 사회복지사간의 동의를 서면으로 나타낸 것이다. 계약을 하는 이유는 개입에 대한 동의가 청소년의 자기결정에 의한 것임을 강조하기 위해서이다. 계약의 기본정신은 계약당사자가 개입과정에 참여하겠다는 동의인 것이다(〈표 4-5〉와 〈표 4-6〉 참조).

〈표 4-5〉 사례

J는 매일매일 반복되는 부모님의 싸움에 미칠 것 같다고 한다. 부모님을 몹시 미워하고 있다. 아버지와 어머니는 하루도 편한 날이 없다. 아버지는 술을 매일같이 마시고 취하면 몹시 난폭해진다. 심하게 마신 날은 집안의 기물을 부수기도 하고 어머니를 구타하곤 하였다. 그러자 어머니는 자살을 시도한 적이 있다. 그런 집이 싫어서 중 2때부터 밖으로 외박하기 시작했고 고등학교에 가서는 밥먹듯이 하고 있다. 이제는 학교공부를 따라 가기도 힘든 상태이다.

◦ 실행단계

과제중심모델에서는 중간단계가 매우 중요하다. 전체를 8회로 계획한 개입계획에서 2-7회 정도의 세션이 중간단계에 해당될 정도로 중심적인 단계이며 사정, 문제해결, 개입전략의 개선 등이 주요한 과업이 된다.

초기단계에서의 사정을 보다 정교화하는 과정으로 기초선 설정, 사회적 맥락에 대한 사정, 인지·정서적 상황에 대한 사정이 이루어진다.

◦ 기초선 설정은 문제상황을 세밀하게 이해하고 관련된 개입방법을 설계하는데 필요한 전략으로 행동주의에서 나온 것이다.

◦ 사회적 맥락은 청소년의 물리적 환경, 사회적 관계망, 사회경제적 조건, 문화, 지역사회 등을 말하는 것으로 이런 사회적 맥락이 청소년의 문제를 촉진하고 유지시키는 역할을 할 수 있기 때문에 중요하다.

◦ 효과적인 개입을 위해서는 청소년의 인지적·정서적 상황에 대한 사정이 필요하다. 심리검사나 정신의학적 조사는 이를 사정하는데 유용하며 이를 통해 사회복지사는 청소년의 성격, 특질, 생활방식, 대인관계양상, 문제해결, 인지능력 등이 문제에 어떤 영향을 미치는지 그리고 청소년의 잠재력과 한계는 어떠한지를 이해하는데 도움을 얻게 된다.

사회복지사와 청소년은 결정한 과제들을 수행해나가는 과정에서 문제가 해결되거나 감소되는 것을 경험하게 된다. 또 이 단계에서는 청소년과 사회복지사 뿐만 아니라 다른 사람이나 조직과도 적극적으로 협의하여 과제수행에 도움이 되게 하여야 한다. 과업수행시에는 예상되는 어려운 점들과 장애물을 검토해 보고 제거와 감소 그리고 변경하기 위한 활동들을 계획한다. 중요한 것은 회기마다 과업을 확인하고 문제의 상태변화를 점검한다.

◦ 종결단계

모든 사회복지실천과정과 같이 종결은 계획에 따른 종결, 계획되지 않은 종결, 연장의 세 가지로 볼 수 있다. 계획에 따른 종결은 목표달성에 따른 종결이나 또는 시간제한 때문이다.

계획되지 않은 중단은 청소년이 면접에 오기를 포기하거나 과제를 전혀 수행하지 않는다거나, 개입이 효과가 없을 것이라고 사회복지사가 판단할 때에 발생한다. 시간제한상 종결시점이 도래했으나 청소년이 종결에 대해 만족하지 못할 때, 사회복지사가 개입의 효과를 높이기 위해 더 시간이 필요하다고 판단할 때에는 종결이 연장될 수도 있다. 개입연장시 계약서에 이러한 사실을 명기하는 것이 좋다.

〈표 4-6〉 계약서의 예

기관 : ABC 센터
담당 사회복지사 : ○○○

계 약 서

☐ 표적문제　① J의 가출과 잦은 외박
② J의 따라가기 힘든 학교공부
③ J 부모의 잦은 싸움

☐ 목적　① J가 가출하지 않기
② 학교공부를 따라가기
③ J 부모의 부부관계향상

☐ 클라이언트의 과제
정호　① 매일 집에 들어오기
② 늦을 경우에는 부모님께 전화하기
③ 학교에 나가 수업일수를 채우기
부모　① 아버지는 술마시지 않기
② 부부싸움하지 않기 특히 J앞에서 싸우지 않기
③ J에 대해 관심갖기-친구관계, 학교에서의 생활

☐ 사회복지사　① J가 성실한 학교생활하는데 애로사항 해결하기(예. 취약과목, 어울리는 친구 등)
② 담임선생님과 J의 학업향상 상담하기
③ J부모에게 매일 저녁 전화하여 격려해주기
④ J아버지가 참석할 수 있는 단주모임 소개해 주기
⑤ J부모의 부모교육모임 소개해 주기
⑥ J에게 mento 알선해 주기

☐ 개입계획 : 2006년 9월 1일부터 10월 31일까지 8주간
주 1회 J와 부모 개별 면담함. 격주로 부모와 J 함께 면담함.

위 과제는 사정에 따라 수정·변경될 수 있음.
☐ 면담 장소 : ABC 센터
☐ 일시 : 매주 토요일 오후 2:00~3:00

위와 같은 사항에 합의하며 합의사항을 준수하기로 약속합니다.
2006. 9. 1

청 소 년 ______________ 서명
______________ 서명
사회복지사 ______________ 서명

5) 현실치료모델

(1) 개요

현실치료는 1950년에 글래서(William Glasser)에 의해 창시되었다. 이 접근에서는 현재와 현재의 행동에 초점을 두며 클라이언트가 자신의 욕구를 자신이나 타인에게 피해를 주지 않으면서 현실적인 방법으로 충족시킬 수 있도록 도와줌으로써 클라이언트가 자신의 욕구를 자신이나 타인에게 피해를 주지 않으면서 현실적인 방법으로 충족시킬 수 있도록 도와줌으로써 클라이언트로 하여금 성공적인 정체감을 획득하도록 하고 자신의 행동의 결과에 대해 스스로 책임을 지도록 하는 것이다.

현실치료에서 인간의 모든 행동이란 유목적적이고 우리들의 유전인자 속에 뿌리하고 있는 인간의 기본욕구를 만족시키기 위해 인간이 선택한 것이라고 가정한다. 또한 인간의 모든 행동들은 우리들이 가지고 있는 기본적인 욕구, 즉 소속, 힘, 자유, 즐거움, 생존 등 다섯 가지 중 하나 혹은 그 이상의 욕구를 만족시키려고 항상 노력한다고 본다. 이러한 기본욕구를 추구하는 과정에서 우선순위를 결정하게 되는데 인간은 끊임없이 갈등하게 되고 그것을 해소하려는 과정에서 충족과 좌절을 경험하게 된다. 이때 인간은 내적인 욕구가 실현될 수 있도록 감각기관, 지각체계, 행동체계를 통해 자신의 환경을 통제하고 선택하게 된다는 것이다(김인자, 1995).

(2) 이론적 배경

현실치료에서의 이러한 가정들은 주로 통제이론에 근거한 것인데 글래서가 현실요법에서 적용한 통제이론의 원리를 다섯 가지로 요약해 정리하면 다음과 같다(김인자. 1995).

첫째, 인간은 자신의 욕구(needs)와 원함(wants)을 충족하기 위하여 행동하게 된다는 것이다. 욕구는 인간의 유전적인 속성으로 생래적이고 보편적이고 유전인자 속에 지시된 것이나 원함은 특이하고 개인적인 것이다. 인간은 자신이 원하는 것을 얻으면 만족해한다. 둘째, 개인이 경험하는 환경으로부터 얻어진 지각현상과 자신이 원하는 것과의 차이(좌절)는 행동유발의 원인이 된다는 것이다. 셋째, 활동하기, 생각하기, 느끼기와 생리적 기능으로 이루어진 인간의 전 행동은 목적이 있다는 것이다. 넷째, 활동하기, 생각하기, 느끼기와 생리기능은 분리될 수 없는 행동요인들로서 개인의 내부로부터 생성되며 대부분 선택이라는 것이다. 다섯째, 인간은 지각을 통해 세상을 본다는 것이다. 지각에는 두 가지 보편적인 수준이 있는데 일차수준의 지각은 사건이나 상황에 대한 지식정보를 내포하는 것이고 이차수준의 지각은 그러한 사건이나 상황에 대해 사건이나 상황에 대해 가치를 부여하는 것을 말한다.

현실치료는 전통적인 정신분석치료와 비교해 다음과 같은 특징을 갖는다. 첫째, 현실치료는 클라이언트가 정신질환을 앓고 있다는 개념을 용납하지 않는다. 둘째, 클라이언트의 과거나 미래보다는 현재에 초점을 둔다. 셋째, 상담가는 초연적, 전이적 대상인물이 아니라 따뜻한 인간적인 위치에서 클라이언트와 친밀한 관계를 맺는다. 넷째, 무의식적 행동의 원인을 배제하며 행동의 진단보다는 욕구와 바램과 비교하여 그 행동선택을 평가함에 초점을 둔다. 다섯째, 행동의 도덕성과 책임성을 강조한다. 여섯째, 현실치료는 통찰과 허용성을 통하여 클라이언트의 행동이 변화하기를 기대하기보다는 적극적으로 효과적인 욕구충족을 위한 새로운 방법을 교육시켜 주는 것을 강조한다.

(3) 상담의 과정 및 전략

① 상담환경 바꾸기

이는 상담을 성공적으로 이끌기 위해 바람직한 분위기를 형성하는 것을 의미하는 것으로 특히 사회복지사는 상담 전 단계에서부터 상담

과정 시 해서는 안될 일과 해야 할 일을 분명히 제시해야 한다.

현실치료는 첫째, 청소년이 자신의 삶에서 변화를 시도하도록 동기부여를 할 수 있는 지지적 환경을 조성하는 것에서부터 시작된다. 둘째, 청소년의 언어적, 비언어적 행동에 주의를 기울이고 침착하고 예의바르게 행동해야 하며 유머를 사용하기도 한다. 셋째, 문제를 안고 찾는 청소년에게 보다 효율적이고 도움이 되는 행동선택이 얼마든지 가능하다는 신념을 일깨워주고 일관되고, 침착하고 당당한 태도를 지녀야 한다. 넷째, 판단하거나 비난하지 않고 일차수준의 지각을 통하여 청소년의 행동을 이해하여야 한다.

상담에서 금지되어야 할 사항은 첫째, 사회복지사는 청소년의 변명을 받아들이지 않도록 조심해야 한다. 둘째, 사회복지사는 청소년을 비판하거나 처벌하지 말고 논쟁하지 말 것이며 청소년 자신이 저지른 행동의 결과에 대한 책임을 지도록 해야 한다. 셋째, 청소년을 쉽게 포기하지 말아야 한다.

② 행동변화를 위한 상담과정

현실치료에서 실제 사용할 수 있는 주요절차는 W(Wants), D(Doing), E(Evaluation), P(Planning)라고 설명하고 있다.

첫째, 바람(욕구, 바람, 의지의 탐색)(Wants)이다. 이 단계에서는 청소년에게 무엇을 원하는가 하고 그들의 욕구나 바램에 대한 질문을 한다. 또한 상담과정에서 청소년이 사회복지사에게 원하고 기대하는 것이 무엇인지를 탐색하는 것도 중요하다. 청소년의 욕구를 탐색하기 위한 질문으로는 '당신은 지금 어떤 사람이기 원합니까?'. '현재 상황에서 당신이 진정으로 바라는 것은 무엇입니까?', '당신이 원하는 것을 전부할 수 있다면 당신은 무엇을 하겠습니까?' 등이 있다.

둘째, 방향과 행동(Direction and Doing)이다. 이 단계는 단순히 태도나 감정뿐만 아니라 활동하기, 생각하기, 느끼기와 생리기능 등 전 행동을 탐색하여 평가하는 과정이다. '당신은 지금 무엇을 하고 있습니까?', '상담실에 오기 전까지 실제 당신은 무엇을 했습니까?', '당신은 자신의 문제해결을 위해 어떤 노력을 하였습니까?' 등이 있다.

셋째, 평가(Evaluation)이다. 현실치료에서의 평가는 개인의 행동과 욕구와의 관계를 점검해보는 것이다. 청소년의 행동변화를 위한 현실치료에서 가장 핵심이 되는 부분은 스스로 자기평가를 하게 하는 단계이다. '당신의 지금의 행동이 당신에게 도움이 됩니까?', '당신이 원하는 것은 현실적이거나 실현 가능합니까?', '당신은 현재 당신이 원하는 방향으로 가고 있나요?' 등이 있다.

넷째, 계획과 실천(Planning and Commitment)이다. 상담과정에서 중요한 일은 청소년이 자신의 요구와 욕구를 충족시킬 구체적 방법을 찾도록 돕는 것이다. 계획을 수립하고 실천하는 과정을 통해서 청소년들은 자신의 삶을 효과적으로 통제할 수 있게 된다. 그 계획이란 단순하고, 실현가능하고, 측정가능하고, 즉각적이어야 하고, 관계가 있어야 하고, 계획한 사람이 통제할 수 있는 것이어야 하며, 실천할 수 있는 것이어야 하고, 계속 행해질 수 있는 것이어야 한다.

③ 전략

- 질문 : 앞서 제시한 상담의 각 과정마다 그에 따른 적절한 질문을 사용한다.
- 유머 : 사회복지사는 때에 따라 적절한 유머를 사용하여 청소년의 긴장감을 풀어준다.
- 토의와 논쟁 : 사회복지사가 청소년에게 질문하면 그 대답하는 가운데 상담이 이루어진다. 질문을 주고받는 가운데 청소년의 대답이나 어떤 말이 현실성이 없거나 합리적이지 못하면 논쟁 또는 토의하게 된다.
- 맞닥뜨림 : 질문, 토의 논쟁 중 현실적 책임감과 관련된 모순성이 보이면 맞닥뜨리기를 한다. 예) 학과선택에 대해 그 책임을 어머니에게 돌리는 경우 '다른 일도 어머니가 시키면 그대로 실행했습니까?'라고 묻자 '아닙니다'라고 하면 사회복지사는 '다른 일은 어머니가 하지 않았는데 학과선택에 있어서는 어떻게 어머니가 시키는

대로 했습니까?'라고 대응함으로써 현재 다니는 학과는 청소년이 선택했다는 점 즉 자신의 책임임을 인식시킨다.

◦ 역설적 방법 : 역설적이라고 하는 것은 받아들여진 의견과 상반되는 것, 통념에 반대되는 주장, 혹은 감정이나 주장이 모순된 것처럼 보이지만 실제로는 사실일 수 있는 것이다. 예) '정말 당신은 안 아픈 곳이 없는 대단한 병자군요', '맞아요. 나는 그런 무책임한 일을 잘 할 줄 모르니 더 무책임하게 되는 데는 도움이 안 되겠네요. 어차피 당신은 혼자서도 무책임한 일을 잘 할 수 있으니 나의 도움이 필요없지요.'라고 할 수 있다.

제5장

청소년복지의 실천방법

1. 청소년사회복지실천의 원리와 전략

1) 사회복지실천의 원리

(1) 개별화의 원리

청소년은 개별적 차이를 지닌 독특한 존재이므로 개개인의 욕구와 특성, 상황, 발단단계 등을 고려하여 개별적이고 다양하게 행해져야 한다.

(2) 수용의 원리

사회복지사는 따뜻하고 수용적인 태도를 가져야 한다. 즉 청소년의 장·단점, 바람직하거나 그렇지 못한 성격, 긍정적이거나 부정적인 감정, 건설적이거나 파괴적인 태도나 행동 등 있는 그대로 이해하고 상대방을 존중해야 한다. 수용대상은 선한 것이 아니라 참된 것으로 있는 그대로의 청소년을 이해함으로써 청소년으로 하여금 정서적인 안도감을 느끼게 한다.

(3) 자기결정의 원리

사회복지사는 문제해결이 가능하도록 도와주는 역할을 담당함으로써, 원조과정에서 스스로 자신이 나아갈 방향을 숙고하고 선택하려는 청소년의 결정은 존중되어야 하며 사회복지사는 그와 같은 욕구 및 잠재가능성을 자극하여 청소년이 실현시켜 나갈 수 있도록 도와주어야 한다.

(4) 통제된 정서관여의 원리

청소년의 감정에 대한 민감성과 그가 의미하는 것에 대한 감정이입적 이해 그리고 그의 감정에 대한 의도적이고 적절한 반응기술이다.

(5) 의도적 감정표현의 원리

청소년으로 하여금 자신의 감정을 자유롭게 표현하도록 하는 것이다. 특히 자신이 비판받게 될지도 모르는 감정들을 자유롭게 표현하는 것이다.

(6) 비심판적 태도의 원리

청소년을 돕는 과정에서 그의 문제의 원인이 그의 퍼스낼러티와 같은 개인 내적인 요소에 의한 것이든 그들의 외부환경에 의한 것이든 그 문제의 책임이 청소년에게 있다는 것을 언어 혹은 비언어적인 것으로 표현하지 않는 것이다.

(7) 비밀보장의 원리

청소년의 기본적인 권리에 기초하는 것으로서 전문적인 관계를 통해 밝혀지는 복지대상자에 관한 정보를 누출시키지 않는 것이다. 이는 사회복지사의 윤리적인 의무이고 성공적인 사회복지실천 관계유지를 위해 반드시 필요한 것이다.

2) 개별실천의 전략

(1) 열심히 경청한다.

모든 행동에는 이유와 목적이 있다. 현재 있는 그대로 수용하기 위해 이해되지 않는 부분이 있더라도 말을 가로막지 말고 끝까지 이야기를 들어준다. 사회복지사는 청소년이 자신의 감정 중에서도 특히 부정적인 감정을 표현하고 싶어한다는 것을 인식하여 자유로운 자기표출이 가능하도록 따뜻한 분위기를 조성해 주어야 한다. 이를 위해서는 청소년의 감정표현을 귀담아 듣고 그의 감정표현을 중단시키지 말고 개방적이고 솔직하게 의사소통을 하도록 고무한다. 이러한 감정표현은 압력이나 긴장에서 벗어나게 할 뿐만 아니라 그 자체가 중요한 지지가 된다.

(2) 공감하고 긍정적인 관심을 말로 표현한다.

청소년의 이야기를 청소년의 입장에서 이해하려고 노력하고 이야기를 다 듣고 난 후에 가장 먼저 긍정적인 느낌을 말로 표현하라. 청소년과 관계를 맺는 처음 10분이 상담 전 과정을 좌우한다.

(3) 청소년이 현재 당면한 문제가 무엇이며 현재 감정이 어떠한가를 알아본다.

사회복지사와 청소년이 보는 문제가 서로 다를 수 있다. 그러나 가장 우선시되어야 할 점은 청소년 자신이 무엇을 문제라고 생각하고 있으며 이에 대해 어떻게 느끼고 생각하는가 하는 점이다. 왜냐하면 똑같은 상황이라고 하더라도 사람마다 문제를 받아들이는 태도나 느낌은 다를 수 있기 때문이다.

(4) 지금까지 어떤 노력을 해 왔고 무엇을 원하는지에 대해 이야기한다.

청소년이 지금까지 이 문제를 해결하기 위해 어떤 노력을 해왔으며 청소년자신이 원하는 것은 무엇인지를 알아본다. 특히 사회복지사는 청소년이 지금까지 한 노력에 대해 지지하는 것이 필요하다. 이때 칭찬은 구체적이고 객관적이어야 하며 구체적 행위의 결과에 대해서가 아니라 수행과정에 대한 노력이나 자세에 대한 것이어야 한다. 이러한 태도는 청소년에게 비난과 질타 또한 간섭하려고 하는 것이 아니라 청소년을 인정하고 도우려고 하고 있다는 느낌을 갖게 함으로써 사회복지사를 신뢰하고 자신을 개방하게 하는 지름길이다.

(5) 청소년과 함께 공동의 목표를 정한다.

사회복지사가 청소년의 문제해결 전 과정에 개입할 필요가 없다. 또한 청소년이 사회복지사의 개입을 원하지 않을 수도 있다. 따라서 청소년이 자신의 도움을 원하는지를 알아보고 사회복지사는 자신이 어떤 단계까지 도움을 줄 수 있는가를 결정하고 이를 토대로 청소년과 함께 공동의 목표를 정한다. 이러한 결정과정에서 무엇보다도 중요한 것은 청소년을 함께 참여시키는 것이며 청소년과 타협을 할 필요가 있다.

(6) 목표를 달성할 수 있는 다양한 대안을 탐색하고 결정한다.

문제해결에 대한 답을 일방적으로 요구할 것이 아니라 청소년 자신에게 적합한 대안을 선택할 수 있도록 다양한 대안을 제시하고 그것의 장단점을 알려준다. 이 과정에서 청소년 개개인의 독특함을 보지 못하고 획일적이고 편협한 잣대로 이들을 평가하고 판단하거나 아니면 이들에게 지나친 기대를 갖거나 이들이 지닌 능력 이상의 것을 요구한다면 오히려 이들을 낙담시키거나 좌절시킬 수 있다. 따라서 가능한 모든 결정은 청소년의 수준과 욕구에 맞추는 것이 필요하다.

(7) 청소년에게 줄 유용한 자원을 탐색한다.

청소년의 주위에 도움을 줄 자원이 있는지 탐색하고 만약 내부적 자원이 없다면 지역사회에 있는 다양한 자원과 연결시킨다. 혼자서 안 되는 것은 주위와 의논하여 힘을 합친다. 만약 주위의 변화나 환경의 변화가 필요하다면 이를 위한 방법을 다양하게 모색한다.

(8) 상담과정은 긍정적이고 희망적이어야 한다.

청소년의 부정적인 면을 강조하기보다는 긍정적이고 강한 면을 강조함으로써 자존감을 높이고 상담분위기를 희망적으로 이끌고 유머를 사용한다. 또한 청소년에게 너무 성급하게 다가가면 오히려 부담을 가중시킬 수 있다. 따라서 청소년의 수준을 고려하여 같은 수준에서 대응해야 한다. 청소년의 반응이 즉각적으로 나타나거나 관찰이 가능한 경우도 있지만 경우에 따라서는 청소년의 반응이 지연되거나 관찰될 수 없는 것도 있다. 따라서 성급하게 판단하여 실망하거나 포기하지 말고 여유와 인내를 가져야 한다.

(9) 적절한 곳에 의뢰하는 것도 중요한 원조이다.

사회복지사는 모든 문제를 해결할 수 없다. 가장 적합한 곳에서 적합한 서비스를 받도록 하는 것도 중요한 원조행위이다. 이를 위해서는 사회복지사가 자신의 한계를 잘 알아야 하며 지역사회 자원에 대한 정확한 정보가 필요하다.

2. 개별 사회복지 실천과정

청소년을 위한 개별 사회복지실천은 앞장에서 소개되었다. 여기에서는 사회복지실천과정을 간단히 소개한다. 실천과정은 학자에 따라 또는 이론에 따라 다양하게 구분될 수 있다. 일반적인 사회복지실천과정을 보면 먼저 도움을 받기 위해 찾아온 사람을 기관의 사회복지사가 처음으로 접촉하여 접수(intake)하고 긍정적인 원조관계를 수립하면서 관련된 정보와 자료를 수집, 사정하고 개입목표와 계획을 세우는 초기단계, 계획된 대로 원조활동을 수행하면서 이를 점검(monitoring)하고 진행해 나가는 중간단계, 그리고 원조활동의 효과를 평가하고 원조관계가 만족스럽고 긍정적으로 끝나도록 하는 종결단계의 세 단계로 구분할 수 있다. 각 단계마다의 원조활동은 인간행동에 대한 이론이 바탕이 된다.

1) 초기단계 : 접수와 관계형성

(1) 개입의 목표와 과업

이 단계의 주된 목표는 도움을 구하러 온 사람의 욕구가 기관의 목적과 서비스내용에 적합한지 아닌지를 판단하여 접수하고 청소년과 긍정적인 원조관계를 맺어 앞으로의 개입과정에 청소년의 참여를 유도하는 것이다.

① 접수 : 원조를 신청하러 온 청소년의 문제와 욕구를 확인하여 기관의 정책과 서비스를 받을 자격요건을 갖추었는지의 여부를 결정하는 과정을 말한다. 접수는 원조단계의 최초 단계이며 서비스 수급여부를 결정하는 중요한 과정이다.

② 참여유도 : 사회복지실천의 가장 기본적인 도구는 사회복지사 자신이다. 초기단계에서 사회복지사가 청소년과의 긍정적인 관계를 형성하지 못하면 청소년은 사회복지사를 신뢰하지 못하게 되고 사회복지사를 신뢰하지 않는 청소년은 자기문제를 분명하게 토로하지 않고 주저하게 된다. 사회복지사는 청소년이 도움을 요청하는 것이 자발적인지, 비자발적인지를 파악하고 청소년이 전하는

메시지의 진정한 의미를 들어주며 고통을 나눈다는 자세를 보여야 한다. 어떤 상황에서든 인간관계에는 감정이입, 인정, 온정, 그리고 진실성이라는 요소가 필요하다.

(2) 개입과정과 개입기술

① 접수와 관계형성

사회복지사는 청소년과 가족에게 기관의 정책과 가능한 서비스, 청소년에게 요구되는 과업, 기관의 한계점을 설명해 주고 신청자의 욕구내용을 사정하여 기관이 적합한 서비스를 제공할 수 있는지를 판단한다.

접수단계에서 필요한 또 다른 기술은 문제확인이다. 사회복지사는 문제의 성격이 어떤 것인지 그리고 그 문제가 청소년에게 얼마나 중요한 것인지, 무엇 때문에 이런 문제가 발생했는지 그 원인에 대한 탐색을 하게 된다.

문제에 대한 사회복지사의 전문적 관점에 대한 토의가 필요하다. 청소년과 사회복지사가 문제를 서로 다르게 파악할 경우 서로의 의견을 존중해 문제에 대한 합의를 이루는 일이 중요하다.

② 자료수집 및 문제사정

청소년의 문제와 욕구를 명확히 하기 위해서는 충분한 자료수집과 자료의 사정에 따른 문제규정작업이 필요하다. 자료수집은 청소년 개인과 그의 환경에 관한 객관적 자료를 확보하려는 활동이다. 자료수집은 개입의 전과정에서 이루어지지만 특히 이 단계에서 가장 집중적으로 이루어진다. 정보수집과 측정노력을 통해 사회복지사는 청소년의 문제를 사정하게 된다. 문제사정시 사회복지사는 다음과 같은 질문에 해답을 찾으려 한다.

- 청소년은 어떤 사람인가?
- 청소년은 자기문제를 무엇이라고 생각하는가?
- 문제는 얼마나 오래 지속되었는가?

- 청소년은 그동안 문제해결을 위해 어떤 노력을 해 왔으며 효과가 있었는가?
- 어떤 사람들이 관련되어 있으며 어떤 집단이나 사람들이 영향을 받는가?
- 청소년에게 영향을 줄 수 있는 주요한 타자는 누구인가?
- 청소년은 문제를 해결하고자 동기화되었는가?
- 청소년의 강점(strength)과 약점은 무엇인가?

사회복지사는 개인에 대한 정보와 처한 상황적 맥락과 생태학적 요인에 대한 이해가 필요하다. 일반적으로 청소년 개인의 생활력, 인간관계, 경제문제, 건강, 정서적 상태, 청소년이 처한 문화 등에 관한 자료를 수집하게 된다.

자료수집이 끝나면 사정작업이 시작된다. 사정(assessment)이란 수집된 자료를 해석하고 의미를 부여함으로써 최종적으로 문제를 규정하여 실천의 방향을 결정짓는 일이다. 경우에 따라 청소년의 문제를 사정하기 위해 기존의 사정척도를 사용하거나 심리검사를 의뢰할 수도 있다. 또한 양육환경과 유지환경의 문제를 보다 정확히 사정하기 위해 사회복지사들이 많이 사용하는 방법은 가족의 구조와 기능을 파악하는 가계도와 생태도의 활용이다.

사정과 자료수집에서 유념해야 할 원칙은 첫째, 자료수집의 가장 중요한 출처는 바로 청소년 자신이라는 점이다. 둘째, 자료수집과 사정에서 청소년이 가지고 있는 문제나 결핍보다 청소년의 강점을 발견하는 데에 주력해야 한다는 것이다. 셋째, 청소년의 문제는 다면적이다. 가족관계 문제, 학교에서 학업문제와 친구관계 등.

(3) 개입목표 설정과 계약서 작성

사회복지사와 청소년간 문제에 대한 이해가 공유되고 나면 개입의 목표를 설정해야 한다. 개입목표란 청소년이 현 상황에서 벗어나기 위한 바람직한 변화의 방향이다. 목표를 설정하기 위해 표적문제를 찾아내야 한다. 표적문제 2, 3가지가 선정되면 여기에 따라 개입의 목표를 설정한다. 목표가 정해지면 이에 도달하기 위해 개인활동이 구성되고 수행되지만 목표가 불변하는 것은 아니다.

표적문제와 목표가 설정되면 서로의 의무와 과업, 구체적 실천활동을 상호약속하는 계약단계로 들어간다. 계약은 개입활동의 성공여부는 청소년이 자기가 할 일과 역할을 분명하게 인식하고 적극적인 참여가 요구된다는 사실을 인정하는 데에 달려 있다. 계약서의 형태는 다양한데 대개 계약당사자 및 관련된 주요인물들의 역할, 문제리스트와 목표의 우선순위, 사회복지사와 청소년의 과업과 책임, 개입의 방법, 그리고 개입의 몇 가지 구조적 요인들로 구성된다.

2) 중간단계 : 개입의 수행

중간단계는 초기단계에서 설정된 목표를 달성하기 위해 청소년 또는 청소년 주변환경에 변화를 가져오기 위한 개입활동이 수행되는 시기이다. 개입은 청소년의 가치와 신념체계, 평소 일상생활에서의 대처방법 등을 잘 파악하고 있어야 효과가 있다. 또한 필요에 따라 상담, 지역사회와의 자원연계, 새로운 자원의 개발, 사회적 지지집단의 활용, 교육, 역할극 등 다양한 전략으로 구성된다.

(1) 개입의 목표

중간단계의 목표는 첫째, 문제해결을 위한 구체적인 변화전략의 수립, 둘째, 개입, 원조, 교육, 동기유발, 자원연결, 행동변화 등을 통한 변화의 창출, 셋째, 지속적인 점검(monitoring)을 통한 변화정도의 유지와 평가이다.

(2) 개입과정과 개입기술

가. 개인에 대한 개입활동과 기술

① 의사소통기술

첫째, 정서적 안정은 낙담, 좌절, 의기소침과 무력감, 자신감 결여 등의 심적 상태를 건강하고 자신감 있는 상태로 회복시키고 불안, 분노, 죄의식 등의 불합리하고 불건전한 정서를 적절히 해소하도록 도와 자아기능을 회복시키는 것을 말한다. 사회복지사의 기술로는 격려, 재보증, 일반화와 환기법 등이 있다.

둘째, 인지구조의 변화는 청소년의 왜곡되거나 부정적인 사고구조를 변화시켜 자신과 상황을 좀더 현실적으로 인식하도록 돕는 것이다. 주로 초점화, 직면, 재명명 기법이 쓰인다.

셋째, 청소년의 상황인식능력향상은 청소년자신의 정서상태와 인지구조 및 행동, 문제와 이를 둘러싼 상황, 동원가능한 자원에 대한 청소년의 통찰력을 높이는 것을 말한다. 주로 정보제공과 조언 등이 있다.

② 행동변화기술

청소년의 행동을 변화시키는 것이 목적일 때 사용하는 기법들은 행동수정이론에 기초하고 있다. 행동결과의 조작기법은 바람직한 행동을 새로 형성하고자 하는 경우에는 강화가, 그리고 문제행동을 제거하고자 하는 경우에는 벌 또는 소거가 대표적이다.

행동변화의 또 다른 기법 중 많이 사용하는 것은 모델링과 점진적인 변화과정에 속하는 일련의 기법인 행동형성(작은 행동단위로 나누어 낮은 수준의 세부목표를 달성하면 그보다 한 단계 더 높은 목표를 달성하도록 하는 과정을 반복함으로써 최종적인 목표에 도달하도록 하는 것이다), 행동연쇄(연쇄적으로 연결된 세부행동이 서로 자극-반응관계를 이루도록 해서 각각 다음 단계의 강화물로 작용하게 하는 것), 그리고 용암법(도움의 양을 줄여 스스로 행동할 수 있도록 하는 과정)이다.

나. 환경에 대한 개입활동과 실천기술

청소년의 변화를 위해 사회복지사가 행하는 환경에 대한 개입활동은 다음과 같은 네 가지로 나눌 수 있다. 첫째, 두 가지 이상의 서비스 제공자들과 함께 일하는 것을 말한다. 둘째, 사회복지사는 자원봉사자나 자조집단 등과 같은 새로운 자원이나 프로그램을 계획하고 발전시켜야 한다. 셋째, 환경조작으로 청소년의 사회적 기능을 강화하기 위한 한 가지 수단으로 청소년의 환경에 변화를 가져오는 전략이다. 예) 청소년 쉼터 넷째, 옹호서비스는 사회복지를 다른 전문직과 차별화해 주는 것으로 권리를 주장할 만한 능력과 지식 및 기술이 부족한 경우 사회복지사가 청소년의 최선의 이익을 위해 입장을 대변해 주는 것이다.

(3) 점검

개입활동의 전개과정이 설정된 목표에 비추어 볼 때 올바른 것인지 여부를 점검(monitoring)하는 것이다. 점검의 목적을 헵워드와 라슨(Hepworth & Larsen, 1990)은 개입전략의 효과성과 효율성을 평가하고 개입과정의 장애요인을 발견하여 대처하며 개입의 효과를 지속적으로 평가하여 원조과정에 대한 청소년의 동기와 자신감을 고양시키기 위함이라 하였다. 마지막으로 청소년의 최선의 이익이라는 원칙하에 계획을 수정할 수 있는 융통성을 발휘하기 위한 것이라고 한다.

3) 종료단계 : 평가와 종결

사회복지실천과정의 최종단계는 종결이다. 실천과정에서 중요한 단계로 청소년의 사회적 기능을 강화시키는 동시에 사회복지사와 청소년이 개입의 전과정을 통해 같이 발전시켜온 성과를 이해시키는 과정이기도 하다. 어떤 관계이든 관계의 종결은 강렬한 정서적 반응을 동반하게 되는데 이러한 감정들은 성장의 수단으로 쓰이기도 하고 거부되거나 억압되어 차후의 사회적 기능을 방해할 수도 있다. 사회복지사는 최종단계에서 종결을 잘 다룰 수 있는 기술이 필요하다.

(1) 평가

사회복지분야에서 책임성이 강조되고 있는데 책임성이란 효과성과 효율성이라는 개념으로 구성된다. 효율성이란 서비스의 비용과 관련된 개념이며 효과성이란 서비스를 제공함으로써 목적했던 결과에 도달했는지에 관련된 것이다.

평가는 내용에 따라 여러 가지 유형으로 나눌 수 있다. 총괄평가, 형성평가로, 총괄평가는 개입의 결과 즉 전반적인 효과성 및 효율성에 대한 것이라면 형성평가는 개입의 과정을 보는 것이다. 형성평가는 총괄평가가 개입으로 인한 성과를 보여주는데 반해 개입과정의 어떤 요소가 성과를 내게 했는지를 보여주는 것이다.

다른 평가의 기준은 평가의 주체에 따른 것이다. 평가의 주체는 청소년, 참여자, 사회복지사 3자가 될 수 있다. 청소년은 프로그램에 대한 만족도, 사회복지사의 성실성과 전문기술성에 대해 평가할 수 있고 참여자는 프로그램의 운영절차, 지역사회자원의 이용측면에 대해 평가할 수 있다. 사회복지사는 자기가 시행한 프로그램의 진행과 운영측면 및 효과성과 효율성에 대해 전문가적 입장에서 평가할 수 있다.

평가에 사용할 검증된 도구와 객관적인 자료가 요구되는데 검증된 도구로는 설문검사지, 문제상황의 변화 정도에 대한 평가, 참여자들의 환류 등이 이용될 수 있다.

(2) 종결

종결의 과업은 첫째, 적절한 종결시기의 결정, 둘째, 청소년과 사회복지사의 정서적 반응의 처리, 셋째, 개입을 통해 획득한 효과의 유지와 강화, 넷째, 필요한 경우 청소년을 다른 자원으로 의뢰하는 것이라고 할 수 있다.

종결시 고려해야 할 몇 가지 기준을 쉐퍼(Sheafor, 1991)는 다음과 같이 제시하고 있다. 개입목적의 달성정도, 서비스의 시간내 제공완료 여부, 청소년 문제상황의 해결정도, 사회복지사와 기관의 투자노력, 이득체감에 대한 사회복지사와 청소년의 합의 여부, 청소년의 의존성, 청소년에 대한 새로운 서비스의 적합성 여부 등이다.

종결의 유형에는 크게 세 가지가 있다. 시간제한에 의해 계획된 종결로 대부분의 사회복지실천기관은 한 사례에 대한 일정한 시간제한을 둔다. 둘째, 목적달성으로 인한 종결로 정해진 기간내에 개입의 목표가 달성되었기 때문에 종결하는 경우로 가장 만족스러운 종결유형이다. 셋째, 목적달성에 이르지 못한 채 시간이 다 되기 전에 종결되는 것을 말한다.

종결에 따른 청소년의 정서적 반응의 해결에 사회복지사는 청소년이 감정들을 표현하도록 도와주고 잘 처리하도록 도와야 한다. 또한 개입을 통해 청소년이 얻은 이득을 강화하기 위해서는 청소년으로 하여금 문제해결의 기본원칙을 파악하도록 도와주는 것이다. 개입과정에서 얻은 이득을 유지, 강화하기 위해서 시도되는 또 다른 방법은 사후관리이다. 마지막으로 사회복지사의 중요 임무 중 하나는 다른 기관이나 외부의 자원들과 청소년을 연결시켜 주는 의뢰서비스이다. 이 때 주의해야 할 점은 청소년에 대한 배려와 자기결정권이 존중되어야 하며, 청소년의 욕구에 잘 맞는 자원을 제안할 수 있어야 한다.

3. 집단 청소년복지 실천

인간은 전 인생을 통하여 대인관계를 가지며 집단 상황의 필요를 느낀다. 인간의 육체적 · 정신적 · 정서적 성장은 타인과의 상호작용 속에서 이루어진다. 인간의 기본적인 욕구는 일생을 통해 변화되는 여러 가지 다양한 집단관계 속에서 충족되어야 한다. 이들 집단은 연령에 따라 상이한 특성을 가진다. 학교에 들어갈 나이가 되면 집단경험의 중요성이 증가하게 되고 청소년기에는 그 중요성이 특히 커진다. 따라서 청소년복지에서의 집단지도는 손상된 사회적 기능을 회복하고자 하는 욕구를 지닌 청소년들이나 현재의 사회적 기능을 적극적으로 유지하고 강화하고자 하는 욕구를 지닌 청소년들에게 그 욕구를 충족시키며, 개인, 집단, 지역사회의 제 문제에 대해 보다 능동적으로 대처해 나갈 수 있도록 소집단 활동을 통해서 의도적으로 실시함으로써 그 집단에 속한 성원들의 사고방식이나 행동양식, 기타 자기인식이나 생활관까지 변화시켜 건전한 민주시민으로 키우는데 의의가 있다.

1) 집단지도 원칙

집단지도에는 코노프가(Konopka, 1983)의 집단지도 원칙이 가장 많이 인용되고 있다. 이를 살펴보면 다음과 같다.

(1) 집단 내에서의 청소년은 각각 독특한 차이를 가지고 있음을 인식하고 이에 따라 행동한다(집단 내에서의 개별화). 즉, 집단지도사는 집단이나 사회 전체의 요구뿐만 아니라 그 안에 있는 청소년들의 개별적인 요구와 특성을 반영하여 청소년을 이해하고 도와주어야 한다.

(2) 집단마다 다양성이 있음을 인식하며 이에 따라 행동한다(집단의 개별화). 집단지도사는 집단이 단순한 개인들의 합이 아니며 나름의 독특한 특징을 갖는 유기적인 총체임을 인식하여야 한다.

(3) 집단지도사는 청소년을 이해하는 데 그치지 않고 개개인의 독특한 강점과 약점을 진실되게 수용하여야 한다.

(4) 집단지도사는 집단 구성원들과 의미있는 조력관계를 형성하여야 한다. 집단지도 실천에서는 청소년의 변화가 타인과의 상호작용을 통해서만 가능하다고 가정한다. 바람직한 방향으로 변화시키기 위해서 청소년은 전문적인 도움을 필요로 한다.

(5) 집단지도사는 집단 구성원들이 조력적이고 협동적인 관계를 형성할 수 있도록 북돋아 주어야 한다. 집단 구성원 간의 상호작용은 집

단지도사와 구성원 간의 상호작용만큼이나 중요하다는 것을 인식하여야 한다.

(6) 집단지도사는 집단과정을 적절하게 수정하여야 한다. 집단과정을 계속 평가하며 이에 따라 필요한 경우 수정을 가한다.

(7) 청소년이 각자의 능력의 수준에 따라 집단활동에 참여하게 하고 이를 통해 유능해질 수 있도록 도와주어야 한다. 집단지도사는 참여할 수 있는 청소년의 능력을 인정하고 청소년들이 두려움이나 강압적인 생각 없이 자신에 알맞은 수준에 참여할 수 있게 하고 나아가 더욱 나은 단계로 발전할 수 있게 한다.

(8) 집단지도사는 구성원이 문제해결과정에 직접 참여할 수 있도록 하여야 한다. 집단지도사는 집단을 위하여 문제를 혼자서 해결하고 할 것이 아니라 구성원들이 문제 해결에 나서서 다른 사람이나 집단지도사와의 상호작용을 통해 스스로의 해결방안을 찾아낼 수 있도록 도와주어야 한다.

(9) 집단지도사는 구성원들이 갈등을 통해서 점차 만족할 만한 경험을 할 수 있도록 해야 한다. 갈등상황이 일어났을 때 이를 회피하는 것이 아니라 이와 맞서서 이러한 경험을 통하여 변하도록 한다.

(10) 집단지도사는 청소년들에게 다른 새로운 일에 대한 성취감을 경험할 수 있는 기회를 제공해 주어야 한다.

(11) 집단지도사는 각각의 청소년과 전체 상황의 진단적 평가에 대한 제한을 현명하게 이용하여야 한다.

(12) 집단지도사는 청소년 구성원, 집단 목적, 적절한 사회적 목적에 대한 진단적 평가에 따라 프로그램이나 행동을 목적에 맞고 차별적으로 이용하여야 한다.

(13) 집단지도사는 청소년과 집단과정을 계속적으로 평가하여야 한다.

2) 집단의 역동적인 힘

집단을 활용한 개입은 개별구성원과 집단전체 그리고 집단이 속한 환경의 3가지 모두에 초점을 둔다. 이는 집단을 통하여 개별성원의 욕구를 충족시키고 집단전체의 목적을 성취하면서 집단에 영향을 줄 수 있는 외부환경(예, 학교, 지역사회)과의 관계 속에서 집단이 성장하고 발달하는 것이다. 노던과 컬랜드(Northern & Kurland, 2001)는 집단을 활용할 때 발생하는 역동적인 힘을 10가지로 요약하였다. 이러한 역동적인 힘은 한편으로는 집단을 활용할 때 발생하는 이점이라고 표현할 수 있다.

(1) 상호원조 : 성원과 집단사회사업가의 지지를 통해 불안감을 해소하고 자신을 적극적으로 표현할 수 있으며 새로운 생각과 행동을 시도해 볼 수 있다.

(2) 집단응집력 : 자신이 인정받고 수용된다는 소속감은 집단성원의 변화에 영향을 준다.

(3) 관계의 질 : 집단사회사업가 및 성원들 간의 관계를 통해 상당히 통제된 상황 속에서 친밀한 관계를 형성하고 지지를 받으며 동시에 도전을 할 수 있다.

(4) 보편성 : 자신만이 아니라 타인도 문제가 있음을 알게 된다.

(5) 희망의 고취 : 집단과 집단성원을 동일시하면서 문제가 개선의 여지가 있음을 알게 된다.

(6) 이타심 : 집단성원에게 도움을 받기도 하지만 도움을 주기도 한다.

(7) 지식과 기술의 습득 : 집단이 편안한 것을 느끼면서 새로운 지식과 기술을 습득하며 사회성 기술과 같은 새로운 기술을 시도해 볼 수 있는 기회를 제공한다.

(8) 정화 : 집단을 통해 억압된 감정이나 생각을 발산하는 기회를

제공한다.

(9) 현실검증 : 집단의 복합성으로 인해 다양한 관점을 제공해 줌으로써 느낌이나 의견, 사실정보를 교환·점검해 볼 수 있는 기회를 제공한다.

(10) 집단의 통제 : 집단의 기대에 행동하게 되므로 권위에 대한 저항감을 줄이고, 부적절한 행동은 억제하며 집단에서 원하는 제한된 행동을 따르게 된다.

3) 집단지도과정

자스트로우(Zastrow, 1999)가 제시하는 집단지도의 과정, 즉 어떻게 집단을 구성하고 어떤 과정을 거쳐서 어떻게 끝내는가에 대한 자세한 내용은 다음과 같다.

(1) 준비(Homework)

집단 구성원이나 지도사가 성공적인 경험을 하기 위해서는 다양하고 광범위한 준비가 필수적이다. 유능한 지도사는 집단모임 전에 사전준비를 잘하여야 한다. 집단지도사는 첫 번째 모임 전에 집단의 요구와 기대에 대해 잘 알고 있어야 한다. 이 단계에서는 다음과 같은 점을 고려하여야 한다. 집단의 전체적인 목표와 목적은 무엇인가? 이러한 목표가 실현될 수 있는 가능한 방법은 무엇인가? 청소년들은 집단 목표와 달리 개인적인 목적과 요구를 가지고 있는가? 목표를 달성하기 위해서 어떤 자원을 이용하여야 하는가?

(2) 세션 계획(Session Planning)

세션을 계획할 때는 집단의 전체적인 목표를 고려하는 것이 중요하다. 또한 각 세션의 구체적인 목표는 무엇인지를 고려하는 것 또한 중요하다. 이를 위한 몇 가지 제안점은 다음과 같다.

① 적절한 내용을 선택하라.
② 많은 예를 사용하라.
③ 논리적인 순서로 자료를 보여 주어라.
④ 시간계획을 하여라.
⑤ 융통적인 계획을 준비하라.
⑥ 종종 사례를 바꾸어라.

(3) 모임 준비(Relaxing Before a Meeting)

집단지도사의 지나친 긴장은 효과를 떨어뜨릴 수 있다. 여유 있는 마음을 가질 수 있는 방법을 생각하여 이를 활용한다.

(4) 모임 시작(Entering the Meeting Room)

집단지도사는 집단모임 시간보다 일찍 도착하여 준비를 한다. 이는 효과적인 지도를 위해서도 유용한데, 집단을 이전에 한번도 보지 못하였다면 일찍 도착하여 집단의 분위기나 상태를 확인하는 것이 도움이 된다.

(5) 자리 배정(Seating Arrangement)

자리 배정은 중요한데 이는 의사결정의 양상을 결정하며 집단의 응집력과 태도에 영향을 미치기 때문이다. 집단 구성원들은 서로 눈을 마주 볼 수 있어야 하며 집단의 리더는 특히 구성원 모두와 눈을 마주볼 수 있어야 한다. 그래야 구성원들의 생각과 느낌이 비언어적으로 표현되는 것을 파악할 수 있다.

(6) 소개(Introductions)

이 시간 동안에 지도사는 청소년들에게 자신들의 기대에 부응해서 문제를 해결해 줄 수 있다는 확신을 주어야 한다. 소개 시간에 지도사는 청소년 개인의 이름을 빨리 외우는 것이 중요하다. 집단이 소규모라면 서로 소개하는 시간을 가지는 것도 유용하다.

(7) 역할 규정(Role Clarification)

집단의 리더로서의 역할과 책임을 확실히 알아야 한다. 리더가 주도적으로 이끄는 집단보다는 집단 구성원들이 모두 중요한 역할을 담당하는 것이 중요하다. 청소년들이 서로 다른 역할을 기대하고 있으면 논의를 통해 이를 결정해야 한다.

(8) 일정표(Agenda)

모임 전에 모두에게 미리 일정표를 보내주는 것이 도움이 된다.

(9) 집단지도의 안내

① 리더십은 책임을 나누는 것이다.
② 의사결정 과정을 거쳐야 한다.
③ 경쟁적인 분위기보다는 협동적인 분위기를 만든다.
④ 문제해결과 더 나은 논의를 위해 갈등이나 논쟁을 자연스럽고 바람직한 것으로 여긴다.
⑤ 개방적이고 진솔한 의사소통의 분위기를 만든다.
⑥ 어떻게 세션을 끝낼까를 생각한다.

(10) 집단 종결(Terminating a Group)

종결은 집단과 청소년을 떠난다는 것을 의미한다. 결과에 따라 종결 시의 느낌과 감정은 다르다.

① 성공적인 집단 : 집단이 소기의 목적을 달성하였을 경우 성공적이다. 종결에 대한 계획이 잘 되어 있어야 한다. 종결하는 청소년들의 마음은 기쁘며 목표달성을 했다는 것에 대한 자신감과 자아존중감이 높아진다.

② 비성공적인 집단 : 목표의 대부분이 달성되지 못한 경우이다. 이

경우도 성공적인 집단처럼 종결에 대한 계획이 잘 되어 있어야 한다. 성공하지 못한 원인을 파악하며 목표 달성을 위한 대안적인 방법을 모색하여야 한다. 종결에 대한 청소년의 반응과 성공하지 못한 데 대한 청소년들의 감정을 잘 다루어야 한다.

③ 청소년이 탈락한 집단 : 어떠한 이유로든 일부 청소년이 중간에 빠져 버리면 나머지 청소년들은 다양한 감정을 경험한다. 일부 청소년이 탈락한 경우 집단에게 그 이유를 알려 주어야 한다.

④ 구성원의 옮김 : 청소년을 옮길 경우 리더는 변화에 따른 가능한 준비를 다하여야 한다.

⑤ 리더의 떠남

(11) 평가(Evaluating a Group)

평가는 집단지도가 효과적이고 성공적이었는지를 판단하는 것이다. 목표와 목적이 달성되지 않은 서비스는 분명히 비효과적인 것이다. 평가에는 과정에 대한 평가와 결과에 대한 평가가 있다.

① 과정 평가(Process Evaluation)

주로 집단 구성원인 청소년들이 집단의 유용성이나 과정에 대해서 평가하는 것이다. 집단의 평가는 지도자에게 매우 중요하다. 과정 평가가 긍정적이면 지도자는 자신감을 얻고 그렇지 않은 경우 어떤 비판도 받아들여야 한다.

② 결과 평가(Outcome Evaluation)

집단이 시작되었을 때 세웠던 목표들이 얼마만큼 성취되었나를 판단하는 것이다.

(3) 프로그램의 내용

집단실천활동 중 자기성장프로그램의 예를 표 5-1에서 살펴본다.

〈표 5-1〉 집단실천프로그램 - 자기성장프로그램

회기	프로그램명	목적	활동내용	사회복지사의 역할
1	별칭짓기, 자기소개	-서로를 소개하면서 자유스러운 분위기조성 -집단원간 친밀감을 형성한다. -자신과 타인의 이해와 신뢰감형성 -프로그램소개 및 집단상담의 목적을 이해	-캐치프레이즈로 소개하기 -이웃을 사랑하십니까? -상징물로 자기소개	-상담자인사 -프로그램소개 -집단내 약속사항 전달
2	경청하기 의사확인 하기	-상대방에 대한 관심을 기울이는 태도 -상대방의 말을 주의깊게 경청하는 태도의 중요성을 체득 -상대방의 말을 수용, 이해하고 요약할 수 있는 능력을 기른다. -주의깊게 듣고 대화함으로써 인간관계능력 향상	-귓속말 전하기 -경청하기 -앵무새놀이 -의사확인하기	-상대방의 몸짓, 표정, 음성에 대한 강조 -타인의 경청을 통해 자신의 성장에 도움이 됨을 강조
3	나는 누구인가?	-자신의 진실되고 구체적인 모습 파악 -자신의 모습을 개방하여 이해할 수 있는 능력을 기른다. -상대방을 이해하고 수용 증진	-나는 어떤 사람인가를 질문지에 15분정도 쓰기 -각자 발표	-자신의 내면의 본성을 안다는 것의 중요성 강조 -바람직한 삶을 영위하기 위한 필수
4	가치관 확인하기	-자신이 중요하게 생각하는 가치를 확인 -자기에게 적합한 삶을 선택하고 결정하는 힘을 갖는다.	-블랙빙고 -가치관 명료화	-우리는 매일 자신의 가치관에 의해 생각하고, 느끼고, 결정하면서 살아감을 인식시킴.
5	사물과의 대화	-나를 포함한 인간외의 주변환경에 관심 -나와 우주, 자연 그리고 다른 사물과의 관계성 발견	-사물과의 대화	-나란 존재는 타인과의 관계에서 의미와 가치를 갖게 함. -참된 인간존재로서 나를 발견, 유지
6	장점세례	-자기자신의 장점 인식으로 존중감 향상 -서로간 장단점에 대한 의견교환 -자기성장과 친근감 형성	-장점세례(사물, 자신, 타인에 대한 장점 찾음)	-많은 장점들 소유 -남이 자신의 거울
7	나의 미래 계획표	-장래희망에 대해 구체적인 생각 -미래상상으로 현재의 삶에 충실	-자화상그리기 -미래모습 상상하기	-자신의 미래자화상으로 생산적이고 행복한 삶의 동기화
8	피드백주고 받기	-자기이해와 수용, 타인이해 긍정의 자세 -남에게 비쳐진 자신의 모습 알아본다. -바람직한 피드백방법 학습	-이 사람은 누구일까요? -환상의 선물주기, 사탕바구니에 피드백주기	-피드백을 통해 자신의 모습변화유도

*출처: 김형태(2001). 집단상담의 이론과 실제. 동문사.

4. 가족대상의 개입

청소년복지의 실천과정에서 가족을 대상으로 장기적인 개입을 하기는 현실여건상 매우 어려울 수 있다. 하지만 가족대상의 개입은 면담이 일회성이든 여러 차례 지속적이든 가족력의 이해와 가족의 내부구조를 이해할 때 가능하다. 가족력의 이해는 다세대에 걸친 가족의 역사를 이해하는 것을 의미하며 이를 통해 가족 및 확대가족에서 반복되는 비슷한 혹은 동일한 유형의 문제를 파악할 수 있다. 이에 비해 가족의 내부구조를 이해하는 것은 가족성원간의 의사소통 및 외부환경과의 상호작용에 따른 개방성 및 폐쇄성을 이해하며 동시에 가족의 기능, 하위체계간의 상호작용, 부모의 역할 및 부모-자녀관계의 이해, 가족의 역동성, 가족적응력과 대처방법, 가족의 장점, 그리고 가족의 가치체계 및 신념을 이해하는 것을 의미한다.

사회복지사가 청소년과 그 가족전체와 관계를 형성하고자 할 때는 그 가족에 합류할 수 있어야 한다(김혜란 외, 2001). 청소년의 가족은 가족 나름대로의 독특한 가족체계와 생활습관, 가족문화를 갖게 되므로 사회복지사는 가족을 이해하고 수용하여야 한다. 사회복지사가 가족과 합류하기 위해서는 가족의 이야기를 경청할 수 있어야 하며, 가족문제를 해결해 주는 전문가의 위치보다는 가족이 자신들의 목표를 찾아 달성할 수 있도록 지원하는 역할을 하여야 한다.

(1) 가족치료의 주요모델

가족치료의 주요모델은 크게 5가지로 분류할 수 있는데 심리역동모델, 보웬의 모델, 경험적 모델, 구조적 모델, 전략적 모델, 포스트모던(postmodern)모델이 있다. 우선 심리역동적 모델은 문제가 원가족에서 발생한 갈등이나 상실이 해결되지 못했기 때문에 발생한다고 본다. 보웬의 모델은 가족이 원가족과의 관계를 통찰하고 원가족과의 갈등을 해결하며, 관계를 개선하기 위한 노력을 강조한다. 이에 비해 경험적 모델은 가족과 치료자가 함께 '현재-여기'의 상호작용을 변화함으로써 개인과 가족이 성장하는 경험에 초점을 둔다. 구조적 모델은 가족구조의 불균형, 즉 역기능적인 위계나 경계 등에서 가족문제가 발생함으로 가족을 재구조화하기 위한 노력을 강조한다. 전략적 모델은 가족이 문제를 해결하려는 시도에 의해 오히려 문제가 유지되기 때문에 문제를 유지하는 순서를 변화하기 위한 다양한 전략적 기법을 제시한다. 마지막으로 포스트모던 모델은 정상 혹은 비정상은 사회적으로 구성된다는 것을 강조하며 가족이 삶에 대한 새로운 관점과 가능성을 모색함으로써 문제를 해결하기 위한 노력에 초점을 둔다(김혜란 외, 2001).

(2) 가족치료의 주요기술

가족치료는 모델에 따른 독특한 개입기술을 발전시켜 왔다. 최근 국내에서는 단기간의 효과적인 개입과 문제해결을 위한 해결중심기법이 널리 활용되고 있다. 가족치료의 개입기술은 학파에 따라 개입기법이 다르므로 이에 대한 체계적인 훈련과정을 필요로 한다. 따라서 여기에 소개되는 가족치료의 기술들은 매우 제한적이며 초보적인 수준으로 〈표 5-2〉에 제시되었다.

(3) 가족치료의 주요개념들

가족치료의 학파에 따라서는 가족의 기능과 구조, 가족의 적응에 따라 다양한 개념이 활용되고 있다. 이러한 개념들에는 혼재된 가족, 분리된 가족, 개방적 가족, 폐쇄된 가족, 가족항상성, 가족의 적응유연성 등 다양한 개념들이 활용되고 있다. 특히 가계도의 활용은 다세대에 걸친 가족력을 시각적으로 표현할 수 있도록 도우므로 이의 활용방법을 익혀야 할 것이다. 나아가 가족기능이나 가족의 적응력을 측정하는 여러 가지 척도를 활용한 가족기능 및 적응력의 객관적 측정을 시도할 수 있으며 가족개입을 통한 효과성을 측정하기 위한 연구조사도 행해져야 할 것이다. 나아가 가족의 권익옹호와 임파워먼트를 통해 가족의 정당한 권리를 옹호하고 이를 충족시켜 줄 수 있도록 지역사회와 사회의 변화를 추구하는 직간접적 개입도 실행해야 할 것이다. 간접적 개입의 목적은 공공 혹은 민간 기관들이 가족을 위한 기존의 서비스 혹은 서비스 전달을 향상시키거나 새로운 혹은 변화된 형태의 서비스를 개발하도록 하는 것을 의미하는 것으로 가족복지정책, 프로그램의 개발, 서비스의 전달체계의 변화와 강화를 위한 노력이 이에 포함된다.

〈표 5-2〉 가족치료의 주요기술

모델	기술	내용설명
보웬의 모델	탈삼각화	가족구성원들의 분화가 이루어지지 않은 가족에서 불안수준이 높아지면 다른 성원을 끌어들여 삼각관계를 형성한다. 이를 해결하기 위한 탈삼각화기법(detriangulation)은 두 성원들간의 감정영역에서 제 3의 성원을 분리시키는 과정이다.
경험적 모델	가족조각	성원들이 가족에 대해 어떻게 인식하고 있는지를 시각적으로 표현함으로써 가족에 대한 이해를 돕기 위한 기법이다. 이를 통해 가족이 이전에 미처 깨닫지 못했던 부분을 새롭게 이해할 수 있다.
	가족그림	가족성원들에게 자신이 느끼는 대로 자유롭게 가족에 대해 그림을 그리도록 하는 기법으로 가족 및 가족성원에 대한 이해와 느낌, 관계에서의 문제를 이해하도록 하는 방법이다.
구조적 모델	경계 만들기	가족 내 하위체계들 간의 경계가 지나치게 유리되거나 밀착된 경우에 유리된 경계는 가깝게 밀착된 경계는 거리를 두도록 만드는 기법이다.
	균형 깨트리기	가족 내 하위체계들간의 역기능적 균형을 깨트리는 기법이다.

〈표 5-2〉 이어서

전략적 모델	역설적 지시	문제를 지속적으로 유지하는 순서를 변화하기 위해 가족이 역설적이라 생각하는 행동, 즉 문제행동을 유지하거나 혹은 강화하는 행동을 오히려 수행하도록 지시하는 기법으로 가족이 역설적으로 지시에 따르게 되면 문제를 통제한다는 것을 인정하는 것이 되며 따르지 않으면 문제를 포기하는 것이 된다.
	순환질문하기	가족성원들이 문제에 대해 제한적이고 단선적인 시각에서 벗어나 문제의 순환성을 깨닫도록 돕기 위한 질문을 연속적으로 하는 기법이다.
	재구성기법	가족이나 가족성원들이 문제를 다른 시각으로 보도록 혹은 다른 방법으로 이해하도록 돕는 것으로 재명명, 재규정이라고도 한다. 부정적 시각이나 관점을 새롭고 긍정적으로 변화시키도록 한다.
	긍정적 의미부여	가족의 응집력을 향상시키고 치료에 대한 저항을 줄이기 위한 목적으로 가족의 문제나 행동을 긍정적으로 재해석하는 기법이다.
해결중심모델	기적질문 예외질문 척도질문	무엇을 보고 기적이 일어났다고 할 수 있나요?, 문제가 해결된 것을 어떻게 알 수 있나요?(기적질문), 문제가 없을 때는 언제였나요?(예외질문) 등과 같은 질문을 통해 문제해결의 의지를 가질 수 있도록 할 뿐 만아니라 기적이 일어났을 때 달라질 수 있는 일들을 실제로 수행함으로써 문제를 해결하기 위한 노력을 하도록 돕는 기술이다. 또한 문제가 최악의 상태를 0, 해결된 상태를 10으로 볼 때 당신 남편의 문제는 몇 점인가요?, 3점에서 4점으로 높이려면 어떻게 해야 하나요?(척도질문)

출처: 김혜숙(2005). 가족치료이론과 기법. 학지사

5. 지역 청소년복지 실천

청소년들이 신체적으로나 정신적으로 모두 건전하고 건강하게 자라기 위해서는, 청소년들이 생활하는 장이며 청소년에게 직·간접적으로 영향을 미치는 지역사회가 건전하고 안정된 바탕을 이루어야 한다. 지역사회가 건전할수록 그 속에서 생활하는 청소년들은 정상적인 사회화와 청소년끼리의 원만한 상호교류의 과정을 통하여 훌륭한 민주시민으

로 성장할 수 있다. 따라서 청소년복지의 맥락에서 지역사회조직을 관련시켜 볼 때, 청소년을 포함한 지역주민을 활동주체로 하는 지역조직 활동과정을 통해서 청소년들의 건전한 육성이나 청소년들의 복지를 위한 자연과 환경을 확보하여 훌륭한 민주시민으로 성장할 수 있도록 하는 데 지역사회조직 활동이 갖는 의의가 있다고 하겠다.

1) 지역사회조직의 기본 원칙

지역사회조직에서는 청소년을 포함한 지역주민의 욕구와 자원 및 자기결정에 따라 자조적이며 협동적인 사업을 추진해야 하는데, 이러한 자조적이며 협동적인 사업 수행과 관련하여 유념해야 할 원칙으로는 다음과 같은 것이 있다(Skidmore, Thackeray, & Farley, 1994).

① 청소년복지를 위한 지역사회조직은 청소년과 지역주민의 요구에 관심을 가져야 한다. 지역사회조직의 목적은 청소년복지 자원과 청소년복지 요구 사이의 적절하고 효과적인 조정을 통하여 인간 생활을 풍요롭게 하는 것이다.

② 지역사회는 청소년복지를 위한 지역사회조직의 중요한 고객이다. 지역사회는 이웃, 도시 또는 국가가 될 수 있다.

③ 지역사회는 있는 그대로의 상태로 인정받아야 한다.

④ 지역사회의 모든 구성원은 건강과 복지 서비스에 관심을 가져야 한다. 완전하고 의미 있는 참여와 구성원의 관심은 지역사회조직의 중요한 목적이다.

⑤ 계속 변화하는 청소년의 요구와 인간과 집단 사이의 관계의 실제는 지역사회조직에서 계속 변화한다.

⑥ 청소년복지에서 모든 조직은 상호의존적이어야 한다.

⑦ 지역사회조직은 전체적인 청소년복지사업의 일부분이다.

위에서 제시된 원칙은 다음과 같은 기본 가정과 관련이 된다(Ross,

1967).

① 지역사회는 스스로의 문제를 다룰 수 있는 능력을 개발시킬 수 있다.

② 청소년은 변화를 원하고 변화할 수 있다.

③ 청소년은 지역사회 내에서 일어나는 모든 변화의 결정, 조정, 통제에 참여해야 한다.

④ 스스로 발전되고 결정되는 지역사회 삶의 변화는 의미가 있다.

⑤ 민주주의는 지역사회를 위한 협동적인 참여와 행동을 필요로 하고 주민들은 이를 가능하게 하는 기술을 배워야 한다.

⑥ 종종 지역사회는 그들의 요구를 조직하는 데 도움을 필요로 한다.

2) 지역사회조직 지도자의 역할

지역사회조직 지도자는 훌륭한 기술과 사람들과 잘 어울릴 수 있는 자질을 가지고 있어야 한다. 지역사회의 많은 일들이 시스템을 변화시키지만 종종 시스템들은 변화에 저항하는 경우가 많으므로 지도자는 청소년과 주민들의 저항을 줄이고 성공적으로 이끌기 위해서 다음과 같은 역할을 하여야 한다(Rubin & Rubin, 1986).

(1) 교사로서의 역할

지도자는 발전하는 인간의 능력에 대한 믿음이 있어야 한다. 앞으로도 지도자가 될 사람을 가르치고 격려하여야 한다. 권위에 맞설 수 있는 미래의 능력 있는 지도자를 키워야 한다.

(2) 촉매제의 역할

지도자는 다른 사람들로 하여금 행동할 수 있게끔 북돋워 주는 역할을 한다. 지도자는 우선 지역사회의 주민들이 중요하다고 느끼고 있는 문제를 찾아내고 서로에 대해 잘 알게 하면서 지역사회조직을 시작할 수 있다.

(3) 지원자의 역할

지도자는 사람들로 하여금 문제를 해결할 수 있도록 하는 것 뿐만 아니라 문제를 용이하게 풀어 나갈 수 있도록 도와주는 역할을 한다. 종종 지역사회 행동이 실패로 끝나는 경우가 있는데 이는 사람들이 이를 해결해 나갈 만한 지식과 기술이 부족하기 때문이다. 또한 처음의 의욕이 감소되거나 계속 추진할 만한 능력이 부족하기 때문이기도 한다. 따라서 지도자는 사람들이 계속 관심을 갖고 문제를 해결해 갈 수 있도록 격려하고 도와주어야 한다.

(4) 연결의 역할

지도자는 조직과 구성원 그리고 지역사회를 연결해 주는 역할을 한다.

3) 지역사회조직의 과정

지역사회조직 과정에 대한 다양한 의견이 있지만 가장 광범위하게 논의되는 과정은 다음과 같다(Skidmore et al., 1994).

(1) 연구(Research)

과학적인 연구는 지역사회사업의 가장 기본이 되는 것이다. 예를 들어 지역사회가 청소년의 유해 환경을 그 지역사회의 가장 큰 문제로 인식하였을 경우 능력 있고 훈련된 지도자는 이에 대한 다양한 질문과 해결 방안을 제시하여 줄 수 있어야 한다. 다양한 방법으로 연구를 할 수 있는데 대표적인 것으로 통계, 면접, 사례연구 등이 있다. 연구의 기본 가정은 문제의 실체를 제대로 알고 그에 대한 사실에 직면할 수 있어야 제대로 문제를 풀 수 있다는 것이다.

(2) 계획(Planning)

지역사회사업에서 계획은 광범위하게 쓰인다. 주로 지역사회 모임의 대표들이 모여서 어려움이나 해결 방법에 대해 논의하면서 결정이 된다. 대표들과 전문가들이 여러 번 모임을 가지면서 문제해결에 대한 방안을 계획하며, 잘 짜여진 계획을 통해 문제를 해결한다. 예를 들어 학교폭력에 청소년들이 많이 다칠 경우 부모들이 모여서 해결방안을 모색한다. 이를 통해 학교폭력에 부모들의 순회봉사대를 결성하거나 다른 지역사회자원의 이용을 계획하고, 학생들에게 폭력 교육과 상담을 실시할 것을 결정할 수 있다.

(3) 조정(Coordination)

조정은 불필요한 노력과 갈등, 과정을 줄이기 위하여 함께 일하는 과정이다. 조정의 장점은 사람, 기관, 여러 단체들이 함께 모여서 효과적으로 일을 하면서 개별적으로 일을 했을 때의 중복을 피하는 것이다. 이는 협동 이상의 의미를 가지는 것으로, 개별적이며 동시에 공동의 목표를 얻기 위해 서로 도우며 지지하여 주는 것이다.

(4) 조직(Organization)

조직은 지역사회의 목적, 요구, 자원 그리고 욕구 충족을 위한 자원의 활용 등을 위해 구조를 형성하는 것이다.

(5) 재정(Financing)

지역사회의 자원과 요구에 따라 예산을 모으고 계획하고 집행하는 것이다. 모금은 주로 전문적인 사람과 자원봉사자에 의해 이루어진다. 예산은 따로 담당하는 위원회가 있으며 집행은 주로 재정위원회에서 한다.

(6) 행정(Administration)

행정은 사회정책을 사회서비스로 전환하는 과정이며 계획을 실행하고 결정에 따라 행동으로 옮기는 단계이다. 이는 특히 지역사회조직에서 가장 주요한 과정이다.

(7) 위원회 활동(Committee Operation)

위원회 활동은 지역사회사업 실천에서 가장 중요하다. 위원회를 통해 계획이나 행동이 일어나고 결정이 이루어지며 생각이나 느낌이 드러나며 적절한 활동이 이루어지게 된다. 위원회가 민주적인 과정으로 진행될 때 지역사회조직 과정이 효율적으로 된다.

(8) 지지와 사회적 행동(Advocacy and Social Action)

고객의 지원을 강조하는 것이다. 청소년이 비인간적으로 대우받거나 학대받을 경우, 사회복지사는 지지의 원칙을 지켜야 한다.

6. 청소년복지실천 지침

청소년복지실천 기술 및 방법의 적용에서 특별히 유념해야 할 점을 제시하고자 한다. 이는 위에서 제시한 개별실천, 집단실천, 지역사회실천에 모두 적용이 될 수 있는 것으로 (Mather & Lager, 2000), 그 내용을 단계별로 제시하면 다음과 같다.

1) 초기단계

(1) 준비 단계

① 사회복지사는 가족과 청소년을 지지하는 지역사회의 적극적인 일원이 되어야 한다.

② 사회복지사는 지역사회의 다른 제도나 단체들과 좋은 관계를 맺어야 한다.

③ 사회복지사는 조력망과 정부, 사회사업기관의 사람들과 좋은 개인적 관계를 맺어 두어야 한다.

④ 사회복지사는 방송매체와도 좋은 관계를 맺으며 지역사회에서의 가족과 청소년복지 문제에 대해 전문가가 되는 훈련을 하여야 한다.

⑤ 사회복지사는 지역사회에서 가능한 자원을 파악하고 더 필요한 것에 대하여 파악해 둔다.

⑥ 사회복지사는 사회사업단체의 적극적인 구성원이 되고 지역사회나 국가의 정치적인 문제에도 관심을 가져야 한다.

(2) 관계형성 단계

① 사회복지사는 탐문적인 기능을 주로 하는 프로그램보다는 중재적인 기능을 하는 프로그램을 지지하여야 한다. 특히 비자발적으로 참여한 청소년의 경우에는 사회복지사가 조사나 탐문을 하지 않아야 청소년과 좀더 용이하고 빠르게 관계를 맺을 수 있다.

② 가족이나 청소년과 긍정적인 관계를 발전시키는 것은 중재의 성공을 위한 필수 요건이다.

③ 진실성, 감정이입, 인간존중, 따뜻함의 기술은 청소년 및 가족과 관계를 맺는데 매우 중요하다.

④ 지역사회와 공식 · 비공식적으로 긍정적인 관계를 맺는 것은 청소

년과 가족을 위해서 매우 중요하다.

⑤ 사회복지사는 성공과 유지를 위하여 청소년과 가족이 자연스런 조력망을 가질 수 있도록 도와주어야 한다.

(3) 진단 단계

① 청소년에 대한 위험 정도의 진단은 방임, 정서적 학대, 신체적 학대, 성적 학대의 사례에 이용되는 가장 중요한 청소년복지 진단 방법이다.

② 청소년과 가족을 위하여 일을 할 때 진단의 강점을 이용하여야 한다.

③ 위험 진단 도구는 신뢰할 만하고 타당한 도구여야 한다. 그러나 사회복지사의 경험과 의사결정능력 또한 중요하다.

④ 결점이 없는 진단은 청소년복지의 관점에서 중요한 부분이 된다.

2) 중간단계

(1) 계획

① 청소년 및 가족과 함께 계획을 세우는 것은 그들의 참여가 의미가 있고 상호작용이 일어날 때 매우 성공적이 된다.

② 사례관리(Case Management)는 계획의 중요한 부분이 되고 지역사회와의 공식적이고 비공식적인 상호작용을 포함한다.

③ 서비스를 위한 계획과 계약에 있어서 청소년과 가족의 문화적 배경과 요구를 반영해야 한다.

④ 사회복지사는 청소년과 가족을 위한 사례관리자의 역할을 하여야 하며 그들의 지역사회와의 상호작용을 용이하게 하도록 도와주어야 한다.

(2) 실행 단계

① 사회복지사는 합의된 계획을 수행하여야 하며, 자신이 할 수 없는 일에는 동의하지 말아야 한다.

② 사회복지사는 변화하고자 하는 가족의 욕구를 존중하고 청소년복지에 부정적인 영향을 미치지 않는 한도 내에서 필요한 이유가 있다면 계획을 조정해야 한다.

③ 사회복지사는 청소년복지 상황에서 미시적·거시적 중재를 최대화하여야 한다.

④ 사회복지사는 청소년과 가족이 지역사회의 사람들과 함께 공동이익을 위해 행동하고 지지할 수 있도록 교육하여야 한다.

⑤ 사회복지사는 청소년, 가족, 지역사회를 도와주기 위하여 한 발 떨어져서 생각하고 혁신적인 기술을 사용할 수 있어야 서비스를 최대한 활용할 수 있다.

3) 종결단계

(1) 평가와 종결

① 사회복지사는 과정과 결과의 관점에서 평가를 하여야 한다.

② 가족은 중요한 평가과정이 되며, 평가를 할 수 있는 그들의 능력은 독립적인 가족 과정의 중요한 단계가 된다.

③ 평가는 개인 사례뿐만 아니라 앞으로의 사례와 프로그램, 정책, 그리고 이용 가능한 서비스에 중요한 정보를 제공하여 줄 수 있다.

④ 사례 평가를 계속 쌓아 가는 것은 가족에게 영향을 줄 수 있는 정책의 변화를 만들 수 있는 자료를 제공하여 주는 것이다.

⑤ 중재를 종결하는 것은 목적을 달성하는 것이며 그러한 것은 가족에게 긍정적인 출발점을 제공하여 준다.

⑥ 가족 구성원이 종결 시에 보여주는 반응을 다루면서 다음으로 더욱 용이하게 나갈 수 있도록 하여 준다.

⑦ 가족과 청소년들이 이룬 성취를 강조하고 사회적 지지 자원을 계속해서 이용하도록 북돋워 주는 것은 종결의 중요한 부분이 된다.

(2) 추후관리

① 추후관리는 청소년들이 이룬 성취를 강조하고 사회적 지지 자원을 계속해서 이용하도록 북돋워 주는 것으로, 종결의 중요한 부분이 된다.

② 추후관리는 또한 사회복지사가 정책 및 프로그램 변화와 관련된 거대한 거시적 행동을 계속하게 해 준다.

제 3 부

청소년복지의 서비스 및 활동분야

제6장

비행 청소년 복지 서비스

1. 청소년 비행의 개념 및 유형

1) 청소년 비행의 개념

청소년 비행이란 도덕적 · 윤리적 · 사회적 · 법률적 측면에서 옳지 못한 행동이 청소년들에 의해 행해진 비행이라고 정의할 수 있다. 청소년 비행은 청소년들이 행하는 음주 · 흡연 · 음란물접촉 · 사소한 싸움 · 가출 · 무단결석 등과 같이 특정 연령 이하의 지위로 인해 발생하는 지위비행에서 절도 · 강도 · 강간 같은 범죄 행동까지 광범위한 문제행동을 일컫는다(한국청소년개발원, 2005).

청소년 비행은 성인의 경우와는 달리 법률의 위반뿐만 아니라 공공의 사회적 가치를 침범하거나 도덕적으로 바람직하지 못하다고 간주하는 부도덕 행위까지도 포함하며, 특히 청소년들의 덕성을 해하는 행위를 중요한 비행으로 간주한다. 따라서 청소년 비행에는 성인 비행으로 간주될 수 있는 행동들보다 더욱 다양한 행동들이 내포된다.

우리나라의 소년법상 비행소년이라 함은 촉법소년, 우범소년, 범죄소년을 말한다. '촉법소년'이란 형벌법규에 저촉된 행위를 한 12세 이상 14세 미만의 소년, 즉 형사책임연령이 미달하는 소년을 의미한다. '우범소년'이란 보호자의 정당한 감독에 복종하지 않는 성격이 있는 자, 정당한 이유 없이 가정을 이탈한 자(무단가출자), 범죄성이 있는 자 또는 부도덕한 자와 교제하거나 타인의 덕성을 해롭게 하는 성벽이 있는 자로서, 그 성격 또는 환경에 비추어 형벌법규에 저촉되는 행위를 할 우려가 있는 12세 이상 20세 미만의 소년을 뜻한다. '범죄소년'이란 14세 이상 20세 미만의 죄를 범한 소년을 의미한다.

2) 청소년 비행의 유형

위너(Weiner, 1982)는 비행자의 심리적 특징에 따라서 사회적 비행과 심리적 비행을 구분하였다(김성이 외 3인, 1999, 재인용).

(1) 사회적 비행(Social Delinquency)

사회적 비행은 비교적 심리적 문제를 가지고 있지 않고 비행하위문화의 성원으로 저지르는 비행이다. 사회적 비행은 행위자의 편에서 볼 때 비행집단 내에서 인정되는 방식으로 욕구를 실현하는 적응적인 행동양식이라고 볼 수 있다. 따라서 사회적 비행은 단독으로 저질러지기보다는 집단으로 저질러지는 경우가 많다. 사회적 비행자는 비행행위를 통해 정상적인 문화규범을 통하여 경험하지 못하는 자아존중감과 소속감을 경험한다. 이들의 비행을 "반사회적(Antisocial)", "정상적인(Normal)" "사회화된(Socialized)", "하위문화적으로 일탈된(Subculturally Deviated)" 비행으로 보는 것은 그와 같은 맥락에서라고 하겠다.

사회적 비행자들은 대인관계에서 정상적으로 기능하는데, 이것은 비행자들의 성장과정과 관련되어 있다고 하겠다. 이들의 성장과정을 살펴보면, 이들은 유아기나 아동기에 양육적인 가족환경에서 자란 경우가 많다. 이들은 가족관계에서 판단능력, 자아조절능력, 대인관계능력 등을 배우고 익힌다. 그러나 이들은 초등학교시절이나 청소년기에 부모의 보호와 훈육을 받지 못하는 반면, 반사회적인 동료에 의해 많은 영향을 받아 비행문화를 접하게 된다.

일부에서는 이런 사회적 비행을 저소득층의 산물로 보는 경향이 있는데, 많은 연구들은 이런 사회적 비행이 저소득층에 국한되지 않음을 보여주고 있으며, 실제로 사회적 비행자들 중의 많은 비율이 중산층 가정 출신으로 나타나고 있다. 심층연구에 의하면 사회적인 비행은 특수한 계층의 산물이라기보다는 개인이 가지는 열망과 그것을 성취할 수 있는 가능성의 부조화로 인하여 발생한다(Weiner, 1982).

(2) 성격적 비행(Characterological Delinquency)

성격적 비행은 비행자의 비사회적(Unsociable) 성격구조에서 비롯된다고 하겠다. 성격적 비행자들은 타인의 권리나 감정을 무시하거나 자신의 행동을 통제하는 능력이 부족하며, 타인이 자신들의 행동으로 인하여 받는 고통을 전혀 염두해 두지 않고 자신의 공격적인, 쾌락추구적인 충동을 즉각적 행동으로 옮기는 경향이 있다. 이와 같은 특징으로 인하여 이들의 행동은 "비사회적(Dissocial)", "미사회화된(Unsocialized)", "과소사회화(Undersocialized)" 비행이라고 언급되기도 한다.

성격적 비행자의 특성을 살펴보면 성격적 비행은 타인에 대한 동일시능력이 부족하고 기본적으로 양심의 발달이 부족하기 때문에, 타인의 권리나 감정을 짓밟으면서도 전혀 죄의식을 경험하지 못한다고 한다. 또한 가까운 친족이나 친지를 비롯한 타인에 대한 배려와 돌봄이 부족하다고 하겠다.

이와 같은 특징은 성격적 비행자들의 성장과정과 관련되어 설명될 수 있다. 성격적 비행자의 많은 경우는 어린시절의 부모 및 의미 있는 타자로부터 거절을 경험했거나 애정과 관심을 충분히 받지 못하여 타인의 감정을 공감하는 능력, 대인관계에서 온정과 동정에 대한 능력을 개발하지 못하였다.

성격적 비행자들은 충동적이며 쾌감을 추구하며 장기적인 계획이나 목표지향적인 행동에 대한 제한된 능력을 보인다. 즉 만족지연 능력의 부족, 좌절에 대한 낮은 인성, 자아통제능력의 부족, 장기계획능력의 부족, 경험으로부터의 배울 수 있는 능력의 부족 등의 특징을 보인다.

성격적 비행자는 아동기의 부적절한 양육이 원인이 되기도 하지만 아동후기나 청소년기의 부적절하거나 비일관적인 훈육과 감독에서 비롯되기도 한다. 문제시되는 훈육의 몇 가지 예를 들어 보면 부모가 자녀들에게 가르치고 싶은 덕목에 대해서 불일치할 때, 혹은 부모 내에서 훈육하고자 하는 덕목에 대해서 혼란이 있거나, 덕목을 훈육함에 있어서 비일관적일 때, 아이들은 혼란을 겪을 수 있다. 또한 아이들에 대한 훈육이 지나치게 엄격한 경우 교육적이기보다는 처벌적이 된다. 처벌적인 훈육은 아이들로 하여금 공격적이고, 쉽게 발작하게 하며, 그들의 행동을 내적인 통제보다는 외적인 통제에 의해서 규율하도록 하게 된다.

(3) 신경증적 비행(Neurotic Delinquency)

신경증적 비행은 비행자가 자신의 욕구를 다른 방식으로 충족시킬 수 없는 경우에 자신의 욕구를 표현하는 방식으로 저지르는 비행이다. 신경증적 비행은 주로 단독으로 저지르는 경향이 있으며, 만성적이지는 않고 급작스럽게 일어나며, 상황적으로 결정되는 범칙행동일 가능성이 높다고 하겠다. 이런 비행행동의 시발은 개인의 긴장, 분노, 낙담과 밀접하게 관련되어져 있을 가능성이 높으며, 이런 것들이 해결되는 즉시 사라지는 경향이 있다. 이런 경향으로 인하여 이와 같은 비행은 "급작스러운(Acute)", "불안한(Anxious)", "돌발적인(Accidental)", "상황적으로 촉발된(Situationally Provoked)" 비행이라고 한다.

신경증적 비행자들은 이전의 생활에서는 동조적이고 잘 통제되는 청소년들이었을 가능성이 높다. 이들 주변의 사람들은 청소년들의 돌발적인 급변을 보고 대개는 놀라게 된다. 신경증적 비행은 일련의 거절, 거부, 상실, 낙담 끝에 일어나는 경우가 많기 때문에 이런 문제들이 빨리 확인되어 적절한 도움을 받지 못하면, 비행행동은 장기화되어 사회적 비행이나 성격적 비행자가 될 수 있다.

신경증적 비행들 중에는 누군가에게 직접적으로 말하기 두렵고 당혹스러운 문제를 경험하거나 자신들의 도움요청이 번번이 무시될 때, 이에 대한 도움을 요청하기 위해서 돌발적인 비행을 저지르는 경우가 있는데, 이런 행동은 주변인에게 문제가 있음을 인식시키는데 도움이 된다. 즉 비행은 간과되거나 무시 받아온 욕구를 타인에게 전달하기 위한 방편일 수 있다. 이런 욕구들 중에서 가장 기본적이고 핵심적인 욕구는 타인의 인정, 찬탄, 조력 받고 싶은 마음이다(Weiner, 1982). 관심 받지 못한다고 느끼는 청소년들은 인정받고 칭찬받고 싶은 그들의 욕구를 만족시키기 위하여 비행에 의지하는 경우가 있는데, 비행행동이 발각되면 여러 가지 목적을 달성할 수 있을 것이라고 믿고 있기 때문이다. 즉 비행이 발각되면, 부모, 교사, 경찰, 친구들 사이에서 주목을 받기 때문에 무모하고도 대담한 행동을 하게 되는데, 그 예로 가게 주인 앞에서 물건을 훔치는 행위나 경찰차를 앞지르는 행위 등은 이런 목적에 의한 것이라고 하겠다.

신경증적 비행 청소년이 되는 여자 청소년들 중에는 종종 성적인 행동을 통해서 인정받으려는 욕구가 표현되는데, 애인을 두고 임신을 하는 것은 동료집단에서 주의를 받기 위한 수단이라는 것이다. 한편, 자신들을 적절하게 돌보지 않은 어머니에 대한 반항과 복수심이 조기임신의 동기라는 주장도 있다. 성적인 욕구보다는 다른 사람과 친밀한 접촉을 통해 사랑과 인정을 경험하는 수단으로 성적 관계를 시도하는 것이다.

신경증적 비행 청소년의 가족관계를 살펴보면, 이들의 행동을 좀더 잘 이해할 수 있다. 신경증적 비행 청소년의 가족들은 성격적인 비행자들의 가족들과는 달리, 상당히 안정적 분위기 속에서 상호 애정적이며 법을 준수하는 가족들로 구성되어 있다. 그러나 가족구성원의 성장이나 가족환경의 변화로 말미암아, 일시적으로 혹은 장기적으로 가족구성원 간의 애정과 관심이 변화될 때 기존에 제공했던 관심과 애정을 제공하지 못하게 된다. 이런 시기에 신경증적인 비행이 일어날 수 있다.

2. 비행 관련 요인

비행의 원인 및 관련요인을 파악하기 위한 노력은 심리학적 관점뿐만 아니라 생물학적 관점이나 가족학적 관점 및 사회학적 관점 등 다양한 측면에서 이루어지고 있다. 청소년 개인의 정신질환과 성격, 반사회적 태도, 교육·진로 성취도, 가정의 낮은 사회경제적 지위, 가족구조, 부모간 문제, 부모자녀관계 등 변인이 중요하게 나타난다(Andrew, 1996).

1) 개인적 요인

(1) 낮은 자존감

비행 청소년들은 자기 자신에 대한 만족도 및 수용도가 낮다. 자기가 못나고 열등하며 쓸모없고 사랑받지 못할 존재라고 느껴 자신감도 낮다(이숙영 외, 1996). 자기 자신을 소중하게 여기지 못하며 훌륭한 존재로 성장할 수 있다는 희망을 가지지 못하기 때문에 자신을 존귀하게 지키고 목표를 세워 좀더 발전시키려는 노력을 하는 대신에 일시적인 충동이나 쾌락에 자신을 아무렇게나 내던지는 행동을 할 수 있다. 그래서 비행집단의 인정을 받기 위해서 위험한 행동이건 나쁜 행동이건 시도하고, 그러한 시도로 인해서 얻어지는 비행집단의 인정을 지속적으로 받기 위해서 비행을 계속한다.

따라서 긍정적인 자아존중감을 가진 청소년은 주변의 비행유발요인이 많다 하더라도 자신을 방어할 수 있는 능력이 있어 비행을 하지 않을 가능성이 높다(박철현, 2005).

(2) 충동조절능력과 미래조망능력의 부족

비행 청소년들은 충동을 조절·통제하는 능력이 부족한 경우가 많다. 생리적 특성이나 정서적 불안정으로 인하여 주의가 쉽게 흐트러져 집중력이 부족하고, 같은 또래에 비해 과잉 활동적으로 움직이며 쉽게 흥분하고 예민하게 반응하는 경향이 있다. 비행 청소년들 중에는 아동기에 주의력 결핍 및 과잉행동장애와 품행장애를 가졌던 경우가 많으며, 과소각성 상태로 인해 술과 같은 자극을 많이 추구하여 비행을 쉽게 일으키게 되기도 한다.

(3) 감정인식 및 표현능력의 부족

비행 청소년들은 자신의 감정이나 욕구를 분명히 인식하고 적절한 방법으로 표현하는데 어려움을 겪는 경우가 많다. 자신의 욕구와 감정을 인정·수용받고 싶은 기본적 욕구가 부모나 주변 인물들에 의해서 반복적으로 무시되거나 좌절되는 경험을 함으로써 자신의 감정과 욕구를 자동적으로 부인 혹은 왜곡하는 경향을 갖게 된 것이다.

물론 아동과 청소년이 성장하면서 모든 욕구를 충족시킬 수는 없으며, 또한 그래서도 안 된다. 욕구가 어느 정도 좌절되는 경험을 통하여 욕구를 적절한 수준에서 조절할 수 있는 힘을 기르는 것은 발달의 중요한 측면이기 때문이다. 그러나 욕구가 좌절되었을 때나 욕구를 스스로나 외부에 의해 억압하여야 할 때는 분노와 반항과 좌절감 등의 부정적인 느낌이 드는 것이 자연스러운 반응이며, 이러한 부정적인 감정을 표현할 수 있는 수용적인 분위기가 허용되어야 감정을 인식하고 표현하는 능력이 발달하고 건강한 성장이 이루어질 수 있다. 실제로 많은 비행 청소년들이 자신의 감정을 부인하거나 혹은 분노와 좌절감과 적개심 등이 쌓여 있어서 괴로워하는 것을 볼 수 있다. 이렇게 쌓여 있던 감정들이 더 이상 통제할 수 없는 지경에 이르게 되면 신경증적 비행으로 나타나기도 하고, 감정과 욕구를 부인하는 습성에 젖어서 자신과 주변에 대해 무관심한 모습을 보이기도 하는 것이다.

(4) 자기중심적 인지왜곡

청소년기의 발달적 특성 중의 하나는 자기중심적 사고이다. 청소년기 사고의 자기중심성은 흔히 ① 자신은 특별하고 독특한 존재라서 자기의 경험이나 감정 세계는 다른 사람과 근본적으로 다르다고 믿는 경향을 뜻하는 '개인적 우화'와 ② 과장된 자의식으로 인해서 자기가 타인의 집중적인 관심과 주의의 대상이 되고 있다고 믿는 경향을 의미하는 '상상 속의 관중'이라는 말로 표현된다.

비행 청소년들은 일반 청소년들에 비해 이런 개인적 우화의 경향이 더욱 심각하고 오랫동안 지속되는 경우가 많다. 이러한 경향은 자신의 행동이 사회적 · 법률적 · 교육적으로 주변에서 용인되지 않음을 인식하면서 자신의 비행을 합리화하고 싶은 욕구와 겹치게 되어, 자신의 잘못이나 일탈적 행동의 탓을 다른 사람이나 사회에게 돌리고 비난하는 투사 형태의 방어기제로 이어지게 된다.

2) 가정관련요인

(1) 가족 및 가정환경

최근의 연구들은 가족의 구성원, 특히 부모와의 동거여부가 비행과 높은 관련이 있음을 보고하고 있다. 가정은 한 개인의 중요한 생활 장소인 동시에 어떻게 가족 구성이 이루어졌느냐에 따라 그 개인의 심리적 발달에 영향을 미친다. 비행청소년들 중에 양친과 동거하지 않는 비행청소년이 통계적으로 많다는 사실로 미루어 볼 때 부모의 자녀교육이 청소년의 비행에 아주 중요하다고 볼 수 있다.

비행 청소년의 형제관계를 보면 장자나 막내, 독자보다는 중간층이 범죄가능성이 많은데, 이는 부모의 애정과 관심이 적고 보호와 감시가 소홀해질 우려가 있기 때문이다. 반대로 장자, 막내, 독자의 경우 맹목적인 과잉보호로 오히려 더 비행에 빠질 가능성이 높을 수도 있다. 이순례(2005)는 어렸을 때의 부적절한 성장환경이 정신·심리적 기능에 문제가 있을 때 비행가능성이 높다고 하였다.

이러한 구조적 환경 외에도 가정환경의 심리적 측면에서 비행청소년을 대상으로 한 연구가 있다. 김광문 등(1982)의 연구는 청소년의 79.5%가 비행원인을 부모의 무관심과 가정교육의 불충분으로 보고 있으며, 문제행동을 하게 되는 이유도 64.5%가 가정불화를 들고 있다. 이러한 연구결과는 가정환경의 구조적 측면과 아울러 가정환경의 질적인 측면인 부모의 자녀 양육방식이나 부모-자녀관계가 청소년 비행에 많은 영향을 미치는 것을 보여준다. 또한 김남승(1972)이 소년원생을 대상으로 비행의 환경적 요인을 분석한 결과, 모든 환경 중에서 가정환경이 가장 영향이 큰 것으로 보고하고 있다.

이상의 결과로 미루어 볼 때, 가정은 한 개인이 올바로 성장해 나가는 데 가장 중요한 환경이며, 아울러 가족 간의 심리적 관계가 얼마나 원만하고 민주적이냐에 따라 청소년 비행 증가나 감소에 큰 영향을 미친다고 볼 수 있다.

(2) 부모의 방임

부모의 사랑은 자녀의 심리적 안정의 기본요인이다. 이것이 결여될 때 아동은 타인의 애정 또는 자기존재를 알리고 싶은 욕망이 극단화하여 범죄행위에까지 이를 수 있다. 비행 청소년의 가족환경에 대한 많은 연구들을 종합해 보면, 부모의 신체적·정서적 결함 혹은 부모 자신의 스트레스 또는 부모의 부재 등으로 인하여 자녀를 적절히 양육하지 못한다는 것이다. 비행 청소년의 가정은 부모가 자녀에 대해 거부하거나 불만을 가지고 있으며, 비난이나 무시하는 경향이 있다. 그래서 비행

청소년들은 아동 초기부터 거절당한 경험으로 인해 누구든 자신의 존재를 알아주기만 하면 타인의 비난을 받더라도 비행 청소년 집단에 참여하게 되는 것이다. 이와 같이 부모의 애정결핍은 욕구불만을 낳고 반사회적 성격을 형성한다.

청소년 범죄는 부모자식간의 불간섭과 방임으로 인해 일어나는 경우가 적지 않다. 방임은 두 가지 형태가 있는데 하나는 하류가정의 생활빈곤으로 인해 부모 양쪽 모두 육체적 노동으로 자연히 방임되는 경우와 다른 하나는 상류가정에서 아버지는 사업에, 어머니는 사회활동 등의 참여로 자녀교육은 학교에만 전적으로 맡겨버리는 형태의 방임의 경우를 들 수 있다.

이런 경우 교사 역시 부모와 대화의 기회가 없고, 아울러 부모가 그릇된 생활태도를 가지고 있는 것으로 생각하며(45.4%), 학생 스스로도 부모와 대화의 기회가 없고(48.5%), 그릇된 생활태도를 가지고 있다고 응답하고 있다(이재창 외, 1996).

부모가 자녀교육을 방관하는 경우와 부모-자녀관계가 원만하지 못하거나 일방적일 때 자녀가 비행을 저지를 가능성이 높다.

(3) 자녀에 대한 과잉보호

교육학자들에 의하면 근본적인 가정교육은 이미 두세 살 정도면 대충 마무리된다고 한다. 때문에 세 살 버릇 여든까지 간다는 옛말이 있는 것 같다. 한국의 대가족 제도가 붕괴된 이후 우리의 가정에서는 전형적인 삼각구조가 만들어졌다. 아랫변 양쪽에는 부모가 자리잡고, 윗변 꼭짓점에는 자녀가 자리잡고 있다. 그런데 이 삼각형의 무게 중심은 철저하게 자식에게 치우쳐 있다. 그만큼 우리의 가정에서 자녀를 가장 우선시하고 소중한 존재로 여기다 보니 자녀의 결점이나 허물이 웬만해서는 눈에 보이지 않는다. 때문에 예전에는 청소년의 범죄와 비행이 결손가정, 빈곤가정, 범죄가정 등 구조적 결손가정의 자녀들에서 많았으나, 최근에 와서는 기능적 결손가정의 자녀와 경제적으로 여유로운 중류 이상 가정 자녀의 비행 빈도가 많다는 사실이 이를 잘 반영해 주고 있다. 부모들이 버릇없이 귀엽게만 키운 아이의 62%가 비행을 저지른다는 통계숫자가 말해 주듯이, 어릴 때부터 부모가 적절한 교육적 기능을 다하지 못하면 자녀를 범죄와 비행청소년으로 내어 놓는 격이 되고 만다.

이와 같이 어려서부터 지나치게 귀여움만 받고 자란 아이는 자기욕구와 감정을 조절할 능력이 약하기 때문에 욕구가 발동하면 충동적 행동을 하게 된다. 예를 들면 성적욕구가 발동하면 강간을 해서라도 만족을 취하려 하고, 갖고 싶은 물건이 있으면 훔쳐서라도 소지하게 된다. 또한 자기위주로 생활하는데 길들여져서 남과 더불어 생활해야 되는 집단생활에 적응을 잘못하여 학교 등교거부 학생이 되기도 한다. 또한 이기적이므로 친구들과 잘 어울리지 못하며 담임선생님에게도 가까이 접근하지 못하고 거리를 두게 되어 학교생활에 재미를 잃는다. 왜냐하면 다른 사람들은 자기 부모와 같이 항상 자기만을 위하고 챙겨주지 않기 때문이다.

(4) 부모의 지나친 공부압력

세계적으로 우리나라 부모만큼 자녀교육에 열정과 관심이 많은 부모도 드물다. 그러나 어떤 경우는 자녀의 능력은 생각하지 않고 부모의 지나친 욕심에서 공부를 강요하다 보니, 그것이 오히려 자녀에게는 간섭과 잔소리로 들리게 되고 결국은 공부에 대한 회의와 싫증을 느끼게 되어 공부를 기피하게 만드는 결과를 낳게 된다. 그리고 대부분의 부모들은 자녀의 능력은 생각지 않고 대학간판을 얻기 위한 목적으로 대학진학을 위하여 자녀들에게 공부압력을 가함으로써 부모와 자식 간에 신뢰관계가 무너지고, 그 자녀는 부모와 가정이 싫어 가출하여 또래 친구들과 어울려 생활하다 보니 비행에 노출될 가능성이 높게 된다.

3) 학교생활 요인

범죄나 비행은 청소년이 자라온 환경 소질 및 개인의 환경적응의 방식을 통해서 습득된 인격에 의해 결과가 초래된다. 따라서 범죄, 비행과의 연관에 있어서 환경과 소질과의 관계를 분리해서 생각할 수 없으며 상호작용하는 것이라는 기본인식이 있어야 한다. 이러한 관점에서 볼 때, 학교는 청소년들이 하루의 일과 중 대부분의 시간을 보내는 삶의 터전이기 때문에 청소년들의 심리 · 행동 · 정서 발달에 미치는 영향은 지대할 수밖에 없다. 이러한 학교의 기능이 제대로 수행되지 못하면 오히려 학생들에게 좌절과 실패감, 부정적인 자아관과 세계관을 형성하게 하여 청소년 비행이나 범죄의 주요원인이 되기도 한다.

학교가 가진 교육기능은 문화 전달과 인격 형성이다. 하지만 현행 학교교육은 입시위주의 교육제도로 종래 생각해 오던 이상적인 인간형성의 기능을 제대로 수행하지 못하고 있어 그 문제가 심각하다. 입시위주의 학업방식은 유치원에서 고등학교에 이르기까지 부모의 지나친 경쟁의식과 사회분위기를 조장하여 진정한 인간교육의 기회가 없는 실정이다. 부모의 무조건적이며 지나치게 높은 학업성취 욕구는 때때로 자녀로 하여금 낮은 학업성취도를 보이도록 하며 나아가 학교생활의 부적응과 바람직하지 못한 친구를 사귀어 비행소년이 되는 원인을 제공하기도 한다.

4) 사회적 요인

교육적인 측면에서 보면, 가정이나 학교는 부모와 교사 등의 교육주체가 청소년에게 직 · 간접적으로 교육을 시키고 이끌어 줌으로써 올바른 길로 나가게 할 수 있다. 그러나 사회라는 집단은 교육의 주체가 없으므로 청소년 스스로 옳고 그름을 스스로 체험하며 터득해 나가야 하는 삶의 현장이다. 그렇기 때문에 청소년 비행에 있어서도 사회가 미치는 영향은 크다.

전통적 농경사회에서 급격한 공업화과정을 겪으면서 인구의 도시집중화, 대가족제도의 붕괴와 핵가족화, 무분별한 서구문물의 유입에 따른 황금만능주의와 퇴폐풍조의 만연은 모방심이 강한 사춘기의 청소년들로 하여금 범죄와 비행의 유혹에 쉽사리 감염되게 한다. 현대사회를 근대화 · 산업화 · 도시화로 표현하는데 이러한 현상이 우리나라에서도 1990년대에 들어서면서 급속도로 진행되었고 또 심각해진 청소년 비행문제도 도시화가 그 원인이 되고 있다.

청소년 범죄의 사회 환경 문제로는 크게 비행지역의 문제, 도시화의 문제로 나누어 볼 수 있다. 비행지역의 문제를 보면, 청소년 비행과 직접관련이 깊은 빈곤 하류계층의 사람들이 모여서 사는 곳에 하나의 비행지역을 구성하기 쉽다. 그러한 지역은 때때로 비행다발 지역으로 변모하기도 하는데 비행다발 지역에서는 비행을 낳는 고유한 문화가 있고 그 비행문화가 전달되어 가기도 한다. 또한 도시화의 문제를 보면, 도시에 범죄가 많다는 것은 도시에 범죄를 유발하는 기회가 많다는 것과 함께 인구증가에 의한 원인이 크다.

3. 비행유형별 관련요인

(1) 음주

주왕기 등(1982)은 우리나라 고교 3학년생의 음주경험이 81.6%로 미국(72.0%)보다 높은 것으로 보고하고 있다. 이러한 결과는 미국의 경우 술과 담배를 구입할 수 있는 연령을 법으로 제한하고 있어 다소간의 통제가 가능한 것으로 생각할 수 있다. 심응철 등(1982)은 고교 2학년생을 대상으로 실시한 음주경험 유무에서 남학생은 71.6%, 여학생은 16.4%가 음주경험이 있는 것으로 보고하였고, 안순덕 등(1985)의 음주조사 결과는 소년원생은 88.2%, 학생은 70.9%로 비행소년이나 정상소년 대부분이 음주경험이 있는 것을 알 수 있다.

(2) 흡연

우리나라 고등학교 남학생의 흡연경험은 60.2%로 미국(35.5%)보다 훨씬 높다. 일반적으로 선진국에서는 약 20여 년간 매스컴을 통해 흡연에 대한 유해성을 적극 계몽한 결과 현재 35~40%에 머물고 있다. 우리나라 여대생의 경우, 흡연율이 1970년대 0~5%에 불과했으나 현재는 훨씬 높은 것으로 추산되고 있다. 남자 대학생의 흡연경험은 80%로 미국(50%)보다 훨씬 높은 비율을 보이고 있다(주왕기 등, 1982). 심응철 등(1982)이 고교 2학년을 대상으로 조사한 결과 남학생의 61.85%, 여학생의 3.21%가 흡연경험이 있는 것으로 보고하고 있다. 소년원생과 학생을 비교한 흡연 실태조사는 소년원생은 88.0%가 흡연경험이 있고, 학생은 44.6%로 비행 청소년이 훨씬 높은 흡연율을 보이고 있다(안순덕 등, 1985). 이재창(1986)의 조사는 남자 고등학생이 45.1%, 여학생이 4.9%로 보고하고 있다.

(3) 약물남용

약물남용의 역사는 고대 종교의식에서 향정신성 물질을 사용한 데서부터 비롯되었다고 한다. 1960년 미국에서는 흑인들의 인권운동과 명분이 약했던 월남전으로 인해, 미국 대학생들 사이에 기존의 질서와 가치를 부정하고 새로운 자유를 추구하는 상징으로 약물의 남용이 급속히 증가했다. 한국은 주한 미군의 영향이 컸으며, 해외교류가 늘면서 일본으로부터 히로뽕과, 미국으로부터 마리화나와 중독성이 강한 코카인까지 급속도로 유입되었다. 80년대에는 특히 마약이 성행했으며, 10대 청소년들 사이에는 정보의 부족으로 인해 본드나 부탄가스 같은 흡입제가 담배나 술 정도의 위험 정도로 잘못 인식되어 그 위험성이 심각한 사회문제가 되었다.

(4) 학습장애

학습장애가 비행을 야기하는지는 직관적으로 볼 때 명확하지는 않지만 인과적 연쇄라는 측면에서 보면 학습장애가 궁극적으로 비행을 초래하는 일련의 효과들을 가져온다는 입장을 취하고 있다.

첫째, 학교생활의 실패로 비행을 초래하는 경로와, 둘째 일상적인 사회적 제재로 인한 보상의 효율성이 감소하여 비행을 초래하는 경로이다. 첫째 경로에서 학습장애가 비행행위로 연결되는 과정은 여러 가지가 있으나 공통적으로 나타나는 효과는 다음과 같은 것들이 있다. 우선 성인들은 학습능력에 문제가 있는 아동을 훈육문제아동으로 지각하게 되며, 동시에 다른 아동들이 사회적으로 미숙하여 흥미 없는 아이로 지각하게 된다. 따라서 이러한 아동은 선천적인 결함으로 인하여 학업성취에 대한 동기수준이 낮아지게 된다. 학습장애로 인하여 발생하는 이와 같은 효과들이 많은 다른 변인들과 상호작용하여 비행행위와 연결된다고 보는 것이다.

둘째, 경로에서 학습장애로 초래되는 효과로는 일반적인 충동성, 열등한 사회적 단서의 수용, 열등한 경험으로부터의 학습능력 등을 들 수 있다. 첫째 경로와 마찬가지로 이러한 효과들이 중재변인들과의 상호작용을 통해 비행행동을 촉발시키는 감수성을 증가시켜 결국에는 비행과 연결된다고 보는 것이다. Hirschi(1976), Compton(1974) 등의 사례연구는 학습장애와 비행 사이에 연계가 있음을 보고하였으나, 이러한 연계에 반대하는 사례연구도 함께 보고되어 있다. 연계에 반대하는 사례연구에서 학습장애란 많은 학교생활의 실태 원인 중 단지 하나의 방식이며, 또한 비행행위에 대한 감수성을 증가시키는 많은 심리적 특질 중의 하나일 뿐이므로 학습장애 자체만으로 이러한 연계를 밝힌다는 것은 적합하지 않다고 주장하고 있다.

(5) 성비행

성비행이란 가벼운 언어적인 것에서부터 강력범죄인 강간에 이르기까지 그 수법과 유형이 다양하다. 성비행의 유형을 살펴보면 성을 전제로 한 심한 욕설, 음란전화, 부녀자 희롱, 강제적인 신체 접촉, 키스 및 물리적인 힘이나 흉기 또는 약물을 이용한 강간 등이 있다. 조선일보(92. 6. 12)에 의하면 국내에서 발생하는 성폭력범죄는 연간 약 25만 건으로 추정되고 있으며, 연령별로 보면 19세 이하가 36.0%, 20~25세가 21.6%로 나타나 성범죄의 약 57%가 청소년에 의해서 저질러지는 것으로 볼 수 있다. 성비행의 원인으로는 유전 및 생물학적 요인, 심리적인 요인, 사회 문화적 요인 등을 들 수 있다. 유전 및 생물학적 요인은 주로 성호르몬 기제와 관련이 있다. 사회문화적 요인으로는 외설적인 영화, 비디오, 잡지, 만화, 소설 등의 외형적인 요인이 친구와 또래집단을 매개로 하여 성에 대한 그릇된 가치관을 형성하는 데다가, 사회 전반적으로 향락문화가 만연되어 영향을 미치는 것으로 볼 수 있다. 또한 심리적인 요인으로는 모든 개인은 유전인자가 다르고 성장환경이 다르기 때문에 행동의 주체가 되는 성격이나 자아개념에 개인차가 있다는 것이다. 특히 어떤 부모 밑에서 어떤 교육을 받았는가는 성행동은 물론 성폭력에 큰 영향을 미친다. 근본적인 성욕구는 모든 인간에게 공통적으로 일어나지만 성행동은 실제로 어떻게 학습되었느냐와 밀접한 관계가 있다. 대부분의 경우 부모가 도덕적, 윤리적으로 자녀교육에 임하고 자연스러운 의사소통이 이루어질 때 성에 대한 올바른 가치관이 정립되게 마련이다. 일반적으로 부모가 성문제에 대해서 무관심하고 회피하는 경우, 자녀는 올바른 성가치관을 확립할 수 없고 나아가 잘못된 성행동을 일으킬 가능성이 높다. 따라서 교육을 통해서 올바른 가치관을 정립시키는 것은 성비행을 예방하는 데 중요하다

4. 청소년 비행의 이론적 관점

1) 심리학적 이론

비행과 관련된 심리학적 이론들을 정리하면 다음과 같다.

(1) 정신분석학적 관점

프로이드(Freud)에 의해 주도된 정신분석학파는 인간에게 성과 공격이라는 두 가지 기본적인 동기가 있다고 본다. 원초아(Id), 자아(Ego), 초자아(Superego)의 세 요소가 초기 어린 시절에 어떻게 상호작용하느냐에 따라 성격이 결정된다고 가정하였다. 만일 성장기에 사회화 과정을 통해서 자아와 초자아가 적절하게 발달하지 못하면, 원초아의 반사회적 충동을 통제하지 못하게 되어 비행을 저지르게 된다는 것이다. 쾌락원리에 의해 본능적 · 즉각적으로 만족을 얻고자 하는 욕구를 극복하고 현실원리에 따라 욕구충족을 지연시키며 행동하는 능력을 터득해야 하는데, 이를 터득하지 못한 경우 비행이 발생된다고 보는 것이다.

정신분석학자들은 범죄자들이 어렸을 때의 죄책감 때문에 죄를 범하는 것으로 보는 경향이 있는데, 특정한 개인이 어려서 행한 금지된 행동에 대해 속죄하는 방법으로 죄를 받기 위해서 범행을 한다는 것이다. 부주의하게 범행에 관여되었다가 곧 체포되는 경우가 그 예이다. 정신분석학자들은 청소년의 억압된 욕구가 위장되어 때로는 공격행동이나 절도로 나타난다고 하였다.

(2) 인지이론적 관점

새미노우(Samenow, 1984)에 의하면 범죄자들의 중요한 특징 중에 하나가 비합리적이고 무책임한 사고방식이라 한다. 사고방식이나 사고과정에서의 결함에 의해 범죄나 비행이 유발된다고 생각하는 인지 이론들은 정보처리 과정에서의 결함과 비합리성에 관심을 모으고 있다. 인지이론적 관점에서는 비행과 관련된 근본적인 개인 심리적 특성으로 지능 발달과 도덕성 발달의 문제를 제기하고 있다.

2) 사회학적 이론

비행에 대한 사회학적 원인론은 생물학적 · 심리학적 원인론에서 주장하는 개인 차이에 초점을 두는 것이 아니라 사회구조적인 결함에 초점을 두는 이론이다.

(1) 아노미 이론(Anomie Theory)

사회학적 관점에서 청소년의 비행을 설명하는 대표적인 이론은 아노미 이론이다. 아노미(Anomie) 이론은 뒤르껭(Durkheim)의 이론을 기초로 머튼(Merton, 1968)에 의해 일탈행동에 대한 일반이론으로 정립되었다. 아노미란 무규범이나 규칙붕괴의 상태를 일컫는다. 현대사회의 가치관 혼란현상이 청소년 비행의 원인이라고 보는 관점은 이러한 시각에 기초한 것이다.

뒤르껭은 아노미 현상의 원인을 두 가지로 보고 있다. 하나는 우선 인간들의 규범을 벗어난 규칙 없는 주장이나 요구들에 대한 사회적 통제가 무너졌을 때를 말한다. 두 번째는 생활관계에 있어서 사회적 불평등을 야기시키는 고도의 분업사회의 발달을 든다. 고도로 분업화된 사회에서는 구성원 개개인들은 서로 간에 다방면의 종속성을 지니게 된다. 그들은 사회의 기본 구성원으로 나누어져 있으며, 각 구성원은 각기 서로 다른 사회적 기능을 가지고 있다. 이 기능의 차별화와 그에 따른 경제적 소득과 사회적 지위를 통하여 사회적 불평등이 생성된다. 일탈행동과 관련해 볼 때 이 기능의 차별화로 인한 사회적 불평등이 개인의 사회적 행동을 불안정하게 만드는 원인이 되고 있음을 생각해 볼 수 있다.

머튼은 개인이 문화목표와 제도화된 수단에 어떻게 적응하는가에 따라 동조형, 혁신형, 의례형, 도피형, 반역형 등 5가지 유형의 적응양식을 제시하였다.

첫째, 동조형(Conformity)은 문화목표와 제도화된 수단 양자를 모두 수용한 형태로서 정상적인 행위유형을 말하며, 이 동조형을 제외한 나머지 4유형은 모두 일탈행위로 본다.

둘째, 혁신형(Innovation)은 범죄자의 전형적인 형태로 문화적 목표는 수용 하지만 정해진 기존의 제도화된 수단은 거부하는 것이다. 이런 의미에서 혁신형은 문화적으로 유인된 원망과 사회구조의 객관적 불평등의 산물이다. 예를 들면, 화이트칼라 범죄자가 제도적으로 정당하지 않은 탈세, 횡령, 문서위조 등을 통해 돈을 벌려는 경우이다.

셋째, 의례형(Ritualism)은 문화적 목표를 거부하거나 제도화된 수단을 수용하는 탈선형으로, 대표적인 예를 들면, 규칙의 준수에만 몰두한 나머지 자신의 일의 목적을 망각하고 무사안일로 행동하는 관료의 경우를 들 수 있다. 이런 의례형은 엄격한 사회화의 양식과 구성원들에게 주어진 사회적 출세를 위한 한정된 기회가 그러한 의례적 성격구조를 조성하기 쉽기 때문에 나타난다.

넷째, 도피형(Rettreatism)은 사회적 압력이 되는 성취목표와 그 목표를 달성하는 제도적인 수단을 모두 거부하고 사회로부터 후퇴 혹은 도피하는 것이다. 이 유형은 합법적인 수단을 통한 목표성취노력의 계속적인 실패와 도덕적 규범의 내면화에 따른 양심의 가책 때문에 위법수단을 사용할 능력이 없어서 나타나는 반응이다. 예를 들어, 만성적인 알코올 및 마약중독자, 정신병자, 폭력배, 부랑자, 방랑자 등이 도피형이라고 할 수 있다.

다섯째, 반역형(Rebellion)은 기존의 문화적인 목표와 제도화된 수단을 모두 거부하는 동시에 새로운 목표와 수단으로 대치하려는 사람들이다. 이러한 반역형이 사회에 만연하면 혁명의 가능성이 있고 새로운 가치와 규범, 새로운 사회구조가 형성된다. 사회운동가나 혁명집단, 히피족 등이 반역형의 대표적인 예라고 할 수 있다.

(2) 낙인이론(Labeling Theory)

낙인이론은 사회반응론이라고도 하는데 범죄와 비행의 과정적 측면에 초점을 둔 이론이다. 낙인이론의 대표적인 주창자인 벡커(Becker)에 의하면, 비행이란 어떤 행위 자체가 근본적으로 정상행위와 다르기 때문이 아니라 주위의 사람들이 어떤 특정한 행위를 비행이라 규정했기 때문에 생기는 사회에 의해 낙인찍힌 행위라는 것이다. 그는 사회집단은 그것의 위반을 일탈로 간주하는 법을 제정함으로써 일탈자를 창조하고 이 규정을 특정인에게 적용함으로써 국외자로 낙인찍는다는 것이다.

젠센(Jensen, 1972)은 "비행자"라는 낙인은 자아개념에 혐오적 효과를 일으킨다 하였고, 블리스(Bliss, 1977)는 낮은 자아개념 점수가 비행자 낙인을 수반한다고 주장하였다. 낙인이론은 이처럼 비일탈자가 낙인을 통해 부정적인 자아정체감을 확립함으로써 일탈자로 되어가는 과정에 강조점을 두는 것으로 비행을 자아개념과 관련시키고 있다(한국청소년개발원, 2005, 재인용).

(3) 사회통제론(Social Control Theory)

사회통제론은 사회결속론이라고도 하며 비교적 현대에 발전한 이론으로 히르쉬(Hirschi, 1965)에 의해 제안되었다. 사회통제이론은 비행을 사회규범을 어긴 행위로 규정하며, 현재 작용하고 있는 사회통제기제의 결함이나 부재의 결과로 본다. 우리 사회에서는 관습적 신념에 대한 일반적인 합의가 있으며, 그러한 신념에 애착을 갖고 행동에 옮기며 관습적인 사회에 결속되고 유대를 갖게 된다고 한다.

이 이론에서는 사회에 대한 개인의 소속 정도가 비행의 여부를 결정한다고 주장한다. 즉 청소년이 부모와 학교 및 다른 사회기관에 소속되어 있을수록 비행을 저지를 가능성이 더 적다는 것이다. 이런 입장에서 보면 비행은 그 행위를 실행하는데 필요한 신념에 의해 일어나는 것이 아니라 이런 비행행위를 금하는 효과적인 신념의 부재에 의해 일어나는 것이다.

(4) 하위문화이론(Theory of Delinquent Subculture)

하위문화이론은 코헨(Cohen, 1993)에 의해 제안되었는데, 이는 집단적인 비행이 하류계급출신들에 의해서 범해짐을 강조하면서 비행집단과 그 집단이 갖는 특이한 하위문화를 계급적인 갈등과 긴장이라는 사회구조적 기반과 관련시켜 파악한다. 노동자 계급에서 성장한 아동들은 학교에 다니면서 상류계급과 다른 문화적 차이를 접하면서 적응의 문제에 봉착한다. 이들은 서로 어울리며 그들만의 집단문화를 형성하고 자신들의 자존심을 공동으로 방어하는 수단으로 비행을 일으킨다.

(5) 차별접촉이론(Different Association Theory)

슈더랜드(Sutherland, 1974)에 의해 제안된 차별접촉이론은 비행친구들끼리 차별적 집단을 형성하고 그 집단의 행동을 통한 영향력이 비행의 원인이 된다고 설명한다. 즉 탈선된 행위와 접촉함으로써 탈선을 배운다는 것을 강조하였다. 차별접촉이론에서는 비행행동도 다른 사회행동과 마찬가지로 사회적 상호작용과정에서 학습된 행동으로, 인간은 비행문화 또는 위법적 기회와의 접촉이 비(非)비행문화의 접촉을 능가할 때 비행자가 된다고 보았다. 다시 말하면, 비행친구들과 얼마나 자주 만나는지의 접촉빈도나, 접촉기간인 얼마나 오래 만나왔는지, 어릴 때 처음 사귀었던 친구가 누구였는지의 우선성과 얼마나 친한지의 강도에 따라 차이가 있다.

5. 청소년 비행의 동향

1) 현황

최근 5년간 청소년범죄 구성 비율은 저 출산의 인구동향과 맞물려 감소하다가 2005년부터 증가하고 있다. 2006년도 소년범죄는 2002년도에 비하여 40.2% 감소하였으며, 전체범죄도 13.7% 감소하였다.

〈표 6-1〉 범죄대비 청소년범죄 구성 현황

(단위 : 명, %)

구분 \ 연도	2002	2003	2004	2005	2006
총 범죄	2,113,986 (100)	2,083,903 (98.6)	2,166,466 (102.5)	1,860,981 (88.0)	1,823,614 (86.3)
소년 범죄	115,421 (100)	96,080 (83.2)	72,527 (62.8)	67,132 (58.2)	69,012 (59.8)
구성 비율	5.5	4.6	3.3	3.6	3.8

주 : ( )안은 기준년도 대비율임
자료 : 대검찰청

2) 청소년 비행의 분류별 동향

(1) 범죄유형별 현황

2006년 청소년범죄의 유형별 분포상황을 보면 폭력범이 26.2%, 재산범이 42.6%, 특별법범이 26.5%, 살인 · 강도 · 강간 등 강력범이 2.7%를 차지하고 있다.

폭력범이 32.8%, 재산범이 29.6%, 특별법범이 34.2%, 강력범이 2.0%

를 차지하였던 2002년에 비해서는 강력범, 재산범의 비율은 높아졌으나 폭력범이나 특별법범의 비율은 낮아진 것으로 나타났다.

〈표 6-2〉 청소년범죄 유형별 현황

(단위 : 명)

구분 \ 연도		2002	2003	2004	2005	2006
계		115,423	96,085	72,770	67,478	69,211
강력범	소계	2,323	2,359	1,708	1,549	1,857
	살인	58	17	22	24	20
	강도	1,270	1,371	871	696	766
	강간	945	915	765	752	979
	방화	50	56	50	77	92
폭력범	소계	37,872	31,401	21,788	21,009	18,104
	폭행・상해	1762	1,713	1,322	1,356	3,713
	공갈	348	272	219	238	405
	기타	35,762	29,416	20247	19,415	13,986
재산범	소계	34,151	32,009	26,429	26,848	29,506
	절도	24,953	22,907	19,845	22,068	24,842
	횡령・배임	756	688	602	624	702
	장물	298	234	171	173	222
	사기	8,032	8,077	5,713	3,902	3,445
	손괴	112	103	98	81	295
기타		1,636	1,366	1,373	1,246	1,379
특별법범		39,441	28,950	21,472	16,826	18,365

주 : 기타는 체포와 감금(특가법 포함), 협박, 약취와 유인(특가법 포함)
자료 : 대검찰청

(2) 연령별 현황

청소년범죄자의 연령별 상황을 보면 15세 이하의 범죄소년은 2002년에 26.8%이던 것이 2006년에는 37.5%로 10.7%가 높아졌고 16~17세의 범죄소년은 2002년에 33.1%에서 2006년에 34.6%로 1.5%가 높아진 반면, 18~19세의 범죄소년은 2002년에 41.1%에서 2006년에는 27.7%로 낮아졌다.

〈표 6-3〉 청소년 범죄 연령별 현황

(단위 : 명, %)

연도	소년 범죄자	14세미만		14~15세		16~17세		18~19세	
	인원	인원	구성비	인원	구성비	인원	구성비	인원	구성비
2002	75,982	1,125	1.5	19,262	25.3	25,137	33.1	30,458	40.1
2003	67,135	891	1.3	18,265	29.2	22,409	33.4	25,570	38.1
2004	51,298	523	1.0	13,931	27.1	16,485	32.1	20,359	39.7
2005	50,652	198	0.3	16,770	33.1	17,098	33.7	16,586	32.7
2006	50,846	190	0.3	18,941	37.2	17,612	34.6	14,103	27.7

주 : 형범범만 포함함.
자료 : 대검찰청

(3) 남녀별 현황

청소년 범죄자를 성별로 보면 2002년에 남자 소년범은 96,903명으로 83.9%, 여자 소년범은 18,518명으로 16.1% 이다. 2002년에 비해 남자 소년범의 비율은 0.9% 높아진 반면, 여자 소년범의 비율은 0.9% 낮아졌으며 소년범죄 인원의 감소에도 불구하고 남자 소년범 인원은 오히려 증가하였다.

〈표 6-4〉 청소년범죄의 남녀별 현황

(단위 : 명, %)

연도	계	남자		여자	
	인원	인원	점유율	인원	점유율
2002	115,421	96,903	83.9	18,518	16.1
2003	96,080	80,471	83.8	15,609	16.2
2004	72,527	60,936	84.0	11,591	16.0
2005	67,132	57,453	85.6	9,679	14.4
2006	69,012	58,511	84.8	10,501	15.2

자료 : 대검찰청

(4) 동기별 현황

2006년의 소년범죄자의 범행동기를 보면, 우발적 범행이 26.1%로 가장 많고, 다음으로 호기심이 14.7%, 부주의가 8.5%, 유흥비 마련 등 이욕범행이 6.4%의 순으로 나타나고 있다.

〈표 6-5〉 청소년범죄의 동기별 현황

(단위 : 명, %)

연 도		2002	2003	2004	2005	2006
계		115,423 (100)	96,085 (100)	72,770 (100)	67,478 (100)	69,211 (100)
이욕	소계	18,646 (16.2)	16,406 (17)	5,164 (7.1)	4,842 (7.2)	4,446 (6.4)
	생활비	1,931 (1.7)	1,852 (1.9)	1,515 (2.1)	1,520 (2.3)	1,622 (2.3)
	유흥비	4,946 (4.3)	4,421 (4.6)	2,928 (4.0)	2,918 (4.3)	2,480 (3.6)
	허영사치심	541 (0.5)	448 (0.5)	212 (0.3)	193 (0.3)	180 (0.3)
	기타	11,228 (9.7)	9,685 (10.0)	509 (0.69)	211 (0.31)	164 (0.23)
사행심		558 (0.5)	439 (0.5)	679 (0.9)	758 (1.1)	903 (1.3)
보복		1,064 (0.9)	704 (0.7)	533 (0.7)	522 (0.8)	437 (0.6)
호기심		8,019 (6.9)	7,680 (8.0)	7,484 (10.3)	8,675 (12.9)	10,171 (14.7)
우발적		29,724 (25.8)	24,207 (25.2)	20,047 (27.5)	18,836 (27.9)	18,089 (26.1)
유혹		1,234 (1.1)	963 (1.0)	940 (1.3)	853 (1.3)	1,120 (1.6)
가정불화		114 (0.1)	99 (0.1)	96 (0.1)	62 (0.1)	42 (0.1)
부주의		15,600 (13.5)	11,978 (12.5)	8,093 (11.1)	5,689 (8.4)	5,867 (8.5)
현실불만		596 (0.5)	540 (0.6)	412 (0.6)	332 (0.5)	363 (0.5)
기타		37,183 (32.2)	31,017 (32.3)	24,224 (33.3)	21,667 (32.1)	22,119 (32.0)
미상		2,685 (2.3)	2,052 (2.1)	5,098 (7.0)	5,242 (7.8)	5,654 (8.2)

주 : 1) ( ) 안은 점유율임
2) 이욕의 '기타'는 도박비 마련, 치부와 그 외의 이욕 목적 범행임

자료 : 대검찰청

6. 청소년 비행의 지도 및 치료

청소년 비행은 개인적 특성과 가족의 양육배경들이 상호 작용을 한 결과로 나타난다. 따라서 비행 청소년을 지도함에 있어서는 청소년의 심리적 특성은 물론, 이러한 특성을 유지시키는 환경적 요인 특히 가족 관계, 교사와의 관계, 대인관계 등을 고려한 접근이 진행될 필요가 있다. 따라서 지도자는 비행 청소년 개인에 대한 노력과 그를 둘러싸고 있는 환경적 요인을 변화시켜 주는 노력을 해야 한다.

1) 청소년 개인에 대한 접근

비행 청소년을 효과적으로 지도, 상담하기 위해서 필요한 과제는 크게 5가지로 요약할 수 있다. 하나는 관계의 형성, 바람직하지 못한 행동을 감소시키면서 바람직한 행동을 증진시키는 것, 다양한 생활 영역에서의 문제 및 자신의 특성 지각, 예측 및 문제 해결 능력의 증진, 삶의 희망 및 목표의 제시, 지속적인 유대 관계의 수립으로 볼 수 있다.

(1) 관계의 형성

① 무조건적 긍정적 존중

무조건적 긍정적으로 대우한다는 것은 행동 여하에 관계없이 비행 청소년을 하나의 인간으로 대접하는 것을 의미한다. 인간이면 누구나 바라는 긍정적인 관심, 배려, 따뜻함, 최고로 대우받고 싶은 마음에 대해서 반응하는 것이 바로 무조건적 긍정적인 대우이다. 이를 위해서 상담자가 다음과 같이 활동할 필요가 있다. 먼저 따뜻하고 정중하게 맞이할 필요가 있다. 상담 시작 전에 미리 기다리면서 따뜻하게 환대하는 것, 프로그램 시작 전에 차를 함께 마시는 활동 등도 도움이 된다.

② 한계가 있는 자유로운 분위기의 형성

비행 청소년들은 대체로 학교에서나 가정에서의 다른 제도권에서 항상 억압되었고, 제지를 받아왔기 때문에 자신들의 감정이나 의견을 자유롭게 드러내기보다는 숨기고 억제하는 경향이 있다.

자유롭고 허용적인 분위기 속에서 비행 청소년들은 먼저 반항, 저항, 비협조, 수동성, 분노, 좌절 등 부정적인 감정이나 행동 이면에 내재된 다양한 긍정적인 감정이 드러나도록 도와주어야 할 것이다.

③ 공감적 이해

어떤 내담자이건 상담자는 내담자의 입장에서 내담자를 공감적으로 이해하고자 노력해야 한다. 이러한 공감적 이해는 비행 청소년이 상담자에게 부정적이고 적대적인 태도를 보이고 상담자의 도움을 원치 않을 때조차도 이루어져야 한다. 이들은 가장 가까운 사람들로부터 거부당하거나 멸시를 받거나 속는 등 상처받은 경험들이 많고, 자신의 욕구와 감정을 인식하고 표현하는 능력도 부족하며, 자신의 비행행위는 다른 사람이나 나쁜 조건의 탓이라고 보는 시각을 가지고 있는 경우가 많다. 부모나 교사를 포함한 주변 성인들이 오히려 문제이지 자기는 문제가 없다고 보기도 한다.

④ 사회적인 기술의 교육

비행 청소년들의 경우 행동의 절제, 행동에 대한 자기 책임감, 타인의 감정이나 권리의 존중, 타인을 격려하고 칭찬하는 것, 시간의 엄수, 동료에 대한 배려, 정해진 시간 내에 일을 완수하는 것 등 사회생활을 하기 위한 기본적 태도와 행동 등을 습득하지 못하고 있다. 따라서 비행 청소년들의 상담 과정에서는 이와 같은 타인과의 삶 속에서 지켜야 할 다양한 규칙과 사회적 기술들을 학습할 수 있도록 교육할 필요가 있다.

⑤ 문제 해결 능력의 증진

가) 가정 내 폭력 상황에 대처하기

많은 비행 청소년들은 부모 및 형제에 의해서 신체적, 정서적, 인격적 폭력을 경험하고 있다. 비행 청소년들은 대체로 이러한 폭력에 소극적으로 대처하거나 적극적으로 반항함으로써 가정 내 폭력에 지속적으로 노출된다. 비행 청소년들이 가정 내 신체 폭력 상황을 인식하고, 그것에 대한 자신의 반응과 그 결과를 인식하여 이에 적절히 대처하도록 한다. 즉 가정 내에서 누구와 어떤 상황에서 폭력을 경험하는지를 인식시켜 폭력적 상황에서 회피할 수 있도록 도와줄 필요가 있다.

나) 긍정적인 감정, 욕구의 표현하기

비행 청소년들은 가족들과의 심한 갈등에도 불구하고 가족에게 긍정적 감정과 욕구를 가지는 반면, 그러한 감정들을 적절하게 표현하지 못하는 경향이 있다. 이는 비행 청소년이 자신들의 긍정적인 감정이나 욕구를 수용하고 적절하게 표현하는 능력이 부족하여 가족들로부터 소외감과 거부감을 깊게 느끼고 있기 때문이다. 상담프로그램에서는 비행 청소년들이 가족들에게 경험하는 긍정적인 감정이나 욕구를 자각하고 수용하도록 하고, 그것을 적합한 상황에서 적절하게 표현할 수 있도록 한다.

다) 부모 및 형제를 수용하기

비행 청소년들은 많은 경우 부모 및 형제에게 분노, 적대감 등을 경험하고 있다. 이것은 부모나 형제들을 모순과 약점을 가지고 있는 인간으로 수용하기보다는 이들이 바라는 부모상 혹은 부모 역할이라는 측면에서만 부모를 바라보는 경우가 많기 때문이라고 하겠다. 비행 청소년들에게 부모가 여러 가지 약점과 모순을 가질 수 있는 인간으로 수용되도록 함으로써 부모를 용납할 수 있도록 할 필요가 있다.

⑥ 여가 지도

많은 비행 청소년들은 여가 시간을 적절하게 보내지 못하여 노래방, 오락실, 비디오방, 약물 오남용 등 감각적이고 단순한 시간 낭비적인 오락으로 주로 보내게 된다. 이런 방식으로 여가를 즐기게 됨으로써 청소년들은 비행 문화에 더욱 더 고착되는 경향이 있다. 비행 청소년들에게 건전하고 유익하며 진로와 밀접하게 관련될 수 있는 여가활동을 소개하고, 그런 활동들을 즐길 수 있도록 준비시키고, 그런 활동을 잘 할 수 있도록 하는 능력을 연마시킬 필요가 있다. 특히 놀이와 관련된 비행 청소년들의 만족 지연이나 분노나 공격성 등의 자기 통제 능력을 훈련시키는 것도 중요한 상담 과제가 될 것이다.

여가활동 영역과 관련하여 상담자는 비행 청소년들에게 일탈된 활동을 조장시키는 유해환경을 정화시킬 수 있는 노력도 함께 기울여야 한다.

이를 위해 상담자가 직접 활동할 수도 있겠으나 학교나 지역사회의 자원 인사를 활용할 수 있다.

⑦ 진로지도

비행 청소년들 중에는 통상적인 교육 과정을 통해서 획득할 수 있는 진로를 설계할 수 없는 경우가 많다. 집안의 경제적인 사정으로, 혹은 부모의 비협조로, 혹은 청소년 자신의 지적, 성격적 결함으로 인해 통상적인 교육 과정에 정상적으로 적응하기 힘든 경우가 많기 때문이다. 비행 청소년들에게 대안적인 교육 과정, 대안적인 진로 및 직업 정보를 충분히 제공할 필요가 있다. 특별히 현실적인 진로 탐색 활동을 통해 미래에 대한 희망과 계획, 자기 책임감 등을 향상시키는 것이 중요할 것이다.

2) 부모 및 가족에 대한 접근

비행 청소년들을 지도, 상담하는 과정에서는 부모와의 면접 및 상담이 더욱 요구된다. 대부분의 비행 청소년들의 비행은 부모의 적절치 못한 양육과정에서 파생되고, 또한 비행을 하는 자녀에 대한 부모의 적절치 못한 대응 방법이 이들의 비행을 더욱 고착화시키는 결과를 초래하기 때문이다. 따라서 지도자는 비행 청소년을 교육, 상담하는 과정에서 그들의 부모를 지원세력으로 적극적으로 활용할 필요가 있다.

제7장

청소년 상담서비스

1. 상담의 의미와 특성

박성수(2000)는 "상담이란 도움을 필요로 하는 사람과 도움을 줄 수 있는 사람 사이의 개별적인 관계를 통하여 새로운 학습이 이루어지는 과정"이라고 정의하고, 이장호(1996)도 "상담이란 도움을 필요로 하는 사람이, 전문적 훈련을 받은 사람과의 대면관계에서, 생활 과제의 해결과 사고, 행동 및 감정 측면의 인간적 성장을 위해 노력하는 학습 과정"이라고 정의하고, 이재창(1988)도 "상담은 전문적인 훈련을 받은 상담자가 도움을 필요로 하는 내담자에게 자신과 주위 환경에 대한 이해를 촉진시킴으로써 적응과 발달을 위한 행동의 변화 즉 개인의 성장을 가져오게 하는 상호 작용의 학습 과정"이라고 정의하였다.

이외에 상담의 정의에 나타난 상담의 특징을 보면 다음과 같다.

(1) 상담은 전문 상담자에 의해서 제공되는 전문적 활동이다.

상담 관계는 일상적인 관계가 아니다. 상담 관계는 상담자가 내담자를 긍정적인 방향으로 변화시킬 책임을 가지고 수행되는 전문적 관계이다. 따라서 상담자는 일상적인 관계에서는 발견할 수 없는 전문적 지식과 기술을 갖추어야 한다.

(2) 상담은 상담자와 내담자의 관계에 기초를 둔 과정이다.

로저스(Rogers)는 특히 상담의 과정에 있어서 상담자와 내담자의 관계를 중시하고 있으며, 브래머와 소스트롬(Brammer & Shostrom)은 상담 과정의 핵심은 상담자와 내담자가 형성한 치료 관계라고 역설하고 있다.

(3) 상담은 의사 결정과 문제 해결에 관여한다.

상담자의 임무는 내담자로 하여금 자신의 구습에서 벗어나 의사 결정을 하고 문제를 해결할 수 있도록 대안을 창출하도록 하는 것이다. 상담은 내담자에게 새로운 상황에 적용할 수 있는 기술을 가르치는 것이라고 보면 내담자가 의사 결정 기술을 개발하지 않고서는 상담자에게 의존할 수밖에 없다. 이런 의미에서 내담자로 하여금 의사 결정 기술과 문제 해결 방법을 가르치는 것은 상담의 중요한 기능이 되는 것이다.

(4) 상담은 내담자로 하여금 새로운 행동을 학습하거나 새로운 태도를 형성하도록 하는 것이다.

상담은 내담자가 자신의 생활공간에 대해서 학습하는 교수-학습과정이다. 내담자가 의미 있고 정확한 결정을 내리기 위해서는 자신이 처한 현 상황과 그리고 여러 가지 선택의 결과에 대해서 알아야 한다.

(5) 상담은 개인 존중에 기초한 상담자와 내담자의 상호 협력 활동이다.

바람직한 상담 관계는 상담자와 내담자가 대등한 위치에서 상담에 임하는 것이다. 상담자와 내담자가 같이 상담 과정에 참여한다. 상담의 목표는 상담자와 내담자가 같이 합의해서 결정하고 구체화한다.

2. 청소년 상담의 의미

일반적인 상담의 원리가 청소년 상담에 그대로 적용될 수 있지만 청소년이 처한 상황과 발달과정의 특성으로 인하여 청소년 상담은 발달의 특수성, 문제의 특수성, 환경의 특수성 등이 고려되어야 할 것이다(설기문, 1993; 홍강의, 1993).

이재창(1993)은 청소년 상담을 다음과 같은 세 가지 기준에 의해서 개념규정하고 있다.

첫째, 상담대상에 의한 구분이다. 즉 상담을 받는 대상의 특성에 의해서 구분하는 것이다. 청소년 집단을 대상으로 하는 상담이 곧 청소년 상담이라고 보는 견해이다.

둘째, 발달 단계에 따른 구분이다. 즉, 유년기, 아동기를 거쳐 청소년의 여러 가지 발달 특성과 관련된 적응의 문제를 다루는 상담 유형이라고 할 수 있다. 어떻게 보면 첫째의 경우와 유사하나 첫째의 경우가 집단적이고 사회문화적인 성격이 강하다고 하면, 발달 단계에 따른 구분은 좀더 개인의 발달 과정에 관심을 갖는 유형이라고 할 수 있다.

셋째, 문제 유형에 의한 구분이다. 청소년들이 경험하거나 야기시키는 특수한 유형의 문제에 의해서 구분하는 것이다. 즉, 청소년 비행이나 적응의 문제와 같이 청소년들에게 특히 더 발생하는 문제, 소위 청소년 문제를 다루는 상담을 청소년 상담이라고 할 수 있다.

황웅연(1993)은 이와 유사하게 청소년 상담의 성격을 규정하는 다음과 같은 기본전제를 제시하고 있다.

첫째, 청소년 상담은 인간발달의 특정한 단계에 속하는 청소년을 상담의 주 대상으로 삼아야 한다는 전제이다.

둘째, 청소년 상담의 대상을 그들이 주로 소속하고 있는 기관 또는 위치에 따라 정해야 한다는 전제이다. 청소년의 반수 이상을 차지하고 있는 학생들 즉 배우는 청소년뿐만 아니라 취업을 하고 있는 일하는 청소년, 재수생과 같이 아무데도 소속하지 못하고 있는 무소속 청소년, 소년원이나 소년 교도소와 같은 교정 기관에 수용되어 있는 빗나간 청소년, 아동양육시설이나 부랑아 수용소와 같은 복지 시설에 수용되어 있는 불우 청소년, 성격장애나 정신 장애적 증상이 있어서 의료 기관에 다니거나 수용되어 있는 비정상 청소년, 지체 장애, 언어장애, 청각장애, 정신 지체, 농맹아에 해당되는 심신장애 청소년 등으로 분류할 수 있다.

셋째, 청소년 상담의 방법과 절차는 그들이 주로 나타내는 문제나 내용의 유형에 따라 달라질 수 있다는 전제이다.

박재황(1993)은 일반적 상담의 정의와 기능에 기초하여 특히 성인들과 차이가 있는 청소년의 심리적 측면과 환경적 특성을 고려하여 청소년 관련기관, 가정, 학교, 청소년 고용업체, 청소년 수용기관, 청소년 봉사기관을 대상으로 하여 직접 봉사, 개인 및 집단상담, 교육 및 훈련, 자문 활동 그리고 매체를 통하여 청소년의 바람직한 발달 및 성장을 추구하는 활동으로 정의하고 있다.

3. 청소년 상담의 목표

조지와 크리스티아니(George & Cristiani, 1995)는 여러 학자들의 주장을 종합하여 다음과 같이 5개의 상담 목표를 제시하고 있다. 첫째, 행동 변화의 촉진, 둘째, 적응기술의 증진, 셋째, 의사결정 기술의 함양, 넷째, 인간관계의 개선, 다섯째, 내담자의 잠재력 개발 등이다.

이는 꼭 청소년 상담의 목표를 지칭한 것은 아니나 청소년 상담에 그대로 적용될 수 있을 것으로 보인다. 청소년 상담의 특성을 고려해서 이들 목표에 자아 정체감의 확립, 긍정적 자아개념 형성, 건전한 가치관 정립 등이 추가될 수 있을 것이다. 이들 청소년 상담의 목표를 구체적으로 다루기로 한다.

1) 행동 변화의 촉진

대부분의 이론에서 내담자로 하여금 좀더 생산적이고 만족스러운 삶을 살 수 있도록 내담자의 행동 변화를 가져오는 것을 상담의 목표로 하고 있다. 즉 사고, 감정, 행동의 변화를 가져오는 것이 상담의 목표인 것이다.

2) 적응 기술의 증진

대부분의 내담자 특히 청소년 내담자는 적응하는 데 여러 가지 어려움을 갖게 된다. 이들은 아직 성장 과정에 있으면서 여러 가지 변화를 경험하게 된다. 즉 신체의 변화, 인지 능력의 변화, 가정에서의 역할의 변화, 부모 기대의 변화, 사회에서의 기대의 변화 등 변화의 소용돌이 속에서 생활하고 있다. 따라서 청소년들은 어느 단계의 내담자보다 적응의 문제가 심각하다.

3) 의사 결정 기술의 함양

우리의 생활은 의사 결정의 연속이라고 할 수 있다.

대부분의 청소년들은 합리적 의사 결정에 익숙해 있지 않아 즉각적이고 충동적인 결정을 내리는 경우가 많다. 이러한 불만족스러운 상태는 여러 가지 다른 문제를 일으키는 원인이 되고 있다. 그렇기 때문에 그 결과에 만족하기보다는 불만일 경우가 많다. 이러한 불만족스러운 상태는 여러 가지 다른 문제를 일으키는 원인이 되고 있다. 따라서 많은 문제의 원인이 잘못된 의사 결정의 결과라고 할 수 있다.

상담은 가장 합리적인 의사 결정 과정이라고 할 수 있다. 이러한 상담과정을 통해서 내담자는 자연스럽게 합리적인 의사 결정 과정을 체험하고 학습할 수 있는 것이다. 따라서 상담과정을 통해서 청소년 내담자로 하여금 이러한 학습 경험을 갖도록 해야 한다.

4) 인간관계의 개선

청소년기는 또래들과 어울리고 또래들의 가치와 규범을 따르며 또래들로부터 인정받기를 원하는 시기이다. 따라서 다른 어느 시기보다 친구 관계 즉 인간관계가 생활에서 중요한 역할을 하게 된다. 따라서 인간관계를 원만히 할 수 있도록 하는 것은 청소년 상담의 중요한 목표가 된다.

5) 내담자의 잠재력 개발

청소년들은 아직 미숙하기 때문에 자신에 대해서 탐색할 기회가 부족하고 자신을 왜곡해서 지각하는 경우가 많다. 이러한 청소년들로 하여금 자신의 새로운 능력을 발견하고 잘못 인식하고 있던 자신의 특성을 새롭게 발견하도록 하는 것은 중요한 청소년 상담의 목표가 되는 것이다.

6) 자아정체감 확립

자아정체감의 확립은 청소년기의 가장 중요한 발달 과업이며, 자아정체감을 확립하지 못하면 정체위기를 경험하게 되는 것이다. 따라서 청소년들의 문제는 상당한 부분이 자신의 뚜렷한 존재 의의 즉 자아정체감을 확립하지 못한데 그 원인이 있다고 할 수 있다. 그런 의미에서 청소년들에게 자아정체감을 확립하도록 하는 것은 중요한 청소년 상담의 목표가 된다.

7) 긍정적 자아개념 형성

긍정적인 자아상과 자아개념을 갖게 되면 자신감을 가지고 행동할 수 있으나 부정적인 자아상과 자아개념을 갖게 되면 자기 자신에 대해서 열등감을 갖게 되고 원만한 인간관계를 형성하기도 어렵다. 즉 대인관계에 적응하는데 어려움을 갖게 된다. 적응에 문제를 가진 많은 청소년들은 자신에 대해서 자신감을 갖지 못하고 부적응으로 지각하는 부정적인 자아개념을 가진 청소년들이다. 따라서 청소년 상담은 청소년들로 하여금 긍정적인 자아상과 자아개념을 형성하도록 해야 한다.

8) 건전한 가치관 정립

오늘날 가장 심각한 청소년 문제 가운데 하나가 청소년들의 가치관에 관한 문제라고 할 수 있다. 우리나라의 청소년들은 심한 가치관의 혼란과 갈등을 경험하고 있으며, 긍정적인 가치관을 추구하기보다는 부정적인 가치관을 추구하는 경향을 보이고 있다. 그리고 이기적, 개인주의적 태도나 요령 및 편협주의적인 태도를 가지고 있는 경우가 많다. 또한 당위적으로 생각하고 있는 가치와 현실 인식 간의 불일치에서 오는 갈등도 심하게 경험하고 있다. 따라서 청소년들에게 바른 가치관을 정립하여 올바른 삶의 태도를 가지고 생활하게 하는 것은 중요한 청소년 상담의 목표가 된다.

4. 청소년 내담자의 특성

청소년들에게 있어 상담과정은 성인에게처럼 기능하기도 하지만 연령에 따라 관계 맺기는 성인보다 쉬워도 내면을 들여다 볼 수 있는 능력이나 종합적 이해능력은 부족할 수 있다. 또한 관심의 방향이 다양하고 성인처럼 문제를 해결하겠다는 의지도 약하며 때로는 무엇 때문에 상담해야 하는지도 모르고 단순히 상담자와 만나는 즐거움으로 상담실에 오는 경우도 허다하다. 그러므로 청소년 내담자들의 특징을 잘 이해해야 한다. 청소년 내담자의 특징을 살펴보도록 한다.

1) 상담 동기의 부족

청소년들은 대부분 부모님이나 선생님의 손에 이끌리어 상담을 하게 된다. 그러기에 상담실에 대한 호감보다는 의심과 적대감이 밖으로 드러난다.

의심과 적대감, 불안, 두려움 등은 청소년 내담자들의 행동을 위축시키고 상담에 협조하지 않은 여러 행동들이 나타난다. 오랫동안 침묵하기, 건성으로 대답하기, 예/아니오의 단답형으로 대답하기, 몰라요, 생각 안 나는데요 등의 저항성 대답하기 등 상담자를 조급하게 만든다. 특별히 청소년 상담자들은 청소년 내담자들의 이러한 행동과 태도를 인지하고 마음을 준비할 뿐만 아니라 이에 대응할 적절한 기술을 습득하고 있어야 하겠다.

2) 상담자에 대한 오해

상담자들은 청소년 내담자들이 가지고 있는 상담자에 대한 기대를 확인하고 이를 교정하는 과정을 직접적 혹은 간접적으로 가져야 한다. 특별히 부모나 선생님의 대리자가 아님을 보이는 과정이 필요하다.

3) 지구력의 부족

한 회기의 상담시간에서도 한 가지 주제로 오래 다루기가 어려울 뿐만 아니라 큰 변화 없이 계속되는 상담시간들을 꾸준하게 자발적으로 참여하는 것은 청소년들에게 있어서는 매우 어려운 일이다. 비교적 꾸준하게 상담시간에 잘 오는 청소년들은 그것으로 칭찬받을 만하고 상담 뿐 아니라 생활에 성공하고 있다고 할 수 있다.

4) 인지적 능력의 부족

피아제(Piaget)에 의하면 청소년들은 구체적 조작기에서 형식적 조작기에 걸쳐 있는 연령대이다. 형식적 조작기에 이르렀다고 해도 우리 청소년들은 생각하는 습관이나 태도가 부족하다.

여러 가지 내면을 들여다보는 작업과 미래를 예상해 보는 작업이 청소년 내담자들에게는 어렵고, 더군다나 자기의 호소문제에 대한 종합적 이해와 틀을 갖는다는 것은 더욱 어려운 일이다.

5) 동시다발적 관심 · 감각적 흥미와 재미의 추구

청소년들은 한 가지에 관심을 지속적으로 유지하지 못한다. 또한 청소년들만 갖는 것은 아니겠지만 감각적이고 빠른 흐름을 청소년들은 선호한다. 청소년들이 문화적으로 안전하게 소속감을 느끼기에는 부족함을 인식하여 변화하려는 노력이 있어야 한다.

6) 환경의 영향을 잘 받는다.

학교와 가정이라는 이미 형성된 중앙통제체계 외의 공간이 친구관계이다. 누구를 어떻게 사귀고 관계를 갖느냐는 모든 것이 비교적 청소년들에게 맡겨져 있다. 청소년들에게는 새로운 주인의식을 가지게 하는 영역으로 생활에 미치는 영향력도 매우 크다.

7) 언어표현력의 부족

다양한 매스컴의 영향으로 청소년들의 말주변이나 발표력이 전보다 향상되어 자기 요구를 주장하는 것은 잘 하나, 그 요구에 대한 내면의 정서적 경험을 구체적으로 표현하기에는 미흡한 연령이다.

정서나 경험의 분화정도가 아직 성인에 미치지 못했으며, 상담자의 언어사용이나 표현방법, 목소리들이 평상시 분위기와 사뭇 다르기 때문에 표현에 위축을 경험하기도 한다. 그러므로 청소년 상담자는 더욱 쉽고 평이한 대화를 할 필요가 있다.

8) 종합적 이해와 대책의 요구

모든 인간의 문제가 단순한 것은 아니지만 특별히 청소년 내담자의 문제는 자기 자신과 자라온 배경, 가정배경, 학교생활배경, 친구배경, 미래에 대한 생각이나 방향 등을 총체적으로 살필 수 있는 특별한 방법을 상담자는 확보하고 있어야 한다. 또한 문제해결 방법도 적극적이고 활동성이 있어야 한다.

5. 청소년 상담자의 자질

일반적으로 상담자의 자질은 전문가적인 자질과 인간적인 자질로 구분된다. 여기에서 전문가적인 자질이란, 상담이라는 전문적인 활동을 하는데 있어서 요구되는 각종 지식과 기술을 의미하며, 인간적인 자질이란 상담자로서 갖추어야 할 사람됨의 특징을 의미한다.

전문가적인 자질에서 지식이란 상담 이론이나 내담자의 발달 단계, 성격의 구조와 형성 과정, 심리적인 역동과 같이 상담 활동에서 필요한 지식과 새로운 상담자를 양성하기 위한 사례지도의 방법, 교육자와 피교육자 간의 심리적 역동, 연구 방법 등과 같이 상담 지원 활동에 필요한 지식으로 구분된다. 한편 기술이란 상담 활동의 기법에 대한 지식을 토대로 하지만, 단순히 아는 수준을 넘어서 이론과 기법을 실제 상담 장면에 통합하여 가장 적절한 개입을 하고 상담 과정에서 순간순간 내려야 하는 판단을 적절히 할 수 있는 능력이다.

한편 상담이 효과적으로 수행되기 위해서는 위와 같은 전문적 자질 이외에도 상담자의 사람됨과 관련된 인간적인 자질이 갖추어져야 한다. 상담자의 인간적인 자질이 선행되지 않은 경우에는, 상담의 과정이 잘못되어 내담자의 인간적인 성장을 저해할 수도 있다. 이러한 상담자의 인간적인 자질은 대체로 자신에 대한 이해, 타인에 대한 태도, 상담에 대한 태도의 3가지 측면으로 구분할 수 있다.

6. 청소년 개인상담

1) 의뢰

자발적으로 의뢰한 내담자는 긴장 · 갈등 · 불안 · 부적절감 때문에 도움이 필요하다고 느껴 상담자를 방문한다. 따라서 상담초기에 상담이나 자신의 성장 및 변화에 대한 동기가 높으며, 상담과정에 적극적으로 참여하고 자신의 문제나 배경을 개방하려고 하기 때문에 상담을 시작하기에 다소 수월하다.

타의에 의해 의뢰된 내담자의 경우는 사정이 다르다. 그들 역시 자발적으로 의뢰하는 내담자처럼 일상생활에서 긴장 · 갈등 · 불안 등을 느낄 수는 있으나 그렇다고 반드시 도움을 받아야 한다고는 생각지 않는다. 또한 이들은 상담실을 억지로 방문했기 때문에 초기상담에서 상담관계를 형성하고 자신에 대해 탐색하기가 매우 어렵다. 이러한 내담자는 대체로 다른 사람이 오히려 더 많은 문제를 가졌다고 생각하기 때문에 "(당신은 문제가 없다고 생각하겠지만 혹시)---에게 물어본다면 자신의 문제가 무엇이라고 할까요?", "(당신 아닌 다른 사람)---의 문제를 변화시키기 위해 당신이 어떻게 할 수 있을 것 같은가요?"와 같은 방식으로 질문하면서 초기상담을 끌어갈 수 있다.

2) 첫 만남

첫 만남에서 상담자는 내담자가 가진 긍정적인 측면과 강점에 대해 언급할 필요가 있다. 상담이란 문제를 해결하는 과정일 때가 많기 때문에 상담에서는 문제와 약점만 이야기해야 한다고 오해하는 상담자나 내담자가 있다. 그러나 상담초기에 내담자가 너무 위축되거나 자신의 문제에 대해 이야기하기를 불안해 할 때에는 내담자의 문제나 부정적인 측면에만 초점을 맞추지 말고 "자신에 대해 좋아하는 점에 대해 이야기해 줄 수 있어요?"라는 식으로 내담자가 가진 자원이나 성격적인 강점 등에 관심을 보일 수도 있다.

초보 상담자의 경우 첫 상담 전에 불안감을 느낀다. 초보 상담자는 '내가 과연 상담을 잘 할 수 있을까?' '내 문제도 잘 해결 못했는데 다른 사람을 도와줄 수 있을까?' '과연 무슨 이야기를 하나?' 등의 생각을 하면서 불안을 느낀다. 초보 상담자는 자신이 상담자로서 자질이 있는지에 대해 고민하는 경우도 있다. 그러나 거의 모든 상담자들은 첫 만남이 이루어지기 전에 내담자에 대한 기대와 불안을 느끼며 초보 상담자일수록 불안수준이 높다. 초보 상담자들은 자신의 불안수준이 높은 것을 뭔가 잘못되어서라기보다 상담에 대한 동기와 전문가로 빨리 성장하고 싶은 마음이 반영된 것으로 보는 편이 옳을 것이다.

상담자에 따라 상담의 첫마디는 다양하게 시작된다. 예를 들면 "어떻게 오셨어요." "어떻게 도와드릴까요?" "어떤 어려움으로 오셨어요?" "어디서부터 시작할까요?" 등의 말로 상담을 시작할 수 있다. 그런데 내담자는 일반적으로 '문제'라는 말보다는 '어려움'이라는 말을 받아들이기 쉬워하는 것 같다. 왜냐하면 문제라고 할 때, 우리 사회에서는 '문제아' 또는 '뭔가 비정상적'이라는 의미를 내포하고 있어서 내담자에게 부정적 인상을 줄 수 있기 때문이다. 또한 "만나서 반갑습니다." "안녕하세요."와 같은 말은 일상적인 관계에서는 자연스럽지만 상담상황에서는 덜 자연스러울 수 있다. 이보다는 내담자가 상담실을 방문한 이유로 직접 들어가는 것이 한결 전문적인 관계로 느껴진다. 그러나 내담자가 지나치게 불안해할 경우는 위와 같이 일상적인 인사나 '상담실을 찾는 데 어려움이 없었는지' 같은 이야기를 잠시 나눈 후 방문 이유를 탐색하는 것이 좋다.

3) 상담초기

상담초기란 내담자가 상담자를 처음 만난 후부터 상담목표를 세워 구체적으로 개입을 시작하기 전까지를 의미한다. 이 단계에서 상담자는 ① 내담자의 문제가 무엇인지 이해하고, ② 내담자의 인적·사회적 배경자료를 수집하며, ③ 앞으로 문제해결을 하기 위한 촉진적 관계를 형성하면서, ④ 혹시 상담에 대해 내담자가 가지고 있을 만한 비현실적 기대를 수정하고, ⑤ 상담을 구조화하는 일 등이 이루어진다. 이러한 일들은 일정한 순서 없이 상담자와 내담자의 자연스러운 대화를 통해 이루어져야 한다. 또한 이런 일들이 상담초기뿐 아니라 상담중기나 후기에 다시 진행되는 경우도 있다. 그러나 초기에 이 과제들을 잘 달성하면 상담중기에 이루어질 심층적 탐색과 통찰의 기반이 된다.

(1) 내담자 문제의 이해

상담초기에는 우선 내담자가 상담자를 방문한 이유를 탐색한다. 이것은 위에서 제시한 첫 마디인 "어떻게 오셨어요?"로 시작할 수 있다. 내담자는 자신의 어려움에 대해 이야기를 시작하면서 그와 관련된 정보들, 이를테면 어려움이 시작된 시기, 관련된 사람들, 문제의 전개 과정 등을 이야기하는 수가 많다. 이때 상담자는 호소문제의 구체적 내용, 문제의 발생과 현재 상태 문제해결을 위해 시도했던 노력 등에 관한 정보를 수집할 수 있는데 이 같은 정보를 통해 상담자는 문제 그 자체에 대한 정보도 얻지만 내담자가 자신의 심리적 상태에 대한 통찰이나 심리학적 어휘에 대한 지식의 정도를 판단할 수 있다.

(2) 내담자의 인적·사회적 배경의 이해

이 단계에서 상담자가 수집해야 할 내담자에 대한 기본적 자료의 구체적인 내용은 다음과 같다.

① 인적사항 : 나이 · 성별 · 학력 · 고향 · 종교 · 거주상태 및 여타 사회 · 경제적 지위를 보여주는 정보

② 내담경위 및 호소문제 : 의뢰한 사람, 호소문제의 변화과정, 지금 찾아온 이유

③ 이전 상담 경험 : 내담자의 준비도, 상담자와 관계를 형성하는 방식과 끊는 방식에 대한 정보를 제공

④ 인상 및 행동관찰 : 외모, 행동양식, 말하는 습관, 사고의 내용과 과정, 상담자에 대한 태도

⑤ 가족 관계 : 가계도, 가족사의 주요 사건과 주기, 세대를 거쳐 반복되는 패턴, 관계의 패턴, 감각관계의 존재 여부, 가족 내 힘의 균형과 불균형을 알려주는 정보 등

⑥ 사회적 관계 : 가족 이외 친구 · 동아리 · 종교기관에서의 관계에 대한 정보

⑦ 주요 발달배경 : 내담자 출생에 대한 부모의 기대, 출생의 의미, 내담자의 기질을 유추할 수 있는 정보, 초기 부모 및 다른 애착 대상과의 관계, 발달과업의 성취 정도, 충격적인 경험

(3) 촉진적 상담관계의 형성

촉진적 상담관계란 상호신뢰 · 개방성 · 안정감, 그리고 앞으로 진행될 상담에 대한 희망을 고취하는 것 등을 의미한다. 촉진적 상담관계의 성취여부에 따라 내담자가 상담을 계속할 것인지, 심층적인 내면세계를 탐색할 수 있는지, 그리고 궁극적으로는 상담의 성공여부가 좌우되기도 한다.

상담관계는 내담자가 상담자에 대해 전문성과 매력, 그리고 신뢰성을 느낄 때 촉진된다. 상담자와 내담자의 촉진적 상담관계를 위해 상담자는 위에서 상세히 제시된 상담의 기본적 태도와 기법인 관심기울이기, 적극적 경청, 내담자에 대한 수용과 존중, 공감적 이해, 진실한 태도 그리고 구체화 등을 적극 활용해야 한다.

(4) 상담에서의 구조화

구조화란 상담을 통해 기대할 수 있는 것이 무엇인지를 내담자에게 알려주고 상담자와 합의를 이루는 과정이다. 상담자는 상담초기에 상담의 '특성 · 한계 · 조건, 그리고 목표' 등에 대해 언급할 수 있다. 구조화는 상담이 방향이나 초점을 잃지 않게 하며 상담을 효율적으로 진행할 수 있게 돕는다.

상담초기의 구조화에서는 비밀보장의 문제, 상담기간과 횟수, 예상하는 상담회기의 수, 내담자와 상담자의 의미, 그리고 앞으로 기대되는 결과 등에 대해 언급한다. 우선 비밀보장 문제는 내담자에게 상담실에서 이야기되는 내용이 누설되지 않을 것이라는 점을 알려줌으로써 내담자가 편안한 마음으로 자유롭게 이야기할 수 있는 분위기를 제공할 수 있다.

4) 상담중기

상담중기는 심층적 탐색과 내담자의 자각이 이루어지는 시기이다. 심층적 탐색이란 지금까지 수집된 호소문제, 문제의 배경, 내담자에 대한 자료를 토대로 확인된 문제영역들 중에서 중요한 영역이 선택되어 깊이 탐색하는 것을 의미한다.

(1) 심층적 탐색

심층적 탐색이란 초기상담에서는 제시되지 못한 깊은 이야기들과 표현할 수 없었던 감정들이 표현되며 숨겨진 동기와 무의식적인 자료들이 밝혀진다. 이러한 탐색을 통해 상담자와 내담자는 내담자의 생활에서 있었던 주요 경험 및 사건들의 의미를 이전보다 분명하고도 통합적인 시야에서 새로 인식하며 문제해결을 위해 노력할 수 있는 기초가 마련된다.

(2) 내담자의 자각

내담자가 자신의 비밀스러운 사고·감정, 타인과의 관계에 대해 심층적으로 탐색하고 개방함으로써 상담자와 내담자는 외부환경 및 선행사건과 자신이 현재 경험하고 있는 문제 사이에 있을 수 있는 관련성을 깨달을 뿐 아니라 현재의 문제와 관련되는 자신의 부적응적 사고·감정·관계·생활 패턴 등에 대해서도 자각하게 된다.

(3) 상담중기에서 사용되는 기법

① 심층적 공감

공감과 심층적 공감을 구분하기는 어려우나 굳이 구분하자면 전자는 내담자의 경험과 감정을 이해하고 표현하되 그 경험과 감정은 주로 내담자가 알고 있거나 표현하고 있는 것인 반면 후자는 표현되지 않은 부분을 상담자가 발굴해 내담자로 하여금 자신을 더 깊이 이해하도록 돕는 기법이다.

② 피드백 주기

피드백은 내담자의 사고·감정·행동에 대해 상담자 자신이 보고 관찰한 것을 전달하여 그의 현재 모습을 지지하든지 아니면 변화시키는 기법인데, 전자를 확정적(Confirmatory)피드백, 후자를 교정적(Corrective)피드백이라고 한다.

확정적 피드백이란 상담자가 내담자의 현재 모습과 변화를 지지하는 피드백인 반면, 교정적 피드백이란 내담자로 하여금 현재의 모습과 변화과정을 교정하게 하고 새로운 모습과 변화를 격려하는 피드백이다. 따라서 교정적 피드백은 상담자와 신뢰할 만한 관계가 형성된 중기나 후기에 주는 것이 좋다.

③ 직면

직면이란 내담자가 가지고 있는 불일치·모순·생략 등을 상담자가 기술해 주는 것이다. 그러나 직면은 상담자의 욕구나 필요에 의해서,

또는 내담자를 처벌하기 위해 내담자와 반대 입장에서 하는 것이 아니라 내담자의 편에서 내담자를 위해 하는 것이다.

그럼에도 불구하고 직면은 내담자가 매우 받아들이기 어렵고 잘못하면 내담자에 대한 처벌로 인식될 수 있기 때문에 신뢰관계가 형성된 후 아껴서 사용하며, 상담자가 내담자에 대해 화가 나 있거나 마음이 불편할 때 사용해서는 안 된다. 또한 직면하는 이유와 직면을 통해 성취하려는 것이 무엇인지 상담자가 분명히 알고 직접적이고 쉬운 언어로 직면할 수 있어야 한다.

④ 즉시적 반응

즉시성이란 '상담관계에서 상담자와 내담자 간에 현재 이루어지는 상호작용'을 의미한다. 따라서 즉시적 반응이란 현재 내담자와 대화를 하며 상담자가 내적으로 경험하는 것을 활용하여 피드백을 주는 것을 의미한다.

내담자의 인지적 · 정서적 · 관계적 특성은 상담실 밖에서만 나타나는 것이 아니라 상담실 내에서 상담자와의 관계에서도 나타난다. 상담자가 적절히 도와주기만 하면 상담실은 내담자가 자신의 인지적 · 정서적 · 관계적 특성을 직접 확인할 수 있는 좋은 장소이다. 따라서 상담자는 지금 현재 내담자와 상담자와 맺는 관계에서 내담자에게 부적응적 특성이 반복되어 나타날 때 그 점에 초점을 맞추어 개입할 수 있으며 이러한 개입방법을 즉시성을 활용한 방법이라고 한다.

5) 종결과 추후면접

상담의 목표가 달성되어서 종결할 수도 있지만, 상담목표가 달성되지 않은 상태에서도 종결이 일어날 수 있다. 그 반대로, 상담의 목표가 달성되었는데도 상담자나 내담자가 종결을 원하지 않을 수도 있다.

상담의 목표가 달성되어서 종결할 때에는 위에서 언급했듯이 상담초기와 중기에 세운 상담목표를 달성하여 새로운 행동을 할 뿐 아니라,

그러한 행동을 혼자서도 할 수 있다고 합의할 때 종결할 수 있다. 이것은 가장 성공적인 종결이라고 볼 수 있다. 그러나 상담의 목표가 달성되지 않았는데 종결할 경우는 지금까지 무엇을 해결하고 무엇을 해결하지 못했는지에 대해 검토하는 시간이 필요하다.

7. 청소년 집단상담

청소년 집단 상담의 의미와 목표, 그리고 집단 상담에 참여한 청소년들이 집단의 어떠한 힘 때문에 변화하게 되는지, 집단의 변화 요인들을 기능면에서 살펴보고자 한다.

1) 청소년 집단 상담의 의미와 목표

(1) 청소년 집단 상담의 의미

집단 상담은 한 명의 상담자와 여러 명의 집단 구성원들이 일상생활에서 부딪히는 문제에 대한 그들의 그릇된 태도와 행동을 점검하고 변화시키기 위한 목적으로 현실에 대한 방향 점검, 감정, 정화, 상호신뢰, 관심, 이해, 수용, 지지, 허용 등과 같은 치료적 기능을 포함한 의식적 사고와 행동에 초점을 둔 역동적 인간 상호 관계의 과정이다.

즉, 집단에 참여한 청소년들이 각자의 느낌, 태도, 경험, 행동, 생각 등 그들의 관심사를 얘기하고 듣는 가운데 성격 변화와 발달이 이루어진다. 그러나 정신 질환과 같은 비정상적이며 병적인 문제들을 주로 다루는 심리 치료적 기능보다는 일상생활의 적응이나 대인 관계와 같은 대부분 정상적 청소년들이 그들의 자아 정체감 발달 과정에서 겪고 있거나 관심을 두는 문제를 다룸으로써 청소년들의 성장과 발달에 중점을 둔다.

집단 상담은 특히 청소년들에게 적합하다. 그 이유는 청소년들은 부모나 상담자와 같은 사람들로부터 이질감을 느끼는 반면 특히 동료들로부터 많은 영향을 받기 때문이다. 집단 상담에서 다른 동료 참여자들의 피드백은 그들이 자신을 이해하는데 큰 영향을 미친다. 특히 그들의 공통 관심사이며 발달 과업인 자아 정체감 성취에 크게 기여할 수 있다.

(2) 청소년 집단 상담의 목표

청소년 집단 상담은 목적 달성을 위한 집단 활동이다. 집단 상담에 참여하는 청소년들 각자의 목표는 어떤 것들일까? 자신을 보다 낫게 이해하는 것, 새로운 환경에 적응하는 것, 자신을 수용하는 것, 자아 정체감을 성취하는 것, 자학 행위에서 벗어나는 것, 사회성 기술을 발달시키는 것, 새로운 기술을 익히는 것, 대인 관계를 원만히 하는 것, 이성에 대해 이해하는 것, 장래의 진로를 결정하는 것, 나의 장점과 잠재력을 개발하는 것, 다른 사람들과 친밀한 인간관계 맺고 유지하는 방법을 배우는 것, 자신의 행동에 새로운 통찰력을 얻는 것, 열등감과 패배의식을 극복하는 것, 새로운 가치를 발견하는 것, 자신감과 자존심을 회복하는 것, 성적 갈등을 해소하는 방법을 찾는 것, 외로움과 고립감을 극복하는 것, 다른 사람들과 의미 있는 대화 방법을 배우는 것 등 다양한 목표가 있을 수 있다.

2) 청소년 집단 상담자

집단 상담에 참여한 청소년들은 그들의 성장과 발달을 촉진하는 한편 각종 장애를 스스로 제거하거나 해결할 수 있는 태도, 생각, 관점, 생활방식, 행동, 성격 등의 변화를 경험한다. 이러한 변화는 자연히 일어나는 것이 아니다. 상담자와 참여자들 모두가 함께 변화할 수 있는 집단의 분위기를 이끌어 내고 활용해야 한다.

즉, 희망과 변화에 대한 의지, 적극성과 신뢰성, 소속감, 관심, 이타심, 수용, 감정이입, 모방행동, 안정감과 긴장감, 집단규범, 친밀감, 위력, 보편성, 변화를 시도하는 자유, 피드백, 감정 정화, 인간관계 형성 기법의 학습, 유머, 집단 응집력 등, 청소년 참여자들이 변화를 경험할 수 있도록 집단 분위기를 형성하고 유지하기 위하여 청소년 집단 상담자는 노력하여야 한다.

3) 청소년 집단상담자의 기본자세

상담자는 청소년 집단 상담의 성과에 있어 가장 중요한 요인이다. 청소년 집단 상담자의 기본자세로 다음과 같은 사항이 강조된다.

① 용기내기 : 효율적인 집단 상담자의 가장 중요한 성격특성의 하나가 용기이다. 집단 상담자는 때때로 실수와 완전하지 못함을 인정하며, 집단원들이 경험할 수 있는 어떤 모험을 기꺼이 자원해서 해 보이는 용기를 보여야 한다.

② 모범을 보이기: 모범을 보이려는 자세를 지녀야 한다. 바람직한 행동을 가르치는 최선의 방법은 집단 참여자들에게 행동으로 모범을 보이는 것이다. 집단 상담자는 자신이 자진해서 하려 하지 않는 어떤 것을 집단원들이 하리라고 기대해서는 안 된다.

③ 심리 상태에 동참하기: 집단 구성원의 감정 상태에 참여하는 능력은 상담자에게 있어 매우 중요하다. 그것은 다른 사람의 고통, 분투, 슬픔과 같은 정서로 그들을 만나는 것이다.

④ 선의의 관심 갖기: 다른 사람들의 문제에 진지하고, 선의의 관심을 갖는 것은 효율적인 집단 상담자로서 갖추어야 할 기본사항이다. 유능한 집단 상담자는 집단 참여자들의 요구에 집중하는 만큼 그의 요구에 만족감을 느낀다.

⑤ 집단 상담의 효과에 대한 신념 갖기 : 집단 상담자는 집단 참여자들이 과정을 통하여 중요한 태도, 사고, 행동의 변화를 이끌어 낼 수

있으리라는 상담성과에 대한 긍정적인 확신이 있어야 한다.

⑥ 개방적인 자세 취하기 : 청소년 집단을 효율적으로 이끌 수 있는 상담자는 자신을 집단 구성원에게 드러내 보이며, 새로운 경험에 접하며, 그들 자신의 모습과 다른 생활양식과 삶의 가치에 적극 수용할 수 있는 개방적인 자세를 취한다.

4) 집단 상담에서 치료적 변화의 요인

집단 상담은 개인 상담과 그 역동이 다르고, 개인 상담과 구별되는 독특한 치료적 요인들이 있다. Yalom과 Corey, 홍경자 등은 〈표 7-1〉과 같은 요인들이 중요하다고 했다.

〈표 7-1〉 집단 상담의 독특한 치료적 요인

Yalom(1985)	Corey(1995)	홍경자 등(1996)
희망의 주입	신뢰와 수용	모방행동
보편성	공감과 배려	이타심
정보교환	희망	보편성
이타주의	실험을 해보는 자유	변화를 시도하는 자유
일차적 가족관계 재현	변화하겠다는 결단	안정감과 긴장감
사회화 기법 발달	친밀감	피드백
모방행동	감정 정화	정보교환
대인관계 학습	인지적 재구조화	인간관계 형성의 습득
집단의 응집성	자기 개방	
카타르시스	직면(맞닥뜨림)	
실존적 요인들	피드백	

5) 집단 상담의 실제

(1) 집단원의 구성

집단 상담은 그 목적에 따라 약간씩 차이는 있지만, 일반적으로 8명에서 12명 정도가 적절하다.

집단원들이 성별이나 연령, 교육정도 등의 측면에서 이질적인 것과 동질적인 것 사이에 어느 것이 효과적인지에 대해서는 카운슬러에 따라서 이견이 있지만, 일반적으로는 아주 동질적이거나 한두 사람만 특별히 이질적이지 않고 적절히 이질적인 집단이 학습경험을 풍부하게 할 수 있어서 효과적이다. 그러나 아동기에는 성별을 달리 하는 것이, 청소년기에는 연령을 동질화하는 것이 효과적이다.

(2) 집단의 형식

집단은 구조화된 집단과 비구조화된 집단으로 나뉜다. 구조화된 집단은 집단에서 이루어질 활동들이 정해져 있어서 집단의 지도자는 계획된 순서에 따라 집단을 운영한다. 반면 비구조화된 집단은 최소한의 구조(시간 · 횟수, 집단원간에 지켜야 할 윤리적 문제 등)만 부여하고 나머지는 전적으로 집단원과 카운슬러가 운영한다. 전자는 주로 집단훈련, 후자는 상담집단이나 치료집단에 많이 활용한다.

(3) 집단 상담의 과정

가. 시작단계

① 지도

분명한 집단 목표 및 개인 목표를 설정하고 집단 규범을 정하는 것이 필수적이다. 시작 단계의 집단원들은 다소 당황한 상태에서 서로를 시험하려 하고 형식적인 대화를 나누며, 집단 상담자에게 의존적인 태도를 취하여 적극적인 지도를 기대하는 경향이 있다. 이럴 때 상담자는 바람직하고 바람직하지 못한 행동이 무엇인가를 면밀히 검토하여 언급하여야 한다.

② 수용

집단 속에서 참된 수용 혹은 소속감을 체험한다는 것은 그 집단이 공동의 목표를 가지고 그 목표를 향해 서로 함께 얽혀 있다는 것을 인식하는 것인데, 이러한 경험은 개인의 성장과 발달을 촉진하는 원동력이 될 수 있다.

③ 참여촉진

집단 구성원들이 지도자 역할을 함께 공유할 때 응집력이 증가된다. 이는 상담자와 집단원 간의 상호 작용보다는 집단원 간의 반응을 촉진하고, 피드백과 의견을 교환하도록 격려하며, 가능하면 많은 집단원들이 참여할 수 있는 방법을 모색함으로써 가능하다.

④ 희망감 고취

희망은 변화를 가능하게 하는 하나의 신념이다. 즉 청소년들이 과거의 희생자가 아니라 새로운 태도와 행동 양식으로 변화할 수 있다는 생각으로 집단 상담에 참여할 때 그들의 성장과 발달은 가능해진다.

⑤ 보편화

청소년들이 겪는 대부분의 어려운 문제는 자기 자신과 주위 환경에 대한 객관적인 이해의 부족에서 비롯되기 쉽다. 청소년들은 자기중심적인 사고에서 완전히 벗어나지 못한 채 청소년들 대다수가 겪는 보편적인 문제조차 자신만의 문제로 여기며 대응하기 쉽다. 집단 상담에 참여한 청소년들이 솔직하게 그들 자신에 대하여 이야기한다면 상당히 많은 문제들이 일반적이고 보편적인 문제임을 알게 되어 쉽게 해결할 수 있다.

나. 갈등단계

집단 상담의 시작 단계가 지나면 집단원들이 서로 간에 부정적인 정서 반응을 나타내면서 집단 내적 갈등이 일어나게 되는데, 이는 집단 상담 과정상 필연적인 것이라 할 수 있을 것이다.

① 공격

기대했던 것처럼 집단 상담자가 조직적으로 지도해 주지 않고 집단에 집단운영의 일체가 맡겨지면 집단원들은 당황하게 되며, 그 자유에 대한 불안을 해소하는 방법으로 상담자를 향해 공격하거나 혹은 침묵하거나 방관하는 것과 같은 수동적인 형태의 저항을 보이게 된다.

② 유용한 갈등

서로 다른 개개인이 모인 집단에서 갈등이 야기되는 것은 피할 수 없는 상황이다. 집단원들은 이러한 갈등의 원천을 이해하고 갈등 상황이 발생할 때 이를 터놓고 다루는 것이 바람직하다. 갈등을 수용하고 서로 간의 차이에 대해 정직하게 상호작용할 때 보다 바람직한 방향으로 집단이 진행될 수 있다.

다. 응집단계

집단이 갈등 단계를 넘어서면, 부정적인 감정이 극복되고, 조화적이고 협력적인 집단 분위기가 발전되면서 점차 집단원들 간에 응집력이 발달하게 된다. 이는 적극적인 관심과 애착으로 나타나며, 집단 상담자와 집단 그리고 자신을 서로 동일시하게 된다.

① 신뢰감

신뢰감이 구축되면 다른 집단원의 의견과 감정을 존중하게 된다. 집단원들은 그들이 집단에서 신뢰하고 또 신뢰받는다고 여기는 정도에 관해 자신이 갖고 있는 느낌을 함께 이야기하는 것이 필수적이다. 신뢰감은 집단에서 터놓고 자신의 관심사를 이야기함으로써 생산적인 집단활동이 되도록 하는 밑거름이다.

② 감정정화(Catharsis)

카타르시스 즉, 정화는 억압되어 있거나 속으로 쌓여 있는 정서를 겉으로 표현함으로써, 그러한 감정이나 동기로 인해 생긴 긴장을 해소하는 것을 가리킨다. 내적으로 쌓여 있는 자신의 감정을 집단에서 자유스럽게 표현한다는 것은 그 자체로 도움이 되는 것이나, 이러한 감정 표현은 시작에 불과한 것이다. 이러한 감정 표현에 대하여 집단 상담자의 적절한 조치 및 지도가 따르지 못하면 오히려 해를 끼칠 수 있음을 명심해야 한다.

억눌리고 굴절된 감정의 표현은 억제 받는 어떤 느낌에서 막혀 있던 위력이 발휘되는 것이란 점에서 변화 그 자체이다. 감정 정화는 어떤 사람을 향한 부정적인 느낌과 긍정적인 느낌 둘 다 있을 수 있다는 사실을 깨닫게 한다. 어떤 청소년들은 그의 아버지를 향한 엄청난 분노를 억제해 왔는데, 그것들을 집단 내에서 표현함으로써 아버지로부터의 관심과 사랑에 대한 요구와 아버지를 사랑하는 느낌을 발견하게 된다.

③ 집단애착

집단원들이 소속 집단에 대해 갖는 애착심이 클수록 응집력의 정도는 강하게 된다. 집단이 지지적인 분위기를 띠면서 집단원들에게 관심이 있는 문제를 다룬다면 그 집단이 매력적으로 지각될 가능성이 커진다.

④ 자기 표출

다른 집단원들에게 자신의 약점을 기꺼이 드러내며 집단 활동에 적극 참여하는 자세는 변화에 필수적인 요소이다. 집단원들은 각자가 가지고 있는 생각과 감정, 그리고 집단 활동에 대한 반응을 표출하도록 격려 받는다. 그것이 긍정적이건 부정적이건 솔직하게 자신을 드러냄으로써 집단의 응집력과 소속감이 강화될 수 있다. 자신의 본래 모습을 기꺼이 다른 집단원들과 상담자에게 드러내는 것은 곧 그들을 신뢰한다는 의미가 된다. 믿음은 변화 그 자체인데 왜냐하면 그것이 사람들로 하여금 다양한 자신의 모습을 보이도록 허용하고, 새로운 행동을 격려하며, 자신을 새로운 측면에서 보이도록 만들기 때문이다.

라. 생산단계

친근감을 느끼면서 수용하는 응집 단계를 넘어서, 깊은 통찰을 통한 행동 변화의 준비가 되어 있으면, 집단은 집단원 간의 피드백 및 직면이 가능하게 되는 생산 단계에 이른다. 이때 집단원들은 실험적 모험을 시도하고 깊은 교정적 정서를 경험하면서 진정한 자기 이해를 하게 되며 행동의 변화도 일어나게 된다.

① 직면

집단이 발달하여 집단원 상호 간의 응집력이 강해지면 직선적인 직면이 허용될 정도에 이른다. 이때의 직면은 직접적인 강한 양상을 띠게 되는데, 이는 긍정적일 수도 있고 또 부정적일 수도 있다.

② 대인 관계학습

집단 상담을 통해서 집단 참여자들은 사람들과 관계 맺는 방법을 배우고, 인간관계 형성능력을 기를 수 있다. 다른 사람들로부터 고립감을 느끼는 청소년의 경우 집단 교류를 통해서 그가 어떻게 이런 느낌들을 갖게 되었는지 구체적인 상황에서 이해할 수 있게 되며, 그런 다음 그에게 무엇이 필요한지 다른 사람들에게 물음으로써 이러한 고립감을 줄이는 방법을 배울 수 있다.

③ 모험시도

집단원들이 각자 중요하게 여기는 부분들을 집단에서 함께 하게 되면 그들은 모험을 요하는 행동을 시도할 수 있게 된다. 이러한 모험적인 시도를 진지하게 받아들이고 지지하며 격려할 때, 집단원들은 긍정적인 강화를 받는다.

마. 종결단계

① 목표 달성 점검

새로운 행동 유형의 학습 등 개인적 목표 및 집단적 목표를 달성한 것과 그동안 거쳐온 집단의 과정을 반성해 보고, 학습된 새로운 유형을 실생활에서 적용하는 문제에 관해 토의하는 과정이다.

② 자기 노출의 감소

목적을 달성하고 과정의 종결 단계에 이르면, 집단 종결에 대한 아쉬움 등과 함께 자기 노출이 감소되는 경향을 보인다.

8. 사이버 상담(Cyber Counseling)

1) 사이버 상담의 개념

사이버 상담(Cyber Counseling)에서의 사이버는 '가상의'라는 뜻의 단어로서 실제로 세상에 존재하는 것이 아니라 인간의 상상 속에서 만들어짐을 의미하는 용어이다. 사이버공간이란 컴퓨터와 통신기술이 결합되어 컴퓨터를 매개로 한 통신이 이루어지는 가상의 공간을 말한다.

즉, 사이버 상담은 말 그대로 실제 상담실이 아닌 가상의 상담실에서 이루어지는 전문상담활동으로, 도움을 필요로 하는 내담자의 문제를 해결하고 생각, 감정, 행동상의 성장을 위해 노력하는 상담과정을 사이버 공간에서 수행하는 것을 말한다.

2) 사이버 상담의 특징

사이버 상담은 기존의 상담방법과는 여러 가지 면에서 차이를 보인다(김병석, 1997).

(1) 상담관계 형성

사이버 상담에서는 상대방의 얼굴도 볼 수 없고 목소리도 들을 수 없이 단지 문자만으로 상호작용을 해 나가야 한다. 사이버 상담은 상대방에 대한 정보를 상대방이 표현하는 문자를 통해 얻는다. 사이버 상담에서 내담자는 상담자가 어떤 사람인가에 초점을 두는 것이 아니라 자신이 갖고 있는 상담자에 대한 이미지와 상담자와의 상호작용에서 추측한 이미지를 조합하여 가상의 상담자 이미지와 관계를 맺고 자신의 문제해결에 더 초점을 두고 있는 것 같다. 그래서 사이버 상담에서는 대면상담보다 관계형성에 시간과 노력을 덜 기울이고도 기본적인 상담관계가 쉽게 맺어질 수 있으며, 상대방의 표정이나 모습과 같은 정보가 주어지지 않으므로 문자로 표현된 내용에 더 초점을 맞추고 상담을 하게 된다.

(2) 단회적 경향성

사이버 상담은 대면 상담에서처럼 정기적으로 만나면서 진행될 수도 있지만 대부분 단회로 끝나는 경우가 많다. 상담자는 짧은 시간 안에 내담자의 문제가 무엇인지 파악하고 그 문제가 이 시간 안에 다룰 수 있는 것인지 아닌지를 판단해야 한다. 목표설정에 있어서 적절한 한계를 정하고 그 시간동안 다룰 수 있도록 문제를 구체화시켜서 초점을 맞추지 않으면 내담자가 나열하는 문제들만 듣다가 끝나버릴 수도 있다.

상담자는 빠른 시간에 문제를 해결하도록 도와주어야 한다는 압박감을 가지기 쉽다. 사이버 상담자는 한정된 시간 안에 효과적인 상담이 되기 위한 상담과정과 기법들을 모색해야 한다.

(3) 익명성

사이버 상담에서 자신에 대한 정보를 선택적으로 공개할 수 있다. 이러한 특성으로 인해서 사이버 상담에서는 대면 상담보다 훨씬 더 개방적이고 솔직해질 수 있다. 내담자는 얼굴을 맞대고는 공개하기 어려운 성적인 문제, 부도덕한 면까지도 부담 없이 얘기하고 해결책을 찾아 볼 수 있게 된다. 특히 상담실을 찾는다든가 상담자와 직접 대면하기를 꺼리는 소극적이고 예민한 내담자의 경우 보다 편안하게 이용할 수 있는 상담방법일 것이다. 상담자의 편에서도 얼굴을 보지 않고 내담자를 대하는 것이 편안하게 느껴질 수 있다.

(4) 문자를 통한 상호작용

사이버 상담에서는 문자를 통해서만 의사소통을 해야 하기 때문에 대면 상담에서처럼 많은 내용을 자유롭게 주고받기는 어렵다. 그래서 일상적인 언어표현과 다른 「통신언어」가 발달하고 있다. 예를 들면 어솨요(어서 와요), 방가(반가워요), 중딩(중학생), 고딩(고등학생), 그럼 20000(그럼 이만), 멜(메일) 등과 같이 일상적인 언어가 축약되거나 변형되어 사용된다. 또 얼굴을 볼 수 없기 때문에 표정이나 감정을 기호로 표시하기도 한다. 예를 들면 ^^(눈웃음), ^-^(웃는 얼굴), ;;(식은땀을 흘리는 모습)과 같이 표현한다.

말로 할 경우에는 생각할 여유가 많지 않지만 타자를 치면서는 생각을 할 수 있는 여유가 있다. 또 내담자의 반응이 화면에 뜨기까지 시간적인 여유가 있으므로 상담자는 그 시간동안 상담전략을 구상하거나 잠시 메모를 하거나 다른 자료를 찾아보는 등의 활동을 하는 것이 대면 상담에서보다 훨씬 용이하다.

(5) 상담의 용이성

사실 대면 상담을 받기 위해서는 일부러 시간을 내야 하고 때로는 먼 거리를 찾아 가야 하는 불편함도 감수해야 한다. 특히 밤늦게까지 공부를 해야 하는 고등학생이나 군무시간에 얽매이는 직장인이라면 상담을 받기 위해 상담소를 찾는다는 것이 쉽지 않은 일일 것이다. 그런 면에서 사이버 상담은 시간적, 공간적인 제약을 극복하여 상담을 용이하게 받을 수 있게 해준다.

(6) 경제성

사이버 상담은 시간적 · 공간적 제약을 받지 않고 이루어질 수 있기 때문에 일단 경제적이라고 볼 수 있다. 하지만 사이버 상담을 시작하는 단계에서는 대면 상담에서보다 갖추어야 할 것들이 많이 있다. 대면 상담의 경우 공간과 상담자, 내담자가 있으면 상담을 할 수 있지만 사이버 상담을 하려면 통신사에서 IP를 받아서 운영하거나 인터넷 홈페이지를 만들고 전용회선을 갖추고 여러 전산장비를 갖추어야 하는 등 상담이 이루어지기 위해서 기본적인 환경을 마련하는데 비용이 많이 든다.

일단 인터넷이나 통신을 할 수 있는 환경이 된다면 사이버 상담은 일반 유료상담소나 병원을 직접 찾는 것보다 훨씬 경제적이라고 할 수 있다.

(7) 주도성

사이버 상담에서 내담자가 익명으로, 그리고 문자를 통해서 상담에 응하기 때문에 대면 상담에서 만나는 내담자보다 더 많은 통제력과 주도성을 갖게 된다. 자신에 관한 정보를 선택적으로 공개할 수도 있고, 언제든지 상담을 중단해 버릴 수도 있다. 그리고 어떤 상담자냐 하는 면보다는 상담자가 제공하는 정보나 해결책에 더 관심을 갖기 때문에 특정 상담자에게 덜 의존적이다.

(8) 자발성

사이버 상담의 내담자들은 대부분 자발적으로 상담에 참여하게 된다. 특히 청소년의 경우 대면 상담에서는 부모나 선생님의 권유로 억지로 상담실에 오게 되는 경우가 있지만 사이버 상담에서는 내담자 본인이 문제의식을 가지고 해결하기 위해서 찾게 된다. 이런 점에서 사이버 상담에서의 내담자들은 문제해결에 대한 동기가 더 높다고 볼 수 있다.

3) 사이버 상담의 기법

(1) 채팅상담

채팅상담은 아직까지는 면대면 상담방식을 가장 현실에 가깝게 사이버매체에 올려놓은 상담방법이다. 내담자는 시간과 공간의 제약을 받지 않고 상담자와 실시간 접속하여 대화를 통해 상담을 할 수 있다. 상담자는 상담과정에서 전문적인 탐색과 조언 등을 실시간으로 수행할 수 있기 때문에, 내담자와 상호작용이 가장 극대화되는 상담 방법이다(임은미, 1999).

채팅상담의 과정을 소개하면, 채팅상담의 과정은 다음의 11단계로 이루어진다. 물론 이 단계가 엄격히 지켜져야 한다거나 모든 상담에 11단계가 포함되어야 하는 것은 아니다.

1단계 : 환영하기

열려진 채팅 방 화면을 주시하면서 내담자가 들어오기를 기다리는 것부터 환영의 자세이다. 내담자가 방에 입장하자마자 민첩한 반응을 보여야 한다. “안녕하십니까?” “사이버 상담실의 상담자입니다.” “무엇을 도와드릴까요?” 등의 인사말을 건네도록 한다.

2단계 : 경청하기

채팅상담에서 경청은 내담자의 글을 잘 읽는 것을 말한다. 경청을 통해 내담자가 제시하는 정보들을 수집하고 평가해야 한다. 불분명한 글이 올라올 경우 보충 설명을 요청한다.

3단계 : 반영 및 공감하기

반영 및 공감이 효과적으로 이루어지려면 이전 단계인 경청이 잘 되어 있어야 한다. 반영은 내담자가 말한 감정적인 내용을 다시 한 번 언급해 주는 것이고, 공감은 반영을 포함하지만 반영이 내담자가 표현한 감정을 언급하는 데 주안점을 두는 데 비해 공감은 내담자가 표현하지 않은 감정에 대해서도 정확히 읽어주는 것을 말한다.

4단계 : 상담목표 설정하기

채팅상담의 목표는 구체적이고 명확한 것으로 설정하는 것이 필요하다.

“그래요. 오늘 채팅상담에서는 친구와 싸워서 불편한 마음을 해소하고, 어떻게 하면 친구랑 잘 지낼 수 있을지 의논해 보기로 하죠.”

등으로 명확하게 상담목표를 설정한다.

5단계 : 상담구조화

목표가 합의된 후에는 상담구조화를 실시한다. 사이버 상담은 단회인 경우가 많고, 회기시간을 길게 설정하기가 어렵다.

"예, 통상 상담이 40-50분으로 이루어집니다. 그 시간 안에는 우리가 설정한 목표를 달성하도록 함께 노력해 봅시다."

6단계 : 탐색

내담자를 더 깊이 있게 이해하기 위한 질문을 하는 것이 탐색이다. 내담자에게 유용한 조언을 하거나 통찰을 하도록 해주기 위해 여러 가지 측면에서 깊이 있는 탐색적 질문을 한다.

7단계 : 설명 및 해석

내담자의 행동에 대해 설명이나 해석을 해줄 때에는 내담자가 받아들일 수 있는 범위 내에서 해석을 제공해야 한다. "나는 이렇게 생각하는데, ○○님의 생각은 어떤지요?" 등과 같은 부드러운 어투로 해석을 시도하는 것이 효과적이다.

8단계 : 정보제공 및 제안

내담자가 필요로 할 경우 비교적 객관적인 사실이나 지식 등의 정보를 줄 수도 있고, 또는 상담자의 전문적인 제안을 내담자에게 해줄 수도 있다.

9단계 : 직면

직면은 내담자의 불일치를 지적하는 것이다. 예를 들어 "○○님은 문제를 해결하고 싶어하는 마음이 강하면서도, 해결하기 위해서 노력하는 것에는 막상 어려움을 느끼나 봐요."라는 상담자의 반응은 문제를 해결하고자 하는 내담자의 욕구와 행동적 노력 간의 불일치를 직면시키는 반응이다.

10단계 : 역할연습

상담시간을 통해 일어난 통찰이 행동으로 일어나기 어려운 듯이 보이는 내담자에게 역할 연습을 하는 것이 필요하다.

11단계 : 마무리

채팅상담은 단회기이고, 회기당 지속시간도 짧지만 그럴수록 마무리에 비중을 두어야 한다. 상담을 받고 난 후 내담자가 갖는 느낌, 상담초기에 설정했던 목표에 도달한 정도, 내담자에게 남아 있는 과제 등을 의논하는 것이 마무리 단계에서 해야 하는 활동들이다.

위의 단계들은 내담자의 문제의 특성이나 상담상황에 따라 일부가 생략되기도 하고 순서가 바뀔 수도 있다.

(2) 이메일 상담

이메일 상담에 특별한 기법이나 단계가 정해진 것은 아니지만, 여러 사람들이 이메일 상담사례를 검토한 결과 체계적으로 잘 쓰여진 이메일 상담은 다음과 같은 단계를 밟고 있다(임은미, 2000).

① 관계형성

모든 상담에서 그러하듯이 이메일 상담에서도 가장 처음으로 밟아야 할 단계가 서로간의 관계를 형성하는 단계이다. 내담자가 자신이 '환영 받는다'는 느낌이고, 상담자가 자신을 도와줄 전문적-인간적 자질이 있다는 느낌을 가지게 되면 기본적인 신뢰관계가 형성된다고 보아도 좋다.

② 문제의 명료화와 공감

내담자들은 어려움을 느껴 상담을 요청할 때 대개는 혼란스러운 상태로 온다. 자신에게 도움이 필요하다는 것을 지각할 뿐 정확히 어떤 문제로 어떤 도움을 받아야 할지 모르는 상태인 경우가 많다. 내담자의 호소내용을 들으면서 말의 내용의 초점을 명확히 맞추는 명료화 작업이 필요하다.

③ 공감

내담자가 이메일을 보내기까지 얼마나 고민을 했는지, 얼마나 많은 심리적 고통을 경험했는지를 공감하고, 문제를 보다 잘 해결하기 위해 상담이라는 방법을 택하고 실천에 옮긴 용기들을 격려해준다.

④ 상담목표 설정

사이버 상담은 단회로 이루어지는 경우가 대부분이고, 기계적인 한계나 또는 화면을 보면서 의사소통을 해야 하는 등의 특성으로 인해 상담시간을 50분 이상으로 길게 잡기가 어렵다. 그럴수록 상담 초기에 이 상담을 통해 어떤 성과를 얻을지를 명확하게 해두고 상담을 시작하는 것이 좋다.

⑤ 정보 및 조언 제공

상담을 통해 내담자 스스로가 문제를 통찰하고, 해결방안을 생각해 낸다면 매우 바람직한 일이다. 다만 단회 상담에서 내담자 스스로의 통찰을 무작정 기다리기는 어렵기 때문에 상담자가 적절한 순간에 개입하여 내담자에게 필요한 정보를 주고, 조언을 해주는 것도 필요하다.

⑥ 추가정보탐색 방법 안내

한 회기의 상담을 통해 내담자가 원하는 조언이나 정보를 주는 데는 무리가 따른다. 상담이 한 회기로 만족스럽게 끝날 수 없다고 판단될 때, 내담자 스스로 추가정보를 탐색할 필요가 있다고 여겨질 때 추가정보를 탐색하는 방법을 알려주는 것이 좋다. 내담자에게 필요한 정보를 어디에서 어떻게 찾을 수 있는지 구체적으로 알려주어야 한다.

⑦ 결론

내담자는 문제에 정서적이고 인지적으로 휘말려 있어서, 자신의 문제에 대한 판단력이 흐려질 수 있다. 자신의 사고방식이나 행동방식을 바꾸지 않으려는 경향이 있으며, 문제를 다양한 각도에서 분석하는 유연성이 줄어든 상태일 수 있다. 결론부분에서 상담자가 전문가로서 느끼는 점, 생각하는 점 등을 정리해 주면 내담자에게는 대안적인 행동이나 인지양식을 첨가시켜 주는 효과를 얻게 될 것으로 기대된다.

⑧ 끝인사

끝인사에서는 내담자가 다음에 도움을 또 요청하고 싶은 마음이 들도록, 자신이 진심으로 환영받고 배려 받았다는 느낌이 들도록 친절하게 하는 것이 중요하다. "○○님에게 도움이 되었기를 진심으로 바랍니다." "저희 상담실은 ○○님이 더욱 행복해지기를 기원합니다." "어려움이 있으면 저희 상담실을 언제든 다시 이용해 주세요." 등을 포함하여 친절하게 내담자의 기억에 남는 끝인사들을 많이 개발하는 것이 필요하다.

4) 사이버 상담의 효과와 한계

(1) 효과

① 풍부하고 용이한 정보획득

사이버 상담의 가장 큰 장점으로는 내담자가 자신의 문제해결에 도움이 되는 풍부한 자료를 용이하게 찾아볼 수 있다는 데 있다.

② 신속한 상담관계 형성

사이버 상담에서 익명성은 상담자와 내담자의 상담관계에 있어 효과적인 면을 제공한다. 직접적인 효과로는 상담 시 상담자를 덜 의식하고 부담감을 느끼지 않으므로 자신에 대해 개방성을 보여 현실에서 어려운 솔직한 대화 및 정서 표현이 가능하다. 따라서 의사표현이 쉽게 이루어진다는 것이다.

③ 감정정화 기능

감정정화는 억압된 감정이나 심리적 에너지가 충분히 표현되고 방출되어 긴장이 완화되는 상태를 말한다. 내담자들이 일상에서 받은 스트레스로 인해 부정적 정서에 압도되어 있을 때 누구에겐가 자신의 감정을 쏟아놓으면 카타르시스를 경험하게 된다. 사이버 상담은 익명적인 특성이 있어서 상대방이나 주위환경의 방해를 받지 않고, 자신의 감정과 생각을 있는 그대로 바로 표현할 수 있는 장이 될 수 있다.

④ 내담자의 자발적 참여

사이버 상담에서는 내담자가 익명으로 문자를 통해서 상담에 응하기 때문에 대면 상담에서 만나는 내담자보다 상담과정에서 더 많은 통제력과 주도성을 갖게 된다. 자신에 관한 정보를 선택적으로 공개할 수도 있고, 언제든지 상담을 중단해 버릴 수도 있다. 사이버 상담에서는 내담자가 스스로 문제의식을 가지고 자신의 어려움을 해결하기 위해서 자발적으로 찾아오는 사례가 대부분이다. 이런 점에서 사이버 상담에서의 내담자들은 상담 동기가 높다고 볼 수 있으며, 상담에 임하는 내담자의 동기가 높은 것은 사이버 상담의 큰 장점으로 볼 수 있다.

⑤ 시간적 · 공간적 제약을 극복한 용이한 상담방법

사이버 상담의 가장 큰 장점이라면 언제, 어디서나 상담 받기가 용이하다는 점이다. 사이버 상담은 일부러 시간을 내서 찾아가지 않아도 인터넷이 가능한 컴퓨터만 있다면 언제든지 상담을 받을 수 있다. 사소한 고민거리라도 간단히 이메일로 상담자에게 적어 보내면 빠르면 24시간 내에 전문가의 답신을 들을 수 있게 된다. 또한 영상 및 문자채팅 상담을 통해 즉시적으로 자신의 어려움을 상담자와 함께 상호적으로 대화를 할 수 있다.

(2) 한계 및 문제점

① 전산기반의 불안정성

사이버 상담실을 운영하다 보면 간혹 상담실이 통째로 흔들리는 경험을 하게 된다. 즉 사이버 상담실의 기반이 웹상에서 구현된다는 특징이 있다 보니 이를 뒷받침해 주는 전산시스템이 불안정할 경우 사이트가 열리지 않거나 느리게 작동하여 오류가 발생하게 된다. 이 때 이용자 입장에서는 사이트에 접속도 안 되고 이용자체가 불가능하게 되어 많은 불편이 따른다. 사이버 상담을 위해서는 무엇보다도 사이트의 안정이 필수적으로 요구된다. 그러나 이러한 상황은 운영자가 전산에 대한 전반적인 사항을 알지 않고는 통제하는데 어려움이 있다. 따라서 사이버 상담실 운영자는 전산을 잘 알지는 못하더라도 운영과 관련한 기본적인 사항을 파악할 수 있는 능력을 필요로 하게 된다. 또한 사이버 상담을 운영하는데 있어 가장 기본이라 할 수 있는 전산시스템이 충분히 안정이 되도록 전산지원이 이루어져야 한다.

② 의사소통의 제약

사이버 상담을 할 때는 컴퓨터의 자판을 이용하여 문자로 의사소통을 한다. 물론 근래 들어 영상이나 음성기능도 첨가하는 등 의사소통의 채널이 다양화되고 있지만 주로 이루어지는 기본적 의사소통이 문자라는 점에서는 다양한 채널(언어 및 비언어적)을 이용한 대면 상담에 비해 의사소통에 제약이 많다고 할 수 있다. 이러한 한계는 의사소통의 효율성이란 측면에서 대면 상담과 비교가 될 수 있다. 내담자의 상담내용이 간단하거나, 모호하지 않은 경우에는 문자를 통한 상담이 가능하지만 내용이 복잡하거나, 애매하거나, 다양한 정서적인 내용을 담고 있을 경우에는 대면 상담에 비해 의사 소통시 많은 제한이 따른다.

③ 응급 상담시 적극적 대처의 어려움

사이버 상담을 할 경우 상담자는 내담자가 심각한 문제에 처해 있어도 즉시적인 개입이 어렵다는 제한점을 가지고 있다. 즉 응급상담이 발생하더라도 내담자에 대한 정보를 갖고 있지 못해 상담자로서 도움을 줄 수 없는 한계에 부딪힌다.

한 예로 한국청소년상담원에서 실제 있었던 사례로, 채팅상담 중에 내담자가 자살시도를 위해 수면제를 다량으로 복용한 경우가 있었다. 이런 위기상담 상황에서 상담자는 내담자에게 대처할 수 있는 방법을 찾기 어렵다. 하지만 채팅상담이 회원제로 운영되고 있었기 때문에 채팅상담이 진행되는 동안 내담자에 대한 정보를 파악하여 전화를 걸어 사실 유무를 확인해 볼 수 있었다.

대면 상담의 경우는 내담자가 자살 시도 가능성이 있다든지 응급상황이 예견되어지면 보호자와 상의하여 내담자에 대해 보호가 가능하다. 그러나 사이버 상담에서는 대부분 내담자에 대한 정보를 파악하기 어렵고 또한 안다고 해도 최소한의 정보만을 파악할 수 있기 때문에 응급 상담시 적극적인 대처를 하는데 한계를 가지고 있다.

④ 신뢰문제

사이버 상담에서는 상대방에 대한 신뢰구축이 글로 표현된 내용에 의존할 수밖에 없다는 점에서 신뢰감 형성이 취약할 수 있다. 따라서 다양한 채널(음성상담, 영상상담, 전화상담, 오프라인 상담 등)을 이용하여 보다 신뢰를 바탕으로 한 효과적인 상담이 되려는 노력이 필요하다고 할 수 있다.

또한 내담자는 사이버 상담에서 이루어지는 상담내용이 어떻게 보관되는지에 대해 관심을 가지고 있다. 그렇기 때문에 사이버 상담의 절차와 상담내용의 기록 및 보관 등에 대한 안내가 필요하며 Online상에서의 기록이 잘 보관될 수 있는 안전한 시스템 설치가 필수적으로 요구된다.

⑤ 대화 예절의 파괴

서로가 누구인지 모르는 상황에서 가명을 사용하는 익명적인 상황에서는 의사소통시 몰개성화(Deindividuation)라는 심리상태가 나타난다고 한다. 사이버 상담에서의 몰개성화는 내담자가 상담에 적합한 예절과 언어사용을 무시하고 상담내용과 관련 없는 성과 관련한 노골적인 표현이나 질문을 한다든지, 상담자에게 개인적인 사항을 물어본다든지 등 지켜야 할 사항을 무시하는 것이라 할 수 있다. 이처럼 사이버 상담에서 상담이 이루어질 경우 대화규칙을 무시한다거나, 역할태도를 파괴하거나, 상대에게 불쾌한 행위를 보일 가능성이 높아진다. 이러한 사이버 상담의 한계성을 극복하기 위하여 영상/문자채팅상담과 게시판, 이메일 상담시 회원 가입을 통해 최소한의 회원정보를 파악함으로써 상담에서 오는 어려움을 극복할 수 있다. 즉, 내담자가 자신에 대한 정보를 부분적으로라도 공개하고 이용할 땐 익명성으로 인한 몰개성화를 미약하나마 통제하는 것이 가능하다.

내담자의 이메일 상담을 받아보면 상담내용을 기술할 때 정확한 단어와 문장표현 그리고 띄어쓰기를 무시하고 국어를 파괴적으로 쓰는 경우를 보게 된다. 이러한 경우 상담자는 내담자가 보다 정확하고 올바른 국어사용을 통해 효과적으로 상담내용을 전할 수 있도록 지도하는 것이 필요하다. 또한 상담자도 답신에 자연스런 존칭과 올바른 문장, 단어사용으로 예의를 갖춰 답신을 보낸다.

제8장

청소년 시설보호서비스

1. 시설보호의 의의

시설에 수용·보호되고 있는 청소년을 이해하기 위해서는 청소년들이 몸담고 있는 시설에 대한 이해가 선행되지 않으면 안 된다. 시설은 일반적으로 수용시설(입소시설)과 이용시설로 구분될 수 있는데 수용시설은 전문가의 보호 아래 24시간 함께 생활하는 거주시설인 데 반해 이용시설은 가정에서 생활은 그대로 하면서 필요한 서비스만 제공하는 비주거시설이다.

우리나라의 경우 청소년에 대한 보호는 아동복지의 연장선에서 행해지기 때문에 시설에서의 보호가 필요한 청소년은 아동복지시설에서 아동과 함께 보호되고 있어 청소년만이 보호를 받는 청소년복지시설이 별도로 없는 실정이다. 따라서 현재 연구되어진 기존의 자료나 문헌은 아동과 청소년을 구별하지 않고 아동이라는 용어로 통일되어 연구되어졌다. 그렇기 때문에 기존의 연구나 자료를 본 연구의 목적에 맞게 청소년만 분리해서 재구성하는 데는 다분히 한계가 있다. 더욱이 현실적으로 영아가 시설에서 보호를 받다가 일정한 나이가 되면 육아시설로 옮겨야 하는 것도 많은 심리·정서적 문제를 야기시킨다는 견해가 지배적인 상황에서 아동과 청소년을 분리해서 시설에 수용하는 것은 시설에서 장기간 생활해 왔던 아동이나 청소년에게 또 한 번의 상실의 경험을 줄 수도 있다. 따라서 현재의 아동보호시설을 청소년보호시설로 이분화시키는 것은 바람직하지 않을 뿐 아니라 현실적으로도 실현성이 떨어진다. 따라서 본 장에서는 아동복지시설 입소자 중에서도 청소년에 보다 많은 초점을 두어 시설보호청소년 문제를 다루고자 하지만 아동문제와 뚜렷이 구별되지 못하는 부분이 있음을 한계로 둔다.

카두신(Kadushin, 1983)은 아동복지시설은 아동들이 성인들의 보호 아래 24시간 함께 생활하며 아동들을 사회적으로 보호하는 아동집단의 공동생활을 위한 거주시설로 정의하였다. 박태영(1998)은 이를 보다 세분화해서 입소시설이냐 이용시설이냐에 따라, 또한 일상적인 생활을 유지하기 위한 생활시설이나 특정한 목적을 달성하기 위한 특수 목적시설이냐에 따라 다음과 같이 크게 4가지 유형으로 나누고 있다.

첫째, 생활거점형이다. 시설에 입소하여 생활 중심의 서비스를 제공받을 수 있는 형태이다. 주로 기본적인 보호를 필요로 하는 아동이 그 대상이 된다. 영아시설, 육아시설, 그룹홈 등이 여기에 해당된다.

둘째, 입소·특정 목적형이다. 시설에 입소하여 특정 목적 중심의 서비스를 제공받을 수 있는 형태이다. 여기에는 생활보호적 욕구와 더불어 특정 목적의 욕구를 지닌 아동이 주로 대상이 된다. 즉, 생활지도를 기본으로 하면서 특정 목적에 따라 심리치료적, 교육지도적, 보건의료적, 기능훈련적인 전문성을 살린 서비스가 제공되어진다. 아동직업보도시설, 교호시설 등이 여기에 해당된다.

셋째, 이용·특정 목적형이다. 가정에서 생활하는 아동이나 그 보호자에게 시설에 통원하게 하여 특정의 전문적인 서비스를 제공하는 형태이다. 일부 민간단체에서 실시하고 있는 청소년약물센터, 아동심리치료센터 등이 여기에 해당된다.

넷째, 가정 양육지원형이다. 가정에서 생활하는 아동이나 그 보호자를 대상으로 일상적인 아동양육에 필요한 서비스를 제공하는 형태이다. 이것은 사회복지관의 아동복지 프로그램, 상담실, 어린이집 등이 해당된다.

또한 김현룡(1997)은 시설의 목적에 따라 크게 4가지 모델로 분류하고 있다. 첫째는 교육 모델이다. 직업보도시설이나 장애인시설과 같이 특별한 기술이나 훈련에 초점을 두는 것이다. 둘째, 치료 모델이다. 이는 개별적인 문제를 가지고 있는 아동 또는 불량아동을 위한 치료 및 교정을 목적으로 설립된 시설이다. 이들은 아동들이 지니고 있는 문제의 본질상 그들의 가정에서보다는 집단으로 수용보호하면서 사회 심리적인 문제를 교정하고 치료하는 데 초점을 두는 모델이다. 대표적인 것이 교호시설이다. 셋째, 치료적 공동체 모델이다. 이 모델의 경우 시설은 축소된 작은 사회를 이루고 있고 직원과 수용된 아동은 그 사회를 조직하고 운영하는 데 있어 평등할 것이 강조된다. 나뉘어진 역할과 책임을 수행하고 협조하며 이를 통하여 하나의 공동체생활을 하는 것이다. 넷째, 가정 모델이다. 이것은 보호하는 아동이 정상적인 가정아동과 다르지 않다는 전제 아래 가정을 대리하여 가정다운 분위기를 제공하면서 아동을 양육하고 있는 것으로 우리나라 대부분의 아동시설이 여기에 해당된다.

반면 우리나라 아동복지법에서는 아동복지시설을 아동양육시설, 아동일시보호시설, 아동보호치료시설, 아동직업훈련시설, 자립지원시설, 아동단기보호시설, 아동상담소, 아동전용시설, 아동복지관, 공동생활가정, 지역아동센터로 규정하고 있다. 〈표 8-1〉은 이러한 일반적인 기준을 토대로 청소년의 보호를 위한 시설의 종류와 기능을 제시한 것이다.

이렇게 청소년관련 시설의 의미는 매우 다양하고 상이하게 사용되고 있는데 여기에서 사용되고 있는 시설이란 수용시설(입소시설)로서 박태영이 정의한 생활거점형시설이나 아동복지법에서의 아동양육시설, 카두신의 정의에 한정하는 의미로 사용하고자 한다.

〈표 8-1〉 청소년의 보호를 위한 시설의 종류와 기능

종 류	기 능
상담시설	청소년의 문제·진로 등에 대한 상담·지도
양육시설	보호자가 없거나 이에 준하는 3세 이상 18세 미만의 아동·청소년을 입소시켜 보호·양육
일시보호시설	가출, 부랑아, 기타 요보호아동을 일시 입소시켜 보호하고, 아동의 내력, 성장 및 희망 등을 조사, 감별하여 그 아동·청소년에 대한 장래의 양호대책 및 보호조치를 하는 것을 목적으로 함
직업훈련시설	아동복지시설에 입소되어 있는 아동·청소년과 빈곤가정아동에 대하여 자활에 필요한 지식과 기능을 습득시키는 것을 목적으로 함
보호치료시설	문제아동·청소년의 보호·선도·치료를 목적으로 함
단기보호시설	요보호아동을 단기적으로 위탁보호
직업훈련 및 자립지원시설	아동복지시설 입소청소년과 퇴소연장아동의 취업준비 및 취업후 자립지원

일반적으로 시설보호는 여러 가지 이유로 인하여 가정에서 욕구가 제대로 충족될 수 없는 아동·청소년들을 위해서 불가피하게 선택되는 서비스이다. 미국의 경우 시설보호에 대한 비판과 거부감으로 인해 아동·청소년의 보호방법을 입양과 위탁양육으로 전환하고 있으며, 특별한 치료적 목적이 아닌 상황에서는 시설보호를 행하지 않는다. 즉, 아동·청소년이 자신의 신체적 장애나 정신적 및 정서적 행동문제 등으로 인해서 치료가 필요하지 않는 경우 최우선적으로 고려되는 서비스는 입양가정이나 위탁가정에서의 보호이다. 그러나 그들 중에서도 지체부자유 등의 신체적 장애나 정신적 지체 등의 정신적 장애가 있거나 정서적으로 심한 상처를 받은 정서적 장애가 있는 경우 혹은 재활훈련이 필요한 비행청소년들과 같이 전문적인 치료와 개입이 필요한 대상들에 한정해서는 집단으로 거주하면서 계획적인 치료 및 보호를 받게 한다. 이 경우에도 대부분이 임시적이며 치료나 훈련이 끝나면 가정에서 개별적인 보호를 받을 수 있도록 조치하는 것이 원칙이다. 위탁가정

을 물색하는 비상시의 과정 중에 짧은 기간 동안 보호를 의뢰하는 일시적인 보호시설은 있으나 치료가 요구되는 문제가 없는 경우에는 집단보호시설에 거주시키지 않고 반드시 위탁가정에 양육보호를 의뢰한다(배태순, 2000). 이는 아동과 청소년의 발달을 위해서는 건강한 성인의 보호와 사랑이 절대적으로 필요하다는 것을 가정 큰 원칙으로 하고 있기 때문이다. 따라서 시설보호의 대상자는 엄격히 제한된다.

그러면 우리나라의 경우는 어떠한지 살펴보자. 요보호아동에 대한 대리보호방법으로서 시설보호가 우리나라 아동·청소년복지의 중요한 프로그램으로서 자리잡게 된 이유는 우리 사회의 빈곤 또는 사회적 위기와 관련이 있어 보인다. 우리나라 시설보호의 변화를 시기별 특징을 중심으로 나눈다면 1950년대, 1960~1970년대, 1980년대 이후로 구분하여 설명할 수 있다.

1950년대는 전쟁으로 인해 부모를 잃거나 부모가 실종된 아동을 모아 임시거처를 정하고 긴급구호하는 것이 중요한 일이었다. 그리고 시설의 재정운영의 많은 부분을 외국 원조기관의 지원에 의지하는 형편이었다. 한 마디로 이 시기는 전후 급증한 요보호아동에 대한 수용구호, 아동수용 보호시설의 급증과 외국 민간원조에 의한 구호사업이 활발하였던 연대였다(손의목, 1995).

반면 전쟁이 끝난 1960~1970년대에 들어와서는 빈곤문제로 인해 시설보호를 받아야 하는 청소년이 증가하였다. 절대적 빈곤에 허덕이는 가정이 급증하고 자녀를 돌보지 못하는 가정이 속출하게 되면서 시설은 또 하나의 보호처가 되지 않으면 안 되었다. 이 당시 시설에 수용된 청소년은 생계문제의 해결은 물론 교육의 혜택까지 주어졌기 때문에 자녀를 위해 어쩔 수 없이 시설에 보내는 문제들이 늘어났다. 이외에도 산업사회 초기의 사회적 혼란으로 인한 가정 파탄과 미혼모 발생이 증가하면서 부모에게 유기·방임된 아동·청소년들이 시설에 보내졌다.

그러나 경제성장으로 인해 어느 정도 생활이 안정된 1980년대부터는 부모가 없거나 빈곤으로 인한 입소는 줄어드는 반면 부모가 생존해 있지만 행방불명, 이혼, 별거, 입원, 구금 등의 이유로 시설에 온 아동·청소년의 비율이 증가하고 있다.

이상에서처럼 우리 사회가 겪은 몇 차례의 위기는 요보호아동과 청소년을 대량으로 발생하게 하였으며 이러한 대량의 긴급구호는 시일이 걸리는 어떤 절차를 밟아 아동들을 그의 특성에 맞게 어떤 가정에 인도할 수 있는 여유를 허용하지 않았다.

또한 초창기 이러한 요보호아동의 구호의 대다수는 정부나 지역주민들에 의해서 행해진 것이 아니라 주로 외국 원조에 의존해 왔기 때문에 외국 원조 금품을 전달하는데 편리하고 효율적인 시설보호가 더욱 장려되었던 요인도 시설보호의 급증에 작용한 것이다.

이렇게 긴급보호를 위해서 대량으로 설립된 아동보호시설은 한국의 아동복지와 청소년복지에 있어서 중요한 비중을 차지하면서 발전해 왔다. 그러나 우리나라의 영·유아시설은 미국의 경우처럼 계획적인 치료가 필요한 문제가 있는 아동들을 양육보호하는 곳이 아니라 입양가정을 발견하지 못하는 고아나 기아(abandoned children), 일시적으로 부모와 헤어진 미아(lost children), 방임아동(neglected children), 가출아 등을 모두 함께 양육 보호하는 주거지로서 미국의 영구 위탁가정과 같은 역할을 한다고 하겠다(배태순, 2000).

특히 우리나라의 경우 입양과 위탁보호는 혈통을 중시하는 가족 이데올로기와 주택의 좁은 공간, 과중한 교육비, 아동이 성년이 되어도 큰 부담을 져야 하는 이유 등으로 인하여 활성화되지 못하고 상당기간 요보호아동은 시설보호 이외의 실천 가능한 대안을 찾기가 어렵다고 사료되어진다(김현룡, 1993). 결국 요보호아동의 복지 증진은 현재의 시설보호 프로그램을 개선하는 방향에서 찾지 않을 수 없으며 그들에 대한 생활지도의 질적인 수준을 제고하는 것은 매우 효율적인 방법이다. 한 마디로 한국의 육아시설은 입양가정이나 위탁가정이 수행하여야 할 중요한 역할을 모두 담당하고 있으며, 현재 국내의 아동복지와 청소년복지 실현에 있어 매우 중추적인 역할을 담당하고 있음을 알 수 있다.

2. 시설보호 청소년의 개념과 유형

1) 시설보호 청소년의 개념

시설보호 청소년의 개념을 살펴보기 전에 먼저 시설보호사업의 개념에 대해서 살펴본다. 시설보호사업은 혈연적으로 무관한 청소년들이 혈연적으로 무관한 성인의 보호아래 24시간 함께 거주함으로써 청소년을 사회적으로 보호하는 청소년복지사업이다. 시설보호사업은 입양시설, 가정위탁사업과 함께 부모가 자녀를 양육·보호할 능력을 상실했거나 그 역할을 회피할 때 시설보호에서 제공하는 대리보호사업이다.

시설보호사업의 목적은 시대에 따라 변화했는데, 과거에는 사회적 보호가 필요한 청소년을 장기적으로 집단수용하는 것이 일반적이었다면, 현재는 청소년을 일시적으로 보호하면서 청소년과 그 가족에 대한 치료서비스를 제공하여 아동을 가족으로 복귀시키는 것이 그 목적이다(Kadushin & Martin, 1988).

우리나라 청소년복지 분야에서의 시설보호는 양육, 보호, 심신의 치료, 행동의 교정 등과 관련된 것으로 다음과 같은 개념적 특성을 지니다(이소희 외, 1999).

첫째, 시설이라는 장소적 개념이다. 즉, 청소년을 포함한 모든 인간은 사회적 기초단위인 가정이라는 장소에서 생활하게 되지만, 이러한 가정에서의 생활이 불가능한 경우 가정이라는 자연적 장소를 떠나 시설이라는 인위적 장소에서 생활하게 된다는 것이다. 특히 발달적으로 중요한 시기에 있는 청소년은 독립적 생활이 불가능하므로 그 다른 시기의 청소년보다 시설보호의 의존도가 높다.

둘째, 대리보호라는 역할론적 개념이다. 즉, 청소년은 가족성원이지만 가족을 떠나 시설에서 생활하게 될 경우 가족이 아닌 다른 사람의 보호를 받는다. 시설은 부모나 가족의 보호역할을 대리한다.

셋째, 시설이라는 장소에서 다른 사람의 보호를 받는 경우, 대체로 부모나 가족 및 개인의 문제가 단순하지 않은 경우가 대부분이다. 따라서 시설에서 장기간 보호를 받게 된다. 즉, 시간적으로 볼 때 시설보호는 보육서비스나, 가출청소년을 위한 서비스처럼 1일을 단위로 하지 않고 그 이상의 기간을 함축하고 있다.

넷째, 집단보호라는 형태적 개념이다. 즉, 가정에서 가족의 개별적 양육을 받기 어려운 청소년들을 문제의 성격에 따라 몇 가지 형태로 구분하고 관리상의 효율을 위해 집단으로 보호하게 된다.

마지막으로 사회가 양육주체가 되는 제도적 개념이다. 다시 말해서, 이러한 시설양육이 갖는 5가지 개념적 특성은 어떤 개인에 의해 제공되고 실시되는 것은 아니다. 특히 복지의식이 발달된 오늘날에는 사회가 주체가 되어 제도적 차원에서 실시된다.

모든 청소년은 가정에서 성장·발달하는 것이 가장 바람직하지만, 가정에서 성장할 수 없는 상황에 있는 청소년은 시설보호가 필요하다. 물론 시설보호를 제공하기 전에 원가정에서 청소년이 성장할 수 있도록 원가정을 지원하는 복지서비스가 우선되어야 하며, 원가정이 청소년을 보호할 수 있는 환경으로 회복될 때까지 일정기간 동안 타 가정에 청소년을 위탁하는 것도 고려해야 한다. 그리고 원가정에서 성장하는 것이 도저히 불가능할 경우 대리가정에 입양을 먼저 고려하되, 입양이 불가능할 경우에 시설에서 보호하도록 배치해야 한다.

일반적으로 시설보호가 필요한 청소년의 유형은 다음과 같다.

- 부모의 질병이나 가족의 파탄 혹은 이혼 등의 이유로 부모로부터 격리해야 하는 상황이지만, 부모 외에 타인과 유대를 이루지 못할 여러 이유로 위탁보호를 할 수 없는 청소년
- 신체가 심하게 부자유하여 부모가 양육하기 어려운 청소년
- 정서장애 등의 치료과정에서 집단생활경험이 필요한 청소년

· 성장과정에서 장애를 일으킨 청소년으로서 특수학교 교육도 불가능하여 시설에서의 보호와 수용이 필요한 청소년
· 사회 전체의 나쁜 영향을 끼칠 비행청소년이나 범죄 청소년
· 이전에 같이 생활하던 위탁가정으로부터 크게 실망했거나 매우 깊은 상처를 입어 가족생활이 적합하지 않은 청소년
· 원래의 가족이나 위탁가정으로부터 이탈한 청소년

현재 우리나라의 시설보호대상이 되는 청소년은 ① 아동복지법에 따라 보호자로부터 이탈된 자로서 시장·도지사 또는 시장·군수·구청장이 부양의무자를 확인할 수 없어 국민기초생활보장법에 의한 보장시설에 보호의뢰한 자, ② 부모가 사망 또는 기타 사유로 동의할 수 없는 경우에는 다른 직계존속 또는 후견인이 보장시설 또는 입양기관에 보호의뢰한 자, ③ 법원에 의하여 친권상실의 선고를 받은 자의 자녀로서 시장·도지사 또는 시장·군수·구청장이 보장시설에 보호를 의뢰한 자, ④ 기타 부양의무자를 알 수 없는 경우로서 시장·도지사 또는 시장·군수·구청장이 보장시설에 보호의뢰한 자 등이다.

그리고 자립지원시설에 입소하는 청소년은 ① 시설퇴소청소년 중 취업준비 중인 20~24세인 자, ② 국민기초생활보장수급자로서 24세 미만인 자 등이다.

이상에서 살펴본 바와 같이 시설보호 청소년은 만 24세 미만의 자로서 가족해체 또는 장애, 비행 등 자신의 문제로 원가정에서 성장하지 못하고 시설에서 성장하는 청소년을 말한다.

2) 시설보호의 유형

미국아동복지연맹은 1981년 아동복지시설을 집단가정(Group Home)·위기 및 숙박보호가정(Crisis and Shelter Care Facilities)·아동정신병치료시설(Children's Psychiatric Facilities)·일시보호시설(Respite

Care Facilities)로 분류한 바 있으며, 카두신(Kadushin, 1998)은 시설보호의 종류를 다음과 같이 분류하고 있다.

- 정상이지만 보호가 필요하거나 버려진 아동·청소년을 위한 시설
- 맹아, 농아 등 신체장애 아동·청소년을 보호하는 시설
- 정신적 결함이 있는 아동·청소년을 보호하는 시설
- 비행 아동·청소년의 감금과 재활을 위한 훈련원이나 소년원
- 정서적으로 상처받은 아동·청소년을 가정과 격리시켜 거주시키며 치료하는 거주치료원

또한 앞서 아동복지시설을 4가지로 구분한 박태영(1998)의 분류 중에서 가정양육지원형을 제외한 생활거점형, 입소특정목적형, 이용특정목적형은 시설보호유형으로 간주될 수 있다.

현재 아동복지법 제16조에 따른 아동복지시설 중 시설보호의 유형과 청소년복지지원법에 의한 청소년쉼터는 〈표 8-2〉에 제시하였다.

시설보호는 이용시설을 제외한 중간시설이나 생활시설에서 아동을 보호하는 것을 의미하므로, 이 장에서는 이용시설인 아동복지법에 의한 아동전용시설과 아동복지관, 청소년기본법에 의한 한국청소년상담원과 지방청소년종합상담센터는 제외하고 제시한다.

〈표 8-2〉 아동·청소년복지시설의 시설보호 유형

시설의 종류	대상 및 서비스 내용
아동양육시설	보호를 필요로 하는 아동을 입소시켜 보호, 양육하는 것을 목적으로 하는 시설
아동일시보호시설	보호를 필요로 하는 아동을 일시보호하고 아동에 대한 향후의 양육대책수립 및 보호조치를 행하는 것을 목적으로 하는 시설
아동보호치료시설	불량행위를 하거나 불량행위를 할 우려가 있는 아동으로서 보호자가 없거나 친권자나 후견인이 입소를 신청한 아동 또는 가정법원, 지방법원 소년부지원에서 보호위탁된 아동을 입소시켜 그들을 선도하여 건전한 사회인으로 육성하는 것을 목적으로 하는 시설
아동직업훈련시설	아동복지시설에 입소되어 있는 만 15세 이상의 아동과 생활이 어려운 가정의 이동에 대하여 자활에 필요한 지식과 기능을 습득시키는 것을 목적으로 하는 시설
자립지원시설	아동복지시설에 퇴소한 자에게 취업준비기간 또는 취업후 일정기간 보호함으로써 자립을 지원하는 것을 목적으로 하는 시설
아동단기보호시설	일반가정에 아동을 보호하기 곤란한 일시적 사정이 있는 경우 아동을 단기간 보호하여 가정의 복지에 필요한 지원조치를 하는 것을 목적으로 하는 시설
아동상담소	아동과 그 가족의 문제에 관한 상담, 예방 및 연구 등을 목적으로 하는 시설
공동생활가정	보호를 필요로 하는 아동에게 가정과 같은 주거여건과 보호를 제공하는 것을 목적으로 하는 시설
청소년쉼터	가출청소년의 일시적 생활지원과 선도, 가정·사회로의 복귀를 지원하는 시설

3. 시설보호 청소년의 발생원인

1) 가족해체

시설보호 청소년은 대부분 기아·미혼모·이혼·별거·부모의 사망 등 가족의 구조적 해체와 부모의 경제적 무능력·질병·장애·가족갈

등에 따른 학대 · 방임 · 무관심 등과 같은 가족의 기능적 해체에 의해 발생한다(강복정, 2001; 이소희 외, 1998).

초기 시설보호를 받는 청소년은 전쟁과 사고 등에 의해 부모가 사망했거나, 실종된 경우에 해당되는 청소년과 혼외출생에 의해 정상적으로 가정을 형성하지 못한 미혼모의 자녀가 많았다. 그러나 최근에는 빈곤가정 및 이혼가정의 자녀, 즉 부모가 생존해 있는 경우가 전체 시설입소아동의 75%를 차지하고 있다(김응석 외, 1995). 이러한 경향은 특히 IMF 사태 이후 실직하거나 해고당한 부모가 취직하여 최소한의 가정생활이 가능할 때까지 시설양육을 의뢰한 경우와 이혼에 따른 자녀양육의 기피현상 때문으로 보여진다.

2) 청소년의 장애 · 비행 · 범죄

가족의 구조적 · 기능적 해체로 시설로 입소하는 청소년도 있지만, 청소년 자신의 장애 · 비행 · 범죄로 시설에 입소하는 경우도 있다. 먼저 장애청소년을 가정에서 돌볼 수 없거나, 가정보다는 시설에서 돌보는 것이 더 효과적인 경우 장애인복지시설이나 정신지체장애인을 대상으로 한 그룹홈에 입소할 수 있다. 두 번째로 불량행위를 하거나 불량행위를 할 우려가 있는 청소년, 가정법원 · 지방법원 소년부지원 등으로부터 보호위탁된 청소년, '청소년의 성 보호에 관한 법률'에 의해 성매매 대상으로 판단된 청소년은 아동보호치료시설에 입소시킨다. 또한 가출청소년은 청소년복지지원법에 의해 청소년쉼터에 입소시켜 보호한다. 마지막으로 아동복지시설에 입소한 만 15세 이상의 청소년과 생활이 어려운 가정의 청소년에 대하여 자활에 필요한 지식과 기능을 습득하도록 아동직업훈련시설에 입소한다.

4. 시설보호 청소년의 문제

1) 심리적 문제

시설환경은 집단 거주환경으로 다수의 아동들이 동시에 보호를 받기 때문에 일반 가정과는 다른 여러 가지 병폐를 초래할 수 있다. 시설아동은 집단 내에서 보호를 받음으로써 통제된 집단환경의 상호작용, 낮은 수준의 정서적 관계, 집단 내에서의 실제행동 등 가정 내에서 성장하는 아동이 경험하지 못하는 생활을 경험을 하게 된다. 이와 같이 시설아동은 서로 무관한 아동이나 성인들과 함께 생활하고 적응해야 하기 때문에 가정과는 전혀 다른 분위기에서 양육된다. 그러므로 시설생활은 따뜻한 인간관계를 맺기에는 제약이 많으며, 개인이 집단에 매몰되어 퍼스낼리티(personality)를 상실하거나 개성의 발달 또는 정서적 · 신체적 · 창조적 능력의 발달에 대한 기회를 놓치기 쉽다. 또한 시설아동들은 일반가정의 아동보다 문화적으로 실조된 환경에서 생활하기 때문에 아동의 심리사회적 욕구를 충족시킬 만한 인적 · 물적 자원과 경험이 매우 부족한 실정이다. 따라서 시설환경에서 오랫동안 생활한 아동은 시설병적 성격 즉 의타심 · 이기심 · 반발심 · 열등감 · 심적 불안감 등의 성격을 형성하게 되고, 원만한 대인관계의 형성능력 · 인내심 · 성취감 · 사회적응력 등이 결여되기 쉽다(표갑수, 2000).

위테커(Whittaker)는 시설보호 아동이 여러 가지 문제습관들을 보인다고 했다. 구체적으로 욕구불만을 참지 못하고, 만족을 유예하는 능력이 제한되어 충동통제의 발달이 부족하고, 자신에 대해 '나쁜' · '바보 같은' · '문제를 유발하는'과 같은 낮은 자아상을 가지며, 화 · 공포 · 사기 · 슬픔과 같은 감정들을 효과적이고 적절하게 다루는 감정조절 기술이 미숙하고, 타인과의 관계를 형성하는 데 어려움이 있으며, 학습장애를 경험하며, 혼자 또는 친구들과 놀이를 하는 데 어려움을 겪는다고 하였다(Whittaker, 1985, 공계순 외 2003 재인용).

시설아동과 일반아동을 비교한 국내의 실증적 연구들에서도 시설아동이 일반아동보다 부정적 자아개념을 가지고 있으며(양숙미, 1994), 성취동기도 낮고(조은미, 1985), 수치심 · 불안 · 우울 · 책임감 부족 · 무기력함 · 히스테리적 감정폭발 등의 특성을 나타낸다고 보고하였다(양숙미, 1994). 일반아동과 시설아동의 문제행동을 비교한 노혜련 등(1998)의 연구에 의하면 시설아동이 위축, 신체증상, 불안 · 우울, 사회적 미성숙, 사고의 문제, 주의집중, 비행, 공격성 등의 모든 항목에서 일반아동보다 더 많은 문제를 보이는 것으로 나타났다. 이러한 시설아동의 문제행동으로 인해 전문적 치료를 요하는 상태의 시설아동의 비율이 일반아동에 비하여 거의 15배나 된다.

2) 발달지체의 문제

시설보호 청소년은 신체 · 정서 · 인지 · 사회발달에서 일반청소년에 비해 발달지체 현상을 보이는데, 구체적으로 살펴보면 다음과 같다.

먼저 신체발달 측면에서 시설보호를 받는 초등학생의 경우 체위와 영양섭취 상태를 조사한 결과, 대부분 아동의 신장과 체중이 한국 소아의 발육표준치에 뒤떨어지고, 영양소 섭취량도 권장량에 미치지 못하는 것으로 조사되었다. 그리고 이러한 발달특성은 인지발달에도 영향을 미치는 것으로 나타났다(정혜경 · 장영은, 1999).

두 번째로 정서발달 측면에서 살펴보면, 시설아동은 일반아동에 비해 적절히 자신의 의견을 주장하거나 자신의 감정상태를 잘 통제할 수 있는 정서조망능력이 부족한 것으로 나타났다(권세은, 2002). 또한 시설아동은 일반적으로 이중인격을 가지는 경향이 있다. 즉, 표면적으로는 규칙에 순종하지만 내면적으로는 반항적이라는 것이다. 또한 타인과 접촉하는 것에 대해 두려움을 느끼며, 정서적으로 불안정하며, 결단력도 약하다. 뿐만 아니라 제한된 경제생활로 물질적 욕구가 강한 편이다. 이러한 특성들로 인해 시설에서 양육되는 남자아동의 경우 정신쇠약·정신분열증 경조증 척도에서 일반아동보다 높은 점수가 나타났으며, 여자아동의 경우 정신병질 및 정신분열증에서 높은 점수가 나타났다고 보고되었다(양숙미, 1994; 노동익, 1997).

세 번째로 인지발달 측면에서 살펴보면 그리스의 장기시설 집단보호(long-term residential group care)에서 자라는 9세 아동과 일반가정 아동의 사회적·행동적·학교 적응을 면접·관찰·설문조사 등을 통해 관찰한 연구에 의하면, 수업시간의 경우 집단보호 아동들이 다른 학생들에 비해 더 부주의하고 수업활동에 덜 참여하고 보다 수동적이며 비생산적인 활동에 참여하는 경향을 보였다(Vorria, et al., 1998, 정선욱, 2002 재인용). 국내의 연구에서도 집단생활로 인해 개별적인 지적 자극을 잘 받지 못하기 때문에 인지발달 지체, 학습장애, 창의성 부족, 언어발달 지체 등의 발달지체가 나타났다(양숙미, 1994; 노동익, 1997).

마지막으로 사회성 발달 측면에서는 어린 시절 시설보호의 경험이 있는 청소년들이 보이는 사회적 관계의 특성은 성인들의 관심과 인정을 보다 많이 추구하는 성인지향적이었고, 또래관계에서 어려움을 많이 겪고, 특별한 친구가 적고, 불안할 때 또래로부터의 정서적 지지에 의존하는 경향이 적고, 친구는 사귀는 데 본인의 의사에 따라 친구를 선택하기보다는 자신에게 친절한 사람과 친해지는 경향을 보였다. 친구관계에 대한 또 다른 연구에서는 주거시설에서의 보호경험을 포함하여 전문가의 도움을 받았던 소녀집단이 일반 소녀집단에 비해 “같은 연령, 같은 학교” 친구보다는 나이가 3세 이상 많고 직업이나 교육에는 관심이 없는 친구를 학교 밖에서 만나는 경향이 많다고 한다(Bawlby, et al., 1997, 정선욱, 2002 재인용).

3) 자립문제

시설을 퇴소한 청소년이 겪는 가장 어려운 문제는 취업과 주거문제이다. 퇴소청소년의 생활실태에 관한 연구를 보면, 퇴소청소년은 자립계획을 혼자서 세웠고, 직업교육의 미흡과 사회적 편견으로 안정된 직장을 갖기가 어렵고, 특히 주거문제가 해결되지 않아 많은 어려움을 겪고 있으며, 신분보장의 어려움으로 인해 인간관계, 결혼에도 많은 어려움을 겪는 것으로 나타났다(신혜령, 1998).

고등학교 2~3학년에 재학중인 전국의 시설청소년 208명을 대상으로 시설청소년의 자립준비에 영향을 미치는 요인을 조사한 신혜령(2001)의 연구에 의하면, 행동문제·학교적응·대처능력, 그리고 부모의 이혼 및 가출 요인이 자원을 관리하고 활용하는 기술에 영향을 미치는 것으로 나타났으며, 그 중 대처능력의 영향력이 가장 높았다. 또한 자신의 일상생활을 관리하고 대인관계를 유지하는 자기관리기술에 대해서 학교적응·대처능력·행동문제·부모이혼 및 가출·경제적 곤란이 영향을 미치고 있었으며, 이 중 학교적응의 영향력이 가장 높은 것으로 나타났다.

5. 시설보호의 분류

1) 시설보호의 종류

카두신은 시설보호의 종류를 다음과 같이 분류하고 있다.

① 정상아동이지만 보호가 필요하거나 버려진 아동을 위한 시설(예: 육아원), ② 맹아, 농아, 신체장애아 등 신체장애 아동을 위한 시설,

③ 정신장애아나 정신적 결함이 있는 아동을 보호하는 시설, ④ 비행아동 및 청소년의 감금과 재활을 위한 훈련원이나 소년원, ⑤ 정서적으로 상처받은 아동을 가정과 격리시켜 거주시키며 치료하는 거주치료원 등이 이에 속한다.

미국아동복지연맹은 1981년 아동복지시설을 ① 집단가정(group home), ② 위기 및 숙박보호시설(crisis and shelter care facilities), ③ 아동정신병치료시설(children's psychiatric facilities), ④ 일시보호시설(respite care facilities)로 분류하고 있다.

우리나라는 아동복지법 제20조 동법 시행령 제2조에 의해 아동상담소, 영아시설, 육아시설, 아동일시보호시설, 아동직업보도시설, 조산시설, 모자보호시설, 아동전용시설, 교호시설, 아동입양위탁시설, 정서장애아시설, 자립지원시설 등 12개의 유형으로 아동복지시설을 분류하고 있다. 또한 생활보호법 제25조 동법시행령 제26조에 의한 신체부자유아재활시설, 사회복지사업법 제22조 동법 시행규칙 '시설기준'에 의한 부랑아보호시설, 장애인복지법에 의한 각종 시설 등이 아동복지시설에 포함될 수 있다. 그러나 시설보호의 본질로 보기 곤란한 아동상담소, 통원치료소, 아동전용시설도 포함되어 있다.

2) 시설보호의 기능

시설보호의 기능은 3가지로 구분할 수 있다.

① 생활서비스를 위한 기능으로 이는 거주기능, 급식기능, 기타 생활서비스의 기능, 보건기능을 말한다.

② 치료훈련서비스를 위한 기능으로 이는 의학적인 치료나 처우의 기능과 교육이나 훈련의 기능을 말한다.

③ 원조서비스를 위한 기능으로 이는 사람이나 사회에 대한 관계의 조정을 말한다.

시설보호의 기능 측면에서 제공되는 서비스를 구분하는 방법은 다양할 것이다. 그러나 마치 그림물감의 3원색과 같이 어느 쪽의 하나가 전혀 없는 구조상태에서 아동청소년복지의 기능이 성립될 수는 없는 것이다. 물론 시설의 종류에 따라서 특정서비스의 색감이 진하게 나타날 수 있으나, 여러 가지 서비스의 기능이 전체적인 면에서 전문적인 치료나 처우의 기초 위에서 통합을 이루고 있어야 할 것이다.

3) 시설보호의 특징

(1) 생활거점으로서의 시설

시설은 이용자에게는 둘도 없는 생활을 영위할 수 있는 장소인 것이다. 시설은 가정은 아니지만 보호, 교육, 휴게 등 적어도 정서안정의 가능한 조건을 정비하여 더 나아가 재활, 치료, 훈련 등의 기능을 구비해 놓을 필요가 있다. 우선 생활의 기본적 조건을 명확히 하며, 이용자가 쾌적하고 유효한 생활을 영위할 수 있도록 측면 또는 전면적으로 원조하는 것이 시설의 본질인 것이다. 이를 위한 조건으로 다음의 세 가지를 열거할 수 있다.

① 사회복지에 관한 모든 제도, 모든 시책의 개성화를 추구해야 한다. 즉, 개인이나 가족의 복지를 높이는 기능인 것이다.

② 동시에 처우, 상담, 지도, 육성 등 구체적 대응을 추구해야 하다. 이 때에는 어디까지나 이용자 개개인의 주체성과 자립을 전제로 해서 보호해야 한다.

③ 사회·경제적으로 저해되고 있는 모든 문제를 현재화(懸在化)하며 필요에 따라서 유연성 있게 대응하지 않으면 안 된다. 이것이 문제발생의 예방에 도움이 되며 사람에 따라서는 유효하게도 하는 동시에 전반적인 복지의 증진에도 관련을 갖게 하는 배려가 요구되고 있다.

(2) 인격형성 및 재형성의 장으로서의 시설

복지시설은 생활의 거점으로서 정서적 안정이 꾀하여진다면 저절로 인격형성의 효과적인 장으로서 위치가 부여된다고 할 수 있다. 여러 가지 조사결과에서도 나타나듯이 문제성이 강한 아동의 배경에는 양친의 정서불안정(이혼이나 가정붕괴의 전 단계)에 의한 정서불안정의 경우가 많이 나타나고 있다. 정서의 안정이 꾀하여지지 않으면 자주성이나 적응능력도 발달하지 못하고 여유있는 태도도 생기지 않는 것이다.

따라서 시설에 있어서 서비스 전문직원 및 이용자의 상호관계와 배려가 인격형성과 재형성에 큰 영향을 미치므로 시설서비스의 중요한 내용이 된다고 하겠다.

(3) 사회생활의 준비의 장으로서 시설

시설의 생활은 가정의 대체적 기능을 갖고 있음과 동시에 시설의 이용과 함께 사회생활의 경험을 했다고 할 수 있다. 자칫하면 시설보호라 하여 지역사회로부터 격리될지도 모르지만 오늘날 시설보호의 기본으로 그 지역주민의 한 사람으로서 의식을 불어넣을 필요가 있으면 주민의식에 의해 지지되고 있는 시설에서 생활이 전개되어야 할 것이다.

한편 시설에 대한 지역주민의 의식도 고쳐지지 않으면 안될 것이다. 웰펜스버거(Wolfensberger)는 "문화적으로 표준적인 개인의 행동과 성격을 확립하고 그 유지를 위하여 가능한 모든 방법을 동원하여 대응하는 것"이 중요함을 지적하고 있다. 이것이야말로 시설이용자에게 사회적응 능력을 몸에 익힐 수 있는 계기가 되기 때문이다.

(4) 시설보호의 내용

시설은 비록 가정은 아니지만 시설보호의 단점을 최소한으로 줄이고 장점을 최대한 살려서 가정보호에 못지않은 양육보호를 해야 한다. 이에 시설보호의 내용은 다음과 같다.

· 가옥제도(家屋制度, cottage system)와 같은 소집단적 보호(우호적이고 가정과 같은 보호)
· 의료 및 정신과 검사의 진료
· 전문사회사업가에 의한 아동 개개인의 욕구 해결
· 높은 수준의 교육, 오락, 직업훈련
· 건전한 공동체 성원으로서 아동을 성장·발달시키기 위해 최대한 노력

그리고 시설에서 생활하다가 위탁가정보호를 하거나 친부모에게 되돌려지는 아동을 위해 소집단(group home)을 운영하는 시설도 있다. 이 시설은 시설생활에서 가족생활로 생활양식이 바뀜으로써 야기되는 부적응 문제를 최소화하기 위한 보호방법이다. 따라서 소집단가정은 시설과 위탁가정의 중간형태로 6~7명의 아동을 독립주택이나 아파트에 주거시키고 가정모(house-mother)나 가정부모(house-parents)의 보호를 받게 하는 것이다. 이는 위탁가족과 아동이 개별적인 접촉이 가능하다는 장점이 있다.

6. 시설보호의 장·단점

1) 시설보호의 장점

① 부모로부터 심리적·감정적으로 결핍된 점을 시설내의 다른 아동들과 접촉이나 교육으로 인해 이를 보완하게 된다.

② 아동들에게 보다 광범위하고 다양한 부모상(parental figure)을 선택, 제공해 준다.

③ 집단생활에서 요구되는 일상생활과 시설이 부과하는 규제가 아동을 안전하게 하여 아동이 자기충동을 조절하는 것을 도와준다.

④ 특별히 개인적인 치료가 필요한 아동의 요구를 충족시켜 준다.

⑤ 시설보호기관의 규칙이나 정규적이고 계속적인 생활은 자기 통제력이 부족한 아동들에게 일시적인 충동을 억제하고 자신을 통제할 수 있게 한다.

2) 시설보호의 단점

① 직원이 교체됨으로 해서 보호의 지속성이 유지되기 어렵다.

② 과도한 집단생활로 인한 규율화로 개방적이고 따뜻한 인간관계 형성을 저해한다.

③ 규칙의 필요성과 개별화의 필요성간의 모순이 발생하여 개별아동의 욕구와 집단의 욕구 사이에 갈등이 야기된다.

④ 경제적 경험의 기회가 매우 적고, 문화시설 및 기타 사회와의 접촉이 결여되기 쉽다.

⑤ 충분한 정서적인 욕구발산의 기회 및 발표기회가 없어서 파괴적이고 부정적인 성격이 될 수 있다.

7. 우리나라 시설보호의 현황과 개선방안

1) 시설보호사업의 현황

시설에 수용보호 되는 아동은 〈표 8-3〉과 같이 2005년 말 현재 286개소에 19,151명이 수용보호되고 있다. 수용인원의 증가현상은 국가경제의 악화에 따른 가족해체 등의 원인으로 시설에 의존하게 되는 아동이 증가했기 때문이라고 볼 수 있고, 시설의 증가는 2002년도 아동복지법시행령 및 시행규칙을 개정하여 소규모시설의 인력기준과 설비기준을 완화함으로써 소규모 아동복지시설의 설치·운영의 활성화와 미신

고시설의 양성화를 적극 추진한 결과라고 해석될 수 있다.

〈표 8-3〉 아동복지시설 수용보호 현황

(2005년 말 현재)

연 도	구 분	계	양 육	직업훈련	보호치료	자립지원	일시보호	종합시설	아동복지관	아동전용
2003	시설수(개소)	279	239	5	9	13	10	2	1	3
	수용인원(명)	18,818	17,437	158	373	244	437	169	-	-
2004	시설수(개소)	279	239	4	6	13	11	2	1	3
	수용인원(명)	19,014	17,675	130	376	246	432	155	-	-
2005	시설수(개소)	286	242	4	8	13	13	2	1	3
	수용인원(명)	19,151	17,729	110	457	229	457	169	-	-

※종합시설은 일시보호시설과 아동상담소를 겸함

자료 : 보건복지부, ≪보건복지백서≫ 2005, pp. 166-167

2) 시설보호사업의 개선방안

시설보호사업은 법령개정, 제도의 합리적 운영, 시설보호기능의 극대화, 시설병 대처, 프로그램 개발 및 시설아동에 관한 편견이 불식되어야 한다.

(1) 법령개정의 측면

부식비의 경우 1인 1일 1,654원(한끼 551원)으로 물가상승률에 비해 정부의 예산정책의 산출기준이 낮아 정부보조가 현실화되어야 한다.

(2) 제도의 합리적 운영 측면

시설의 수용대상 아동이 미세분화되어 이의 세분화가 필요하다.

아동 개개인이 갖는 특수한 문제, 욕구에 따른 분리수용 과정이 미비하여 아동의 문제해결에 적합한 서비스를 제공하지 못함은 물론 이로 인해 전문화된 시설개발이 저해되고 있다. 따라서 아동상담소마다 아동의 시설보호 결정조치를 담당할 전문가 회의(의사, 행정가, 가정부모, 사회복지사 포함)에서 결정하도록 해야 한다.

(3) 시설보호기능의 극대화 측면

① 시설의 규모가 대규모화하여 개별적이고 전문적인 서비스를 받지 못하므로 이의 축소가 필요하다. 현재 시행하는 시설운영비의 보조금 지급방식인 수용자수에 비례한 '입소인원비례지원방식'은 시설의 대규모화를 촉진하므로 보조금 지급방식을 시설의 특성에 맞게 개선해야 한다.

② 시설에서 생활을 하다가 위탁가족에게로 위탁되거나, 친부모에게 되돌려지는 아동을 위해 소집단가정(group home)을 운영해야 한다. 이것은 시설생활에서 가족생활로 아동이 생활패턴을 바꿈으로써 야기되는 부적응의 문제를 최소화하기 위한 보호방법이다.

③ 서비스의 전문성이 제고되어야 한다.

전문사회복지사를 채용하여 서비스의 전문성을 제공하게 하고 기존 직원에 대한 사회사업 전문지식과 기술습득을 위한 재교육이 필요하며 아울러 시설종사자에 대한 처우를 개선하여 전문인력을 확보해야 한다.

(4) 시설병 대처 측면

① 시설병에 대한 대책은 전문직원이 채용되어 개별지도와 집단지도를 통한 각종 치료요법이 동원되어야 한다. 동시에 아동들에게 내재되어 있는 긍정적이고 발전적 요소의 개발을 위한 프로그램의 운영이 있어야 한다.

② 시설병이 시설문화의 부정적인 양태로 표현되기도 하는 것은 그것이 시설구조와 환경에서 비롯되고 있다는 관점이다. 단체생활에서 야기되는 정직과 도덕의 유실과 사고의 단순성과 창의력 빈곤의 문제들이 그것이다. 때문에 구조적 측면에서의 개선책은 시설의 소형화와 배급생활방식의 지양과 직원의 전문화를 실천해야 한다. 이를 위해서는

시설직원의 처우개선이 우선되어야 한다.

(5) 프로그램의 개발측면

① 정상화와 프로그램 개발

정상화(normalization)의 원리는 주로 장애인 시설을 대상으로 1960년대에 나르제(Nirje)나 웰펜스버거(Wolfensberger) 등에 의해 주창된 것으로 비시설화와 지역사회에 기반을 둔 소집단가정(group home)의 확산에 크게 기여해 왔다. 시설에 있어서의 정상화 프로그램은 가정을 잃었거나 가정의 경험을 갖지 못한 시설수용자들에게 가정과 같은 또는 가정에 가까운 환경을 만들어 주는 것을 의미한다. 가옥제도(cottage system)가 우리가 택해야 할 하나의 방안이 될 수 있으나 정상화의 원리는 향후 소집단가정에로의 발전을 요구하게 될 것이다. 왜냐하면 가정은 인류문명의 귀중한 소산이며 따라서 시설수용자들을 가정으로 복귀시키거나 가정을 준비해 주는 것이 수용시설의 기능과 역할이 되어야 하기 때문이다.

② 개별화와 프로그램 개발

집단생활의 경험을 보강하면서도 시설이 택해야 할 두 번째 선택은 시설 수용자 개개인을 위한 개별화(indiwidualization) 프로그램이 개발되어야 할 것이다. 입소자의 철저한 조사(intake study), 당면하고 있는 문제나 상처의 발견과 진단을 통한 개별지도 IPP(Individualized Program Plan)의 개발은 매우 필요한 과제가 될 것이다. 그것은 집단이 아닌 '나'에 대한 새로운 인식의 출발이 될 것이다.

③ 사회화와 프로그램의 개발

시설의 사회화(socialization)는 지역사회에 대한 시설의 참여와 개방을 통한 적극적인 상호교류를 의미한다. 지역사회에 대한 시설의 참여는 지역사회의 학교, 교회, 각종 문화활동에 지역주민의 일원으로 적극 참여하는 것을 말하며 지역사회에 대한 시설의 개방은 시설의 이사회, 후원회, 운영위원회, 자원봉사원으로 지역주민들을 참여시키는 시설운영의 개방과 시설내의 개방을 의미한다. 특히 장애인 시설의 각종 치료 훈련시설을 재가장애인들을 위하여 개방하거나 서비스를 제공하는 프로그램들이 활성화되어야 할 것이다.

(6) 아동복지시설의 지역별 배치의 재조정 측면

시 · 군 · 구 단위에 아동복지시설이 없는 지역이 230개로 나타났다. 따라서 지역의 아동복지시설에 대한 수요를 정확히 파악하여 지역의 욕구에 부응하고 지역사회주민들이 필요시 쉽게 이용할 수 있는 시설을 적절히 배치해야 한다.

(7) 시설아동에 대한 편견불식 측면

시설아동에 대한 보이지 않는 또는 드러난 편견은 이들의 안정된 퍼스낼리티 성장에 커다란 장애 요인이 될 수 있다. 이를 위해 일반인들은 스스로의 편견을 불식하도록 노력해야 할 것이다.

8. 시설보호 청소년을 위한 청소년복지정책

현재 시설보호사업은 아동복지법과 청소년복지지원법, 국민기초생활보장법, 의료급여법에 의하여 복지서비스를 제공하고 있는데, 시설청소년의 건전한 성장과 발달을 위해서는 다음과 같은 정책적 개선이 필요하다.

1) 시설보호사업에 대한 정부지원의 합리화

시설청소년에 대한 정부지원금은 최저생계비 수준에도 미달되고 있고, 입소아동 비례 지급방식으로 지급되고 있어, 보호아동이 적을수록 운영에 어려움을 갖게 된다. 이러한 점은 시설의 소규모화를 역행하는 요인이 된다(김응석 외, 1995). 따라서 시설에 대한 정부지원을 합리적으로 운영할 필요가 있다. 예를 들어 시설운영에 소요되는 기본비용을 산출하여 정액 지원하는 방법과 보호아동 수에 따라 추가로 지원하는 방법을 고려해 볼 수 있다.

2) 보호아동 감소에 따른 양육시설의 기능변화

현재 아동복지시설 중에서 양육시설은 환경변화에 대응한 시설수급이 이루어지지 못하고 있다. 즉, 출산율 감소로 인한 아동수 감소와 더불어 전통적 의미의 요보호아동은 감소하고 있는 반면에 부모의 이혼, 별거, 가출에 의한 보호아동과 비행, 가출, 정서장애 등으로 인한 특수보호를 필요로 하는 청소년은 증가하고 있으나 이에 대비한 적절한 대책이 마련되지 못하였다. 따라서 일반아동이나 청소년을 양육하는 양육시설의 기능을 치료가 필요한 아동이나 청소년을 위한 치료전문시설로 전환하거나, 지역사회아동과 청소년을 위한 아동복지관과 같은 이용시설로 전환할 필요가 있다.

3) 시설의 소규모화와 개방화

최근 시설의 형태가 집단기숙사 형태에서 소숙사와 공동취사 형태로 변하고 있으나, 아직도 42.9%가 집단기숙사 형태를 취하고 있다. 그리고 시설이 지역사회와 멀리 떨어진 곳에 위치하고 있어 지역사회와의 통합에 장애가 되고 있다. 특히 보호치료시설의 경우 폐쇄적 운영이 문제가 된다. 따라서 대규모 시설을 소규모 시설로, 폐쇄적 운영에서 개방적 운영으로 전환하는 것이 필수적이다. 실제로 소규모 시설이 대규모 시설보다는 청소년의 성장에 긍정적 영향을 주는데, 소규모시설 아동과 대규모 법인시설 아동을 비교한 실증적 연구를 살펴보면, 소규모 시설아동이 법인시설 아동보다 자신이 거주하는 시설의 물리적 환경에 대해 더 긍정적으로 응답하였으며, 성취적 · 개방적 · 친애적 · 자율적 · 상호친밀적 · 응집력 있는 성향을 나타낸다고 하였다(이태수 외, 1997). 그리고 대규모 시설을 소규모로 줄이는 것이 불가능한 경우 시설의 주거형태를 소숙사화, 그룹홈화의 형태로 재편하여 독립세대를 구성하여 생활하는 것이 바람직하다. 기숙사 형태의 대규모 법인시설과 소숙사 형태의 법인시설을 비교한 실증적 연구에서도(석정삼, 1999; 이삼미, 1999; 양점도 · 변미희, 2001) 소숙사 시설이 대규모 시설보다 물리적 환경과 심리적 환경이 더 좋은 것으로 나타났다.

4) 시설종사자의 전문성 강화

양질의 시설보호 서비스를 제공하기 위해서는 시설종사자의 전문성이 선행되어야 한다. 그러나 현재 시설종사자의 학력은 고졸이 47.4%로 가장 많고, 대졸이상이 26.1%, 초대졸 6.0%, 중졸 이하가 19.7%로 나타났다. 또한 종사자 중 해당 직종과 관련한 자격증을 소지한 비율은 33%에 불과하여, 67%는 자격증이 없는 것으로 나타났다(변용찬 외, 1998). 게다가 2교대를 실시하고 있는 장애인시설과 영아전담시설을 제외한 시설은 24시간 근무해야 하는 열악한 근무환경으로 인한 보육사의 잦은 이동으로 시설아동에게 부정적 영향을 미치고 있다. 전국의 양육시설 50곳의 시설청소년을 조사한 신혜령(2001)의 연구에 따르면, 조사대상 시설청소년이 경험한 보육사는 5명 이상이 가장 많게 나타났다. 따라서 시설종사자의 전문성을 담보하기 위해서는 시설종사자에 대한 처우를 개선하여 우수한 인력을 확보하여야 하며, 지속적 교육을 통해 전문성을 강화해야 한다.

9. 시설보호 청소년을 위한 청소년복지실천 개선방안

1) 시설청소년의 건강한 발달을 위한 프로그램

시설청소년의 건강한 발달을 위해서는 입소배경, 심리상태, 발달수준 등을 고려하여 개별적으로 차별적인 서비스가 제공되어야 한다.

먼저 입소배경과 심리상태와 관련하여 시설청소년은 시설에 입소하면서 원가정 또는 친부모와의 분리를 경험하게 되며, 특히 원가정에서 심각한 학대나 방임의 경험이 있을 경우 더욱 심각한 심리문제를 가지게 된다. 노혜련 · 장정순(1998)의 양육시설 아동의 심리사회적 문제에 관한 조사에서 28%의 아동이 전문적 치료가 필요할 만큼의 심각한 문제행동을 보이고 있는데, 이것은 일반아동의 2%에 비해 매우 충격적인 결과이다. 이와 같이 시설아동이 심각한 심리사회적 문제를 가지게 되는 것은 첫째, 아동의 인성형성에 중요한 부모와의 분리, 둘째, 낙인으로 인한 낮은 자아개념의 형성, 셋째, 보육사 일인당 아동수가 많아 개별적 욕구의 충족이 어렵고, 넷째, 열악한 근무조건으로 보육사가 자주 이직하게 되어 일관성 있는 보호와 양육이 어려우며, 다섯째, 시설아동의 집단화가 유연성과 개성을 잃게 하기 때문이다(노혜련 · 장정순, 1998). 따라서 시설아동과 청소년의 심리문제 치료를 위해서는 입소 후 전문가의 심리평가를 통해 적절한 입소상담서비스가 제공되어야 한다.

두 번째로 시설청소년이 신체 · 정서 · 인지 · 사회발달 면에서 건강하게 성장하기 위해서는 시설청소년의 발달에 영향을 주는 시설의 양육환경을 개선할 필요가 있다. 특히 시설의 양육환경 중에서 정서적 분위기 · 사회적 성숙의 촉진 · 지역사회와의 관계 등이 인지 · 사회 · 신체 · 자아존중감 등 아동의 발달에 영향을 미치는 주요한 요인으로 나타났으므로, 이러한 요인을 중심으로 시설의 양육환경을 개선할 필요가 있다(양점도 · 변미희, 2001). 더불어 시설청소년의 적성과 재능에 맞는 예체능교육 프로그램도 제공되어야 한다.

2) 자립준비 프로그램

자립준비 프로그램은 빠르면 빠를수록 효과가 크겠지만, 늦어도 고등학교 1학년부터는 개별 자립사정계획을 세워 청소년 특성에 따라 자립계획을 세워야 한다. 자립계획을 세운 후 보육사와 시설청소년이 함께 대처능력을 개발하고, 자립준비기술을 익히기 위한 프로그램에 참여하여 장기적으로 자립을 준비하도록 도와야 한다(신혜령, 2001). 또한 자립준비 프로그램에는 퇴소 후 경제적 안정뿐만 아니라 건강한 가정을 형성하여 가정적으로도 안정될 수 있도록 건강가족의 특성, 시설청소년의 가치관교육, 정서교육, 진료교육, 생활지도교육, 미래가정형성교육 등을 포함하여 개발하는 것이 바람직하다(강복정, 2001).

퇴소청소년의 사회적응의 성패를 결정할 자립준비 프로그램이 정착되기 위해서는 아동복지법에 모든 시설청소년들이 자립준비 프로그램에 참여하도록 명시하여야 한다. 왜냐하면 현 아동복지법으로는 시설운영에 대한 정부보조금의 지급항목은 시설생활자의 최저생계 · 기본적 교육 및 기본적 시설운영에 필요한 항목에 국한되어 있으며, 시설청소년의 일상생활지도 · 자립 및 사회적응을 위한 프로그램을 운영하는데 소요되는 교육훈련비가 거의 배정되어 있지 않기 때문이다(강복정, 2001). 그리고 양육시설에 퇴소자 전담직원을 두어 퇴소대상 청소년에 대해 사전 · 사후 관리시스템을 개발할 수 있도록 해야 하며, 현재 퇴소청소년의 진로 · 취업정보를 제공하는 아동복지자립지원센터도 연계하여 활성화해야 한다.

3) 가정복귀를 위한 가족재결합 프로그램

시설아동의 가족관계를 보면 부모 모두가 사망하여 부모가 없는 아동이 25.8%, 부모 모두가 생존한 아동 24.7%, 아버지만 생존한 아동 23.4%, 어머니만 생존한 아동 26.1%로 나타나고 있다(김응석 외, 1995). 이와 같이 시설보호 아동의 75%가 친부모가 생존하고 있고, 현재 대부분의 시설에서는 시설아동이나 친부모가 원하는 경우 방학이나 명절에 아동이 친부모를 방문하도록 하고 있다. 또한 시설보호 청소년의 심리사회적 적응을 위해서는 시설보호 이전의 원가족 생활과 현재의 시설생활에서 안정적이고 지속적인 애착관계를 경험하는 것이 중요하다.

이를 위해 원가족으로부터 분리될 위험에 처한 시설청소년의 경우 부모-자녀 유대관계, 부모와 아동의 욕구, 가정환경, 아동의 권리 등에 대한 정확한 사정을 바탕으로 장기적 보호계획이 수립되어야 하며, 이때 '애착관계'와 '영속성'이 중시되어야 한다(정선욱, 2002). 실제로 '해체가정 아동을 위한 가족관계 강화 프로그램'을 시설아동 10명에게 실시한 결과 2명의 아동이 가정으로 복귀했다는 연구결과도 있다(정영순, 2000). 따라서 시설청소년과 원가족의 애착관계가 안정적이고 지속적으로 유지될 수 있는 가족 재결합 프로그램을 개발해야 한다.

제9장

청소년 진로 및 직업능력개발

행복하고 성공적인 삶을 살기 위해서는 인생의 진로를 올바르게 선택하고 체계적으로 준비해야 한다. 특히 청소년 시기에 반드시 이루어야 할 중요한 과업중의 하나는 바로 자신의 적성과 소질에 맞는 진로를 선택하는 일이지만, 실제 많은 청소년들이 진로선택과 준비에 어려움과 갈등을 가지고 있다.

이에 본 장에서는 먼저 우리 나라 청소년의 진학과 취업실태를 살펴보고, 청소년 시기에서의 진로선택의 어려움과 중요성을 부각한다. 아울러, 올바른 진로선택과 준비를 위해 필요한 진로결정 요인을 살펴본 뒤, 직업관의 유형과 실제적인 준비방안을 제시한다. 끝으로 비진학·미취업 청소년을 위한 직업능력개발 방향을 소개한다.

1. 청소년의 진학 및 취업 실태

청소년을 보는 관점에 따라서 다양하게 정의될 수 있지만 일반적으로 연령에 의한 개념이 가장 보편적이라고 볼 수 있다. 특히, 생활 연령

(chronological age)에 의해서 청소년을 최초 경제활동 연령에 해당되는 15세부터 24세까지로 보고 있으나 최근 OECD 국가들에서는 15세에서 29세까지 확대하는 추세이다.

이렇게 볼 때 청소년은 진로유형에 따라서 몇 개의 특징적인 집단으로 분류할 수 있는데 그 대표적인 집단이 학생집단이라고 할 수 있으며, 그 다음이 상급학교에 진학을 하지 않거나 재학하지 않은 비진학 또는 비재학 청소년 집단이다. 그리고 비진학 또는 비재학 청소년을 크게 근로 청소년집단과 같은 비진학 취업 집단과 재수생이나 직업을 갖지 않고 있는 비진학·미취업 청소년 집단으로 구분할 수 있다(강무섭, 2000: 13-15).

1) 청소년의 진학 상황

15~29세 연령층의 청소년 대다수는 경제활동 참여보다는 교육활동에 참여하고 있다. 즉 2005년 4월 기준으로 보면, 중등교육 진학률은 99%를 넘어 완전 진학 수준이며, 고등교육 기관으로의 진학률 역시 꾸준히 상승하여 82.1% 수준에 이르고 있다(교육통계연보).

우리 나라 청소년의 교육 참여율(1999년 표본조사)의 통계치를 OECD 회원국과 비교하면 15~19세 87.5%, 20~24세 50.8%로 OECD 평균(1996)치인 81.5%, 35.8%보다 훨씬 높으나, 25~29세에서는 12.9%로 OECD의 평균치(13.5%)보다 낮다(강무섭, 2000: 14면에서 재인용).

〈표 9-1〉 OECD회원국 청소년(15~29세)의 교육 참여율(1996)

(단위 : %)

	연령계층	교육을 받고 있는 청소년층의 인구비			
		취업	실업	비경제 활동인구	소계 (학생층의 비율)
호주	15-19	29.4	6.0	38.6	74.0
	20-24	19.8	2.4	9.3	31.5
	25-29	11.2	0.8	2.8	14.8
캐나다	15-19	26.2	5.0	51.9	83.0
	20-24	16.4	1.5	19.9	37.7
	25-29	6.6	0.5	5.2	12.3
프랑스	15-19	0.4	0.1	90.2	96.1
	20-24	3.1	0.7	42.4	50.9
	25-29	3.9	0.5	5.0	11.0
독일	15-19	1.8	0.7	67.2	90.5
	20-24	3.6	0.2	19.4	32.0
	25-29	3.9	0.2	8.5	13.7
이탈리아	15-19	0.6	0.7	70.7	72.0
	20-24	1.0	1.6	29.3	32.0
	25-29	1.3	0.8	10.7	12.7
영국	15-19	25.3	3.9	32.6	69.9
	20-24	11.4	1.2	12.3	27.6
	25-29	8.7	0.8	3.0	13.6
미국	15-19	25.9	4.3	51.4	81.6
	20-24	19.3	1.1	12.2	32.5
	25-29	8.6	0.4	2.9	11.9
OECD 국가평균	15-19	10.0	2.9	62.4	81.5
	20-24	8.7	2.2	22.9	35.8
	25-29	6.7	1.1	5.3	13.5
한국 (1999)	15-19	0.5	9.3	77.7	87.5
	20-24	0.8	14.8	35.2	50.8
	25-29	2.9	5.4	4.6	12.9

자료 : OECD(1998), 「OECD 교육지표」.
한국직업능력개발원 표본조사, 1999.

2) 청소년의 취업 동향

청소년 근로인구는 진학률 상승, 중학교 의무교육의 확대, 경제상황의 침체 등으로 계속 감소하는 추세에 있다. 2002년도 중학교 졸업자 중 약 94.8%가 상급학교로 진학하고 일부는 재수, 일부는 가사 보조 등으로 진로를 결정해 중학교 졸업자의 신규취업은 극히 적은 숫자에 불과하였다. 2002년도 고등학교 졸업자의 경우는 상급학교 진학자와 군입대자를 제외하고 취업가능한 172,928명 중 66.1%인 114,429명이 취업하였다. 전문대학의 경우 산업체의 고용구조 개선, 정책적 지원, 사회적 인식의 제고 등으로 매년 취업률이 상승해 왔으며, 2001년 현재 취업률이 81.0%였다. 2002년 대학졸업자의 취업률은 2000년도의 56.0%보다는 다소 상승한 67.0%였으나, 전문대학 졸업자들보다 취업률이 크게 떨어지고 있어 여전히 계속되는 대학졸업자의 취업난을 보여주고 있다(문화관광부, 2003).

아울러 청소년층의 취업동향을 살펴보면, 경제활동참가율이 감소하며 동시에 실업률도 크게 증가하고 있는 등 청소년 노동시장이 매우 불안정한 상황이다. 전체 노동자의 직업분포와 비교할 때도, 청소년은 서비스·판매직과 사무직이 많은 편이고, 기능·기계조작·단순노무직, 전문·기술·행정관리직, 농어업직이 적은 편이다.

특히 일하는 청소년의 가장 큰 문제는 대부분이 단시간근로자라는 점이다. 청소년은 일을 하더라도 다른 성인 노동자처럼 정규직이 아니고 '아르바이트'란 이름의 단시간근로자이다. 단시간근로자는 다른 정규직 근로자에 비교하여 임금이 낮을 뿐만 아니라, 근로기준법으로 정한 노동시간 등 최소한의 근로조건조차 보호받지 못하는 경우가 많다(이용교, 2004: 292).

2. 청소년 시기에서의 진로선택의 의의

인간은 누구나 행복하고 성공적인 삶을 살기를 희망한다. 이러한 소망을 이루기 위해서는 과학적이고 합리적인 인생진로의 선택과 함께 그에 따른 노력이 뒷받침되어야 한다. 인생의 진로를 과학적이고 합리적으로 선택하기 위해서는, 그에 관련된 여러 가지 요소를 체계적으로 인식하고 그러한 근거 위에서 현명한 판단을 내려야 한다. 예컨대, 자기 자신의 지적 능력, 소질과 적성, 성격, 흥미, 신체적 조건 등에 대하여 객관적으로 인식하고, 자기를 둘러싼 환경, 즉 가정 환경, 사회 환경, 국제 환경 등 자기에게 관련된 세계에 대하여 객관적인 정보를 획득하여야 한다. 그리고, 그러한 자아 인식과 정보 위에서 합리적인 판단 과정을 통하여 진로를 선택하여야 한다(한국교육학회, 1989).

진로란 인생을 살아가는 과정에서 선택하게 되는 모든 일을 뜻하는 바, 여기에는 자신의 교육, 직업, 결혼, 가정 생활, 자녀 양육, 노후 생활 등 삶의 선택문제가 모두 포함된다. 이러한 여러 가지 진로문제 중 청소년 시기에 반드시 이루어야 할 중요한 과업 중의 하나는 바로 자신이 원하는 진로와 직업을 선택하는 일이라 할 수 있다. 직업은 인생의 진로에 있어 불가분의 일정한 생활의 장으로서, 진로를 설계하고 선택하는데 있어서는 무엇보다도 중대한 의사결정의 과정을 거쳐야 한다.

그러나 일상 직업을 구상하고 선택하는 문제에 이르게 되면 많은 사람들이 혼란에 빠지고 갈등을 겪게 된다. 청소년들 역시 자신의 진로를 결정하는데 다음과 같은 몇 가지 장애와 갈등을 지니고 있었다(Boggs, 1980: 302-314).

① 자신에 대한 정보부족 : 자신의 가치체계와 소망수준 등에 대한 모호한 인식, 바람직한 직종 및 직업선택과 관련된 자신의 흥미, 적성, 능력 등에 대한 불확실한 정보로 인한 어려움

② 직업환경에 대한 정보부족 : 입사시 필요한 자격요건, 근무조건(봉급, 승진, 근무지 등), 업무 수행시 발생되는 신체적, 심리적 스트레스, 근무환경 및 경제적 전망 등과 같은 직업환경에 대한 정보부족으로 인한 어려움

③ 의사결정 기술 부족과 장애 : 의사결정 기술과 경험 부족, 목표설정의 어려움, 목표달성을 위한 계획수립과 시간관리의 허술함으로 발생되는 장애

④ 여타 기술 부족과 장애 : 기본적인 학습능력 결손, 효과적인 의사소통(취업면접) 기술 부족, 이력서, 자기소개서 등과 같은 양식 기재요령 준비 소홀로 인한 장애

⑤ 자신과의 갈등 : 비현실적인 목표설정, 실패에 대한 두려움, 불안감, 열등의식, 성역할의 편견 등으로 인한 자기 자신과의 불필요한 고민과 갈등

⑥ 다른 사람들과의 갈등 : 유의미한 타자(부모, 배우자, 친구 등)의 과도한 기대 및 그들과 상충되는 진로선택, 권위자(상사, 교사 등)와 무의식적으로 닮아가려는 동일시 욕구 등과 같은 주변 사람과의 갈등

아울러 청소년들은 의사결정상의 문제로 인해 자신들의 진로를 결정하지 못하는 경우도 많다. 즉 ① 단순한 미결정(상황적으로 혹은 발달과정상 진로결정이 되지 않은 상태)과 ② 만성적인 무결정(생활과 행동 전반에 걸쳐서 의사결정을 하지 못하는 우유부단을 보이는 것)의 상태를 보인다(김계현, 1997: 229).

특히 청소년들이 고민하고 있는 호소문제들을 집중 조사한 여러 연구들을 분석해 본 결과, 청소년들의 고민사항은 매우 다양하지만 여러 연구들은 그들의 고민사항 중 '진로문제'가 매우 중요한 비중을 차지하고 있었다(김봉환 외, 2000: 24-26). 즉 입시위주의 진로지도, 부모위주의 진로결정, 자신에 대한 이해부족, 왜곡된 직업의식, 일의 세계에 대한 이해부족 등으로 청소년들이 자신의 진로결정과 선택을 제대로 수행하지 못하고 있었다.

따라서 진정 원하는 직업을 올바르게 선택하고 제대로 준비할 수 있는 진로결정 요인과 구체적인 진로준비방안에 대해 진지하게 숙고할 필요가 크다.

3. 진로결정 요인

진로의 결정은 삶의 방향과 질을 결정하는 과정이란 점에서 신중하게 그리고 합리적이고 과학적으로 이루어져야 한다. 청소년들이 자신들의 특성을 감안하여 스스로 진로를 결정할 수 있도록 학생 자신은 물론 학교 구성원 모두가 고려해야 할 요인들을 살펴보면 다음과 같다(한국교육학회, 1989; 임두순, 1995).

1) 개인적 특성

진로 결정에 있어서의 가장 먼저 고려해야 할 요인은 자신의 개인적 특성이다. 특히 직업 선택에 깊이 관련된 개인적 특성들은 지능, 적성, 흥미, 인성, 신체적 조건 등이다. 이러한 특성들은 사람에 따라 서로 다르고, 따라서 서로 다른 직업과 진로 결정을 요구하게 된다. 이러한 특성에 따라 어떻게 진로 결정에 대한 요구가 다른가를 살펴보고, 각자의 특성에 따른 진로 및 직업 선택의 방향을 생각해 보기로 한다.

(1) 지능

지능이란 일반적으로, 환경을 지각하고 이해하며 응용할 수 있는 능력을 뜻하는 것으로서, 지능 검사를 실시하여 산출한 지능 지수(IQ) 100점을 평점으로 하여 그 정도를 나타내는 것이 보통이다. 지능은 직업의 성공을 결정짓는 하나의 요인으로 간주된다. 특히 지적인 것을 많이 요구하지 않는 직업도 수없이 많이 있을 수 있기 때문에, 구체적인 결정 과정에서는 이러한 점들을 종합적으로 검토하여야 한다.

(2) 적성

적성이란 어떤 직종에서 요구되고 있는 특수 능력이나 소질 정도를 의미하는 것으로, 진로 선택과 가장 관계가 깊은 인간의 심리적 특성이다. 적성 요인은 학자에 따라 그리고 적성 검사에 따라 조금씩 다르게 분류되고 있으나 대체로 비슷하다. 각각의 적성 요인과 직업과의 관련성을 간략히 살펴본다.

① 언어 능력

정확한 의사소통을 위해 단어를 정확히 선택하고, 어휘를 연상하고, 문장의 구조와 뜻을 이해하고, 의사를 발표하는 능력을 말한다. 이 언어 능력은 언어적 개념을 중요한 요인으로 하는 사회 과학 분야에서 요구되는 적성이다.

② 공간 지각력

입체적 공간 관계를 이해하는 능력으로서 시각을 통하여 실체적 물체를 취급하고, 실체적 물체를 회전 또는 분해했을 때의 형태를 상상하는 능력이다. 이 능력은 설계, 건축, 미술, 가구 등의 제도에서부터 재단에 이르기까지 입체 구성 능력을 요구하는 직업 분야의 적성 요인이다.

③ 계산력

정확하고 빠르게 계산하는 능력을 말하며, 이 능력은 대부분의 직업에서 필요한 기초적 능력이지만, 특히 사무 분야에서 중요한 적성이다.

④ 추리력

원리를 추리하고 응용하는 능력이다. 자연 과학, 사회 과학 등의 분야에서 필요로 하는 적성이다.

⑤ 기계 추리력

각종 기계 기구 및 물리학적 원리를 이해하고 추리하는 능력을 말한다. 이 능력은 토목, 기계, 수리 기술자, 조립 기술자, 기타 각종 이공학

시설 분야 및 공장 등에서 요구되는 적성이다.

⑥ 척도 해독력

척도, 그래프, 차트, 계기 등을 신속·정확하게 읽는 능력을 말한다. 이 능력은 이공학, 화학, 생물, 수학, 의학 등의 과학 분야와 실업 및 기술 분야에서 요구되는 적성이다.

⑦ 수공 능력

운동 감각의 정확성과 신속한 반응 능력이다. 이 능력은 전자공, 전기공, 인쇄공, 세공 등의 직업 분야에서 중요한 적성이다.

⑧ 기억력

복잡한 자료나 항목들의 분류, 상징 및 기호를 학습하고 암기하는 능력을 말한다. 이 능력은 사회 과학, 실업, 사무 분야에서 중요한 적성이다.

⑨ 사무 지각력

문자나 기호를 정확하고 신속하게 식별하는 능력을 말한다. 경리, 서기, 전화 교환 등 사무 분야에서 필요한 적성이다.

⑩ 형태 지각력

실물이나 도해를 정확하고 빠르게 비교·판별하는 능력을 말한다. 이 능력은 통신, 타자 등의 사무 분야와 도안, 디자인 등의 응용 미술 분야, 그리고 기타 기능직 분야에서 필요한 적성이다.

사람이 타고 나는 적성은 지금까지의 연구에 의하면 서로 다른 것으로 상정된다. 말하자면 타고난 적성 요인이 다르기 때문에 그러한 적성 요인이 무엇인가를 정확히 발견하고 개발시켜 준다면, 누구나 그러한 분야에서 탁월한 능력을 발휘할 수 있게 된다는 점이다. 이 점에서 각자의 타고난 적성 요인을 발견하고 개발시켜 나가는 일은 개인들의 진로와 직업 선택을 성공적으로 이끌게 할 뿐만 아니라, 전체 국민들의 능력을 고도로 발휘하게 만든다는 점에서 국가 발전의 기초를 다지는 중요한 과제이다.

그러나 적성 자체가 직업의 성공여부를 가늠하는 유일한 척도는 아니다. 적성은 대강의 소질을 예언해 주는 것일 뿐이고, 직업적인 성공은 적성 뿐만이 아니라 여러 요인 즉, 흥미, 태도, 성격, 가치관, 가정환경, 그리고 사회경제적 여건 등이 조화를 이룬 결과라는 점을 유념할 필요가 있다.

(3) 흥미

흥미는 자신이 하고자 원하는 것, 하고 싶어 하는 것을 뜻한다. 흥미는 적성과 유사한 뜻으로 사용하기도 한다. 그러나 적성과 흥미는 서로 구분되며, 적성이 있다고 하여 흥미도 있다거나, 흥미가 있다고 하여 반드시 적성이 있다고 말할 수는 없다. 즉, 적성이란 자신의 타고난 능력에 적합한 것을 뜻하며, 흥미란 자신이 하고 싶어하는 것을 뜻한다는 점에서 서로 구분된다.

직업의 선택에 있어 흥미가 결정적인 역할을 한다고 볼 수는 없지만 직업에 대한 만족과 노력 및 지속성을 결정짓는 중요 요인임에는 틀림없다. 특히 현대의 직업은 전문화, 과학화되어 그 속에서 흥미에 적합한 일을 하기는 매우 힘든 경우가 많다. 일이 단순한 생계유지 수단이었던 것에서 벗어나, 자아실현의 방법이 되기 때문에 흥미를 가진 일에 종사한다는 것은 대단히 중요하다.

직업과 관련된 흥미의 종류로는 문학적 흥미, 과학적 흥미, 사회과학적 흥미, 기계적 흥미, 전자적 흥미, 상업적 흥미, 봉사적 흥미, 사무적 흥미, 옥외 운동적 흥미, 음악적 흥미, 미술적 흥미 등이 있다.

(4) 인성

개인의 자아 개념, 가치관, 욕구, 대인 관계 등의 성격적 특성을 인성이라 한다. 인성 역시 진로 선택에 영향을 주는 요인이며, 직업에의 적응 여부를 판단하는 데 도움을 준다. 인성은 여러 가지 형태의 인성 진단 검사, 성격 검사 등을 통해 알아볼 수 있다. 인성 유형에는 활동성,

사려성, 사회성, 안정성, 지배성, 예술성 등이 있다.

(5) 신체적 조건

직업에 따라 각기 다른 종류의 신체적인 조건이 요구된다. 어느 직업에서 어떤 신체적인 조건과 활동을 요구하느냐의 문제를 쉽게 말하기는 어렵다. 지능, 능력, 적성, 흥미 등에 맞는 직업이 있다 하더라도 신체적으로 불리한 조건이 있으면 그 직업을 택하기는 어렵게 된다.

예컨대, 신체적으로 쇠약한 사람이 강건한 체력을 요하는 직업을 갖기란 어려우며, 근시일 경우 좋은 시력을 요하는 직업은 부적당하다. 또 말을 유창하게 해야 하거나 잦은 대인 관계를 요구하는 직업은 발음 장애를 가진 사람에게 부적당하다. 이와 같이, 신체적 조건에 의해 직업 선택이 영향받는 수가 많으므로 각 직업에서 요구하는 신체적 조건을 이해하고 이를 고려하여 진로를 선택할 필요가 있다.

2) 환경적 요인

진로를 선택할 때 고려해야 할 환경적인 요인에는 가정환경, 직업적 조건 등이 있다. 이에 관해 충분히 인식한다면 합리적이고 과학적인 진로 선택이 가능해질 것으로 생각된다.

(1) 가정환경

가정환경이란 가족 구성원 중 본인의 위치, 가정의 사회・경제적 지위, 가정의 전통과 종교, 부모의 직업과 교육 수준, 부모의 요구 수준 등을 모두 포괄한다. 사람들은 가족과의 접촉을 통해 최초의 사회적 경험을 갖게 되며 차차 성장함에 따라 계속적으로 직・간접적으로 가정환경의 영향을 받게 된다. 이러한 영향력은 누적적이고 종합적이므로 미래의 진로 선택에 있어서도 큰 힘을 발휘하게 된다. 뿐만 아니라, 부모의 가치관, 직업관, 가정교육, 태도 등도 진로 영향을 미치는 중요한 요인이 된다. 특히 가정 내에서 본인이 처한 위치, 가정의 경제적 형편, 부모의 요구 등은 진로를 선택할 때 고려하지 않으면 안 될 중요한 요인들이다.

이와 같은 가정적 요인들을 고려하면서 현실적이고 타협적으로 진로를 결정한다면, 가족들로부터 충분한 지원을 받고 마찰 없이 자기의 진로를 성취해 나갈 수 있게 될 것이다. 가정 형편에 대한 고려없이, 그리고 가족들의 이해 없이 독단적으로 진로를 결정한다면 아마도 그 결정은 실패로 끝나거나 많은 장애에 부딪칠 가능성이 높다는 점을 명심해야 할 것이다.

(2) 직업적 조건

직업에 따라 직업이 갖는 조건은 천차만별이다. 직업은 무엇보다도 생계의 수단으로서 중요하다. 이런 점에서 직업의 보수 체제는 우선 고려해야 할 직업적 조건의 하나가 된다. 또한 일의 내용과 여건은 사회봉사 또는 자아실현의 수단으로서 얼마만큼 자기 자신의 이상과 적성에 맞는가도 살펴보아야 한다.

직업이 요구하는 교육 수준과 자격 여건도 또한 중요하게 고려해야 한다. 직업에 따라 요구되는 교육 수준은 차이가 있으며, 학력에 상관없이 일정한 기술을 요구하는 직업도 있다. 특히, 현대 사회에서 전문화, 기술화된 직업을 가지기 위해서는 직업별로 요구되는 교육, 기능, 자격을 갖추는 것이 매우 중요하다. 이외에도 일의 세계와 관련된 많은 사항들이 진로를 선택할 때 고려되어야 한다. 즉, 각 직업의 내용, 직업의 성질, 작업 조건 내지 근무 환경, 승진 및 발전의 가능성, 앞으로의 사회적 전망 등에 대해 알아야 한다. 이에 관련된 여러 가지 정보를 수집, 분석하고 충분히 이해한 후 자신의 개인적 특성에 비추어 적합한 진로를 선택해야 한다.

4. 직업의 의의와 직업관

1) 직업의 개념과 의의

'직업'이라는 말은 '직(職)'과 '업(業)'의 합성어로 되어 있다. 여기서 '직'은 다시 두 가지의 뜻으로 구분해 볼 수 있는데, 그 하나는 관을 중심으로 행하는 직무라는 관직적 뜻이 있고, 또 하나는 직분을 맡아 행한다는 개인의 사회적 역할의 뜻이 있다. 한편 '업'이라는 말은 생계를 유지하기 위하여 전념하는 일이라는 뜻과 자기 능력의 발휘를 위하여 어느 한 가지 일에 전념한다는 뜻이 있다. 따라서 합성어로서의 직업이라는 용어는 사회적 책무로서 개인이 맡아 하여야 하는 직무성과 생계유지를 위하거나 과업을 위하여 수행하는 노동행위의 이중적 의미를 내포한다고 볼 수 있다. 이와 같이 우리 나라에서는 직업에 대한 넓은 뜻이 적용되기 때문에 이를 해석하는 사람의 입장에 따라, 직업에 대한 사회적 신임의 정도에 따라 각각 다르게 해석하게 된다(이무근, 1996).

한편 사전적 의미를 보면, ① 생계를 위하여 일상적으로 하는 일, ② 관직, 업무상의 일, ③ 자기능력에 따라 어떤 목적을 위해 전심하는 일이라고 되어 있다.

직업이라는 용어에 대하여 외국의 예를 들어 보면, 우리 나라보다 좀 더 구체적인 내용을 담고 있다. 영어에서 직업은 'vocation' 또는 'occupation'이라는 말을 혼용하고 있는데, 이들 간의 의미에는 다소의 차이가 있다. 즉, vocation이란 도덕의식이 함축된 천직 즉, 신으로부터 부르심을 받아 소명을 받은 일의 의미를 지니고 있다. occupation은 사람이 보수를 받기 위해 정해 놓고 종사하는 일이라는 단순한 말의 의미를 지니고 있다. 프랑스어로는 직업을 'profession'이라는 말을 사용하는데, 이것은 단순한 일의 성격보다는 그 일이 가지고 있는 사회적 지위에 보다 중점을 두는 의미로서 전문기술과 이를 성취하기 위한 특별한 훈련과 재능을 기반으로 한다는 뜻을 갖고 있다.

이러한 다양한 어원적 의미를 내포한 직업의 개념은 현대 산업사회로 오면서 직업에 대한 직종과 직무가 다양해지고 전문화되면서 매우 공리적이고 유동적인 뜻을 내포하게 되었다. 그리하여 직업을 인간의 사회생활의 수단이나 방법으로 생각하는 경향이 날로 늘어감에 따라 도덕적이고 소명의식적인 천직의 개념은 퇴색되었고, 생계유지를 위한 개인의 경제적 사회적 활동면이 강조되게 되었다.

이상에서 알 수 있는 바와 같이, 사람들이 왜 직업을 가져야 하는지 그 의의를 정리하면 다음과 같다(이무근, 1996).

첫째로 먹고 살기 위해, 즉 개체보존을 위한 수입을 얻기 위해 일한다. 이것이 생존 기반이 되는 직업의 경제적 의미이다.

둘째로 우리는 일함으로써 사회에 공헌하고 사회적 평가를 받아 일정한 지위를 얻게 된다. 그리고 직업을 통하여 사람이 된다는 의미에서 직업은 인격도야의 기반이 된다. 이것이 직업의 사회적 의미이다.

셋째로 우리는 적성에 맞는, 하고 싶은 일을 통해 보람을 느끼고 자기 능력을 발휘하여 행복을 느낄 수 있다. 행복감의 원천이 바로 일의 인간적 의미이다. 따라서 직업은 얻는 돈만이 아니라 사회적 인식이나 자아실현의 정도를 통해 평가되어진다.

2) 직업관의 의미와 분류

현대사회는 직업사회라고 불릴 만큼 개인은 누구나 직업을 가져야 한다. 국가나 사회는 필요한 재화나 용역의 생산을 위해서 반드시 직업활동을 보장하고 장려하여야 하며, 개인은 직업을 통하여 생계유지는 물론 사회발전에 기여하여야 한다. 개인이나 사회가 직업에 대하여 가지고 있는 가치관이나 태도를 '직업관'이라 하며, 직업관은 특정한 개인이나 사회를 지배하는 가치체계가 직업에 직접 반영되어 나타난 것이다.

직업관을 논할 때는 개인과 사회라는 두 가지 측면에서 언급하여야 한다. 개인적 측면이란 직업에 종사하는 각 개인이 직업을 선택하고 직무를 수행함에 있어서 어떤 의식이나 가치관을 가지고 임하는가를 의미하는 것이고, 사회적 측면이란 역사적으로 직업에 대한 의식이나 가치관이 사회의 발달에 따라 어떻게 변천되었는가를 의미하는 것이다.

그러므로 개인 또는 사회가 어떠한 직업관을 가지고 있는가는 개인의 직업결정 및 수행 뿐 아니라, 그 사회의 발전에도 커다란 영향을 미친다. 예를 들어, 건전한 직업관을 가지고 있는 개인들로 구성된 사회는 안정되고 건강하게 발전하지만, 그렇지 못할 때는 경제구조가 변질되고 파괴되어 구조적인 실업문제가 발생하게 된다.

이를테면 직업을 단지 생계유지나 권력획득의 수단으로만 생각하는 사회와 직업을 사회봉사 및 자아실현의 수단, 그리고 사회생활에 필요한 재화나 용역을 생산하는 것으로 생각하는 사회간에는 개인들의 직업선택 성향이나 사회의 발전에 있어서 현저한 차이가 있게 된다. 직업관을 다음과 같이 분류해 볼 수 있다(이무근, 1996).

(1) 생계지향 직업관과 소명지향 직업관

화폐경제가 발달한 근대 이후의 사회에서는 모든 사람은 일에 종사함으로써 반대급부로서의 수입을 얻고, 그 수입으로 생계를 유지하게 된다. 생계지향 직업관은 이처럼 직업을 수입을 위한 활동으로만 보는 직업의식을 말한다.

소명지향 직업관은 모든 사람은 사회적 지위나 위치에 따라서 해야 할 일을 하늘로부터 받고 태어남으로 자기의 일, 즉 직분에 충실하는 것이 하늘의 도리에 따르는 것이라고 보는 직업의식이다.

(2) 결과지향 직업관과 과정지향 직업관

직업관을 직업의 목표 면에서 분류한 것으로, 직업이 수행하는 업적과 결과를 중요시하는 직업관을 결과지향 직업관, 반면에 직업의 일이 수행되는 과정 그 자체를 중요시하는 것을 과정지향 직업관이라 한다.

결과지향 직업관을 가지고 있는 사람은 자신의 일을 출세나 보수를 위하여 수행하게 되며, 과정지향 직업관을 가진 사람은 일을 통한 출세나 보수에는 별 관심이 없고, 그 보다는 일 자체의 수행에 보람과 가치를 둔다.

(3) 업적주의 직업관과 귀속주의 직업관

직업 획득과정을 기준으로 분류한 직업관으로서, 업적주의 직업관은 개인의 소질, 능력 또는 성취도가 개인의 직업선택의 중요한 기준인 동시에 결정적인 역할을 한다고 보는 직업관이다.

이에 비하여 귀속주의 직업관은 개인의 능력이나 소질보다는 성별, 부모의 사회적 신분 등 개인이 선천적으로 가지고 태어난 여러 가지 조건시 직업선택의 기준이며 결정요인이라고 보는 직업관이다. 과거 신분제 사회에서는 귀속주의 직업관이, 오늘날에는 업적주의 직업관이 중심을 이루고 있다.

5. 올바른 진로, 직업선택과 준비를 위한 길라잡이

지금까지 진로선택이 얼마나 중요하며, 무엇을 어떻게 고려해야 할 것인가를 개괄적으로 소개하였다. 우리의 소중한 청소년들이 스스로 자신의 진로를 계획하고 체계적인 사전준비를 위해 늘 가슴깊이 새기면서 공동체 내에서 실천해야 할 중요 사항을 제시한다(한국교육학회, 1989; 임형택, 1998).

1) 인생목표의 분명한 인식과 설정

무엇보다도 먼저 진로선택에는 인생목표에 대한 분명한 가치선언과 인식이 전제되어야 한다. 많은 사람들이 원했던 직업을 가지고도 만족하지 못하고 있는 것은 구체적으로 인생의 분명한 목표없이 단순한 경제적인 부나 명예 같은 것에 현혹되어 직업을 선택하였기 때문이다.

자신이 나아가야 할 목표에 대한 생각이나 태도를 가지고 있으면, 그렇지 못한 사람보다 진로의 선택이 보다 합리적으로 이루어질 수 있다. 목표가 뚜렷한 사람은 자신의 진로에 애착을 가지고 정성을 쏟음으로써 보람과 자기만족을 얻을 수 있다. 만족하게 일하는 사람은 모든 일을 즐겁게 느끼고 자신감도 발전시키게 된다. 인생의 목표는 우리가 해나가는 모든 일의 기초가 되지만 자기에게 가장 알맞은 인생의 목표를 결정하는 일은 그렇게 쉽지 않다.

대체로 사람들은 여러 가지 경험을 통하여 가치있게 여기는 무엇인가를 발견하며, 자신을 헌신한다. 진로 선택에서 우선적으로 고려해야 되는 요소는 자기가 원하는 가치 세계이다. 우리는 이것을 확인하고 인생의 목표를 정해야 한다. 왜냐하면, 이것이 삶의 방향이 되며 인생의 모든 것을 이끄는 요인이 되기 때문이다. 이러한 인생의 목표는 계속해서 확인되며, 수정 보완되어 나간다. 아동 및 청소년 시절은 이러한 인생의 가치와 목표를 분명히 다시금 세워 보고, 앞으로 살아가야 할 인생의 방향을 결정하는 시기란 점에서 더욱 중요하다 할 수 있다.

아울러 목표설정은 다음과 같이 가능하면 SMART하게 세워야 도움이 된다.

① S(specific): 구체적이어야 합니다.

② M(measurable): 측정이 가능해야 합니다.

③ A(action-oriented): 무엇을 어떻게 할 것인가에 초점을 맞춥니다.

④ R(realistic): 목표의 현실성을 고려해 봅니다.

⑤ T(timely): 한시적이어야 합니다.

2) 자신에 대한 객관적인 이해

진로선택에 있어 아무리 강조해도 부족한 점이 바로 자기 자신에 대한 정확하고도 충분한 이해이다. 즉 '나는 누구인가?', '나는 무엇을 잘할 수 있는가?', '나의 성격은 어떠하며, 장래의 희망은 무엇인가?' 등 자신에 대해 객관적으로 알면 알수록 우리는 보다 현명한 선택을 할 수 있다. 자신에 대한 정확한 이해를 가지면서 자신을 보는 여러 관점들, 즉 자기 스스로의 자신에 대한 이해, 다른 사람들이 이해하는 자기, 그리고 자신이 희망하는 이상적인 자기를 종합적으로 판단해야 한다. 아울러 객관적인 자기 이해를 위해서는 앞에서 소개한 적성, 흥미, 성격, 가치관 등을 각종검사를 통해서 살펴볼 필요가 있다.

특히 진로와 관련하여 자신의 능력, 적성, 태도, 흥미 등을 바르게 이해하여야 한다. 직업을 선택하는 데나 학문이나 취미 활동을 해 나가는 데 있어서 능력, 적성, 흥미, 가치관 등의 요소는 성패를 좌우하는 결정적 요인들이다. 직업을 선택하는 일뿐만 아니라, 인생의 모든 활동에서 자신을 객관적으로 이해하고 대처하는 일은 매우 중요하다.

3) 직업세계에 대한 지식과 정보

새로운 지식과 기술의 발전으로 인해 직업세계는 급속도로 변해 가고 있다. 현재 존재하는 직업의 25%가 25년 전에는 없었던 직업이며, 또 2000년대에는 현존하는 직업의 50~75%가 없어지게 될 것이라고 전망하는 학자도 있다. 이는 바로 미래의 직업구조가 급속히 진행되는 경제발전과 산업구조의 변화에 따라 크게 다르다는 것임을 의미한다. 아울러 수많은 직업 중에서 자기의 소질과 적성에 맞는 직업을 선택하고, 그러한 직업세계에 나아가기 위한 준비를 하려면, 직업의 종류와 그 특징, 그 직업이 요구하는 자격조건, 경제적인 소득, 장래성 등 여러 가지 정보에 대한 것을 잘 알아야 한다. 이러한 직업정보는 직업사전이나 광고 등에 의하여 얻을 수 있으며, 직업가 면담조사, 산업체 방문 등을 통해서도 얻을 수 있다.

특히 자신들의 특성을 파악하고 직업에 대해 탐색하면서 구체적인 직업 준비를 위해 결정할 때 검토해야 할 내용을 제시하면 다음과 같다.

① 그 직업의 구체적 교육 · 훈련 요건
② 특성, 적성, 기술 자격 요건
③ 일의 성질(좋아하는가?, 평생을 두고 할 수 있는가?)
④ 작업 환경
⑤ 수입
⑥ 지역적 특성
⑦ 고용 기회(학교 졸업 후)
⑧ 생활 양식 허용 정도
⑨ 성공가능성

4) 합리적인 의사결정 능력 함양

사람은 일생을 살아가면서 다양한 상황에서 이런 저런 선택을 해야 하고, 또 강요받게도 된다. 우리의 일생은 학교를 선택하고, 직업을 선택하고, 배우자를 선택하는 등 일생을 좌우하는 중대한 선택으로부터, 필요한 물건을 사는 데 이르기까지 크고 작은 의사 결정의 연속이라고 해도 좋을 것이다.

합리적인 의사 결정이란, 자신을 둘러싼 중요한 요인들을 가능한 최대로 고려하여 결정하는 것을 의미한다. 특히, 진로 선택에서 합리적인 과정이란 진로에 관한 정보(일의 세계 및 자기 이해에 관한 정보)를 합리적으로 수집, 분석하고, 자기의 경험을 과학적으로 조직, 해석하며 자문과 상담을 적절히 활용하여 종합적으로 자신의 진로를 선택하는 것을 의미한다. 여기에서 부모, 교수 또는 주위 사람들의 의견은 어디까지나 자기 스스로의 결정에 도움을 주는 조언에 지나지 않음을 잊지 말아야 한다. 진로 선택에서 최종 결정은 자기에게 있기 때문이다.

아울러 어떠한 문제이든간에 이를 과학적으로 해결하기 위해서는 대체로 ① 사실의 관찰과 분석, ② 문제의 정의 및 가능한 해결 방안 모색, ③ 가능한 해결 방안에 대한 실증적 자료의 확보, ④ 실증적 자료로부터의 합리적인 결론 도출이라는 문제 해결의 과정을 거치게 된다.

합리적인 진로 계획을 위해서도 이와 같은 문제 해결의 일반적 과정이 적용되는 것이 바람직스럽다고 생각된다. 미래의 진로를 합리적으로 결정하기 위한 한 방안으로서 문제 해결의 구체적인 과정과 원칙들을 살펴보자(한국교육학회, 1989).

첫째, 진로 결정의 첫 단계로서 자신의 생애 목표를 명확히 하여야 할 것이다. 자신의 생애 설계를 위해 중요하게 고려해야 할 요인으로는 개인의 흥미, 능력 및 가치관 등이 있다. 자기 자신이 진정으로 하고 싶은 것이 무엇이며, 그러기 위해서 자신이 중요하다고 생각하는 것은 무엇인지, 자신의 생애목표를 객관적으로 분석해 보아야 한다. 자기가 원하는 바가 무엇인지 확실시되면 이를 가장 성공적으로 뒷받침해 줄 직업 분야를 결정하고, 이 분야에서 요구되는 능력을 자신이 갖고 있는지 면밀히 검토해 봐야 한다. 만일 이 검토 결과가 의심스러우면 적성 검사나 기타 심리 검사를 받아보는 것도 한 방법이다. 일반적으로 인간은 자기가 가장 열망하는 일을 하는 데 필요한 기초적인 능력을 지니고 있게 마련이며, 이러한 능력은 교육과 훈련을 통하여 더욱 향상된다.

진로 설계의 둘째 단계에서는 위의 목표 달성을 가능케 하는 대안들을 탐색해 본다. 이 단계에서는 자신 앞에 놓인 모든 대안들을 열거해 보는 것이 좋다. 이러한 대안들은 각 개인에 따라 다르기 때문에, 각자 스스로 탐색해 보아야 하나, 자기가 추구해 나갈 수 있는 길들을 충분히 파악하기 어려울 경우에는 교수, 동료, 선배 등 여러 사람들과의 상담이 필요하다. 또한 취업하게 된 일의 유형, 교육 기회, 훈련 기회 등과 같은 내용을 정확히 파악할 수 있도록 관련된 책자를 읽거나, 방문 또는 면담을 통해 자세히 알아보아야 한다.

실현 가능한 대안들이 밝혀지면 이번에는 평가할 준거를 세우는 일이 진로 설계의 세 번째 단계가 된다. 개인이 지니고 있는 가치관과 능력, 흥미 등은 이러한 평가의 준거가 될 수 있을 것이다. 이외에도 가정 형편, 경제적인 여건 등이 준거가 될 수 있으며, 대안들을 자기의 입장에서 합리적으로 비교 검토할 수 있는 준거나 기준을 설정하는 것은 합리적인 진로 설계에 필수적이라고 하겠다.

진로 설계를 위한 네 번째 단계는, 각 대안을 평가하고 그에 따라 결정을 하는 일이다. 즉, 셋째 단계에서 설정한 준거에 비추어 대안들을 검토하고 그에 따라 결정을 내리는 과정이라 하겠다. 이러한 경우 여러 가지 준거에 의하여 대안들을 비교 검토하여 최선의 방안을 택하는 것이다.

이제 진로 설계의 마지막 단계로서 자신의 잠정적인 진로 계획을 세워보는 것이다. 물론 이 단계에서 세우는 진로 계획은 최종적인 것이 아니며 필요 이상으로 구체적일 필요도 없다. 일반적으로 이는 얼마든지 변화가 가능한 선택인 것이다.

진로 계획은 개인의 성향, 특수 능력, 독특한 열망 등을 기초로 시작되어야 하는 순전히 개인적인 과업이다. 어떤 의미에서 한 개인은 이미 존재했던 그리고 앞으로 존재할 어느 누구와도 다르다. 그 이유는 각자가 그 나름대로의 사상과 소망, 그리고 꿈과 자아 표현의 독특한 능력을 지니고 있기 때문이다. 사람에게 주어진 생애는 유한하며, 한 번 지나간 세월은 다시 돌이킬 수 없다는 엄연한 사실을 생각해 보며 학생 스스로 자신의 생애를 신중히 설계해 보도록 계속적인 격려와 지지를 해야 할 것이다.

5) 미래 사회에서 필요로 하는 역량 개발

21세기 지식기반사회는 지식과 정보의 창출, 확산, 분배, 활용이 개인의 부와 사회적 지위는 물론 지역과 국가 경쟁력의 주요한 원천이 되는 사회로, 사람과 지식이 가치창출의 핵심적 위치를 차지하고 있다.

〈표 9-2〉 주요국의 직업기초능력

공통영역	AUSTRALIA key competencies	UK (NCC) core skills	UK (GNVQs) core skills	US (SCANS) workplace know-how	US (ASTD)	한 국
의사소통	아이디어와 정보의 의사교환 능력	의사소통 능력	의사소통 능력	기초능력: 기본능력	의사소통	의사소통능력, 외국어 소통능력
정보의 처리/활용	정보수집, 분석 및 조직 능력	정보처리 능력	정보처리 능력	정보처리능력	-	정보소양 능력
문제해결	문제해결능력	문제해결 능력	문제해결 능력	기초능력: 사고력	적응력: 문제해결 능력	문제해결 능력
대인관계 및 협력	협력하여 일하는 능력	대인관계 능력	대인관계 능력	대인관계능력	집단능률 영향력	대인관계 능력
자기 관리	직무활동 기획 및 조직 능력	-	자기학습 능력	개인적 자질, 자원활용능력	학습능력 자아개발	자기관리 및 개발 능력
기술적 지식의 적용	기술공학 활용 능력	-	-	기술활용능력	-	기술능력
수리 능력	수리적 아이디어 활용 능력	수리적 능력	수리적용 능력	기초능력: 기본능력	기본능력: 셈하기	수리능력
기 타	문화이해능력	외국어 능력	-	시스템 능력	-	자원활용/조직이해능력

자료: 이무근 외(1997), 「직업능력인증제 도입을 위한 정책연구」, 교육부.

아울러 과거에는 부과된 일을 충실하게 수행하는 능력을 강조하였지만, 지식기반사회가 되면서 환경변화에 신속하게 적응하고, 창의성을 발휘하고, 자율적으로 일할 수 있는 능력이 강조되고 있다. 이에 주요 기업 등에서는 지식기반사회를 선도해 나갈 수 있는 핵심역량과 적극적 태도를 지닌 인재를 채용하고, 교육투자를 확대하고 있다. 특히 세계 각국도 지식기반사회에 필요한 최소한의 직업기초능력을 국가 차원에서 강조하고 있는 바, 청소년들은 이러한 직업기초능력을 갖추어야 할 것이다(〈표 9-2〉 참조).

또한 원하는 직업을 선택하기 위해서는 기업이 필요로 하는 인재의 요건을 사전에 충분히 알고, 이러한 능력을 배양하는 것이다. 기업이 필요로 하는 인재의 요건은 관점에 따라 다양하게 분류할 수 있겠지만, 여기서는 1994년 3월에 입법화된 "2000년대 미국 교육 목표에 관한 법령"(Goals 2000 : Educate America Act)에서 실시하고 있는 다음과 같은 5개의 역량을 간략히 소개한다.

(1) 자원활용 역량: ① 시간자원 활용 ② 자금 활용 ③ 시설과 물자 활용 ④ 인적자원 활용

(2) 정보활용 역량: ① 정보획득과 평가 ② 정보정리와 유지관리 ③ 정보해석과 전달 ④ 정보처리 위한 컴퓨터 활용

(3) 인간관계 역량: ① 팀원 활동 ② 팀원 지도활동 ③ 고객 만족활동 ④ 리더십 발휘 ⑤ 이(異)문화권 사람과 협력

(4) 시스템 구축 역량: ① 시스템 이해 ② 시스템 성과 관리 ③ 시스템 디자인과 개선

(5) 기술역량: ① 기술선택 ② 기술적용 ③ 기술 유지 보수와 문제 해결

6. 비진학 · 미취업 청소년 직업능력개발 방향

한국의 청소년복지는 급격하게 변화하고 발달하는 사회와 더불어 여

러 가지 문제에 봉착하고 있다. 특히 근로청소년의 문제는 역사를 거슬러 쉽게 찾아볼 수 있고 현재까지도 중요한 당면과제로 남아 있다.

외국의 경우, 근로청소년의 복지문제는 18세기 영국의 산업혁명 이래 자본주의 사회에서 싼 임금으로 그들의 노동력을 착취하고 열악한 작업환경 속에 방치한데서 제기되었다고 볼 수 있다. 우리 나라의 근로청소년의 복지문제는 급격한 경제성장의 그늘에 가려진 그들의 복지는 부끄러울 정도로 처참하였다고 해도 과언이 아니다. 특히, 1960년대와 1970년대는 그 특징이 두드러졌고 현재도 마찬가지로 복지문제가 전반적으로 해결되지 못한 상태에 있고 사회 곳곳에서의 노력이 경주되고 있는 실정이다.

과거의 근로청소년들은 가정의 경제적 어려움을 극복하기 위해 가장의 역할을 보완하거나 대신하려는 노력의 일환으로 또는 진학의 장애를 극복하려는 노력으로 근로에 참여하였다. 그러나 최근 근로청소년들은 일찍이 사회에 나아가 독립하고자 하는 목적과 일찍이 경제활동에 참여하여 자신의 소비욕구를 채우려는 목적으로 근로에 참여하는 청소년들이 나타나고 있다. 과거와 같은 근로 목적이든 그렇지 않든 간에 이들의 근로현장은 여전히 열악하고 불건전한 문화와 함께 하고 있다. 근로 청소년들은 시기적으로 정서적, 신체적 변화를 경험하고 있고, 이러한 발달상의 과업을 독립적으로 수행하기기 어렵다는 것은 두말할 나위가 없다. 또한 근로 청소년들은 자신의 내부의 변화와 환경적 변화를 적절히 수행해야 하는 과업도 동시에 지니고 있다. 따라서 이러한 근로 청소년들이 직면하는 복합적인 과업과 문제를 해결함에 있어 사회적 지원이 필요하고 국가적 차원의 정책과 제도의 정비도 아울러 중요한 과제이다. 또한 이들의 복지를 향상시켜 주고 보다 안정적으로 인도하기 위해서는 근로청소년을 보는 국민 의식의 변화는 물론 다양한 학제적인 접근을 통한 새롭고 활발한 논의가 필요하다(오영재 외, 2001: 165-192).

여기에서는 근로 청소년을 포함한 비진학청소년과 미취업 청소년에 초점을 맞춰 국가적인 차원에서의 직업능력개발 방향을 개관하고자 한다. 먼저 비진학·미취업 청소년 문제를 해결하기 위해서는 비진학·미취업 청소년들이 생기게 되는 원인을 규명할 필요가 있다(강무섭, 2000: 19-21).

비진학·미취업 청소년이 발생하는 가장 중요한 원인은 학교 교육의 부실에 있다고 하여도 지나친 말이 아니다. 현재 중등교육기관으로의 취학률이 99% 이상이기 때문에 적어도 중등교육단계에서 합리적인 진로지도를 포함한 기초직업능력을 제대로 길러줄 수 있다면 비진학·미취업 청소년을 줄일 수 있을 것이다. 특히, 인문 위주의 교육관과 상급학교 진학 위주의 진로관으로 능력에 관계없이 대부분의 청소년들이 진학 준비교육에 치중하게 됨으로 대부분의 비진학 청소년들의 경우 직업에 대한 아무런 준비 없이 사회에 진출하고 있기 때문에 이들은 산업 사회 변화나 직업세계의 변화 등에 대응할 수 있는 능력이 전무한 상태이다.

비진학 청소년들이 찾을 수 있는 다음 진로는 취업이라고 할 수 있으나 이들이 취업을 할 수 있는 직업능력을 갖추지 않고 있을 뿐만 아니라 이들을 위한 일자리는 아주 제한되어 있다. 따라서 이들이 장기적으로 미취업상태에 빠져들지 않도록 직업능력개발의 기회를 다양하게 제공해야 되나, 이러한 청소년의 경우 직업능력개발의 동기도 없을 뿐만 아니라 배경과 특성이 다양한 비진학 청소년들의 구미에 맞는 직업훈련 프로그램이 제공되지 못하고 있는 실정이다. 최근 근로자직업훈련촉진법에 의하여 수요자 중심의 다양한 직업능력개발 프로그램과 사업이 추진되고 있으나, 이러한 비진학 청소년들의 직업능력개발 동기를 촉발할 수 있는 프로그램은 아직도 미진한 상태이다.

비진학·미취업 청소년들이 생기는 또 다른 원인은 단절되어 있고 폐쇄적인 교육훈련체제가 이들에게 다양한 가능성의 기회를 부여하지 못하고 있는 것이다. 학교 교육의 과정을 통하여 합리적인 진로 선택이 이루어지지 않았거나 선택한 진로를 위한 충분한 준비를 하지 못하여 비진학 · 미취업의 상태에 빠졌다 하여도 계속해서 교육을 받을 수 있는 다양한 교육의 기회를 제공하거나 취업을 한 후에도 계속 교육을 받을 수 있는 평생교육체제가 마련된다면 장기적인 비진학 · 미취업 상태의 청소년은 줄어들 것이다. 이러한 평생직업교육훈련의 틀 속에서 직업능력개발을 위한 직업훈련과정 등이 학력이나 학점으로 연계할 수 있다면 비진학 청소년들에게 직업훈련을 택할 수 있는 동기를 부여할 수 있기 때문에 비진학 · 미취업 청소년을 줄일 수 있을 것이다.

마지막으로 비진학 · 미취업 청소년들의 생성에 기여하는 또 하나의 요인은 사회적 무관심이라고 할 수 있다. 비진학 · 미취업 청소년들은 학생이나 근로 청소년, 심지어 비행 청소년들에 비교하여 사회나 정부로부터 무관심의 대상이 되고 있으며, 이들이 취약 계층으로 분류되는 것도 바로 이러한 무관심에서 연유되고 있다. 물론 취약 계층으로 분류되어 고용촉진훈련 대상으로 정부의 정책적 지원을 받고 있고, 최근 대안학교 등과 같은 교육기관이 설치되어 다양한 교육 기회가 제공되고 있지만, 국가 차원의 인적자원개발이라는 측면에서 보면 아직도 행정의 사각지대에 있다고 할 수 있다.

따라서 다음과 같은 비진학 · 미취업 청소년 직업능력개발을 위한 정책 방향을 생각해 볼 수 있다(강무섭, 2000: 25-27).

비진학 · 미취업 청소년들이 합리적으로 자신의 진로를 선정하고, 선정된 진로에 따라 직업능력을 개발함으로써 자립적 · 주체적으로 사회 · 경제활동에 참여할 수 있도록 해야 한다. 즉 비진학 · 미취업 청소년으로 전락하지 않도록 학교 교육의 과정을 통하여 합리적인 진로 지도가 이루어져야 하고 최소한의 직업 기초능력을 갖추고 사회에 진출하도록 준비시키는 것이 무엇보다 중요하다.

그리고 비진학 · 미취업 상태에 있는 청소년들에게는 다양한 채널과 방법을 통하여 직업능력을 개발할 수 있도록 하는 직업훈련 기회를 제공해야 하며, 이들이 생애에 걸쳐 자신의 직업능력을 개발할 수 있도록 평생직업교육훈련체제가 갖추어져야 할 것이다.

특히 비진학·미취업 청소년의 국가 사회에서 필요로 하는 인적자원으로 개발하기 위하여 다음과 같은 방향에서 이들의 직업능력개발이 이루어져야 한다.

첫째, 비진학·미취업 청소년들의 다양한 배경과 특성을 고려한 수요자 중심의 평생직업교육훈련체제를 구축해야 한다. 즉 비진학·미취업 청소년들이 실직자 직업능력개발사업에 쉽게 접근할 수 있도록 프로그램을 다양화하고, 취업과 연계 및 계속 교육훈련과 연계 등을 위한 인센티브 체제를 구축해야 한다.

둘째, 비진학·미취업 상태의 청소년들이 매료될 수 있는 다양한 직업능력개발 사업을 확대하고, 직업능력개발의 방식도 이들의 특성에 부합하도록 다양화해야 한다. 이를 위해 지식정보사회와 디지털경제시대에서 요구되는 새로운 직종에 맞는 직업훈련 프로그램을 확대·제공하고 창업교육 등의 영역까지 직업훈련영역을 확대하며, 시간과 공간에 제약을 받지 않고 자신의 직업능력을 개발할 수 있는 사이버 직업훈련 프로그램과 자기 주도적 직업능력개발 프로그램을 개발·보급할 필요가 크다.

셋째, 비진학·미취업 청소년을 포함한 모든 청소년들이 미래의 직업세계에 대한 이해를 바탕으로 합리적인 진로를 선택하고, 선택한 진로 준비를 통하여 취업에 이룰 수 있도록 진로지도 및 취업지도가 이루어져야 할 것이다. 특히 비진학·미취업 청소년들에게 직업능력개발을 안내하는 취업지도와 직업능력을 갖춘 이후 취업과 연계시키는 직업안정망이 구축되고 활용이 극대화되어야 한다.

넷째, 모든 청소년들이 학교 교육체제를 통하여 최소한의 직업 기초능력을 갖추도록 해야 하며, 취업준비를 위한 직업교육을 이수하는 청소년들의 경우 취업이 가능하도록 철저한 직업교육을 실시해야 한다.

제10장

청소년 자원봉사활동

1. 청소년 자원봉사의 의의와 필요성

1) 의의

청소년 자원봉사란 청소년이 자신의 정신적·육체적 자원을 활용하여 자발적인 의도로 타인이나 사회를 위하여 계획을 가지고 어떠한 대가를 요구하지 않으면서 일정한 기간 동안 지속적으로 봉사활동을 수행함으로써 보람과 재미를 느끼고, 자신이 가진 재능이나 소질을 발견하여 자신이 살아갈 공동체적 삶의 영역을 체험함으로써 건강한 인성을 형성해 가는 수련활동이다(안선영, 1997).

그리고 지역사회와 이웃의 문제를 자신의 일로 받아들여 스스로 해결하고자 노력하는 자발성이 있다. 그것은 개인이나 가족의 이해를 뛰어넘어 다른 사람들의 안녕과 복지, 나아가서 사회 전반적인 삶의 질을 향상시키는 공익성이 있다. 그것은 자원봉사의 대가로 정신적인 보람과 만족 외에는 아무런 반대급부 즉, 보수·권력·지위 등을 바라지 않는 무보수성이 있다. 또한 자원봉사는 한두 번에 끝나는 것이 아니라 꾸준히 실천하는 지속성이 있다.

따라서 청소년 자원봉사활동은 자원봉사의 정신과 특징에 적합하게 청소년이 자유의지를 가지고 자발적으로 클라이언트에게 나아가서 대가없는 복지 서비스 즉 시간·노동·기술·지식·경험 등을 제공함으로써 시민의 행복과 사회발전에 기여함과 동시에 스스로 자아정체감을 형성하고, 자신의 문제를 해결하며 자신의 능력개발과 사회학습 경험을 가지는 등 상호간의 필요를 채워주는 사회복지적인 상호활동이다.

2) 청소년 자원봉사활동의 필요성

청소년 자원봉사는 국가 차원에서 볼 때 청소년 육성정책이라는 관점과 청소년 교육정책이라는 두 가지 관점에서 볼 수 있다. 우선 육성이라는 차원에서의 청소년 자원봉사는 청소년들로 하여금 봉사활동을 통하여 자신의 존재 의미와 주변에 대한 고마움을 깨닫게 하는 계기를 마련하여 바람직한 인성을 함양하도록 하고, 또한 봉사활동을 하는 동안 다른 사람과 협력하고 서로 도우며 활동함으로써 한 사람의 사회구성원으로서 공동체 의식을 일깨우도록 하는 청소년활동의 하나이다. 이 경우 청소년들은 봉사활동을 통하여 지역사회에서 다양한 삶의 현장을 직접 체험하게 되며, 진정한 삶의 의미를 알게 되며 봉사활동 실천과정에서 기쁨과 보람을 느끼며 봉사와 협력정신을 내면화함으로써 궁극적으로 지역사회 공동체 건설에 이바지 할 수 있게 된다.

다른 한편 교육이라는 차원에서의 청소년 봉사활동은 학생들로 하여금 학교에서 배운 지식을 봉사활동 현장에 적용하는 기회를 갖도록 하고, 실천과정에서 새롭게 요구되는 지식과 기술을 배우는 과정을 반복하게 함으로써 결과적으로 학습의 효과를 높이는 데 있으며, 민주시민으로서 성장할 수 있기를 기대한다.

이상에서 볼 때 청소년 봉사활동이 갖는 의의는 다음과 같이 정리할 수 있다. 첫째, 봉사활동에 대한 청소년들의 자율적인 참여를 유도하여 실천중심의 도덕 및 인성교육이 이루어지게 함으로써 정의와 평화, 연대감 등의 가치의식을 함양하는 교육적 효과를 갖는다. 학교에서 배운 지식을 현장에서 실천함으로써 응용력과 창의력을 키우고 자신과 이웃 그리고 자신과 자연과의 관계를 새롭게 조망하고 성찰하는 계기를 형성할 수 있다. 둘째, 청소년들이 지역사회를 돕는 경험을 갖게함과 동시에 지역사회 공동체의 소속감을 새롭게 인식하고 이웃과 더불어 사는 의미를 몸소 체험함으로써 청소년들의 긍정적 자아정체감을 형성할 수 있다. 셋째, 청소년들의 자율적 활동범위를 넓히고 다양한 경험을 하게 함으로써 보다 성숙한 청소년문화를 형성할 수 있다. 넷째, 청소년 봉사활동은 민주시민을 훈련하는 실천활동이 될 수 있다는 점 등이다.

그렇다면 청소년들에게는 왜 자원봉사활동이 필요할까? 첫째, 무엇보다도 자원봉사활동은 청소년들의 바람직한 인성계발에 절대적으로 도움이 된다는 점이다. 예컨대 인간존중정신과 태도를 형성할 수 있고, 사회성이 개발되며, 자신감과 지도력 형성, 공동체의식 함양, 민주시민으로서의 책임감 형성, 보람있는 여가생활, 진로선택에 도움이 되는 것 등이다. 둘째, 자원봉사활동을 통해 교육의 장을 넓힐 수 있다. 즉 지역사회에서의 다양한 봉사활동은 학생들이 학교에서 배운 것을 보충하고 심화시킬 수 있을 뿐만 아니라 지역사회에까지 확대하는 효과를 얻을 수 있다. 셋째, 지역사회 문제를 청소년들을 포함한 지역사회 구성원들이 스스로 해결함으로써 청소년 자신의 문제해결능력을 향상시킬 수 있을 뿐만 아니라 서로 돕고 협동하는 지역사회 공동체를 이룰 수 있기 때문이다.

이러한 맥락에서 볼 때 청소년봉사활동은 청소년의 봉사활동이 학교를 주류로 하여 운영이 되든 지역사회를 주류로 하여 운영되든, 동시에 다른 사람을 돕는 경험을 학습으로 구조화시켜 운영되어야 한다는 점에서도 역시 육성의 차원에서 운영되든, 교육의 차원에서 운영되든 크게 다를 바 없다고 하겠다.

2. 청소년 자원봉사활동 추진경위

국가 차원에서 청소년 자원봉사활동의 필요성 인식과 제도적으로 추진되어야 한다는 것을 강조하였던 것은 지난 1991년 체육청소년부(현재의 문화관광부)가 수립하였던 '한국청소년기본계획'에서 찾아볼 수 있다. 동 계획에서는 제1단계 사업기간 중에 '학생봉사활동 활성화를 위한 종합대책 연구'를 추진과제의 하나로 설정하고, 봉사활동 담당전문지도자의 양성방안 검토, 봉사활동에 필요한 시설 및 재원의 확보, 교육과정에 정규과정화를 추진하며, 교육부와 사전협의하여 학생들의 봉사활동 참여시간을 확보하고, 지역별 특성에 적합한 봉사활동 모형을 개발하는 것 등을 내용으로 하였다. 그러나 상기 계획은 이후 '청소년육성5개년계획'으로 축소·조정되면서 청소년 자원봉사활동은 반영되지 않았다. 그러나 5개년계획과는 별도로 1995년 초 문화체육부(현재의 문화관광부)에서 청소년의 인성과 덕성함양, 더불어 살아가는 공동체의식 함양을 강조하는 '바른 청소년 육성운동'을 전개함으로써 5가지 운동 중의 하나로 청소년 자원봉사운동이 다시 강조되었고, 이후 청소년단체를 중심으로 이 운동이 전개되었다. 그러다가 1995년 5월 31일 대통령자문 교육개혁위원회에서 '신교육체제 수립을 위한 교육개혁방안'이 발표되면서 문화체육부와 한국청소년개발원에서는 '교육개혁과 청소년육성정책'이라는 내용으로 공청회를 개최하였고, 후속적인 조치로 문화체육부에서 '청소년자원봉사센터 설치·운영 지원계획'을 수립함으로써 지난 1996년 중앙의 한국청소년자원봉사센터를 비롯하여 부산, 대구, 인천, 광주, 대전 등 5대 광역시에 청소년자원봉사센터가 설치·운영되기 시작하여 1997년도에는 9개도 단위 지역과 울산광역시를 마지막으로 청소년자원봉사센터를 설치하게 되었고, 현재까지 중앙센터(한국청소년자원봉사센터)를 비롯하여 전국 16개 시・도 단위 1개소씩의 청소년자원봉사센터가 설치・운영 중에 있다.

이와 더불어 1998년 7월에 수립된 제2차 청소년육성5개년계획 상에는 '공동체의식을 함양하는 청소년봉사활동 생활화' 정책과제가 채택되었고, 동시에 청소년자원봉사센터의 설치・운영을 수련활동 활성화 시책의 하나로 추가하여 청소년기본법상에 센터의 설치・운영에 관한 법적 근거를 마련하게 되었는데, 1997년에 청소년기본법시행령 제4조(수련활동 활성화 시책)의 제10호로 '청소년자원봉사센터 설치・운영'의 조항을 신설하게 된 것이다.

이들 센터 중, 먼저 중앙의 한국청소년자원봉사센터에서는 우리나라 청소년 자원봉사 진흥을 위한 기초조사 및 정책연구와 자원봉사활동 프로그램 개발・보급, 청소년 및 청소년 자원봉사활동 지도자들을 위한 교육교재 및 연수과정 개발, 청소년 봉사활동에 대한 체계적 정보제공을 위한 정보망 구축 등의 기능을 수행함으로써 전국 청소년 자원봉사활동의 지원 중심 역할을 수행하도록 하고 있으며, 시・도의 청소년자원봉사센터는 청소년들의 봉사활동에 대한 체계적인 정보제공과 프로그램 개발・보급・홍보, 교육 등을 통하여 청소년의 봉사・협력정신과 사회공동체 구성원으로서의 참여의식을 제고하는데 크게 기여하고 있다. 현재 각 시・도에 설치된 청소년자원봉사센터의 주요 기능은 다음과 같다.

지역단위 청소년 자원봉사활동 수급에 관한 정보의 수집・제공, 지역사회 청소년 자원봉사자 및 지도자를 대상으로 한 교육과 연수, 당해 지역사회에 맞는 청소년 자원봉사활동 프로그램의 개발・보급, 청소년 자원봉사활동에 대한 상담활동과 함께 지역의 관련기관이나 단체 그리고 언론 등과의 협력관계 구축 등 해당 지역사회내에서 청소년 자원봉사활동의 중심적 역할을 수행하고 있다.

〈표 10-1〉 전국 청소년자원봉사센터 운영 현황

지역	운영 단체	개소일자	주 소	직원수
서울	한국청소년개발원 (중앙센터)	'96. 6.27	서초구 우면동 142 교총회관 9층	5
	한국청소년서울연맹	'99. 5.26	동작구 신대방동 396(보라매 공원내)	7
부산	부산광역시 청소년단체협의회	'96. 4.17	진구 양정1동 402-9 해영빌딩 4층	7
대구	대구광역시 청소년단체협의회	'96. 7.16	달서구 송현1동 702 청소년 수련원	7
인천	가천미추홀봉사단	'96. 3.15	연수구 옥련동 582-1 가천인력개발원내	7
광주	흥사단(광주지부)	'96. 3.16	동구 수기동 5-4 흥사단회관	7
대전	대한불교청소년 교화연합회(대전지부)	'96. 3.20	서구 만년동 396 평송청소년수련원	7
울산	울산광역시 청소년단체협의회	'98. 7. 8	남구 옥동 336-2 울산광역시 가족문화센터 A동 1층	7
경기	한국보이스카우트 (경기연맹)	'97.10.16	수원시 팔달구 인계동 1116-1 경기문화재단 9층	7
강원	천주교 원주교구	'97. 9. 1	원주시 중앙동 118-3 원주시민복지센터 4층	10
충북	충청북도	'97. 7. 1	청주시 상당구 수동 280-3	7
충남	대한불교청소년 교화연합회(논산지부)	'97.12. 6	논산시 내동 840	6
전북	전북 청소년단체협의회	'97.10.31	전주시 덕진구 금암2동 1600-6 전주 YMCA회관 3층	7
전남	목포 YMCA	'97.10.15	목포시 무안동 5-52 목포 YMCA회관 4층	7
경북	(사)경북청소년센터	'97.12. 9	안동시 신안동 290-3	8
경남	흥사단(경남지부)	'97. 9.30	창원시 두대동 145 창원종합운동장내 151-1호	7
제주	(재)성지문화재단	'97. 9. 9	제주시 연동 2305-4(4층)	7

자료 : 문화관광부

특히, 국제연합(UN)은 2001년을 '세계 자원봉사자의 해'로 지정하여 국가와 지역사회를 위해 공헌하는 숨은 자원봉사자들을 발굴

하여 이들의 노고를 인정하고 자원봉사활동의 장애가 되는 요소를 제거시킴으로써 자원봉사가 활성화되는데 목표를 두고 있다. 또한 '세계청소년자원봉사자의 날'이 제정되는 등 자원봉사 필요성이 국제적으로 폭넓게 인식되고 있어, 우리의 미래를 이끌어 나갈 청소년들이 건전하고 책임있는 민주사회의 시민으로 성장될 수 있도록 청소년의 자원봉사활동을 활성화해 나가는 것이 오늘 우리에게 주어진 중요한 과제라 하지 않을 수 없다.

3. 각국의 청소년 자원봉사활동 동향

1) 미국

미국의 청소년 자원봉사활동 제도는 성인들의 자원봉사와는 달리 어느 정도 강제성이 있다. 자원봉사를 졸업 필수과목으로 제도화하고 있다. 1997년 현재 자원봉사를 17개 주가 고교졸업의 필수(100-200시간)로 규정하고 있다. 매릴랜드주의 교육위원회에서는 1985년 모든 학교에서 선택과목으로 법을 제정하였고, 1992년에는 필수과목으로 법을 제정하였다. 그 근거는 학생들이 시민으로서의 자질과 기술을 익히는데 자원봉사활동이 중요하다는 판단이었다.

특히 자원봉사 지침서에는 노인, 빈민가정, 환경, 교내 자원봉사 등 4개 영역으로 나누고 이 프로젝트를 어떻게 해당 과목들과 연결될 수 있는가를 구체적으로 제시하고 있다.

미국은 자원봉사활동이 사회전반에 스며들어 있는 나라로 오늘날 미국의 우수대학인 동부 리그나 서부의 스탠포드, 버클리 등 명문대학 모두가 교내 자원봉사 프로그램을 가지고 있다. 미국은 16세 이상의 국민 중 20.4%가 볼룬티어로 활동하고 있으며, 그 중 12.3%가 16-24세까지의 청소년들이다. 이들의 활동조직을 보면, 교회나 종교조직, 학교나 교육제도를 중심으로 행해지고 있다.

프루덴셜 보험회사에서 1995년 5월 933명의 청소년(12-17세)을 대상으로 면담 조사한 결과, 미국의 청소년들은 지역사회 안에서 자신의 삶의 질에 지대한 관심을 가지고 있었다. 자원봉사 참여의식에 대해서 95%의 청소년들은 지역사회 참여 즉, 지역내의 정치·환경·문화·복지·시민의식 활동에 참여하는 것이 중요하다고 생각하며, 67%의 학생들이 지역사회 자원봉사활동에 참여하고 있다. 자원봉사를 하지 않는 이유는 74%가 어떻게 참여하는지 몰라서, 60%는 요청받지 않았기 때문이라고 하였다. 그리고 고등학교졸업 필수과목으로서의 지역사회봉사활동에 대한 응답에서 67%가 학교에서 졸업을 위한 조건으로 바람직하다고 하였다.

2) 일본

일본의 청소년 자원봉사활동은 미국과는 달리 사회복지적인 입장에서 중요한 의미를 찾고 있다. 즉 학교에서는 학생들에게 자원봉사활동을 교육하고 현장에서 실천하게 하는 것보다 넓은 의미로 복지교육이라는 개념으로 파악하고 있다고 할 수 있다.

일본 청소년들의 복지교육의 목적은 사회복지에 관한 지적인 이해를 증진시키고 사회복지 문제해결을 통하여 자발성의 향상이나 실천에 참가하는 태도를 몸에 익히면서 실천하는 힘을 체득하고 사회복지 문제와의 만남을 통해 감성면의 공감과 동정심을 기르고 자신의 인격형성을 도모하는 것 등으로 지적되고 있다. 일본은 1977년 문부성의 국고보조사업으로 '자원봉사학교'제도를 만들어 청소년들로 하여금 사회복지에 대한 이해를 증진시키고 가정과 지역사회 개발(community development)을 추구해 오고 있으며 1993년부터 고교입학에 자원봉사 경력을 참고로 삼았다.

1994년 발간된 청소년 자원봉사 백서에 따르면 고교 교과목에 사회복지의 기초, 노인간호, 사회복지실습, 자원봉사 등 관련 교과목을 설치하는 한편, 1994년부터 '자원봉사 협의회'를 개최하여 교직원의 지도력 향상을 위해 노력하고 있다. 또한 문부성의 대학입시 요령에 따르면 95 대학입시에 자원봉사활동을 평가할 수 있도록 하고 있으며, 일부 대학에서는 교원면허취득의 필수과목으로 자원봉사활동을 규정하고 있다.

지방행정기관도 자원봉사센터를 운영하고 이에 대한 보험제도도 시행하고 있다.

이렇게 정부, 학교 및 지역사회가 청소년 자원봉사활동을 지원하는 이유는 학생들을 지역사회에 내보내서 자연과 이웃에 눈을 뜨게 하고 모험과 개척정신을 기르고 현장을 통한 교실과 학원 중심의 죽은 교육을 탈피할 수 있게 만들자는 것이다.

3) 영국

영국은 가장 처음으로 자원봉사활동이 시작된 나라로 그 근간은 기독교 정신을 주축으로 독지가들이 자선을 베푸는 형태에서 출발하였다. 영국의 경우 1960년 '알버밀 보고서' 발표 이후 청소년 자원봉사가 본격적으로 실시되었다. 1969년 '밀슨 · 페어반 보고서'로 청소년 자원봉사는 지역사회 활동과 연계된 '청소년 지역사회봉사'로 발전되고 있으며 에딘버르 공작 포상계획으로 학생 자원봉사에 대한 동기부여를 제도화하고 있다.

또한 영국의 중등학교에서는 학생들로 하여금 봉사활동에 의도적으로 참여케 하며 그 봉사활동 실적은 대학의 신입생 선발 과정에 반영되게 한다.

그리고 영국은 고등학교를 졸업한 뒤에 1년 정도 자원봉사활동을 통해 인생 경험을 쌓고 대학에 진학하는 학생이 흔하며, 15세 이상 인구의 절반 정도가 자원봉사에 참여하고 있다.

4) 한국

우리나라는 오래 전부터 자원봉사가 있어 왔었다. 특히 자원봉사는 삼한 시대에 상부상조를 목적으로 조직된 계·두레·향약 등에서 그 맥락을 찾을 수 있다. 현대적 의미의 자원봉사도입은 근세 조선 이후 기독교와 민주주의 사상이 들어오면서 교회, 일반 사회단체, 여성단체들을 통하여 시작되었다. 1903년 YMCA는 신문화 수입과 직업교육에 주력했다. 1921년 선교사 Mary D. Mayers에 의해 여성 계몽, 교육, 아동보건 사업이 실시되었다. 해방 후 민간차원에서 YMCA, YWCA, 보이스카우트, 걸스카우트, 4H 클럽, 흥사단, 청소년적십자, 유네스코위원회 등의 청소년 단체를 중심으로 전개되었다.

교육부는 1995년 5월 청소년들이 자원봉사를 통한 현대사회문제에 자발적인 시민양성을 하도록 하는 교육개혁안을 내놓게 되었다. 이와 관련하여 생활기록부에 기록되는 자원봉사 시간으로 상급학교에 가중치를 적용할 수 있게 되었다. 그 후 서울시 교육청이 1995년 중학교 신입생부터 자원봉사활동을 고등학교 입시에 반영하는 제도를 도입하였다.

그리고 오늘날 대학들이 자원봉사에 대한 가중치를 적용하는 대학이 늘어나고 있어 중·고등학생들의 자원봉사에 대한 관심이 더욱 높아지게 되었다. 청소년 자원봉사활동은 1991년까지만 해도 참여율이 3.7%에 불과했으나, 1996년에는 14.4%로 증가하였다.

5) 호주

호주의 자원봉사활동은 민주 양당 체제를 배경으로 시작되었다. 군소정당들은 지배적인 두 당 중 하나를 선택하고 있다. 현재 집권한 자유/국민 연립당은 보수 우익이며, 야당인 노동당은 좀더 평등하고 좌익 성향인 것으로 알려져 있다. 중앙정부 외에도 (준)주정부, 시차원에서 운영되는 지방정부 네트워크가 있다.

호주는 강력한 시민사회를 가지고 있다. 사람들은 자유롭게 연합하여 자신이 믿는 대의명분을 위해 활동하거나 법적인 집단행동을 하기도 한다. 19세기 말 이후 호주사회에서 주목할 만한 특징은 스포츠단체의 중요한 역할이다. 올림픽을 위한 스포츠단체인 SOCOG는 2000년 시드니 올림픽을 위해 4만 7,000명의 자원봉사자를 모집했고, 장애인 올림픽을 위해 1만 4,000명의 자원봉사자들을 참여시켰다. 이밖에 가장 두드러진 사회운동으로는 노동조합운동과 여성운동, 환경운동, 원주민운동 등이 있다.

그동안 호주에서 자원봉사자들의 활약은 거의 눈에 띄지 않았고, 단지 산불이나 홍수, 폭풍과 같은 비상 재난이 발생했을 때에만 언론을 통해 한번씩 언급되는 정도였다. 그러나 다양한 서비스 제공과 지역사회 구조변화를 위한 활동 등의 다양한 자원봉사활동에 대한 정부의 관심이 증가하면서 상황이 변화하고 있다. 2000년 시드니 올림픽과 장애인 올림픽에서 드러난 자원봉사자들의 역할 덕분에 대중들의 관심도 크게 증가했다. 뿐만 아니라 2001년 '세계자원봉사자의 해(International Year of Volunteers)'는 '호주연방 탄생 100주년 기념의 해'와 겹쳐 있었다.

호주에는 지역사회 생활의 모든 방면에 기여하는 40만개 이상의 단체들이 있다. 자원봉사자들은 지역사회를 위한 봉사활동에 집중하는 정부기관뿐만 아니라 이러한 NGO들에서도 활동하고 있다.

자원봉사활동의 전통은 수천년 동안 상호부조의 정신에 따른 사회 네트워크 내에서 전통적으로 서로를 도와온 호주 원주민들에 의해 시작되었다. 그보다 좀더 형식을 갖춘 자원봉사활동은 1788년 초, 백인 정착시절에 나타난 이웃돕기 활동에서 시작되었으며, 이후 1813년 '뉴사우스웨일스 자선회(Benevolent Society of New South Wales)'가 탄생하게 되었다. 이 단체의 목적은 여성과 아동들의 빈곤을 퇴치하는 것이었다. 작고 외딴 지역사회에서 낮은 수입과 낯선 환경을 극복하고 살아남아야 했던 초기 이주민들에게 가난한 이웃을 위한 자원봉사활동은 꼭 필요한 것이었다. 점차 사회체제가 확립되고 정부의 역할이 증가하면서, 호주의 자원봉사활동은 종교와 자선단체의 지원을 받는 '보호모델(care model)'에 기초를 두었다. 그러나 이제는 불우한 이웃에 대한 동정만이 아닌 공익(common interest)에 대한 관심이 자조단체들과 사회개혁 및 행동주의단체, 문화보존단체 등을 포함한 호주의 많은 자원봉사활동을 이끄는 원동력이 되고 있다. 그 결과 자원봉사를 하고자 하는 사람들에게 다양한 자원봉사활동을 선택할 기회를 열어 주게 되었다.

호주에서 자원봉사활동은 지역사회와 자원봉사자에게 이익을 주는 NPO나 프로젝트를 통해 발생하며, 자발적으로 금전적 보상없이 수행되는 활동이라고 정의되고 있다. 이 정의는 호주 자원봉사단체의 대표격인 '호주자원봉사회(Volunteering Australia)'의 '자원봉사활동의 원칙(Principles of Volunteering)'에 기초한 것이다. 다소 제한적이긴 하지만 이러한 정의는 자원봉사센터와 자원봉사자를 연계해 주는 서비스의 법적 책임이라는 측면과 특히 연관되어 있다. 어쨌든 이러한 정의의 출발점은 자원봉사활동이 금전적인 면에서는 무급이지만, 자원봉사자와 자원봉사활동이 수행되는 기관, 그 기관을 이용하는 고객에게는 부가가치를 지닌다는 것이다. 자원봉사활동은 유급활동을 보충하는 것일 수는 있지만, 유급활동을 대신해서는 안 된다. 자원봉사센터들은 한 단체를 위한 주당 최고 활동시간을 16시간 이하로 권장하고 있는데, 이것은 서로에 대한 의무나 의존의 가능성을 피하기 위한 것이다.

1997년 호주 정부는 자원봉사활동촉진제도(Voluntary Work Initiative, VWI)를 도입하여 보다 많은 실직자들이 자원봉사활동에 참여하도록 하였다. 현재 정부는 한사람이 주당 16시간 자원봉사활동을 할 경우, 그 사람에게 유급 직장을 찾도록 강요하지 않고 있다. 이 제도는 실직자들에게 자신이 가진 기술을 향상시키고 새로운 기술을 습득할 수 있는 기회를 제공한다. 이 과정을 통해 실직자들은 새로운 자신감을 갖게 되고 그들이 원하는 기술도 배울 수 있다. 이외에도 참여자들은 현장교육을 받으면서 회사와 익숙해질 수도 있다. 이 제도는 실직자들이 유급 직장을 구하는 첫 걸음이 될 수도 있고, 유급 직장의 대안이 될 수도 있다. 이 사업을 수행하기 위해 정부는 호주자원봉사회의 동의를 얻었다. 호주자원봉사회는 자원봉사자들을 배치, 훈련, 파견하는 역할을 맡고 있으며, NPO들의 실무자를 대상으로 자원봉사자 관리교육과정을 제공하고 있다. 이 사업을 위해 2000년 9월까지 300만 호주 달러가 마련되었으며, 1999년 11월에는 이미 1만 7,857명의 사회복지비 수령자들이 자원봉사자로 배치되었다. 머지않아 이 숫자는 2만 명에 이를 것으로 기대되고 있다.

1995년 호주 통계청은 30만명 이상의 12-24세의 청년들이 3,500만 시간 동안 조직적인 자원봉사활동을 했다고 산출하였다. 이 수치는 그 연령 인구의 약 11.2%에 달하는 것이다. 호주 청년들은 스포츠, 예술 부문은 물론 최근에는 전국노동시장 프로그램인 '자원봉사활동촉진제도(Voluntary Work Initiative, VWI)'에도 많이 참여하고 있다. 많은 청년들이 '인명구조서핑단(Surf Lifesaving)' 같은 운동에 참여하여 주니어, 사관생도를 거쳐 해안 순찰대의 정규 직원이 되기도 한다. 또 다른 청년들은 '농촌소방대'나 다른 응급처치 서비스단체 혹은 문화예술단체, 환경단체에 가입하고 있다.

'학습에 관한 국가 선언(the National Declaration on Schooling)'은 학생들이 지역사회에 참여하고 그 속에서 지도력을 개발하는 것이 중요함을 강조하는 프로그램이다. 이것은 현재 시행되고 있는 '전국시민커리큘럼(the National Civics and Citizenship curriculum)'과 '학생대표회의(Student Representative Councils)'의 발전과 성장으로 지지되고 있다. 자원봉사활동과 지역사회 참여를 결합시킨 많은 프로그램이 학교에 마련되고 있다. 여기에는 '에딘버러 공작상(the Duke of Edinburgh Awards)', '청년공적상(Young Achievers)'과 적십자, 세인트 존스 응급구조단(St. John's Ambulance), VNSW가 제공하는 프로그램들이 있다. 2001년에는 세계자원봉사자의 해(International Year of Volunteers,

IYV)를 맞이하여 학생들을 위한 많은 자원봉사 홍보 캠페인이 있었다.

6) 브라질

브라질에서 자원봉사자는 "참여와 결속의 가치 때문에 격려받음으로써, 아무런 보상없이 자발적으로 자신의 시간, 노동력, 재능 등을 제공하여 국가와 지역사회에 이익을 주는 시민(Corullon, 2000)"으로 정의되고 있다. 브라질의 방대한 규모와 다양성만큼이나 자원봉사자들의 공식, 비공식적인 자원활동 또한 다양하기 그지없다.

1891년 공화국 헌법에 따라 교회와 정부가 공식적으로 분리된 이후 상호 이익단체와 같은 비종교적인 자원봉사단체들이 노동조합과 같은 시기에 나타났다. 1930년대와 1940년대 바가(Varga) 정부시절, 중앙집권 정부가 민간의 복지활동들을 대체하기 시작하였다. 법안이 통과되고, NPO와 정부간의 관계를 조정하기 위한 기관들이 세워졌다. 대부분의 종교단체들이 인정받은 반면, 비종교적인 단체들은 불법으로 처리되었다.

1960년대와 1970년대의 군사독재기에 민주주의와 인간, 사회적 정의와 환경을 위한 민중운동이 출현했다. 이러한 운동은 자원봉사활동을 토대로 발전하였고, 또 많은 새로운 NGO들과 동네, 지역사회단체의 설립도 가능해졌다.

1990년대 민주정부 시절 '기아와 삶을 위한 시민운동(Citizen's Action Against Hunger and for Life, CAAHL)'이 현재의 자원활동 형성에 커다란 영향을 끼쳤다. 이 캠페인은 대중들에게 엄청난 반응을 불러일으켰고, 3개월 만에 각 분야의 자원봉사자들과 함께 약 3,000개의 위원회를 조직하였다. 이제까지 협력하지 않았던 NGO들과 기업, 사회복지단체 사이의 네트워크와 새로운 형태의 파트너십이 형성되었다.

CAAHL캠페인은 브라질에서 자원활동을 추진시켜 온 전통적인 가치들을 강화시켰다. 그 가치들은 바로 단결, 헌신, 관용, 자선, 사회적 책임감, 공공 참여에 대한 태도 변화 등이다.

CAAHL 캠페인이 끝나면서 자원활동의 힘을 유지할 만한 체계가 없다는 사실이 드러났다. 1996년에 가난, 불평등, 사회 격리를 책임지는 정부기관인 'Communidade Solidaria 회의'가 자원활동에 관한 조사 연구를 실시하였다. 미국의 촛불재단과 공동으로 실시한 이 조사는 자원활동 활성화를 위한 새로운 전략을 개발하였다. 이 조사를 통해 지역사회단체들의 자원활동이 사회 격리에 대항하는 투쟁을 지원해 왔고, 시민들의 참여의식을 고양시켜 왔음이 드러났다. 그 결과, 1997년 초 연방정부는 시민사회단체들과 연대하여 시민사회의 자원 동원과 역량 강화를 위해 자원활동을 촉진시키고자 'the Programa Voluntários'를 시작하였다.

2000년까지 'Programa Voluntários'는 놀라운 결실을 맺었다. 그 동안 전국에 34개의 자원봉사센터가 문을 열었는데, 이들은 자원봉사활동의 공급과 수요를 조정하고, 교육훈련과 언론 캠페인 활동을 수행하고 있다. 이 자원봉사센터들은 지역문화에 깊게 뿌리내리고 자립해야 한다. 따라서 가장 큰 텔레비전 네트워크를 통한 캠페인을 포함하는 주요 프로그램에 함께 할 수 있는 기업, 공공기관과 함께 할 수 있는 기업, 공공기관과 함께 전략적 제휴를 맺고 있다.

1998년 브라질 정부는 자원봉사 분야의 발전을 지원하는 법안을 통과시켰다. 이 법안은 자원봉사자들과 그들이 소속된 단체와의 관계를 규정하고 있다. 비록 연방정부가 'Programa Voluntários'를 시작했지만 현재 정부의 역할은 지도자라기보다는 지원자 쪽에 가깝다. 또한 정부는 지역 차원에서 촉매제 역할을 하고 있다. 예를 들어, 상파울로에서는 약 1,600만 명에 달하는 자원봉사자 중 약 16%가 지역 병원과 학교, 환경보호, 공공도서관, 동물보호센터와 그 밖의 광범위한 다른 직종에 종사하며 지역사회 삶의 질 향상을 돕고 있다. 그들의 자원활동을 조정하는 '상 파울로 자원봉사센터(Centro de Voluntários de Sao Paulo, CVSP)'는 Programa Voluntários의 한 부분이기도 하다. 그 목적은 이러한 전국적인 프로그램이 앞으로 시민사회의 독립적인 기구로 발전하여 공공기관 및 민간기관과 더불어 지속적으로 활동하는 것이다.

청년들이 자원봉사활동에 참여하도록 자극하기 위해서 브라질 정부가 시작한 일들 중 하나가 '시민봉사사업'이다. 이 사업을 통해 법무부는 18세 이상의 남녀에게 지역사회 사업을 위한 자원봉사 기회를 제공함으로써 그들의 시민의식을 강화하고 인권에 대한 존경심을 증진시키려 하고 있다. 청년들은 국가 발전과 시민의식에 필수조건인 자원활동을 하면서 추가적인 직업교육을 받게 된다. 이 사업의 중장기적인 목표들 중 하나는 보다 많은 청년들을 자원봉사자로 모집하는 것이다.

이 사업에 참여한 청년들은 훈련과정을 포함해 최소 9개월에서 최대 12개월까지 활동하게 된다. 그리고 남자 청년들은 국방의 의무를 대신할 수도 있다. 1998년에는 비바 리오(Viva Rio)라는 단체와 노동부의 감독으로 이루어진 시범 사업이 실시되었다. 리오의 '시민봉사, 연대봉사(Givil Service, Solidarity Service)'라는 사업은 리오데자네이로 주의 34개 지방자치단체에서 3,000명의 청년들을 참여시켰다. 그들의 주요 활동영역은 기초교육, 인권, 공공서비스 지원과 쓰레기 수거 조직 등을 포함하고 있다. 사업은 성공적이었지만, 평가 단체에서 특별히 빈민층 청년들의 욕구가 강조되었다. 이는 매일같이 노출되는 폭력의 위험 때문이다. 사업은 계속되고 있고, 새로운 사업들도 시작되고 있지만, 주 정부의 정계 변화와 공공기금의 삭감 때문에 각 실험들간의 통합이 어려운 현실이다.

7) 캐나다

캐나다는 합리적으로 잘 운영되고 있는 사회복지 체계를 가지고 있다. 하지만, 캐나다에서 빈곤 기준 이하의 생활을 하는 사람들의 비율도 무시할 수는 없다. 기본적인 의료보험은 모든 국민들에게 무료이다.

미국과 비교했을 때, 캐나다 정부는 의료와 복지 부문에서 비교적 큰 역할을 담당해 왔다. 그래서 자선단체와 같은 사적 기금에 대한 수요는 비교적 크지 않았다. 그러나 1990년대 불황 이후, 캐나다 정부는 의료 및 사회복지 비용의 지출을 줄였다. 결과적으로 '자선단체'의 역할이 다시 증가했다. 재정 압박 때문에 이들 자선기금들은 점점 더 사회기업가의 역할을 해야 했다. 1998년 기업의 지원금이 전체 예산의 2%밖에 되지 않았음에도 불구하고, 현재 자선기금들은 보다 더 기업의 후원에 의존해야 할 현실에 처해 있다. 캐나다 국세청에 등록된 자선단체는 면세혜택을 누린다. 시민단체에 대한 언론의 관심도 그 단체들이 '사회자본(Social capital)'을 대표한다는 인식과 함께 증가하고 있다.

'캐나다 자선센터(Canadian Centre for Philanthropy)'는 자선단체 부문에 있어 대표적인 기구의 하나이며, 사람들이 돈과 시간을 기부하도록 장려하고 있다. 1988년에 시작된 '상상프로그램'은 정부가 하는 일과는 다른 서비스 공급을 지속하여 지역사회의 자립도를 높이고 있다. 이 프로그램은 교육, 양육, 문화, 청소년·노약자 보호 등과 같은 분야에 대한 기부와 자원활동 촉진을 통한 지역사회 강화를 목표로 하고 있다. 이는 '보살피는 기업가(caring enterprises)' 개발에 초점을 맞추고 있다. 이미 이익의 최소 1%를 좋은 일에 기부하는 기업들이 생겨났다. 어떤 기업은 직원들이 자원봉사에 참여하도록 장려하기도 한다.

'캐나다 자선단체' 외 '캐나다 자원봉사회'를 포함한 시민사회 내의 많은 전국적 단체들은 자원활동 부문 원탁회의라는 모임을 결성했다. 1995년 이후 VSR은 자원부문의 능력을 강화시키기 위해 노력해 왔다. 집중 과제는 자원부문의 사회적 책임과 과세관련 입법 그리고 정부와의 협력이다. 이 활동들은 표면적으로는 성공적이었다. 그러나 VSR은 정부가 시민사회의중요성을 인식하고 그 기반을 구축해 주기를 바라고 있다. 이 단체는 또한 자원부문이 정책 개발을 위한 의견을 개진할 수 있기를 바라는데, 이는 정치적 결정이 시민사회에 중요한 영향력을 미치기 때문이다. 단체 회원들은 그 분야의 국회의원과 접촉하여 위원회를 구성하며, 여러 가지 방법으로 사회적 논의에 참여하려고 애쓰고 있다. 이 목적을 위해 '국회의원과 대화하는 방법(Communication with your MP How to-Kit)'이라는 특별한 정보지를 발행해, 회원 조직들에게 배포하고 있다.

VSR에 의하면, 캐나다 정부는 시민사회의 중요성을 인식하고 있다. VSR은 자원봉사 및 시민사회단체들이 지역사회의 심장부를 구성한다고 진술한다. 이 단체들은 시민들이 그들이 속한 지역사회에 애정을 갖도록 하며, 삶의 질을 향상시키고, 지역사회의 공공선을 추구한다. 또한 시민들이 참여를 통해 지역사회에 대한 이해도를 높이도록 돕는다.

주와 지역 정부는 청년들의 자원봉사 참여의 중요성을 알고 있으며, 그것을 장려한다. 온타리오(Ontario)주는 모든 고등학생들이 40시간씩 지역사회에 봉사하도록 하고 있다. 브리티시 콜롬비아(British Columbia)에서는 청소년들이 지역사회 봉사의 대가로 자신의 학비를 면제받을 수 있도록 하고 있다.

캐나다에서 자원봉사활동은 운동, 오락, 문화, 건강, 복지 그리고 종교와 같은 다양한 분야에서 이루어지고 있다. 그러나 최근까지만 해도 캐나다에서 자원봉사활동은 그리 주목 받지 못했다. 이런 상황이 변화하게 되는데는 시민사회 내 지역단체의 연대활동 덕분이다. 또 다른 중요한 요소는 1998년에 캐나다가 자원봉사활동 관련 국제회의를 개최했다는 사실이다.

1997년 실시된 '기부 및 자원봉사 참여에 관한 전국실태조사(The National Survey of Giving, Volunteering and Participation)'에 의하면 15세 이상 캐나다 인구의 거의 1/3이 일년 동안 하나 이상의 분야의 자원봉사활동에 참여했다. 14-24세 청년 3명 중 1명이 자선이나 NPO에서 자원봉사 한 경험이 있다고 응답했는데, 이는 10년전(1987년)에도 그러했다. 자원봉사자들 중 핵심은 전체 봉사자의 1/3 가량인데, 이들이 활동한 시간이 전체 자원활동 시간 중 80%를 차지했다.

'캐나다 자원봉사회'는 청년들의 자원활동을 고무시키기 위해 두 개의 전국 사업을 주도했다. '자원봉사활동이 일자리를 만든다'와 'V세대

(Generation V)'가 그것이다. 전국 센터는 청년들이 사회적 이익뿐만 아니라 개인적 이익을 위해서도 더 많이 자원봉사에 참여할 것이라고 예견하고 있다.

'자원봉사활동'이라는 사업은 실직 청년들이 자원활동을 통해 새로운 직업을 구할 수 있는 기회를 넓히는 것을 돕는다. 자원봉사자들과 함께 일하는 단체들은 그들 자신이 청년들과 관계를 맺음으로써 더 많은 이익을 얻을 수 있다는 점을 분명히 알아야 한다. 각 단체들이 청년들에게 자원봉사활동을 통해 관련 경력을 쌓을 수 있다는 것을 분명히 해준다면, 청년들은 자원봉사에 대해 보다 매력을 느낄 수 있을 것이다. 캐나다 자원봉사회는 소책자, 안내문, 포스터와 웹사이트를 통해 청년 자원봉사자들, 그들의 부모 그리고 자원봉사 관리자들에게 자원봉사활동이 청년들에게 줄 수 있는 가치를 홍보하고 있다.

두 번째 사업인 'V세대'는 캐나다 인적자원개발원(Human Resources Development Canada)의 재정지원으로 실시되었다. 이는 15-30세 사이의 청년들에 의해 그리고 그들을 위해 운영된다. V세대는 수백 개의 캐나다 자선단체의 역량을 증진시키는 동시에 청년들에게 자원봉사활동이 주는 재미와 이점을 깨닫게 해준다.

이 사업의 세 가지 주요 목적은 캐나다 청년들의 자원봉사 참여도를 높이는 것과 자원봉사단체가 청년들을 프로그램에 끌어들이고, 우수 사례를 개발하도록 격려하는 것 그리고 청년들에게 자원봉사 관리자로서의 경험을 쌓을 수 있는 기회를 제공하는 것이다. 청년들을 대상으로 한 자원봉사 프로그램은 얼마나 많은 청년들을 포용할 수 있는가에 그 성패가 달려 있다.

모든 단체들이 준비되어 있는 것은 아니다. 청년을 위한 자원봉사활동을 마련하는 것이 어떤 기관에게는 도전이며, 다른 어떤 기관들에게는 불가능한 일이다. 프로그램에 참여한 24명의 열성적 청년들은, 소위 V세대 인턴 혹은 수습사원의 자격으로 자원봉사 관리자 훈련을 받는다. 18개월간 계속된 이 시범 사업은 여러 지역에서 실시되었다. 이 기간 동안 인턴들은 공식 프로그램은 없지만, 청년 자원봉사자들을 필요로 하는 2-3개의 지역단체에서 활동한다. 훈련을 받은 후에 이들은 청년 이민자, 장애인, 요보호관찰 청소년과 같이 자원봉사활동을 하는데 장애가 있는 청소년들에게 특별한 관심을 기울이면서 청년 자원봉사자들을 모집한다.

프로그램 진행 초기에 지역단체들은 V세대 프로그램의 모델에 대해 뜨거운 관심을 보였다. 이런 단체들은 그 동안 청년 자원봉사자들을 위한 프로그램을 기획할 재정과 전문지식이 없었기 때문에 이 프로그램의 실행에 더 큰 관심을 보인 듯하다.

8) 중국

한 세대 전 중국에서는 문화혁명의 바람이 거세었다. 1980년대 마오쩌둥의 후계자 등소평은 시장의 힘에 대한 새로운 신념을 바탕으로 경제개혁을 단행했다. 이러한 개혁은 중국에 강력한 경제성장을 가져왔는데, 때로는 불과 몇 년 만에 10% 이상의 성장을 이루었고, 국경을 개방하고 전문적인 경제지식과 경험을 도입시키기도 했다. 공산당 총수인 장쩌민은 사회적 긴장과 지방자치제 요구의 증가에 직면하고 있다. 급속한 자유화는 실업과 가난, 이주와 같은 문제를 증가시켰고, 각 개인의 수입 역시 지역과 마을 사람마다 아주 달라지고 있다. 국영기업에서 만들어진 집단 사회보장제도는 무너졌으며 의료, 교육, 연금, 사회정책에 대한 새로운 대안을 찾기 위해 맹렬한 탐색이 이루어지고 있다. 최근까지 노동자들은 국영기업에 고용되어 회사에서 해결해 주는 의료, 주택, 연금정책에 의지해 생활할 수 있었다. 하지만 이제 시민 개개인이 건강, 실업 노후 대책을 개인적으로 책임지는 보다 개인주의적인 체계로의 변화가 요구되고 있다.

한 가족당 한 명의 자녀만을 낳는 원칙은 가족관계에까지 영향을 미쳤다. 머지않아 한 명의 자녀가 두 명의 부모와 네 명의 조부모를 부양하게 됨으로써, 가족 내 상호부조의 가능성과 실효성이 위협받고 있다. 산업화, 현대화와 함께 인구이동이 증가하였고, 따라서 가족을 중심으로 한 보호체계는 이미 무너지고 있으며 앞으로 더욱 약화될 전망이다.

중국에서 자원봉사활동은 문화혁명 후 일어난 여러 가지 변화에서 큰 영향을 받았다. 오늘날 중국의 신세대는 초기 공산당 체제의 대단위적이고 자발적인 연대를 경험한 적이 없는데, 그 연대는 공산주의 체제하의 대표자들에 의해 다소간 조직된 것이다.

따라서 등소평이 내건 "몇몇 사람들이 먼저 부자가 되어야 한다"는 정책은 중국의 신세대들에게 더 쉽게 받아들여졌다. 그 결과 이웃간의 친분이 사라졌고, 중국인들은 주로 물질적인 번영을 쫓게 되었으며, 자원봉사활동은 아주 터무니없는 생각이라고 여겨지게 되었다. 그러나 계속해서 증가하는 실직자들이 새로운 직업을 찾는 동안 남는 시간을 유익하게 보내는 방법을 찾을 필요가 있었다.

중국인들의 자원봉사활동에 대한 태도 변화와 이와 비슷한 이타 행위들에 대한 양면적 태도를 볼 수 있는 좋은 예는 바로 '주민위원회(neighborhood committees)'이다. 공산당 집권 이후 만들어진 이 위원회의 주된 임무는 주민들의 안전을 지키고, 지도력을 개발하고, 이주자와 불법 체류자를 조사하며, 부족한 소비재를 분배하고, 가족계획을 지도하는 것이다. 또 공중보건 홍보와 어려운 환경에 처한 가정을 돌보고, 주민들간의 갈등을 해결하는 것은 물론, 소규모의 일거리 창출과 교통관리와 같은 역할을 맡고 있다. 문화혁명기간 동안에는 이 위원회가 정치적 목적을 위해 주민들을 동원하는 역할을 맡기도 했다.

중국에도 오래 전부터 NGO나 '사회'단체로 불리는 단체들이 존재했다. 그러나 그 단체들은 1980년 초 경제개혁이 시작된 이후 새 힘을 얻었고, 지금은 과도기 상태에 처해 있다. 많은 사회단체들이 여전히 은퇴한 노령의 정부관료에 의해 주도되고 있지만, 한편에서는 고학력자나 노동자 계급 출신들이 새로운 바람을 불어넣고 있다. 현재 중국에는 1,800여개 이상의 사회단체가 있는데, 그것들 대부분은 문화혁명 이후 설립되었다. 지역 혹은 전국 수준의 NGO의 숫자는 20만 개에 달한다.

중국은 산아제한, 자선사업, 소비자 이익 그리고 자영업 같은 분야와 관련된 많은 자원봉사단체를 가지고 있다. 이런 많은 단체들은 산업무역국 같은 정부기관이나 관련 부처에 의해 주로 1985년 이후 설립되었다. 오늘날 중국의 자원봉사 분야는 크게 두 가지 종류로 볼 수 있다. 하나는 중국공산당 청년연맹(Communist Young League of China)의 부속 기관으로 1994년에 설립된 중국청년자원봉사자협회(China Young Volunteers Association, CYVA)인데, 이 단체는 정부의 관리를 받고 재정도 지원받고 있다. 다른 하나는 NGO로서 자영의 독립기관으로 '희망(HOPE)' 사업을 관리하는 중국청년개발재단(China Youth Development Foundation, CYDF)이다.

독립적 NGO인 중국청년개발재단(CYDF)이 진행중인 '희망(HOPE)' 사업의 목적은 가난한 지역의 빈민층 자녀들이 학교로 돌아갈 수 있도록 돕는 것이다. 이 사업은 공식적 지원 없이 아주 적은 예산으로 시작됐다. 예를 들면, 자원봉사자들은 먼저 친필로 기금을 모으는 편지 10만 통을 썼다. 이러한 홍보 활동은 중국에서는 처음 있는 일이었으며, 이후 매체회의, 텔레비전 특별방송, 신문기사 게재에 이르는 매우 현대적인 방법의 캠페인이 펼쳐졌다. 또 그들은 한 사람, 한 가족 또는 한 기관에서 한 어린이를 재정적으로 후원하는 '1+1 프로그램(one plus one program)'을 시작했다. 그 결과 '희망'사업은 중국은 물론 그 외의 장소에서도 놀랄 만한 후원을 얻는데 성공했다. 2년 후, 이 사업은 7억만 인민폐(RMB) 이상을 받았으며, 130만 명의 어린이가 학교로 되돌아가도록 도왔고, 2,800개 희망 초등학교를 후원할 수 있었다.

중국청년자원봉사자협회는 청년들을 위한 34개의 현과 738개의 지부 그리고 3만 7,500개의 서비스센터 또는 후원센터를 가지고 있다. 매년 7,200만 명 이상의 청년 자원봉사자들이 연평균 40-60시간을 자원봉사 활동에 투여한다. 그들은 신문방송, 공공기관과의 직접 접촉 그리고 학교 및 대학을 통한 다양한 홍보를 통해 모집된다. 대부분의 자원봉사자들은 18-25세이며, 학생들이다. 활동 프로그램은 나라 전체, 현 지방 정부 등 우선순위에 따라 크게 다르다. 활동 범위는 장애인이나 노인처럼 불행한 사람들을 위한 복지사업과 건강관리에서부터 재해지역 복구작업, 실직자 구직활동 지원, 빈곤 퇴치 프로그램에 참여하는 것 등으로 매우 다양하다. 뿐만 아니라 자원봉사자들은 대규모 행사 진행에도 도움을 주었다.

1994년에는 10만 명의 청년 자원봉사자들이 구앙시(Guangxi)에서 있었던 폭풍, 홍수 등의 재해에 따른 구출 및 비상 구조활동을 수행하기도 하였다. 같은 해 2만 명의 자원봉사자들은 창링(Changling)에서 폭풍으로 파손된 집을 새로 짓고, 새 도로도 놓았다. 1995년 이후 거의 50만 명의 학생들이 농촌봉사활동에 참여해 문맹퇴치를 위해 애썼다. 보다 최근에는 청년 자원봉사자들이 녹색활동캠프(Green Work Camp)에 참여해 나무를 심고, 수질오염을 막고, 비닐봉지를 제거하는 등 환경보존에 앞장서기도 하였다. 이런 프로그램에 대한 재정지원의 형태는 유동적이다. 프로그램 운영기관은 여행 경비와 추가 예비비를 자체적으로 준비하기도 하고, 어떤 경우에는 지방, 현 그리고 국가 당국으로부터 일부를 지원받기도 한다.

이런 공식적인 대규모 단체들 외에도 중국에는 수백만의 자원봉사자들이 지역사회에 기여하고 있다. 실제로 모든 건강센터 또는 복지단체에는 모두 자원봉사자들이 활동하고 있다. 각 단체의 규모에 따라 10-30명의 사람이 노인, 장애인, 편모, 편부, 아이가 없는 사람들 그리고 고아들을 상담하고, 정서적으로 후원하며, 조직적인 교육, 여가활동을 제공하며, 그들과 함께 쇼핑을 하거나 읽고 쓰는 것을 가르치기도 한다. 또한 많은 은퇴자들이 자신이 가진 기술을 다른 사람들을 위해 유용하게 사용하고 있다. 예를 들어, 은퇴한 의료진들은 무료로 혈압을 재고, 은퇴한 교사들은 문맹을 퇴치하고, 은퇴한 수공예업자들은 주민들을 위해 도움이 될 만한 모든 일들을 한다.

9) 콜롬비아

콜롬비아는 1819년 민주주의 국가로 독립했는데, 오늘날에는 마약 밀매단의 폭력에 시달리고 있다. 콜롬비아의 대통령과 주지사, 시장, 의원들은 4년 내지 3년의 임기로 활동하고 있으며, 국민투표를 통해 선출된다.

콜롬비아는 자연 및 경제자원이 풍부하지만, 1998년 이후 경제위기를 겪고 있다. 최근 빈곤층이 늘어나고 있으며, 실업률 또한 높다. 콜롬비아의 산업구조를 살펴보면, 서비스 분야가 38%, 농업이 25%, 공업이 22%, 기간산업 분야가 10%를 차지하고 있다.

콜롬비아에서는 많은 자원봉사단체들이 사회사업과 지역사회 개발 영역에서 활동하고 있다. 1997년도 조사연구에 의하면, 콜롬비아에는 13만 7,599개의 NPO가 있고, 7만 개의 아동보호단체가 사회복지와 청소년을 위한 전국기관에 의해 조직되었으며, 4만 5,582개의 지역사회 운동단체들이 활동하고 있다. 이와 더불어 50여개의 전국적인 자원봉사단체들과 70만 명의 자원봉사자들이 다양한 전문 분야에서 활동하고 있다.

1960년대 이후 콜롬비아의 자원봉사활동은 완전히 변화했다. 현재의 자원봉사자들은 지역사회와 연대하여 사회경제적, 문화적 삶의 질을 높이기 위해 노력하고 있다. 또한 지역사회 스스로 자신들의 문제가 무엇인지를 찾아나가고 있다. 자원봉사자들은 지역사회 구성원들과 함께 지역사회 문제의 해결책을 찾는 책임을 다하고 있다.

청년, 남자와 여자, 노인, 학자와 학생들은 이런 현대적 형태의 자원봉사활동에 참여하고 있다. 그들은 책임감을 가지고 사회적 과업을 잘 수행하기 위해 협력한다. 콜롬비아에서 자원봉사자란 연대할 수 있는 권리를 행사하면서 자신의 시간과 능력, 노동력, 금전을 자발적으로 제공하며, 개인과 공공의 복지를 위해 힘쓰는 사람을 의미한다. 14개의 전국 기관들과 하나의 지역단체가 공동으로 실시한 표본조사에 의하면, 약 70만 명에 달하는 자원봉사자가 180만 콜롬비아 시민들을 위해 활동하고 있다.

콜롬비아에는 아직 자원활동을 국가 발전의 원동력으로 인정하는 특별한 법안이 없지만, 자원봉사자들 스스로 정부와 긴밀한 관계를 맺는 것이 중요하다는 사실을 깨닫게 되었다. 그래서 자원봉사자들은 자원활동 가치의 가시화와 공식적인 인정체계 마련을 위해 의회에 법안을 제출할 예정이다. 몇 년 전까지 자원봉사단체들은 기업과 공공부문에서 재정을 지원받을 수 있었지만, 새로운 법이 제정되면서 그런 지원을 받는 것이 불가능해졌다. 현재 콜롬비아의 기업들은 자원봉사단체 지원을 위해 특별기금을 마련하거나 자체 자원봉사 사업을 시작하는 것에 대해 정부로부터 아무런 혜택도 받지 못하고 있다. 그럼에도 불구하고 수많은 기업들이 민간 영역에서 기업자원봉사활동을 시작하고 있다. 현재 주목받고 있는 대표적인 기업들로는 상공회의소, 시티뱅크 등이 있다. 또한 많은 사립학교들도 경제적으로 어려운 가정의 자녀들에게 질 높은 교육을 제공하는 자원활동에 참여하고 있다.

콜롬비아에는 35개가 훨씬 넘는 포괄적인 전국조직들이 있는데 그중 하나가 자원봉사단체연합(Corporation Colombiana de Trabajo Voluntario, CCTV)이다.

다양한 자원봉사단체들간의 연합의 역사는 1963년 볼리비아에서 국제개발기구(Agency for International Development, AID)의 후원으로 열린 '도시개발에서 여성의 역할'에 대한 세미나 기간 중에 Bogotá에서 시작되었다. 1964년부터 여러 지역에서 '자원활동을 위한 지역연합(Regional Alliances for Voluntary Work)'이 구성되었다. 그리고 마침내 1975년 5월, '자원활동을 위한 지역연합'의 제10차 총회에서 지역연합의 대표기관으로 CCTV를 결성하였다. 이 단체는 연대, 정보제공, 교육훈련, 대변, 교류활동의 활성화, 기금조성, 사회사업기관들간의 협력을 위한 정부와의 협상 등의 역할을 수행하고 있다.

CCTV는 사회를 위해 활동하고 있는 비영리개발단체이다. 이 단체는 전국적인 연합체이며, 전략가, 조정자, 고문의 역할을 수행한다. CCTV의 주요 업무는 '자원봉사활동 개발을 활성화시키고 보다 큰 정의, 연대, 평화, 환경과의 조화를 이루는 사회건설에 효과적이며, 효율적으로 참여하며 기여하는 살아 있고 강력한 사회적 힘으로써의 자원활동에 대한 인식을 보증하는 것'이다. 그 사명은 사회 경제와 문화적 입지를 증진시키기 위해서 가능한 많은 연대활동에 참여하도록 하고, 시민들의 책임감을 강화시키는 것이다. CCTV는 360개 지역 자원봉사단체들로 구성된 10개의 지역연합이 모인 단체이다. 또 CCTV는 콜롬비아 전국 NGO연합(National Confederation of NGOs of Colombia)의 회원이며, 세계자원봉사협회(IAVE)의 회원이기도 하다.

CCTV에서는 청년들을 위한 환경 보존 및 유지, 개선에 관한 교육프로그램을 개발하고 있으며, '자원봉사활동 지역연합'의 자원봉사자들과 관리자들에게도 상담과 훈련을 제공하고 있다. 또 CCTV는 국내외적으로 기금을 모집한다. IAVE 콜롬비아는 CCTV와 United Nations의 후원을 받아 30여 개 자원봉사단체들과 함께 2001년 세계자원봉사자의 해(IYV)를 기념하는 축하 행사들을 계획하고 있다.

10) 체코 공화국

공산주의 체제 붕괴 이후, 체코슬로바키아에서는 전면적인 사회개혁이 시작되었다. 그러나 새로운 민주주의는 초기부터 금이 갔고, 나라는 슬로바키아와 체코 공화국으로 분리되었다. 200만 명에 달하는 국민들이 국민투표를 원했지만, 실현되지 않았고, 체코슬로바키아는 공공의 합의도 없이 공식적으로 존재하지 않는 나라가 되었다. 이는 시민사회 지지자들과 그들의 지도자 바클라브 하벨(Báclav Havel) 대통령에게는 커다란 패배였던 동시에 민족주의와 경제개발을 선호한 새로운 정치 엘리트에게는 승리였다. 이렇게 시작된 새로운 체제는 전체주의적인 공산정권과는 비교될 수 없었지만, 시민사회나 사회환경 문제에 관심을 가진 국민들의 불만을 불러일으켰다. 반세기 동안 전체주의를 경험한 뒤라, 비공식적인 시민의 주도권이라는 개념은 아직 체코 사회의 전통으로 자리잡지 않았을 뿐만 아니라 마땅히 보장받아야 할 인권조차 억압당했다. 많은 정치가들이 자유를 많은 정치가들이 자유를 자유시장경제로 민주주의를 정당의 다원화로 축소시키고 있다. 체코 공화국에서는 경제적 이익이 다른 모든 관심들을 압도하고 있다. 정부는 대개 시민들이 주도하는 활동은 지지하지 않으며, 더욱이 정치와 연관된 활동이라면 국가발전의 장애물처럼 간주하고 있다. 체코 공화국이 민주주의와 사상실현, 국가의 장래 전망을 계획할 수 있는 것을 화두로 하고 있는 이 상황에서 분명한 사실은 자원봉사라는 이슈가 시급한 문제 중 하나로 인식될 필요가 있다.

전체적으로 체코 공화국에서 가장 널리 통용되고 실천되고 있는 자원봉사의 형태는 공익을 위한 자원봉사보다는 서로에게 혜택이 돌아가는 활동 유형이다. 많은 글들과 라디오 토론, TV 다큐멘터리에서 최근 몇 년간 이 문제를 다루어 왔지만, 체코 사람들은 미국이나 서유럽인들에 비해 자원봉사나 자원봉사자들의 지위에 관해 충분히 알지 못하고 있다.

다른 탈공산주의 국가들이 그러했듯이, 체코의 전체주의 체제 역시 실제로는 강제였던 집단 사회활동에 대해 '자발적'이란 용어를 사용해 왔기 때문에 체코 공화국에서 자원봉사를 정의하기란 쉬운 일이 아니다.

체코에서 자원봉사란 '다른 사람의 이익을 위해 아무런 보상 없이 제공하는 무임금의 계획적인 활동'이라는 개념이 일반적으로 통용되고 있다. 체코 공화국에서는 상호이익을 위한 자원활동과 공익을 위한 자원활동이 분리되어 이해되고 있지만 가끔은 뚜렷한 경계를 짓기가 쉽지 않다.

현재 체코 공화국에서는 찰스 스튜어트 모트 재단(Charles Stewart

Mott Foundation)의 후원으로 자원봉사와 기부에 대한 대규모의 조사가 이루어지고 있다. 이를 주관하는 NPO·NGO들로는 NROS, AGNES, HESTIA-전국자원봉사센터-등이 있다. 이 조사의 목표 중 하나는 자원봉사의 올바른 정의를 내리고, 자원봉사의 사회적 의미와 지위를 찾는 것이다.

자원봉사활동은 협회나 클럽 등의 목표 중 하나로 실행되고 조직의 회원들에 의해 실천되고 있다. 체코 공화국이 공산주의 진영에서 탈퇴한 1989년에 일어난 정치적 변화 이후, NPO의 수가 급격히 증가했다. 구체제에 의해 금지되거나 해산되었던 많은 단체들이 활동을 재개한 것이다. 그들 중 많은 단체들이 상환 과정의 일부로 자신들의 자산을 되돌려 받았기 때문에 가능했다. 스카우트나 YMCA, 소콜(Sokol) 등이 대표적인 예이다. 이 단체들이 단기간에 그들이 가지고 있던 지역단체의 전국 네트워크를 복구했다. 이 단체들은 대개 회원들의 자원봉사활동에 의해 운영되고 있다.

1989년 이후에 등장한 새로운 조류는 공익을 위한 자원봉사이다. 이것은 시민들이 자발적으로 그들의 신념에 부합하는 일을 찾아 타인을 돕거나 사회적 변화를 도모하는데 기여하려는 자세에 기초한 것이다. 초기의 조직이 주로 이익단체나 조합 혹은 친구들 간의 모임 형태인 상호부조 형태의 봉사였던 것과는 달리, 공익을 위한 자원봉사는 공동체를 위해 유용한 일을 하고 싶다는 욕구가 그 일차적 동기이다.

체코식의 '공식적인 자원봉사활동(formal volunteering)'이란 외국에서 몇 달이나 혹은 몇 년간 장기적으로 자원봉사활동에 참여하는 것을 말한다. 체코 공화국에서 이런 종류의 자원봉사가 시작된 것은 미국이나 서유럽의 많은 자원봉사자들이 체코로 건너왔던 1989년 이후이다. 당시 체코인들은 여행 기회가 매우 적어 외국어 수준이 매우 낮았으므로, 서양에서 들어온 자원봉사자들의 활동은 주로 언어교육에 집중되어 있었다. 어느 정도의 시간이 흘러, 체코에서도 자원봉사자들을 외국으로 보내는 단체들이 세워졌고, 체코 국민들도 공식적인 자원봉사에 참여하게 되었다. 대부분의 자원봉사자들은 해외 장기봉사활동 뿐 아니라 다양한 워크캠프(work camp)에 참가하는 청년들이다. 체코 공화국에서 이러한 자원봉사를 조정하는 단체들로는 유럽을 위한 청년(Youth for Europe), 유엔자원봉사단(United Nations Volunteers), 보헤미아 봉사단(Bohemia Corps), 볼롱떼(Vlounté), INEX 등이 있다.

4. 청소년자원봉사센터의 운영 현황

1) 한국청소년자원봉사센터(중앙센터) 활동 현황

한국청소년자원봉사센터는 청소년 자원봉사 조사연구 · 프로그램 개발, 연수교육, 연계협력사업, 대국민 홍보, 종합정보망운영 등 청소년 자원봉사활동의 기반조성 및 발전에 기여하기 위한 다양한 사업을 수행하고 있다.

지난 2003년에는 조사연구 및 프로그램 개발사업으로, '청소년자원봉사활동 프로그램 메뉴얼 개발(초등학생용)' 연구사업이 이루어졌으며, '청소년자원봉사지도자 전문성강화 보수교육'을 통하여 지역사회 청소년 자원봉사센터 직원들의 업무능력 및 자질을 향상 · 계발할 수 있도록 하였다.

또한 국내 · 외 봉사활동 상황 및 동향 등에 대한 정보를 비롯하여, 청소년 자원봉사 관련 지식과 기술, 봉사활동 프로그램, 활동현장 등의 소식을 담은 「청소년 자원봉사」 소식지를 연간 24,000부 발행하여 전국의 학교, 관련 자원봉사단체에 배포하였으며, 중앙센터 및 16개 시 · 도 청소년 자원봉사센터를 연결하는 청소년자원봉사종합정보망(www.youthvol.net) 운영을 통하여 청소년 자원봉사활동에 유용한 관련 정보의 신속한 수집과 제공체제를 구축하는 등 청소년자원봉사 대국민 참여 분위기 조성 및 확산에 기여하였다.

2004년에도 연구개발사업으로 청소년 자원봉사백서 발간, 청소년 자원봉사 활동터전지도자매뉴얼 개발, 자원봉사터전인증제, 마일리지제도 연구개발 등과 교육연수사업으로 전국청소년자원봉사센터 직무보수교육, 청소년자원봉사 해외봉사단 운영, 청소년자원봉사지도자 해외선진지 연수사업으로 전문적 영역을 확보하는 한편 홍보협력사업으로 대한민국청소년봉사상 시상, 청소년자원봉사 모범활동 기획·홍보사업을 운영하고 대내·외적 연계협력 구축·강화사업으로 시·도 센터 운영평가 및 지원, 유관기관 협력사업과 함께 종합정보망을 운영하여 정보제공사업 등을 추진할 계획이다.

2) 시·도 청소년자원봉사센터 활동 현황

시·도 청소년자원봉사센터는 지역 차원의 중추적 역할과 기능을 수행하는 청소년 자원봉사 전문기관으로서 자원봉사 수급관리 및 기록관리, 자원봉사자 및 지도자 교육, 자료집 및 프로그램 발간·보급, 봉사활동터전 확보·관리, 자원봉사 전산망 구축 및 활용 등을 비롯하여, 청소년자원봉사자 해외봉사단 운영, 청소년자원봉사 대축제, 자원봉사 동아리 활동지원, 청소년아르바이트 운영활성화, 환경보호봉사활동, 장애우와 함께하는 봉사활동캠프, 농어촌체험 자원봉사활동, 가족과 함께하는 청소년봉사활동 등 지역사회기반을 둔 다양한 사업이 추진되고 있다.

1996년 청소년자원봉사센터가 처음 개소된 이후 16개 시·도 청소년자원봉사센터의 연도별 봉사활동 운영실적을 살펴보면 다음과 같다. 1996년에 94,742명에서 1997년 118,053명, 1998년 251,092명, 1999년 413,698명, 2000년 544,848명, 2001년 506,797명, 2002년 730,539명으로 매년 꾸준히 증가해 왔으며, 2000년 이후부터는 연간 약 50여만명 이상으로 지속되었고 2003년에는 86만명 가량이 청소년자원봉사센터를 통해 봉사활동을 실시하였다.

〈표 10-2〉 연도별 봉사활동 운영실적

(단위 : 명)

계	1997년[1)]	1998년[2)]	1999년[3)]	2000년	2001년	2002년	2003년
3,426,169	118,053	251,092	413,698	544,848	506,797	730,539	861,142

주 : 1) 1997년 : 경기센터, 강원센터, 충북센터, 충남센터, 전북센터, 전남센터, 경북센터, 경남센터, 제주센터 개소(총 15개소)
2) 1998년 : 울산센터 개소(총 16개소)
3) 1999년 : 서울센터 개소(총 16개소 : 중앙센터 제외)
자료 : 문화관광부

2003년 한 해 동안 시·도 센터를 통한 봉사활동 현황을 살펴보면, 중학생이 397,439명이 봉사활동을 하였고, 고등학생은 391,939명이 봉사활동을 하였으며, 대학생 26,864명과 지도자 44,900명 등이 봉사활동에 참가하였다.

〈표 10-3〉 청소년 자원봉사 활동현황(2003년)

(단위 : 명)

구 분	합 계	중학생	고등학생	대학생	지도자
인 원	861,142	397,439	391,939	26,864	44,900

자료 : 문화관광부

시·도 센터의 2003년 한해 동안 교육·연수를 받은 인원은 414,922명으로, 청소년자원봉사자 372,296명과 청소년자원봉사 지도자 42,626명이 각각 교육 및 연수를 받았다.

〈표 10-4〉 청소년 자원봉사 교육·연수 현황(2003년)

(단위 : 명)

구 분	계	청 소 년	자원봉사지도자
인 원	414,922	372,296	42,626

자료 : 문화관광부

또한 2003년 한 해 동안 이루어진 봉사활동을 영역별로 살펴보면, 일손돕기 영역에 17.0%(146,394명), 환경시설·보존활동 13.0%(111,948명), 지역사회개발활동 36.0%(310,012명), 위문활동 7.0%(60,279명), 캠페인활동 5.0%(43,057명), 지도활동 3.0%(25,834명), 자선구호 4.0%(34,445명), 기타활동 15.0%(129,173명) 등으로 다양한 분야에서 활동이 이루어졌다.

2003년도 활동인원을 활동터전 유형별로 살펴보면, 공공기관 및 단체가 37.0%(318,629명)로 가장 많았고, 공공시설 20.0%(172,227명), 사회복지시설 16.0%(137,788명), 기타장소 13.0%(111,949명), 행사장 6.0%(51,665명), 하천·산 6.0%(51,658명), 농어촌 2.0%(17,226명) 등으로, 공공기관 및 단체를 비롯한 사회복지 시설, 공공시설 등 지역사회의 다양한 활동터전에서 봉사활동이 이루어졌다.

〈표 10-5〉 활동터전 및 활동분야별 현황(2003년)

(단위 : 명)

분야별 봉사활동		활동터전별 봉사활동	
구 분	인 원	구 분	인 원
일손돕기	146,394	공공기관및단체	318,629
위문활동	60,279	사회복지시설	137,788
지도활동	25,834	공공시설	172,227
캠페인	43,057	행사장	51,665
자선구호	34,445	농어촌	17,226
환경시설보존	111,948	하천·산	51,658
지역사회 개발	310,012	기타	111,949
기타	129,173		
합계	861,142	합계	861,142

자료 : 문화관광부

2004년도의 주요 활동의 계획을 살펴보면, 시책사업의 일환으로 전국공통사업(청소년 자원봉사 활동터전인증제 시행, 청소년 자원봉사 마일리지제 도입, 청소년 자원봉사 동아리박람회, 전국청소년자원봉사자 해외봉사단 운영)과 목적사업(청소년 자원봉사대축제, 자원봉사 동아리활동 지원, 청소년 아르바이트 운영 활성화, 청소년자원봉사지도자 전문성 강화) 및 시·도 센터 특성화사업(청소년문화체험, 환경보호봉사활동, 장애우와 함께하는 봉사활동캠프, 농어촌체험 자원봉사활동, 가족과 함께 하는 청소년봉사활동, 자원봉사기관 협력사업) 등 청소년 자원봉사 발전과 활성화를 위한 다양한 사업을 추진할 계획으로 있다.

또한 우수 청소년, 지도자, 봉사활동단체 등을 발굴하여 격려 및 포상함으로써 청소년 자원봉사활동의 범국민적 공감대 형성 및 참여동기 부여를 위한 '청소년자원봉사대축제' 사업이 매년 정례적으로 개최되고 있으며, 청소년의 적극적인 참여를 유도하여 이를 통한 청소년 전문인력 양성 및 일자리 창출에 기여하기 위해 전문영역(외국어, 정보, 환경, 문화·예술 분야 등)별 전문인력 양성사업과 문화예술 등에 소질이 있는 청소년들로 구성된 봉사단을 적극 운영하며, 한국을 올바르게 소개하고 한민족의 뿌리를 찾고자 해외 파견 및 문화 예술에 대한 홍보 및 공연 봉사활동을 통하여 청소년들에게 우리 문화의 소중함을 인식케 하고 국제적 감각을 익히게 하는 국제교류 협력프로그램이 추진되고 있다.

특히 시책사업의 일환으로 추진하고자 하는 마일리지제와 활동터전 인증제는 청소년봉사활동을 더욱 활성화시키고 네트워크를 구성하여 변화하는 시대에 부응하는 센터의 핵심사업의 하나로서 참여하는 터전 기관·시설과 청소년들에게 체계적이며 다양한 정보를 제공하고, 활동에 참여한 우수기관과 봉사자에 대한 인정과 지지에 대한 시스템을 구축하는 기반이 될 것이다.

5. 청소년 자원봉사활동의 문제점

자원봉사 제도화 이전의 청소년자원봉사의 문제점은 여러 가지 있었다. 그 중에 다음과 같은 것들을 제시해 본다.

첫째, 자원봉사활동을 하는 사람 중에는 자원봉사활동의 기본 이념과 그 필요성과 확신이 없이 일시적 자기만족을 위해 참여하는 경향이 많아서 보람을 찾지 못한다. 그 결과 자원봉사는 믿을 수 없다거나 무책임하다는 비난을 받고 단시간내 포기하게 된다.

둘째, 자원봉사자가 자기 가족원에게 알리지 않고 봉사하기 때문에 가족간에 갈등을 유발할 수 있으며, 가족이 오히려 자원봉사활동에 대해 거부감과 부정적인 시각을 갖게 된다.

셋째, 자원봉사자들이 멀리 떨어진 곳에 가서 활동하는 경우가 많으며 시간적 · 공간적으로 많은 손실을 가져오게 하고 활동의 계속성 그리고 적극성과 책임감을 감소시키게 된다.

넷째, 자원봉사활동을 전문적으로 연구, 개발, 육성할 수 있는 전문기관이 부족하다.

다섯째, 자원봉사활동을 효과적으로 육성 · 발전시켜 나갈 전문요원이 부족하다.

여섯째, 각종 사회복지관, 의료기관, 교육기관 등에서 그들의 필요에 따라 활용하고 있으나 자원봉사자들 간에 횡적인 연계가 되지 않고 있어 어떤 사회문제에 공동으로 대처하지 못하고 있다.

일곱째, 각종 사회단체에서 행해지는 자원봉사 교육훈련의 내용과 질 그리고 기간 등이 다양하게 자원봉사활동에 참여하려는 사람들에게 혼란을 가져올 위험성이 있으며 특정 단체 소속이라는 의식은 오히려 자원봉사자 간에 위화감을 조성할 위험이 있다.

여덟째, 아직까지 우리나라에는 자원봉사활동에 관한 사회적인 인식이 부족한 상태이므로 먼저 자원봉사활동에 참여하려는 사람들이 주위 사람들의 반응에 민감하고 주저하게 된다.

아홉째, 자원봉사자를 받아들이는 시설이나 기관에서도 자원봉사에 대한 인식부족과 자체 내 자원봉사자를 위한 조정 역할을 하는 사람이 없어 자원봉사자와 기관 직원간에 마찰이 생길 수 있으며, 그 결과 어떤 경우 기관에서는 자원봉사자를 기피하게 되고 자원봉사자는 자원봉사자대로 그들의 활동을 이해해 주지 못하는 것에 대한 좋지 못한 감정을 가지게 된다.

열 번째, 자원봉사활동에 대한 정부의 인식부족으로 적극적으로 권장하고 육성하는 제도가 마련되어 있지 않다.

자원봉사 제도화 이후 청소년 자원봉사활동과 관련한 문제점이 나타나고 있는데, 그 내용은 다음과 같다.

첫째, 개인적으로 나타나는 문제가 있다. 청소년들이 자원봉사활동을 하면서 무조건 시간만 채우려고 하는 것은 그들이 자원봉사에 대한 인식이 부족하고 자원봉사참여에 대한 이해도 및 준비가 미흡하기 때문이다. 기관과 시설에서 많은 인원이 필요치 않은데도 또래문화 형성으로 함께 참여하려 하고, 스스로 전문분야를 개발하고 성장해 보려는 창의력도 부족하다. 자원봉사 정신을 망각하고 성적을 얻기 위해서 시간 채우기식 실적 위주로 봉사할 위험이 있다. 자원봉사자 스스로 봉사하려는 의식·책임감 결여로 약속시간을 지키지 않는다. 이사, 회의감 등으로 중도에 탈락자가 많다.

둘째, 수혜자에게 나타나는 문제가 있다. 그것은 사회복지시설에서 자원봉사자들이 보람을 느낄 수 있는 봉사활동을 제공하지 못하고 자원봉사자를 지도·감독하는 슈퍼바이저가 부족하며, 또한 기관장의 이해부족으로 시설자체를 사회화하지 못하고 있어 자원봉사활동을 발전시키려는 의욕이 약하다. 또한 독거노인, 장애인, 소년소녀 가장들에게 가정자원봉사를 할 때, 대부분은 고마움을 알고 있으나, 일부에서는 그 고마움을 모르고 심지어 더 큰 봉사를 요구하고 있다. 특히 봉사자를 월급 받는 직업인으로 오해하여 봉사하는 것이 당연한 것으로 생각하는 경우가 있다. 그리고 전문기관에서는 자원봉사자의 고귀한 봉사정신을 높이 평가하지 않고 단순히 업무 보조자 혹은 조수 정도로 취급하고 잔심부름꾼으로 대하는 경우가 있다.

셋째, 센터에서 나타나는 문제가 있다. 그것은 학교측의 자원봉사활동 참여 부진으로 인하여 봉사활동 수여처를 찾는 개인봉사자들이 자원봉사센터로 집중 방문하는 결과를 유발시킨다. 전담교사들의 자원봉사활동 인식부족으로 질적으로 향상된 봉사보다 시간 채우기 봉사를 요구하므로 인식전환이 시급하다. 청소년 자원봉사 지도자 부족으로 지도시간이 연장되기도 한다. 교육기관별 교과목, 내용, 시간 등이 통일되지 못하고 기관 자체에 필요한 교과목 편성 일변도가 많다. 그러므로 자원봉사의 철학이 변질될 우려가 있다. 교육시설 부족, 교육 기자재 및 교육 교재개발이 미흡하여 강의식 위주로 쉽게 교육 훈련을 계획하고 있다. 또한 재교육이 부족하여 봉사활동에서 생겨나는 문제점, 봉사방법 등을 꾸준히 연구하는 기회가 적다.

넷째, 제도적인 문제가 있다. 그것은 청소년 자원봉사활동이 전문적 · 체계적이지 못하고, 지역별 · 기관별 · 시설별로 산발적이다. 특히 자원봉사센터의 기능이 약하여 학교와 기관 등의 협조를 받기가 쉽지 않다. 자원봉사활동 중 불의의 사고에 대한 보험제도 등 대책이 미흡하다. 자원봉사자의 사기진작, 저변확대를 위한 방법과 포상이나 표창 등에 있어 제도시행이 미비하다. 자원봉사활동시 자원봉사자에게 드는 비용 즉, 교통비 · 식대 · 수혜자에 대한 선물비 등이 충분히 마련되어 있지 않다.

6. 청소년 자원봉사의 활성화 방안

1) 자원봉사 경험이 없는 이들을 위한 대책

(1) 자원봉사 환경의 조성

오늘날 청소년 자원봉사활동은 청소년들의 지성 · 인성 · 사회성 등의 발달에 도움이 된다. 그리고 같은 연령의 친구들이 자원봉사를 경험하고 성장하는데, 일부는 그런 경험이 없이 자라면서 그들은 발달의 기회를 잃은 사람이 되고 말 것이다. 그래서 발달의 기회를 가지지 못하므로 그들이 장차 사회복지에 기여하는 건강한 미래 시민으로 성숙하지 못하게 될 수도 있다.

그런데 이 문제는 청소년자원봉사 시행상의 문제로 볼 수 있다. 1995년 5월 31일 교육개혁의 지침에는 "청소년 자원봉사 활동을 위한 시간, 공간, 프로그램 등 여건을 대폭 지원한다."는 내용이 있다. 오늘날 청소년들이 자원봉사에 참여할 경로와 절차를 모른다는 것은 이러한 여건 조성이 덜 된 것으로 볼 수 있다.

따라서 이 문제를 해결하려면 청소년 자원봉사활동의 여건 조성을 더 해야 한다. 우선 그들이 자원봉사 시간을 충분히 갖도록 해야 한다. 그러려면 현행 학교에서의 교육시간 중 일부가 자원봉사 시간이 되도록 하여야 한다. 그리고 연간 40시간 정도의 자원봉사 시간은 사회변화에 따라 점차 늘리도록 해야 한다.

(2) 다양한 자원봉사 교육기회의 확대

자원봉사 경험자는 자원봉사교육을 통해 자원봉사 절차와 참여 경로를 알고 자원봉사를 하는 경우가 많으므로 자원봉사활동 여건 조성을 위해서는 자원봉사 교육을 확대 실시하는 것이 필요하다.

청소년들이 사회문제를 일으키는 원인 중에는 욕구불만으로 인해서 그 행동방법이 반항적·불법적·이성을 잃은·충동적인 행동 등으로 나타나는 경우가 많다. 이런 행동을 한 청소년에게 훈계, 구속, 벌금 등의 징계 방법은 근본적인 예방이나 해결 대책이 될 수 없다. 그러나 청소년 자원봉사는 이러한 문제까지 근본적으로 예방하는 역할을 기대할 수 있다.

청소년들이 자원봉사 활동을 많이 하려면 근본적으로 1995년 5월 31일 교육지침에서 "실천위주의 인성교육을 전 교과에 반영할 수 있어야 한다."는 것을 시행해야 한다. 이것을 전 교과에 반영하려면 청소년 교재의 내용이 자원봉사 활동을 필요로 하는 것으로 되어 있어야 한다. 특히 국어, 수학, 영어 같은 과목의 교재에도 그것을 필요로 하는 것으로 되어 있어야 한다. 그러려면 우선 교과목 적용 연구가 필요하다. 또한 복지사회의 발달, 과학의 발달, 특히 컴퓨터와 정보 매체의 발달은 자원봉사가 포함된 교육교재의 개편을 필요로 하고 있다.

이렇게 학교 교재가 자원봉사를 필요로 하면 학교수업은 교내수업과 교외수업으로 양분되어 이루어지게 되고, 자원봉사활동 시간이 경험학습을 하는 중요한 학교 밖 수업이 될 것이다. 학교 밖에서 사회복지 시설에 가서 클라이언트를 도우며 인간성을 기르고 정치기관에서 정치를 배우고, 과학시설에서 과학실험을 하고, 정보시설에서 새로운 정보를 경험하게 될 것이다. 이런 경험은 인성개발을 하고 학교 내에서 배우는 교재에 나와 있지 않은 엄청난 분량의 정보와 지식을 얻는 효과로 나타날 것이다. 또한 이런 경험은 학업의 내용을 알차게 하고 더 풍성하게 만들어 줄 것이다.

따라서 오늘의 수업 즉, 학교 내에서 모든 수업시간을 사용하는 것은 미래에 교육적 효율성이 떨어질 수 있다. 왜냐하면 미래사회는 오늘의 사회보다 더 발달해서 지식 산업화되고, 정보화되고, 자동화되기 때문이다. 오늘날 이런 현실을 직감한 청소년 가정의 부모는 자녀를 외국에 보내서라도 미래 사회에 적응하게 가르치는 준비된 교육환경을 선택하고 있다. 이제부터 우리나라의 교육은 미래사회의 변화를 예감하고 필요시 교육제도를 개혁하고 교육환경을 개선하면서 적절하게 대처하야 한다.

따라서 오늘의 교육 시스템으로는 머지않은 미래에 학교 내 교육이 사회에 필요한 사람을 길러내는 역할을 감당할 수 없게 될 것이다. 또한 자원봉사는 학교 밖에서의 교육 시스템을 연결하는 중요한 역할을 할 것이다.

그러므로 기성세대들은 미래사회의 변화를 예측하고 오늘의 청소년들이 자원봉사를 통해서 자라나게 함으로써 그들이 고도의 지식을 습득하고 인성을 개발하여 미래 사회를 적응해 갈 수 있게 하고 복지국가 국민으로 행복하게 살 수 있도록 돕는 것이 바람직하다.

2) 자원봉사 경험이 있는 이들을 위한 대책

(1) 올바른 자원봉사활동의 유도

자원봉사는 실질적인 이익을 먼저 추구하지 않아야 한다. 1995년 5월 31일 교육개혁의 취지는 청소년들의 바람직한 성장과 발달을 위한 것이다. 그 결과를 성적에 반영토록 하여 상급학교에서 계속적인 교육을 받도록 하고 있다. 청소년들이 만약 자원봉사를 입시준비를 위해서 하는 것이라면 문제되지 않을 수 없다. 왜냐하면, 올바른 자원봉사 정신으로 하지 않는 자원봉사는 그 의미를 상실하기 때문이다.

자원봉사는 자유의지를 가지고 먼저 클라이언트에게 복지적인 서비스를 하고 그 과정에서 자아정체감을 형성하고 경험 학습을 하는 것이다. 이 정신을 실천하는 특성에는 자발성 · 공공성 · 무상성 · 과정성 · 생활성 · 지속성 등이 있다. 청소년이 이러한 정신으로 자원봉사에 참여해야 인성개발, 덕성개발, 사회성 개발들이 이루어질 수 있다.

청소년들이 성적에 민감한 원인은 입시위주의 교육환경에 있을 수 있으나 그것보다는 자원봉사 정신교육의 부족으로 볼 수 있다. 자원봉사 교육을 받게 하여 그들이 올바른 자원봉사 정신으로 자원봉사를 할 수 있게 지도해야 한다. 그러려면 자원봉사를 모든 청소년들에게 실시하여야 한다. 특히 자원봉사 시간만 성적에 반영하기보다는 이를 더 세분해서 자원봉사 교육을 포함한 준비과정도 성적에 반영하고 자원봉사 결과 클라이언트의 도움 받은 정도, 개인의 발달정도까지 평가받게 하여 그것을 성적에 반영하므로 결국 이 성적이 자원봉사를 더 의미있게 하도록 하여야 한다. 그러기 위해서는 자원봉사 시간을 미국처럼 200시간 정도로 늘릴 필요가 있다.

그리고 자원봉사교육을 함에 있어서 자원봉사 교육 인력을 충분히 확보하고 전교생에게 자원봉사 교육을 할 수 있어야 한다. 그러려면 학교, 자원봉사센터, 복지협의회, 자원봉사 후원회, 교육청, 시청 지도자들의 협력에 의한 교육이 이루어지도록 해야 한다.

(2) 과학적인 자원봉사의 배치

청소년 자원봉사를 경험한 이들이 각 시설에서 자원봉사활동을 할 때 그들의 적성과 소질이 거의 고려되지 않고 자원봉사 시설에 배치되고 있다. 이것은 청소년 자원봉사의 문제가 아닐 수 없다.

청소년 자원봉사는 복지시설에 가서 클라이언트에게 서비스를 제공하는 것으로 끝나지 않고 그 과정을 통해서 그들의 적성과 소질에 따라 봉사하게 하여 미래사회에 능력있는 인간형성을 도모해야 한다. 그리고 이런 경험은 자원봉사를 경험한 이들의 성장 발달의 요소가 되어야 한다.

그런데 우리의 현실이 이를 반영하지 못하면 자원봉사 결과는 교육적이지 못할 것이다. 우리의 청소년 자원봉사는 교유적인 내용을 담을 수 있도록 해야 한다. 일본의 자원봉사는 학교에서 자원봉사 교육을 하고, 현장에서 실천하게 하여 인성을 발달시키므로 복지사회의 인간 형성을 도모한다. 따라서 자원봉사가 교육적인 것이 되려면 무엇보다 다양한 봉사 장소가 있어야 한다.

오늘날 자원봉사는 그들의 적성과 소질에 적합한 봉사시설이 어느 정도인가 실태를 파악하고 대책을 세워야 한다. 만약 시설이 부족하면 다양한 자원봉사 시설개발을 시급히 하여야 한다. 우선, 문화시설, 학교시설, 정보시설, 경제시설, 의료시설에서 자원봉사자들이 활동할 공간과 자원봉사 지도자와 프로그램이 마련되어야 한다. 뿐만 아니라 이들 시설 종사자의 이해와 배려가 있어야 한다. 그리고 청소년들의 다양한 소질과 적성을 고려하기 위해서는 복지시설, 공공시설에만 의존하지 말고 사회 곳곳에서 자원봉사활동이 가능한 시설 개발 등 여건 조성이 필요하고 국내뿐만 아니라 외국에 가서도 자원봉사를 하도록 제도화하고 지원해야 한다. 그럴 때 늘어나는 자원봉사자의 수요와 공급을 맞출 수 있을 것이다.

제11장

청소년지도의 실제 : 학업 및 생애지도

청소년들이 그들의 아름다운 꿈을 키우고 소중한 뜻을 펼치기 위해서는 효과적인 학습기술을 체득하는 것이 필요하고, 이러한 학습기술을 지도하는 것이 청소년복지 서비스의 일환이 될 수 있다. 청소년들은 학교와 집에서 가장 많은 시간을 들여 공부를 하지만, 실상 노력한 만큼 소기의 성과를 내기가 힘들다. 또한 갈수록 공부하는 양도 많아지고, 내용도 어려워지기 때문에 자신에게 맞는 효과적인 학습방법 등을 익힐 필요가 크다.

학습기술 내지 학습전략이란 공부를 보다 효과적으로 하기 위하여 학습자 자신이 취하는 모든 방법적 사고 또는 행동이라고 정의할 수 있다. 여기에는 지식과 정보의 처리, 이해와 활용은 물론, 동기부여, 시간관리, 정신집중, 청취, 노트정리, 기억방략, 독서전략, 시험전략, 문제해결 능력 등이 모두 포함된다.

유능한 학습자의 특징은 주도적으로 목표를 세워 효과적으로 학습전략을 사용할 줄 알며, 공부의 진행을 보다 정확하게 평가하고 조정할 줄 알며, 학습이 부족한 부분에 대해서는 즉시 그것을 보충하는 행동을 취하는데 있다. 그리고 이러한 학습전략은 수영이나 운전 기능처럼 끊임없는 연습과 훈련을 통해 배워 효과적으로 활용될 수 있는 능력이다.

본 장에서는 먼저 청소년 시기에 학습지도가 왜 중요한지 밝히고, 효과적인 학습을 위해 기본적으로 갖추어야 제반 학습기술의 원리와 특징 등에 대해 간략히 설명한 뒤, 삶의 목표를 갖도록 도와주는 실제적인 생애지도 방법을 소개하고자 한다.

1. 청소년 학습지도의 중요성

사람이 다른 동물과 달리 특별하고 가치로운 존재인 이유는 학습할 수 있는 능력을 지녔다는 것이다. 인간만이 지니고 있는 고도의 학습능력 때문에 스스로의 역량과 가능성을 계발할 뿐만 아니라, 사회를 유지하고 문명을 발전시킬 수가 있었다. 이러기에 세계 각국은 학습국가를 지향하면서 모든 이를 위한 교육의 기치를 내걸고, 학교교육의 탁월성 제고와 다양한 평생교육기관을 설립하고 평생 동안 배울 수 있는 기회를 제공하는데 역점을 두고 있다. 이제 분명 학습은 개개인의 역량 강화, 삶의 질 향상, 그리고 국가와 인류번영을 위한 필수불가결한 요소임에는 분명하다. 다만, 학습의 의미와 원리를 청소년 시기부터 제대로 익혀 생활화하지 못하면 오히려 더 큰 부작용이 야기될 우려도 크다. 특히 현재 '입시병영국가'라고 불리어질 정도로 엄청난 양의 교육을 청소년 시기에 제공하고 있는 우리나라에서는 공부로 인한 청소년들의 고민과 좌절이 크고, 교육격차가 날로 심화되어 사회적 양극화를 초래하는 양상을 띠고 있다.

청소년상담원 자료 등에 따르면, 우리나라 청소년이 고민하고 좌절하는 중요한 문제 중의 하나가 공부와 성적이라고 한다. 즉, 80% 이상의 학생들이 성적 하락을 매우 심각한 일로 지각하고 있으며, 성적이 떨어질 때 걱정을 많이 한다고 보고하고 있다. 특히 공부 문제는 그것에서 끝나는 것이 아니라 모든 청소년문제의 시발점이 된다는 것이다.

즉 공부에 의한 스트레스가 심해지면, 약물과 인터넷 게임 등에 의존하거나 심지어는 폭력행위와 자살까지 시도하는 등 일탈행동과 정서장애를 보이게 된다(오혜영, 2004).

집과 학교에서 공부만 하라고 했지, 실제적으로 공부하는 요령을 알려주거나, 공부하는 습관을 제대로 익히도록 지도하지 못한 점을 부인할 수 없다. 왜냐하면 학습에 관한 많은 연구들은 학습기술이 매우 중요하고 이러한 학습기술들이 학업성취와 학교생활 만족도와 밀접한 관련이 있음을 밝혀주고 있다. 또한 최근에는 학습자가 자기주도적 학습에 활용할 수 있는 '학습하는 방법의 학습'을 위한 방안으로 학습기술이 연구되고 있다. 이 학습하는 방법의 학습으로 학생들은 지식 그 자체보다는 지식을 재구성하여 일상생활에 적용할 수 있게 된다고 한다(변영계 · 강태용, 2003).

특히 경제적 빈곤으로 인한 교육소외, 교육 부적응 및 교육 불평등의 문제가 갈수록 심각해지고 있는 상황에서는 청소년 학습지도 등을 포함한 교육복지 서비스 제공이 개인의 차원을 넘어, 학교와 지역사회는 물론 국가가 나서 체계적인 지원과 대책으로까지 확대될 필요가 있는 것이다. 따라서 진정한 교육복지정책의 추진은 모든 국민의 주체적인 능력개발을 최대화하여 개인의 삶의 질을 향상시키고 사회통합 및 국가발전을 실현함을 궁극적인 목적으로 삼아야 하고, 이를 위해서 국민기초 교육수준을 보장하며, 교육 부적응 및 불평등을 해소하며 복지 친화적 교육환경을 조성하는 등 세 가지 방향에서 정책구현이 이루어져야 한다(이태수 외, 2004).

이에 '더불어 사는 균형발전 사회'를 국정목표의 하나로 제시한 참여정부에서는 소외계층의 복지 확대 차원에서 지역 · 계층간 교육격차의 해소를 중요한 정책과제로 삼아 2003년부터 교육복지투자우선지역 지원사업을 추진하고 있다. 즉 교육복지투자우선지역 지원사업은 교육 · 문화적 조건이 상대적으로 열악한 도시 저소득지역의 교육 · 문화 · 복지수준을 향상시키기 위해 학교를 중심으로 지역사회 교육공동체를 구축하여 지역 내 영·유아 및 학생들에게 실질적인 교육기회를 제공하기 위한 사업이다.

교육복지 투자우선지역 지원사업 핵심 프로그램에는 ① 학습능력 증진(학습결손 누적 방지를 위한 학습동기 유발에 역량 집중), ② 정서 발달을 위한 문화 활동(안정적 인성 발달과 다양한 문화적 욕구 충족 기회의 제공), ③ 정신 건강을 위한 심리·심성 발달 지원(긍정적 자아개념, 건강한 사회성 함양), ④ 복지 활성화(건강한 신체 발달), ⑤ 영유아 교육·보육 활성화 지원 등을 위한 다양하고 체계적인 활동을 진행하도록 되어 있다(교육인적자원부·한국교육개발원, 2005)

2. 효과적인 학습기술 지도

학습기술에 대한 연구와 실행은 행동주의와 인지주의 심리학의 발달, 구성주의 학습이론의 전개와 인터넷을 비롯한 통신매체의 급속한 발달로 인한 학습환경의 변화 등과 더불어 발전되어 왔다. 특히 최근에는 초인지적 관점을 견지하는 연구자들이 학습기술을 인지전략, 초인지 기술 등과 같은 의미로 사용하면서, '학습하는 방법의 학습'을 위한 방안으로서 학습기술의 의의를 강조하고 있다. 이들은 학습기술의 하위 요소로 자기관리, 수업참여 및 청취, 읽기 전략, 보고서 작성, 시험 치기 등을 설정하고 있다.

여기에서는 선행 연구(김영채·박권생, 1992; 서울대 학생생활연구소, 1996; 변영계·강태용, 2003; 오혜영, 2004)의 주요 결과를 중심으로 공부의 효과와 지속성을 높여줄 수 있는 몇 가지 학습기술 내지 학습전략의 원리와 절차 등을 간단히 소개하고자 한다.

1) 학습동기 유발 기술

학습의 사전적 의미를 살펴보면, 학습이란 첫째, 지식을 얻고 이해하거나 경험, 연습을 통해 숙달하는 것 둘째, 마음이나 기억에 고정시키는 것 셋째, 경험을 통해 획득하는 것 넷째, 정보를 얻는 것과 발견하는 것으로 볼 수 있다.

학습에 영향을 미치는 변인들은 무척 다양하며, 사람에 따라서도 다르게 받아들여지고 적용된다. 크게 보면 학습의 모델이자 강화를 하는 교사로부터 가정, 학교, 사회로 구분되어지는 교육환경이 있다. 또 다른 중요한 영역이 바로 학습자가 갖고 있는 여러 가지 요소들로 지능, 창의력, 인지양식과 같은 지적 영역과 동기, 준비성과 같은 정의적 영역이 있다(이현림 · 김지혜, 2003).

지속적으로 공부하는 습관을 지니기 위해서는 먼저 왜 공부해야 하는지 목표가 뚜렷해야 한다. 즉 학습에 대한 강한 동기가 있어야 한다. 동기란 인간의 행동을 유발시키고 활성화시키며 유지시키는 근원적인 힘으로 행동을 목표로 이끌어가는 에너지이다. 동기에는 개인차가 크게 작용하므로 개개인의 동기를 정확하게 파악하기란 어려우며 행동이 단 하나의 동기에 의해 유발된다고 판단하기도 곤란하다. 따라서 동기는 행동의 다양성을 낳게 하는 요인이며 유발된 특정 행동을 일정한 목표나 대상으로 이끌어 가는 역할을 한다. 또한 생리적인 면, 심리적인 면, 감정적인 면을 동시에 갖고 있어 상호작용적으로 유발되므로 시 · 공간적으로 떨어져 있는 목표에 대해서도 작용 가능하다.

이러한 동기는 대체로 ① 발생적 기능(어떤 행동을 환기시키고, 활동력을 주고 행동을 하도록 함), ② 지향적 기능(목표를 명확하게 정하고 방향감을 분명히 갖게 함), ③ 선택적 기능(가장 바람직한 행동을 선택하여 행동으로 나타나게 함), ④ 강화적 기능(바람직한 결과를 얻었다면, 학습자는 전과 같은 행동을 반복하게 되고 강화시키게 됨)을 발휘하게 된다.

학습동기란 학습자로 하여금 어떤 학습목표를 향하여 학습하게 하는 학습자의 모든 심리적인 상태로서, 학습활동 전개에 있어 학습의욕을 일으키게 하는 유기체의 내적인 힘을 말한다. 적절한 동기는 학습을 자연스럽게 유도할 뿐만 아니라 학습자로 하여금 능동적이며 활기있게 학습활동에 계속 참여하게 함으로써 보람과 만족을 가져다 준다.

학습동기를 유발하는 방법은 보상의 유형에 따라 호기심, 성취감 같이 행동의 과정이나 결과에 대해 스스로 만족을 느끼는 내적 보상에 의한 내재적 동기와 학습결과 확인, 상과 벌 등 외부로부터 주어지는 외적 보상에 의한 외재적 동기로 구분된다.

따라서 청소년과 청소년지도자는 대상과 상황에 부합된 내재적 동기와 외재적 동기 모두 적절히 활용하면, 학습의 효과를 높일 수 있다. 특히 교사는 학습자의 내적 욕구와 외적 환경을 잘 배합하여 학습자의 자발적인 학습이 일어나도록 해야 한다. 학교 현장에서 동기를 유발하는 데 활용될 수 있는 구체적인 기법들로는 ① 유인의 적절한 활용 ② 성취감의 자극 ③ 성공과 실패 체험의 이용 ④ 기초적인 학습기능과 지식의 숙달 ⑤ 수업환경의 조성 등이 있다(변영계 · 강태용, 2003).

아울러 최근에는 많은 교육기관과 유관 학회(한국상담학회 등)에서 학습동기 유발 프로그램을 개발, 보급하고 있다. 학습동기 유발 프로그램 적용시 학습유형검사나 흥미도검사 등을 사용하는바, C. G. Jung의 심리유형론을 바탕으로 하여 Katharine C. Briggs와 Isabel Briggs Myers에 의해 연구개발된 성격유형지표 즉, MBTI 도구도 유용하게 활용된다. 즉 융이 말하는 선천적으로 타고나는 개인의 심리경향을 발견하고, 그 경향에 따라 개인의 성격과 그 개인이 환경에 반응하는 태도가 다름을 이해함으로써 자신과 타인의 성격역동을 이해함은 물론 자신이 진정으로 원하는 활동을 탐색하는 데도 아주 유용하게 사용될 수 있다(한국심리검사연구소, 1991).

2) 시간관리 기술

'시테크'라는 용어가 있듯이, 시간은 누구에게나 똑같이 주어지지만, 어떻게 활용하느냐에 따라 인생의 성공과 실패가 좌우된다. 학습하는데 있어서도 마찬가지이다. 즉 학습에 사용된 시간의 총량보다는 효과적인 시간 사용이 더욱 중요한 법이다. 시간관리란 효율적인 학습이 가능하도록 시간사용 계획을 세우고 실행하며 평가하는 기술을 의미한다. 효율적으로 시간관리를 하기 위해서는 다음과 같은 세부 기술들을 순서적으로 적용하면 도움이 된다(변영계 · 강태용, 2003).

(1) 시간사용 실태 평가하기

(2) 시간사용 계획하기

- 합리적인 목표와 시간 설정
- 우선 순위 설정
- 과제의 세분화와 과제별 계획 세우기
- 과제 완성 후 스스로에게 보상하기
- 계획 지키기와 유연성 가지기

(3) 시간 사용 반성하기

3) 정신집중 전략

정신이 산만하지 않고 공부에 몰두하여 학습의 효과를 최대화 하고자 할 때 활용되는 정신집중 전략이란 공부에 몰두할 수 있는 준비와 마음을 편안하게 하는 이완 전략을 통해 초점적 주의 집중을 할 수 있는 전략을 의미한다.

공부에 시간을 투자하는 것만으로는 불충분하다. 투자한 시간이 얼마나 효과적인가는 그 시간 동안 공부에 몰두했는가에 따라 결정된다. 공부에 몰두한다는 것은 공부에 모든 정신적 에너지를 집중시키는 것을 말한다. 만약 공부에 몰두할 수 있고 효과적으로 공부할 수 있다면 공부는 더욱 재미있게 될 것이고, 성적은 올라가며, 성공은 보장될 것이다.

대체로 정신집중이 어려운 3가지 이유는 ① 정신을 집중할 수 있도록 미리 준비할 줄을 모르고, ② 불안하고 긴장하면서 ③ 몰두하여 주의 집중하는 구체적인 전략을 모르기 때문이다. 정신집중은 다음과 같은 3단계를 통해 이루어질 수 있다(김영채 · 박권생, 1992).

(1) 집중을 위한 준비

공부에 집중할 수 있기 위하여서는 먼저 환경적, 개인적 및 과제 관련적인 측면에서 준비를 잘 해야 한다.

(가) 환경적인 계획과 준비
- 조용하고 조명 상태가 좋은 독방
- 일정한 장소, 낯익은 자리, 공부할 태세가 갖추어진 방
- 졸음이 오지 않을 정도의 안락한 방
- 충분한 학용품을 마련해 둔 방, 불필요한 자극제가 없는 방

(나) 개인적인 계획과 준비
- 피로하거나 배고프지 않게 하기
- 주행성, 야행성 등에 따라 주의 집중이 잘 되는 공부 시간 선택하기

(다) 과제 관련적인 계획과 준비
- 학습 과제를 분명히 인식하기
- 공부할 시간과 범위를 미리 결정해 두기
- 몰두하기 어려우면 읽기, 쓰기, 복습 등 다양한 학습 활동을 번갈아 하기

(2) 이완 전략

마음이 편안해야 공부가 잘된다. 마음이 불안하거나 긴장이 될 때는

마음을 가라앉히고 공부에 전념하기 위하여 간단히 '정신 이완 전략'을 이용할 수도 있다.

대표적인 한 가지의 이완 전략은 다음과 같은데 '호·이·상·공'이라고 약칭한다.

(가) 호: 깊게 그리고 천천히 호흡한다. 손을 무릎 위에 얹고 의자에 편안한 자세로 앉는다. 그 다음 길게 그리고 깊게 호흡한다. 심호흡을 한 다음 천천히 숨을 내쉰다. 마치 모든 긴장, 잡념을 내뱉듯이

(나) 이: 모든 근육을 이완시킨다. 숨을 내쉬면서 모든 근육을 편안하게 한다.

(다) 상: 즐거운 장면을 얼마 동안 상상한다. 그러면서 눈을 감고 즐거운 장소를 머리 속에서 떠올려 상상해 본다. 해변을 걷거나, 산 정상에서 눈 아래를 굽어보는 것과 같은 장면을 상상해 본다. 즐거운 곳에서 유쾌하게 즐기고 있다고 상상하면서 천천히 숨을 내쉰다.

(라) 공: 이제 공부를 시작한다.

호·이·상·공 의 심호흡을 5~6회 정도 되풀이한 다음 마음이 편안해지면 이제 공부를 시작한다.

(3) 초점적 주의 집중

공부에 재미가 없고 충분히 긴 시간 동안 계속하여 공부해 갈 수 없다면 어떠한 학습 전략도 도움이 되지 아니한다. 잡념을 몰아내고 활자에만 (또는 수업과 강연의 내용에만) 상당히 긴 시간 동안 몰두하여 집중한다는 것은 그렇게 손쉬운 일은 아니다. 공부에 주의 집중하는 데 도움이 되는 3가지 방법을 소개한다.

(가) 긍정적인 자기 모습 그리기와 자기와의 이야기

(나) 적극적인 질문

(다) 구체적이고 관리 가능한 공부 목표의 설정

4) 기억전략

인간의 기억은 감각기억, 단기기억, 그리고 장기기억으로 분류된다. 감각기억은 입력된 내용이 극히 짧은 시간만 기억되는 것으로 주로 지각의 단계에 존재하는 기억이다. 단기기억은 20~30초 정도의 짧은 시간동안 입력내용이 보존되며, 기억체제 내에서 정보의 흐름을 통제하고 정보를 조작하거나 사고하는 가능을 가지고 있어 작동기억이라고도 한다. 장기기억은 많은 양의 정보를 상당히 오랜 시간동안 보존하는 저장체제를 말한다. 이러한 기억은 학습에서 중요한 역할을 한다. 일반적으로 학습자의 인지적 특성(지능, 적성, 학습양식 등)이 학업성취의 약 50%를 예측한다고 본다. 인지적 능력의 바탕이 되는 것이 기억이라는 점을 감안하면 학업성취에 미치는 기억의 중요성은 대단하다(변영계 · 강태용, 2003).

기억전략이란 간단한 사실, 정보, 개념, 아이디어 또는 단문 등을 쉽게 머리 속에 효과적으로 저장하는 방법을 말한다. 즉 학습자 스스로 학습 자료에 적극 관여하면서 무의미하고 단편적인 자료를 유의미하고 조직적인 것으로 만들어 기억을 쉽게 할 수 있다. 이러한 기법으로는 페그 단어법, 장소법, 의미화 기법, 매개 단어법 그리고 연쇄화 기법이 있고, 각 기법은 기억 자료의 성질에 따라 사용이 결정된다(김영채 · 박권생, 1992).

어떤 내용의 정보를 기억하는 데는 두 가지 방법이 있는데 그 중 하나는 머리 바깥에서 저장하는 '머리 바깥 기억' 즉 외적 기억이다. 머리 바깥이란 말 속에는 책, 잡지, 신문, 필름 등은 물론이고 노트나 비망록 등이 모두 포함된다. 이 때는 도서관에서처럼 보존하고 있는 정보를 잘 활용하는 것이 중요하다. 두 번째는 '머리 안 기억' 즉 내적 기억을 요구한다.

기억 조성법이 효과적일 수 있는 이유에는 적어도 두 가지가 있다.

① 기억하려는 자료에 생각을 모으고 적극적으로 관여하게 하며 ② 무의미하고 단편적인 것같이 보이는 자료를 유의미하고 조직적인 것으로 만들기 때문이다.

기억 조성법은 다음의 3가지 기억 원리에 근거하고 있어 적절히 활용하면 효과적이다. ① 관계 지우기(indexing) : 무의미한 듯한 자료를 이미 잘 조직화되어 있는 기억 단서에 관계시켜 기억한다. ② 결집(chunking) : 정보를 얼마만큼의 덩어리로 기억한다. 예컨대 3-9-0-9-0-8-1-6 대신 39-09-08-16으로 결집하여 기억하면 보다 효과적이다. ③ 정교화(elaboration) : 학습하려는 자료를 서로 떨어져 있는 고립적인 것으로 내버려두지 아니하고 서로간에 연결을 형성시켜 의미 있는 것으로 만든다.

여러 기억기법 중 서로 관계가 없는 대상의 목록 리스트를 차례대로 기억할 때는 장소법(method of loci)이 유용하다. 예컨대 역사적 사건, 구입할 물품, 심부름 종류 등의 기억은 물론이고 이야기 내용을 메모지 없이 기억할 때도 이용할 수 있다. 장소법의 이용 절차는 다음과 같다.

① 친근한 장소를 정해 순서대로 심상을 떠올리는 연습을 한다. 차례가 분명한 10개 정도의 장소가 있는 것이면 어떠한 것이라도 좋다. 예컨대 머리카락부터 발끝까지의 신체 부위, 학교에서 집까지의 장소, 대문에서 공부방까지의 장소 등

② 익혀둔 장소를 저장 장소로 이용할 수 있도록 기억하려는 것을 이들 장소와 차례대로 관련지어 상호작용적인 심상을 떠올린다. 기억할 것이 많으면 10개 정도의 장소가 있는 것 몇 개를 이용한다.

③ 외웠던 것을 다시 기억해 내기

다시 기억해 내려고 할 때는 첫 번째 장소부터 그것과 상호 작용적인 모습으로 익혔던 것을 떠올려 인출해 낸다.

5) 노트정리법

두고두고 중요한 보고로 간직될 만한 기록법을 습관화하는 것은 앞

으로의 생활에 큰 도움이 될 것이다. 즉 노트정리는 수업이 가지는 비반복적인 특성, 인간 기억력의 한계 및 시험과 복습 등에 활용하는 실용적인 목적을 위해서 필요하다(변영계·강태용, 2003). 많이 알려진 미국의 Cornell 대학에서 개발한 노트 정리법을 참고로 소개하면 다음과 같다.

<table>
<tr><td>단
서
칸</td><td>노트
정리란</td></tr>
<tr><td colspan="2">요 약 칸</td></tr>
</table>

① 단서칸의 이용방법 : 노트 정리가 끝난 후 노트정리란에 쓰여진 내용에 대해 생각해 볼만한 물음들을 추려서 단서칸에 적어 넣는다. 노트 정리란에 기록해 둔 내용과의 관련성도 분명해지고 요점 파악도 쉬워진다.

② 요약칸의 이용방법 : 요약칸은 세부적인 사항에 집중하여 전체적인 의미나 윤곽을 놓쳐버리는 위험성을 막아준다는 점에서 매우 중요하다.

아울러 Luckie W. R.와 Smethurst W.는 체계적인 준비와 지속적인 연습을 통해 학습력을 증강시킬 수 있다고 전제하고, 이에 걸맞는 노트 정리 요약법을 다음과 같이 제안하고 있다(한순미 역, 2002).

① 완벽하기를 기대하지 말라. 어떤 사람도 교사가 강의에서 한 모든 말을 적지는 못하며 그렇게 해서도 안 된다.

② 노트 정리를 안전한 장소에 보관하라.

③ 종합장 대신에 루즈리프(페이지를 마음대로 끼웠다 뺐다 하는)의 파일을 이용하라.

④ 각 과목에 대해 주별로 파일을 지녀라.

⑤ 시험 문제를 확인하도록 애써라. 수업의 마지막 10분 동안 특별한

주의를 기울이고 다음 사항에 대해 노트 정리하도록 하라.

- 교사가 말하는 첫 번째 것과 마지막 것
- 교사가 반복하는 아이디어
- 목록, 비교, 최상급
- 칠판에 적거나 OHP로 제시하는 아이디어
- 교사가 강조하여 말하는 아이디어
- 교사가 흥미있어 하는 아이디어
- 교사가 보통 때와는 다르거나 눈에 띄는 표현으로 기술하는 아이디어
- 교사가 쓰라고 말한 아이디어

⑥ 두 개의 세로줄로 된 노트 정리 방식을 이용하여 누가, 언제, 어디서, 무엇을, 어떻게, 왜에 대한 질문을 개발하고 답하라.

⑦ 정보의 격차를 메우기 위해 파트너와 자신의 노트 기록을 서로 돌려보아라.

⑧ 수업에서 이해하지 못한 것이거나 검토해 보길 원하는 정보를 다시 듣기 위해 녹음기를 이용하라.

⑨ 가능한 한 강의 직후 각 강의를 다섯에서 아홉 문장으로 요약해 보아라.

⑩ 당신의 기억, 독서, 그리고 파트너의 노트를 통해 당신의 노트 기록에 어떤 사항들을 덧붙여라.

⑪ 매일 최소 5분 동안 모든 과목의 노트 기록을 복습하라.

6) 보고서 작성 기술

보고서 작성 기술의 기본은 글쓰기이다. 글쓰기 기술은 철자법을 아는 초보적인 수준에서부터 문장과 문단으로 자신의 생각을 표현하는 것과 수업 시간에 주어진 과제에 대하여 장기간의 준비과정을 거쳐 보고서를 작성하는 것까지를 포괄하는 기술이다. 어떠한 형태의 글이든지

일반적으로 (1) 계획하기(주제 정하기, 제목 정하기, 논거 자료 수집, 줄거리 작성), (2) 표현하기(글쓰는 단계), (3) 고쳐 쓰기(글쓰기 후 단계)의 절차를 거치게 되며, 보고서 작성 역시 글쓰기 요령과 유사하게 대체로 다음과 같은 순서로 진행된다(변영계 · 강태용, 2003).

(1) 과제 명확히 하기

· 학교의 쓰기 과제는 대체로 교사가 제시한 문제에 대한 답을 하는 과정이므로 교사가 쓰기 과제에서 요구하는 사항이 무엇인지 분명히 파악해야 한다. 이 과정에서 ① 쓰기 과제의 목적 ② 읽는 사람 ③ 형태 ④ 길이 ⑤ 자료 제출시한과 같은 측면의 과제 분석이 필요하다.

(2) 토픽 구체화

· 학생들의 흥미, 교사의 요구, 적절한 범위 등을 고려하여 토픽을 선정하는 기술을 배워 습득해야 한다.

(3) 계획 작성

· 과제 제출 기한 내에 보고서 작성 과정에서 해야 할 일을 순서적으로 계획해야 한다. 여기에서 과제세분화 기술과 같은 자기관리 기술이 사용된다.

(4) 아이디어 생성하기

· 브레인스토밍, 지도 만들기, 자유 작문, 개념도 만들기 등과 같은 기법으로 아이디어를 생성해야 한다.

(5) 정보 수집

· 정보 수집을 위해서는 ① 도서관 자료 이용 ② 서적의 색인과 내용 목차 이용 ③ 자료를 전체적으로 살펴보는 데 필요한 대충 읽기와 건너뛰기 등의 기술이 필요하다.

(6) 아이디어를 계획적으로 정리하기

· 개요 작성하기 등의 기법을 활용하여 아이디어를 조직한다.

(7) 초고 쓰기

· 신속하게 쓰거나 노트 없이 쓰기 등의 방법으로 실제 초고를 작성한다.

(8) 초고에 대한 피드백 받기

· 주로 소그룹 활동을 통한 피드백을 받아 자신이 쓴 글에 대하여 새로운 아이디어를 얻고, 보다 나은 방향으로 글을 고쳐간다.

(9) 보고서 수정하기

· 거듭된 검토와 정교한 사고의 과정을 통하여 보고서가 지속적으로 수정된다.

(10) 편집과 최종본 만들기

· 철자, 구두점, 문법 등을 수정하고, 보고서의 체제, 활자 등을 보기 좋게 편집하여 최종 보고서를 만든다.

7) 독서전략

독서는 학습의 기초능력이다. 운동도 기본체력이 있어야 되듯이, 공부도 기본적인 능력이 먼저 갖추어져야 잘 할 수 있다. 일단 읽는 것이 습관화되면, 효과적인 독서전략을 가르쳐 줄 수 있다. 가장 대표적인 독서전략으로 'SQ3R'이 있다. 이 전략은 Robinson이 제2차 세계대전 당시 군인들의 독서속도와 학습효과를 높이기 위해 개발한 방법으로 현재 우리나라 중학교 국어교과에도 실려 있다. 이 방법은 매우 유용한 학습전략이므로 청소년은 물론 청소년지도자와 상담자가 잘 숙지하여 체계적으로 지도하면 효과가 있을 것이다. 근래에는 여기에 하나를 더 추가하여 'CSQ3R'이 소개되고 있다. CSQ3R의 구체적인 방법은 다음과 같이 이루어진다(오혜영, 2004).

(1) 시각바꾸기(Change Perspective, C)

- 책을 읽을 때 단순히 독자의 시각에서 읽는 것을 넘어서서 '저자의 시각'에서 읽고, 학생의 시각이 아니라 '교사의 시각'에서 교재를 본다.
- "만약 내가 이 책의 저자라면, 어떤 순서로 글을 쓸 것인가?", "만일 내가 선생님이라면, 어떻게 설명해야 하는가"라는 시각에서 책을 읽는다.

(2) 훑어보기(Survey, S)

- 책을 읽기 시작하기 전에 서문, 차례, 작은 제목, 요약, 도표, 굵은 글씨, 그림 등을 빠르게 살펴본다.

(3) 질문하기(Question, Q)

- 책의 내용에 대해 스스로 질문을 던져본다. 질문을 하게 되면 해답을 찾기 위해 노력하게 되고, 학습이 자연스럽게 이루어지게 된다.
- 소제목들을 가능한 한 6하 원칙(누가, 언제, 어디서, 무엇을, 어떻게, 왜) 형식으로 바꾸어 질문해 보면 도움이 된다.

(4) 읽기(Read, R1)

- 앞서 자신이 만들었던 질문과 목차를 계속 떠올리면서 능동적으로 책을 읽어 내려가면, 깊이 있는 이해가 가능하다.
- 책을 읽으면서 질문에 대한 답, 중심 개념, 핵심 내용 등에 별도의 표시를 하고, 간 단락의 요약어를 여백에 짧게 기록한다. 아울러

다 읽은 후에는 각 단원에 대한 요점 등을 자신의 말로 이해하기 쉽게 요약해 둔다.

(5) 암기하기(Recite, R2)

· 읽은 내용을 머리 속에 저장하는 단계로, 반복하여 암송하는 동안 뇌가 활성화되어 기억량이 증가하고 주의집중이 가능하다.
· 앞서 만든 질문과 그에 대한 답을 떠올려보고 제목들, 요약한 내용, 도표 등을 떠올려본다. 효과적으로 암기하기 위해서는 요약노트, 내용을 조직화한 노트 등의 자료가 도움을 준다.

(6) 재검토하기(Review, R3)

· 다시 한 번 쭉 훑어보면서 점검하는 단계로, 학습내용의 재정리와 함께 오류나 미진한 부분을 발견하여 잘못된 학습을 예방하는 등 완전학습을 기대할 수 있다.

8) 시험전략

시험치는 요령이 모자라거나 시험에 실패하는 일이 없이 노력한 만큼의 결과를 얻을 수 있도록 시험치는 요령을 배울 수 있다. 학습자 자신의 시험 준비 수준과 시험 전략을 분명히 알아서 시험에 대한 준비를 철저히 할 수 있기 때문이다. 특히 시험불안을 극복하고, 철저하게 사전에 시험준비를 하고 시험에 응시하면 놀라만한 효과가 나타날 수 있다(김영채 · 박권생, 1992).

(1) 시험불안 극복

사람들은 누구나 시험 때가 되면 어느 정도 시험불안을 겪는다. 단지 그 정도에 있어서 개인차가 있을 뿐이다. 그러나 심한 경우 일생에서 중요한 취직시험을 실패하게 만드는 원인이 되기도 한다.

시험불안이란 시험을 예상하거나 시험을 보는 동안 심리적, 신체적 불안증세가 나타나는 것이다. 심리적으로 불안을 느끼는 것은 두려움, 불편, 초조, 걱정, 긴장, 불확실, 무기력 등 일을 통제할 수 없는 상태로 되는 것이다. 신체적인 측면에서는 가슴이 두근거리거나, 마음이 조마조마하고, 소화불량, 설사, 구토, 현기증, 갈증, 진땀, 근육의 긴장, 떨림, 창백함 등으로 나타난다.

다음은 시험불안을 최소화, 혹은 극복할 수 있는 몇 가지 방법들이다.

(가) 시험의 의미를 다시 한번 점검해 본다.
(나) 시험공부를 더욱 철저히 한다.
(다) 적절한 혹은 낮은 시험 불안은 오히려 좋은 성적을 가져올 수도 있다.
(라) 공부방법을 좀더 효율적인 것으로 바꾼다.
(마) 시험성적이 나쁜 것은 자신이 무력한 것으로 탓하지 않는다.

(2) 시험 준비

시험 준비를 하는 데에도 요령과 전략이 필요하다.

(가) 시험 과목, 시험 시간표, 장소 및 시험 범위, 문제의 형태(주관식, 객관식 등), 반드시 읽어야 할 문헌 등 필요한 정보를 수집한다. 아울러 시험에 대한 기본적인 의도나 방향에 대해서도 물어보거나, 과거에 출제했던 문제들을 수집하는 것도 도움이 될 수 있다.
(나) 사전에 합리적으로 시험 준비 계획표를 작성한다.
(다) 문제의 형태에 따라 공부하는 방법을 달리한다.
(라) 시험 문제를 예상하여, 미리 연습해 본다.

(3) 시험 보기

(가) 먼저 문제를 다 읽어보는 것이 필요하다.
(나) 문제가 무엇을 요구하는지 정확히 이해한다.

(다) 답을 쓰기 전에 약 5분간은 시간 계획과 답안작성 계획을 세우는 것이 좋다.

(라) 시험 답안의 문장을 간결하고 조직적으로 객관적인 입장에서 쓴다.

(마) 답안지 작성이 끝나면 제출하기 전에 자신이 쓴 문장을 주의 깊게 읽어본다.

(4) 시험으로부터 학습하기

시험을 치르는 주목적은 시험으로부터 학습하는 것이다. 자신의 실수를 이해하는 것은 앞으로의 시험에 대한 중요한 통찰을 준다. 따라서 다음과 같은 절차를 통해 더 많은 것을 배울 수 있다(한순미 역, 2002).

(가) 시험을 마친 직후 어떤 문제가 까다로웠는지를 기록하라.

(나) 시험에서의 모든 실수들을 교정하고 교정된 답을 학습하라.

(다) 각 시험지를 보관하고 그것을 미래에 참조하는 데 활용하라.

(라) 실수한 것이 무엇인지, 왜 실수했는지, 그리고 어떤 종류의 문제가 어려웠는지를 알아내고, 서로 다른 유형의 실수를 구별하라.

- 제1유형의 실수 : 부주의한 실수
- 제2유형의 실수 : 지식이나 기술 부족
- 제3유형의 실수 : 부정확한 선택

(마) 시험 친 기록을 활용하라.

3. 청소년 생애지도

1) 청소년 생애지도의 필요성

"99%의 사람이 뚜렷한 목표없이 살고 있는 모습이 현대문명의 최대의 비극"이라고 나폴레옹 힐은 갈파했다. 과거 50년, 100년의 변화가 현대는 불과 1~2년, 아니 그보다 더 빠르게 진행되고 있어서 분명한 목표를 정하지 않고 살다보면 생존조차도 불가능한 사회에 우리는 살고 있다. 이렇게 급변하는 시대에 삶의 목표와 방향이 없다면 표류하는 배와 같다.

누구나 당신 삶의 목표가 있느냐고 물으면 그렇다고 대답하지만 구체적으로 그 목표와 실천방법이 어떤 거냐고 물을 때 자신있게 대답하기 어려운 것이 오늘날 우리들의 모습이다. 그러나 분명한 것은 우리의 삶이 매순간 소멸되고 있으며, 자신의 삶에 진지하게 걱정하고 책임질 사람은 오직 자신밖에 없다는 냉엄한 사실이다(조계형, 1995).

생애개발이란 자신의 사명을 자각하고 준비된 삶을 체계적으로 계획하는 일이다. 바로 준비된 오늘, 이달, 금년 나아가 5년 후, 10~20년 후를 맞이하는 것이다. 장래를 생각하는 것은 인간 고유의 특권이다. 지금까지의 삶을 점검하고 미래를 설계하는 자아계발을 통해 꿈과 목표를 결합하고 설계하여 실천할 수 있다. 자기주도적인 삶을 영위하겠다는 자각과 결단이다. 즉, 생애개발은 삶에 대한 자유로운 선택과 의사결정을 통해, 정체성을 확립하고 삶에 대한 전략적인 계획적 변화를 도모하는 활동을 의미한다(이성호, 1999).

이러한 생애개발은 한 개인의 삶에 있어서 문제와 갈등이 발생했을 때만 단지 사후약방문 형식으로 필요한 것이 아니라 향후 닥칠 어려움과 도전을 사전에 적극적으로 예방하고, 더 나아가서는 한 개인이 부여받은 천부적인 능력과 잠재력을 최대한 개발하도록 하는데 그 요체가 있다. 따라서 체계적인 생애개발의 모형에 입각해서 최대한의 능력을 발휘할 수 있도록 할 최적의 전략과 전술을 구비해야 한다.

우리의 삶도 일종의 경영이다. 삶의 양과 질을 높이기 위한 생산성을 추구해야 한다. 그렇게 하기 위해서는 전략과 전술이 필요하다. 싸움에서 가장 이기기 힘든 적은 바로 자기 자신이다. 삶의 목표를 달성하고 보람을 추구하기 위해서는 나름대로의 전략과 전술이 필요하다. 전략이란 자기의 입장과 처지 즉 주변 환경에 대한 각종 정보를 종합 분석하여 도달 가능한 목표를 설정하는 일이다. 도달하기 어렵거나 너무 쉽거나 낮은 목표를 설정한다면 실망과 좌절만을 맛보게 된다. 자기와의 처절한 싸움을 위해서는 면밀한 전략적 접근이 있어야만 이길 수 있다(조계형, 1995).

단 한번 경험하는 인생, 절대로 되풀이가 불가능하다. 그리고 모래시계처럼 하루 24시간씩 규칙적으로 없어진다. 그러나 내일과 이 달, 1~2년만을 내다보는 것으로는 좋은 계획이 될 수 없다. 생애개발은 먼 장래를 내다보고 설계해서 실천해야 한다. 만약 지금까지의 인생이 어려움과 고통에서부터 시작된 것이라면 더욱 좋다. 실패 경험이야말로 가장 강력한 에너지가 될 수도 있다.

따라서 청소년에게 삶에 대한 분명한 목표와 계획을 수립하고 이를 달성할 수 있도록 학교 및 청소년 복지기관에서의 적극적인 지원이 필요하다고 보며, 청소년지도자들의 경우에는 이에 대한 구체적인 기술 습득이 필요하다. 그러한 의미에서 쉽게 활용할 수 있는 청소년 생애지도의 실제에 대한 내용을 제시하면 다음과 같다.

2) 청소년 생애지도의 실제

위에서 언급한 청소년 생애개발의 필요성과 실천방안에 입각하여, 청소년 생애개발의 실제 단계별 요점과 전략을 제시하면 다음과 같다(이승각 외, 1995).

계획을 세우는데 첫 번째 요건은 목표이다. 미국의 한 심리학자의 조사결과에 의하면 전체 중 3%만이 성공한 사람이 된다고 하였다. 이러한 결과는 인생의 목표를 뚜렷이 구체적으로 갖고 있는지의 여부에 달려 있다. 뚜렷한 목표를 갖고 구체적인 행동계획을 가진 자만이 실천할 수 있다. 당신 스스로 두 가지 질문을 해보아라.

첫째, 자신이라고 하는 존재 가치는 어디에 있는가?

둘째, 어떻게 하면 자신의 존재 가치를 창출할 수 있겠는가?

자신의 가치를 창출하고 실현할 인생의 꿈을 설정하라. 그 꿈이 실현되었을 때를 상상하고 감격해 하는 자신의 모습을 그려보라. 벅찬 감동이 당신의 마음과 행동을 움직일 수 있을 것이다.

◇ 제 1 단계 : 인생의 꿈을 그리게 한다.

인생의 꿈 :

◇ 제 2 단계 : 3년 후의(졸업 직후의) 목표를 세우게 한다.

3년 후의 목표 :

◇ 제 3 단계 : 자신의 가치 창출을 위해 행동할 수 있는 도전 목표를 3가지만 쓰시오.

도전목표의 선택
1.
2.
3.

◇ 제 4 단계 : 도전목표 중 가장 중요한 것부터 우선 순위를 매긴다.

인생의 꿈을 실현해 가기 위한 도전목표는 전부 중요한 자기 실천의 과제이다. 진짜 자기 것으로 만들어 가는 과정이 자기 가치창출의 핵심이다.

◇ 제 5 단계 : 가치창출을 위한 도전목표 항목 중 가장 중요한 1순위 항목에 대해 실천행동계획을 수립한다.

사람은 뜻을 세우고 생각한 뜻을 언어와 말로 표현한다. 언어와 말을 구체적으로 실천할 때 뜻이 이루어진다. 중요한 것은 행동할 수 있는 구체적인 행동계획을 세우는 것이 선행되어야 한다. 실천행동계획을 세울 때 네 가지 방법에 따른다. ① 구체적인 도달수준 ② 구체적인 방법 ③ 실천기간 설정 ④ 하루 할애시간을 기준으로 한다.

나머지 도전 목표 2가지도 우선 순위에 따라 순서대로 조용한 시간에 위와 같은 절차에 따라 현실성과 실천성에 바탕을 두고 실천행동계획을 수립한다.

〈실천행동계획〉

도 달 수 준	구체적인 방법	기 간 설 정	하루중 할애시간

◇ 제 6 단계 : 행동으로 실천한다.

현대인은 무엇이나 다 알고 있다고 생각한다. 그러나 한 가지 중요한 핵심사항은 행동으로 실천하지 못하는데 그 약점이 있다. 말에는 힘이 있다. 말이 행동으로 실천되었을 때 그 말은 힘을 받게 된다. 말과 행동이 일치하지 않았을 때마다 그 말의 힘은 작아지기 시작한다. 지금은 스스로 결단할 때다. 행동으로 실천할 것인가, 실천하지 않을 것인가는 당신의 결단에 달려 있다.

◇ 제7 단계 : 벅찬 감동으로 꿈의 성취를 그려보면서 습관화한다.

자신에게 가치있는 꿈이 실현된다는 것은 벅찬 감동의 연출이다. 당신이 살아서 숨 쉬는 목적이며 생명체로서 기운을 퍼뜨리는 이유가 된다. 당신 스스로 위대한 역사를 창출하고 멋진 경영을 실현한 사람이 되는 것이다. 영광의 그 순간을 잊지 못할 것이다.

특히 우리 자신의 삶의 방향과 운명을 바꿀 수 있는 가장 강력한 능력중의 하나는 바로 습관이다. 우리 모두의 성품은 근본적으로 습관의 복합체이며 이러한 우리들의 습관을 검증하지 않고는 변화를 기대하기 어렵다. 습관이란 일관성있게 주로 무의식적으로, 끊임없이, 매일매일 우리의 성품을 지배하고, 개인의 성공, 또는 실패를 결정하는데 중요한 역할을 한다.

참고로 이러한 생애개발 전략 수립에 도움이 되는 스티븐 코비 박사의 성공하는 사람들의 7가지 습관(김경섭 · 김원석 역, 1995)을 요약 · 정리하면 다음과 같다.

▷ 습관 1 : 주도적이 되라.

(1) 하루를 잡아서 당신 자신과 주위의 다른 사람들이 하는 말에 귀를 기울여 보라. 당신은 "나는 할 수 없어"라든가 "만일~하기만 하면"과 같은 말들을 얼마나 자주 사용하고 또 듣는가?

(2) 당신이 직장이나 개인적 생활에서 좌절감을 느끼는 문제를 하나 선택해서, 이에 대한 직접 통제, 간접통제 또는 통제할 수 없는 것 중 어느 범위에 속하는지를 결정하라.

▷ 습관 2 : 목표를 확립하고 행동하라.

(1) 현재 맡고 있는 자신의 역할을 모두 써 보라. 당신은 자신의 생활에서 여러 역할을 제대로 수행하고 있는가?

(2) 당신이 매일 하는 일상적인 활동과 완전히 격리된 상태에서 자신의 사명선언서를 작성하라. 이에 필요한 단평, 인용문 그리고 아이디어를 수집하라.

(3) 가까운 장래에 직면할 상황을 하나 생각해 보고, 마음속에 미리 그려보는 상상력을 사용해 보라. 당신이 원하는 결과를 기록하고 어떤 단계를 통해 여기에 도달할 것인지 적어 보라.

▷ 습관 3 : 소중한 것부터 먼저 하라.

(1) 일주일 단위의 계획표를 사용하기로 결심하고, 이를 위해 일정한 시간을 설정하라.

(2) 현재의 시간관리 도구를 제4세대 시간관리 도구로 바꾸라.

▷ 습관 4 : 상호이익을 추구하라.

(1) 당신의 일상생활에서 주요한 인간관계를 형성하는 세 사람을 들어보고, 이들 각자와 형성하는 감정은행 계좌에 잔고가 어떤지를 구체적으로 기술하라.

(2) 힘든 상황에 처해서도 진정으로 상호간의 이익을 추구하고자 노력하는 승/승 모델을 보여주는 사람을 생각해 보고, 그로부터 무엇을 배울 것인가를 생각해 보라.

▷ 습관 5 : 경청한 다음에 이해시켜라.

(1) 사람들이 하는 커뮤니케이션을 지켜볼 기회를 두라. 몇 분 동안 귀를 막고 그저 관찰만 하라. 말만으로 교감되지 못하는 어떤 감정이 전달되는가?

(2) 프리젠테이션을 할 때는 공감에 기초를 두라. 상대방의 관점을 그 사람보다 더 잘 설명해 보라. 그리고 난 후 상대방이 가진 준거체계에서 당신의 관심이 이해되도록 노력하라.

▷ 습관 6 : 시너지를 활용하라.

(1) 당신을 화나게 하는 사람들의 명단을 작성해 보라. 만일 당신이 더 큰 내적인 안정을 가지고 있고 차이점을 존중한다면 그들과 견해 차이가 시너지 효과를 가져올 수 있겠는가?

(2) 당신이 누군가와 의견 불일치, 또는 적대적 상황에 처할 때, 그 사람의 입장에서 가지는 우려를 이행하도록 시도해 보라.

▷ 습관 7 : 심신을 단련하라.

(1) 자기의 생활스타일에 맞고, 계속해서 즐길 수 있으며 자신의 건강을 위해 꼭 필요한 운동이 무엇인지를 목록을 작성하라.
(2) 영적, 정신적 차원에서 자기쇄신을 할 수 있는 활동에 대해 이와 비슷한 목록을 작성하라. 사회적, 감정적 차원에서 개선할 필요가 있는 인간관계의 목록을 작성하라.

제 4 부

청소년복지의 정책과 과제

제12장

청소년복지 법과 정책

법과 제도는 일상적 행위의 규범화, 정형화를 위하여 필수적이다. 청소년복지 역시 법과 제도적인 기반 위에서 수행되어진다. 청소년은 아동에서 성인으로의 성장과정 중에 있으므로, 외부 환경으로부터 발달에 필요한 자원을 지원받고 유해환경으로부터 보호받아야 하므로 전반적으로 육성의 대상이다. 그러므로 청소년복지 관련법은 특정사회에서 청소년이 차지하는 지위를 규정하며 청소년이 건강하게 성장·발달할 수 있도록 청소년의 복지를 보장해 준다(이종복 외, 1998:92). 따라서 청소년복지 관련법은 청소년의 건강한 성장과 발달을 위한 지원, 보호 및 육성과 직·간접적으로 관련되고 청소년의 복지를 목적으로 하는 모든 법령과 규칙을 포괄한다. 이러한 법적인 기반 위에서 청소년의 기본적인 욕구를 충족시키고 이들의 건전한 발달과 성장을 도모하는 청소년복지서비스가 제공되고 있다.

우리나라에서는 1961년 미성년자 보호법과 아동복리법의 제정을 시작으로 청소년복지 관련법이 발전하게 되었다. 이미 제 3장에서 언급한 대로 아동복리법은 1981년 아동복지법으로 전면 개정되었고, 1987년 청소년정책을 위한 근거법으로서 청소년육성법이 제정되었으며, 1991년이 법의 대체법으로 청소년기본법이 제정되어 비로소 아동복지와 구분되는 청소년복지가 시행될 수 있는 법적인 기반을 갖추게 되었다. 또한, 각종 유해환경으로부터 청소년을 보호하고 건전한 인격체로의 성장을 돕고자 1997년 청소년보호법이 제정되었으며, 특히 청소년의 성을 보호하기 위하여 2000년 청소년 성보호에 관한 법률이 제정되었다(홍봉선 외, 2005).

따라서 청소년복지 관련법은 현행 제도상으로 청소년기본법, 청소년활동진흥법, 청소년복지지원법, 청소년보호법 등이 포함될 수 있다. 청소년기본법은 청소년육성의 기본원리와 정책적 근간에 대한 사항을 규정하고 있고, 청소년복지지원법은 청소년기본법의 청소년 복지에 관련된 규정을 보완하며, 청소년활동진흥법은 청소년활동에 관련된 규정을 보완하고 있다. 또한 청소년보호법은 청소년을 각종 유해한 사회환경으로부터 보호하고자 하는 목적으로 제정되어 있다. 이외에도 청소년과 직·간접적으로 관련되어 있는 다양한 청소년 관련법이 존재하고 있다.

본 장에서는 청소년복지 관련법들의 입법배경 및 의의, 목적과 주요 내용에 대하여 알아보고, 특히 청소년복지와 관련된 부분을 중점적으로 간략히 살펴보고자 한다.

1. 청소년 복지 관련법

1) 청소년기본법

(1) 입법배경 및 의의

청소년기본법의 전신은 1987년 제정된 청소년육성법으로서, 보다 심각해지는 청소년문제에 효과적으로 대처하기 위해서 각각의 청소년관련 법규간의 청소년 연령의 불일치 등을 개선하고 청소년에 대한 지원과 육성을 강조하는 내용으로 구성되었다. 그 후 전체 청소년을 대상으로 한국청소년기본계획을 수립하고 이를 효과적으로 추진하기 위해 청소년육성법을 전면 개편하여 1991년 청소년기본법을 제정하였다. 청소년기본법은 청소년육성법에서 미진하였던 청소년수련활동에 관련된 청소년지도자의 양성, 청소년단체의 육성, 수련거리의 개발, 청소년육성기금의 조성 등의 내용을 담아 개정된 법이다. 청소년기본법은 다시 2003년 12월 30일 개정되어 청소년육성의 기본원리와 정책적 근간에 관한 사항을 규정함으로써 청소년육성에 대한 정책적 지원이 유기적이고 종합적으로 이루어질 수 있는 기반을 마련하였다. 특히, 개정법에서는 청소년의 참여보장 규정을 둠으로써 청소년들이 청소년관련 정책결정에 참여하도록 하여 그 실효성을 높이고자 하였으며, 자치단체에 청소년육성전담기구 및 청소년육성전담공무원을 두게 함으로써 청소년육성업무의 추진 체계를 갖추게 되었다. 따라서 청소년기본법은 청소년육성정책에 관한 법률들의 기본법적 지위를 가진다(홍보선 외, 2005).

(2) 목적

청소년기본법은 청소년 개인의 권리 및 책임과, 가정 · 사회 · 국가 및 지방자치 단체의 청소년에 대한 책임을 정하고, 청소년육성정책에 관한 기본적인 사항을 규정함을 목적으로 한다(동법 제1조). 이 법의 기본이념은 청소년이 사회구성원으로서 정당한 대우와 권익을 보장받음과 더불어, 스스로 생각하고 자유롭게 활동할 수 있도록 하며 보다 나은 삶을 누리고 유해한 환경으로부터 보호될 수 있도록 함으로써 국가와 사회가 필요로 하는 건전한 민주시민으로 자랄 수 있도록 하는 것이다(동법 제2조 제1항).

(3) 주요내용

청소년기본법은 총칙, 청소년육성정책의 총괄 · 조정, 청소년시설, 청소년지도자, 청소년단체, 청소년활동 및 복지, 청소년육성기금, 보칙, 벌칙 등의 내용으로 구성되어 있다. 제1장 총칙에서는 법의 목적, 기본이념, 용어의 정의, 다른 법률과의 관계, 청소년의 권리와 책임, 가정과 사회, 국가 및 지방자치단체의 청소년에 대한 책임 등이 규정되어 있으며, 제2장 청소년육성정책의 총괄·조정은 청소년육성정책의 총괄·조정, 청소년육성위원회의 설치, 청소년특별회의 개최, 청소년육성에 관한 기본계획의 수립, 청소년의 달 등에 관한 규정으로 되어 있다. 제3장 청소년시설에는 청소년시설의 종류, 설치·운영 및 지도·감독에 관한 규정이 있으며, 제4장 청소년지도자는 청소년지도자의 양성, 청소년지도사, 청소년상담사의 자격, 배치 및 채용, 청소년육성전담공무원, 청소년육성전담기구의 설치 등에 관한 규정이다. 제5장 청소년단체는 청소년단체의 역할, 청소년단체에 대한 지원, 한국청소년진흥센터의 설치, 청소년단체협의회, 한국청소년상담원의 설립, 지방청소년종합상담센터 등의 설치 등을 규정하고 있다. 제6장 청소년활동 및 복지 등은 청소년활동의 지원, 청소년복지의 향상, 청소년의 가출 및 비행 예방, 청소년유익환경의 조성 및 유해환경의 규제 등을 규정하고 있으며, 제7장 청소년육성기금에서는 기금의 설치, 조성, 사용 등이 규정되어 있다. 영역별로 그 내용을 살펴보면 다음과 같다.

① 청소년육성의 개념정의

청소년기본법에서 청소년의 연령은 9세 이상 24세 이하의 자로 규정되어 있다(동법 제3조 제1항). 또한 청소년육성의 개념을 포괄적으로 정의하여 청소년활동, 청소년복지와 청소년보호를 포함하고 있다. 청소년육성은 청소년활동을 지원하고 청소년의 복지를 증진하며 사회여건과 환경을 청소년에게 유익하도록 개선하고 청소년을 보호하여 이들에 대한 교육을 보완함으로써 청소년의 균형있는 성장을 돕는 것으로 정의된다(동법 제3조 제2항). 청소년활동은 청소년의 균형있는 성장을 위하여 필요한 활동과 이러한 활동을 소재로 하는 수련활동·교류활동·문화활동 등 다양한 형태의 활동으로 정의되어 있으며(동법 제3조 제3항), 청소년복지는 청소년이 정상적인 삶을 영위할 수 있는 기본적인 여건을 조성하고, 조화롭게 성장·발달할 수 있도록 제공되는 사회적·경제적 지원을 의미한다(동법 제3조 제4항). 청소년보호는 청소년의 건강한 성장에 유해한 물질·물건·장소·행위 등 각종 청소년 유해환경을 규제하거나 청소년의 접촉 또는 접근을 제한하는 것을 말한다(동법 제3조 제5항).

② 청소년의 참여 및 권리보장

청소년기본법은 법의 기본이념을 구현하기 위한 장기적·종합적 청소년육성정책을 추진함에 있어서 청소년의 참여를 보장하고 있다(동법 제2조 제2항). 따라서 청소년육성에 관한 주요시책을 심의하기 위하여 문화관광부장관 소속 하에 설치된 청소년육성위원회(동법 제10조 제3항)와 범정부적 차원의 청소년육성 정책관제의 설정·추진 및 점검을 위하여 매년 개최되는 청소년 특별회의에 청소년의 참여를 보장하고 있다(동법 제12조 제1항). 또한 청소년의 기본적 인권이 청소년육성의 모든 영역에서 존중되어야 하며(동법 제5조 제1항), 청소년은 안전하고 쾌적한 환경 속에서 자기발전을 추구하고 정신적·신체적 건강을 해치거나 해칠 우려가 있는 모든 형태의 환경으로부터 보호받을 권리를 가지고 있음을 규정하고 있다(동법 제5조 제2항).

③ 청소년육성정책의 총괄·조정

청소년기본법은 청소년육성정책에 관한 총괄·조정권한을 문화관광부장관이 가지고 있음을 규정하고(동법 제9조), 청소년육성에 관한 주요시책을 심의하는 청소년육성위원회를 그 소속으로 두고 있다(동법 제10조 제1항). 청소년육성위원회는 청소년육성에 관한 기본계획 및 연도별 시행계획의 수립, 중·장기 청소년육성정책방향의 설정, 청소년육성을 위한 제도개선에 관한 사항, 두 개 이상의 부처에 관련되는 주요 청소년육성정책에 관한 사항 등을 심의하며(동법 제10조 제2항), 이 위원회에 청소년지도자 및 청소년이 참여하여야 한다고 규정하였다(동법 제 10조 제3항). 한편, 청소년기본법은 청소년육성에 관한 지방자치단체의 주요시책을 심의하기 위하여 특별시장·광역시장·도지사 및 시장 · 군수 · 구청장의 소속 하에 지방청소년육성위원회를 두는 것을 규정하고 있다(동법 제11조 제1항).

④ 청소년시설의 설치 · 운영

청소년기본법에서는 청소년시설을 청소년활동시설, 청소년복지시설 및 청소년보호시설로 구분하고(동법 제17조), 국가 및 지방자치단체는 청소년시설을 설치 · 운영하여야 하며(동법 제28조 제1항), 국가 및 지방자치단체 외의 자는 따로 법률이 정하는 바에 의하여 청소년시설을 설치 · 운영할 수 있다고 규정하였다(동법 제18조 제2항).

⑤ 청소년지도사 및 청소년상담사의 자격 및 채용

청소년기본법은 국가 및 지방자치단체에게 청소년지도자의 양성과 자질향상을 위하여 필요한 시책을 강구하여야 함을 규정하고 있다(동법 제20조). 문화관광부장관은 청소년지도사 및 상담사 자격검정에 합격하고 연수기관에서 실시하는 과정을 마친 자에게 청소년지도사 및 상담사의 자격을 부여한다(동법 제21조). 청소년시설 및 청소년단체는 대통령령이 정하는 바에 따라 청소년육성을 담당하는 청소년지도사 또는 청소년상담사를 배치하여야 한다(동법 제23조 제1항). 국가 및 지방자치단체는 청소년단체 또는 청소년시설에 배치된 청소년지도사 및 청소년상담사에 대하여 예산의 범위 안에서 그 활동비의 전부 또는 일부를 보조할 수 있다(동법 제23조 제2항). 학교는 청소년육성에 관련되는 업무를 수행함에 있어 필요한 경우에 청소년지도사 또는 청소년상담사를 채용할 수 있으며, 국가 및 지방자치단체는 채용에 소요되는 보수 등 필요한 경비의 전부 또는 일부를 보조할 수 있다(동법 제24조).

⑥ 청소년육성전담공무원과 전담기구의 설치

청소년기본법은 특별시 · 광역시 · 도, 시 · 군 · 구 및 읍 · 면 · 동 또는 청소년육성전담기구에 청소년육성전담공무원을 두도록 하고 있다. 청소년육성 전담공무원은 청소년지도사 또는 청소년상담사의 자격을 가진 자로 하고 있다. 청소년육성전담공무원은 그 관할구역 안의 청소년 및 다른 청소년지도자 등에 관하여 그 실태를 파악하고 필요한 지도를 하여야 한다. 또한, 관계 행정기관, 청소년단체 및 청소년시설의 설치 · 운영자는 청소년육성전담공무원의 업무수행에 협조하여야 한다(동법 제25조). 청소년기본법은 청소년육성에 관한 업무를 효율적으로 운영하기 위하여 시 · 도 및 시 · 군 · 구에 청소년육성전담기구를 따로 설치할 수 있도록 규정함으로써 지방자치단체가 조직과 공무원을 배치하고 지역 실정에 적합한 청소년육성정책을 시행할 수 있는 근거를 마련해 주고 있다(동법 제26조).

⑦ 청소년단체의 역할과 지원

청소년기본법은 청소년단체의 역할을 청소년활동을 통한 청소년의 기량과 품성 함양, 청소년복지 증진을 통한 청소년의 삶의 질 향상 및 청소년보호 업무의 수행으로 규정하고 있다(동법 제28조 제1항). 국가 및 지방자치단체는 청소년단체의 조직과 활동에 필요한 행정적인 지원을 할 수 있으며, 예산의 범위 안에서 그 운영 · 활동 등에 필요한 경비의 일부를 보조할 수 있다. 개인 · 법 또는 단체는 청소년단체의 시설 및 운영을 지원하기 위하여 금전이나 그 밖의 재산을 출연할 수 있다(동법 제29조). 또한, 청소년단체는 청소년육성과 관련된 수익사업을 할 수 있다(동법 제30조).

⑧ 한국청소년진흥센터의 설치

청소년기본법은 청소년육성사업의 추진을 위하여 한국청소년진흥센터의 설치를 규정하고 있다(동법 제31조부터 제39조까지). 청소년활동 · 청소년복지 · 청소년보호에 관한 종합적 안내 및 서비스 제공, 청소년육성에 필요한 정보 등의 종합적 관리 및 제공 등 청소년육성에 관한 사업을 수행하기 위하여 한국청소년진흥센터를 법인으로 설립하도록 하고 있다(동법 제31조).

⑨ 한국청소년단체협의회 및 지방청소년단체협의회의 설립

청소년기본법은 청소년단체가 청소년육성을 위한 활동을 위하여 문화관광부장관의 인가를 받아 법인으로 한국청소년단체협의회를 설립할 수 있도록 규정하고 있다. 협의회의 활동에는 회원단체가 행하는 사업과 활동에 대한 협조·지원, 청소년지도자의 연수와 권익증진, 청소년 관련 분야의 국제기구활동, 외국청소년단체와의 교류 및 지원, 남·북 청소년 및 해외교포 청소년과의 교류·지원, 청소년육성을 위한 홍보 및 실천 운동, 지방청소년단체협의회에 대한 협조 및 지원, 그밖에 청소년육성을 위하여 필요한 사업이 포함된다(동법 제40조 제1항). 국가는 협의회의 운영 및 활동에 소요되는 경비를 지원할 수 있으며, 협의회는 설립목적에 지장이 없는 범위에서 수익사업을 할 수 있다. 또한, 법인·개인 또는 단체는 협의회의 운영 및 사업 등을 지원하기 위하여 금전이나 그 밖의 재산을 출연 또는 기부할 수 있다(동법 제40조).

또한, 청소년기본법은 특정지역을 활동범위로 하는 청소년단체는 그 지역을 관할하는 시·도의 조례가 정하는 바에 의하여 시·도지사의 인가를 받아 지방청소년단체협의회를 설립할 수 있다고 하였다. 지방자치단체는 예산의 범위 안에서 해당 지방청소년단체협의회의 운영 경비의 전부 또는 일부를 지원할 수 있다(동법 제41조).

⑩ 지방청소년종합센터 등의 설치

청소년기본법은 시·도지사 및 시장·군수·구청장이 지방청소년종합상담센터 및 지방청소년상담센터를 각각 설치·운영할 수 있다는 것을 규정하고 있다(동법46조 제1항). 상담센터의 사업에는 청소년 및 부모 대상 상담, 상담프로그램 개발 및 운영, 상담자원봉사자 및 청소년지도자 교육 및 연수, 청소년상담 관련 자료수집 및 제공, 그 밖에 청소년상담을 위하여 필요한 사업이 포함된다(동법 제46조 제2항). 상담센터의 운영계획에는 학업중단 청소년에 관한 대책이 포함되어야 한다(동법 제46조 제4항). 시·도지사 및 시장·군수·구청장이 지방청소년종합센터 및 지방청소년상담센터를 설치·운영하는 경우, 국가가 예산의 범위 안에서 그 경비의 일부를 보조할 수 있다(동법 제46조 제6항).

⑪ 청소년활동 및 복지 등

청소년기본법은 국가 및 지방자치단체가 청소년단체를 지원해야 함을 규정하고 있다(동법 제47조 제1항). 국가 및 지방자치단체는 청소년활동과 학교교육·평생교육을 연계하여 교육적 효과를 높일 수 있도록 하는 시책을 수립·시행하여야 한다(동법 제48조 제1항).

청소년복지의 향상과 관련하여 국가는 청소년들의 의식·태도·생활 등에 관한 사항을 정기적으로 조사하고, 이를 기초로 청소년복지 정책을 수립·실행하여야 한다. 또한, 국가 및 지방자치단체는 기초생활의 보장, 직업재활훈련, 청소년지원 등의 시책을 추진함에 있어서 정신적·신체적·경제적·사회적으로 특별한 지원을 필요로 하는 청소년에 대하여 우선적으로 배려하여야 하며, 청소년의 삶의 질을 향상하기 위하여 구체적인 시책을 마련해야 함을 규정하고 있다(동법 제49조). 또한 국가 및 지방자치단체가 청소년의 가출 및 비행을 예방하고 이들의 건전한 사회복귀를 위하여 필요한 복지적 지원을 제공하여야 하며(동법 제50조), 청소년에게 유익한 환경의 조성과 청소년에게 유해한 환경의 규제를 위해 노력해야 함을 규정하고 있다(동법 제 51조 및 제 52조).

⑫ 청소년육성기금

청소년기본법은 청소년육성에 필요한 재원을 확보하기 위하여 문화관광부장관이 관리·운용하는 청소년육성기금의 설치를 규정하고 있다(동법 제53조). 청소년육성기금은 정부의 출연금, 국민체육진흥법 제20조 제3항 제1호 및 경륜·경정법 제 15조 제1항 제1호에 의한 출연금, 개인·법인 또는 단체가 출연하는 금전·물품 그 밖의 재산, 기금의 운용으로 생기는 수익금, 그 밖에 대통령령이 정하는 수익금의 재원으로 조성되며(동법 제54조), 청소년 활동의 지원, 청소년 시설의 설치 및 운영을 위한 지원, 청소년지도자의 양성을 위한 지원, 청소년단체의 운영 및 활동을 위한 지원, 청소년복지 증진을 위한 지원, 청소년보호를 위한 지원, 청소년육성정책의 수행과정에 관한 과학적 연구의 지원, 기금조성사업을 위한 지원, 그 밖에 청소년육성을 위하여 대통령령으로 정하는 사업에 사용된다(동법 제55조). 또한, 시·도지사도 관할구역안의 청소년활동 지원 등 청소년육성을 위한 사업지원에 필요한 재원을 확보하기 위하여 지방청소년육성기금을 설치할 수 있다(동법 제56조).

2) 청소년복지지원법

(1) 입법배경 및 의의

청소년복지지원법은 헌법 제34조 제4항의 "국가는 노인과 청소년의 복지향상을 위한 정책을 실시할 의무를 진다"에 근거하여 2003년 12월 30일 제정되었다. 이 법은 사회·경제적인 특별한 지원이 필요한 청소년과 교육적인 선도가 필요한 비행청소년에 대하여 기초생활보장, 학업·의료지원, 직업능력 강화와 상담·수련·체육활동 등의 다양한 활동을 통하여 자립·자활할 수 있도록 복지서비스 제공을 제도화하고, 모든 청소년에 대한 인권을 규정하여 청소년들의 삶의 질 향상과 최적의 성장·발달을 도모하고자 한다(조원탁 외, 2004:276). 이 법이 제정됨으로써 수련과 보호위주의 청소년육성 법률체계에 복지부분이 보완되어 균형 있는 청소년육성을 위한 기반이 마련되었다.

(2) 목적

청소년복지지원법은 청소년기본법 제49조 제4항의 규정에 따라서 청소년복지 증진에 관한 사항을 정함을 목적으로 하고 있다(동법 제1조). 여기서 청소년복지의 정의는 청소년기본법 제3조 제4항에 준하는 것으로, 청소년이 정상적인 삶을 영위 할 수 있는 기본적인 여건을 조성하고, 조화롭게 성장·발달할 수 있도록 사회적·경제적 지원을 제공함을 말한다.

(3) 주요 내용

청소년복지지원법은 총칙, 청소년의 인권보장 및 복지향상, 청소년의 건강보장, 특별지원청소년지원, 교육적 선도, 벌칙 등의 내용으로 구성되어 있다. 제1장 총칙에서는 법의 목적, 정의에 관한 규정을 하고 있으며, 제2장 청소년 인권보장 및 복지향상에서는 청소년의 인권보장, 청소년의 자치권확대, 청소년의 우대, 청소년증에 관한 규정을 하고 있다. 제3장 청소년의 건강 보장은 건강한 심신의 보존과 체력검사와 건강진단 등에 관한 규정이며, 제4장 특별지원청소년에 대한 지원에서는 특별지원청소년에 대한 지원과 청소년쉼터의 설치·운영에 관한 사항이 규정되어 있다. 제5장 교육적 선도는 교육적 선도의 실시 및 시설의 설치·운영, 선도후견인에 관한 규정으로 구성되어 있다. 영역별로 그 내용을 살펴보면 다음과 같다.

① 청소년의 인권보장 및 복지향상

청소년복지지원법은 청소년의 차별금지 등을 통하여 청소년의 인권을 보장하고(동법 제3조), 청소년관련 정책수립절차에 청소년대표를 참여시키거나 의견을 수렴하게 함으로써 청소년의 자치권확대를 규정하고 있다(동법 제4조). 이 법은 국가 또는 지방자체단체가 청소년에 대하여 국가 또는 지방자치단체가 운영하는 수송시설, 궁·능, 박물관, 공원, 공연장 등의 시설 이용료를 면제 또는 할인할 수 있도록 규정함으로써 청소년을 우대하고 있다(동법 제6조 제1항). 또한, 시장·군수·구청장이 9세 이상 18세 이하의 청소년에 대하여 청소년증을 발급할 수 있도록 규정하고 있다(동법 제7조).

② 청소년의 건강 보장

청소년복지지원법은 국가 및 지방자치단체, 청소년의 보호자 등이 청소년의 건강증진과 체력향상을 위하여 최선의 노력을 하여야 함을 규정하고 있다(동법 제8조 제1항), 국가 및 지방자치단체는 청소년의 건강증진 및 체력 향상을 위한 예방·교육 등의 필요한 시책을 강구하여야 하고, 관련기관과 협의하여 청소년의 건강·체력기준을 설정하여 보급할 수 있으며(동법 제8조 제2항), 체력검사와 건강진단을 실시할 수 있다(동법 제9조 제1항).

③ 특별지원청소년 지원

청소년복지지원법은 국가 및 지방자치단체가 조화로운 성장과 정상적인 생활에 필요한 기초적인 여건이 미비하여 지원이 필요한 청소년을 특별지원청소년으로 선정하고(동법 제13조), 기초적인 생활지원, 학업지원, 의료지원, 직업훈련지원, 청소년활동지원 등을 통하여 자립·자활할 수 있는 복지서비스의 제공을 제도화하고 있다(동법 제12조). 국가 및 지방자치단체는 가출청소년의 일시적인 생활지원과 선도, 가정·사회로의 복귀를 지원하기 위하여 청소년쉼터를 설치·운영할 수 있으며, 예산의 범위 안에서 청소년쉼터의 설치, 운영 및 활동에 소요되는 경비의 전부 또는 일부를 지원할 수 있다(동법 제14조).

④ 교육적 선도

청소년복지지원법은 국가 및 지방자치단체가 청소년 본인, 당해 청소년의 보호자 또는 학교장의 신청에 의하여 당해 청소년에 대한 교육적 선도를 실시할 수 있음을 규정하고 있다. 이 때에는 반드시 청소년의 동의가 필요하다(동법 제15조 제1항). 교육적 선도는 전문가를 통한 상담과 교육·자원봉사·수련·체육·단체 활동 등으로 하며, 그 기간은 6개월 이내로 한다(동법 제25조 제2항). 국가 및 지방자치단체는 선도결과를 분석하여 선도의 종료 또는 연장여부를 결정하여야 한다. 선도기간을 연장하는 경우에는 6개월의 기간 내에서 1회에 한하여 그 기간을 연장할 수 있으며, 반드시 청소년 본인의 동의를 얻어야 한다(동법 제15조 제3항). 또한, 국가 및 지방자치단체는 선도를 위하여 필요한 시설의 설치·운영, 선도프로그램의 개발·보급, 선도활동에 대한 지원 및 지도자교육 등 선도의 실효성을 확보하기 위한 노력을 강구하여야 한다(동법 제16조). 국가 및 지방자치단체 또는 교육적 선도의 사무를 위탁받은 단체는 청소년의 효율적인 선도를 위하여 청소년지도자 또는 청소년지도위원을 선도후견인으로 지정하여 운영할 수 있다(동법 제18조).

3) 청소년활동진흥법

(1) 입법배경 및 의의

청소년활동진흥법의 제정은 2003년 12월 30일 청소년기본법의 개정 및 청소년복지지원법의 제정과 함께 이루어졌다. 청소년의 인성교육을 장려하여 주입식 교육의 폐해를 예방하고, 주 5일 수업시대 도래 등 사회문화적 여건 변화에 맞추어 청소년의 균형 있는 성장에 필요한 다양한 청소년활동의 제도적 기반을 마련하기 위함이다. 이 법은 청소년활동을 청소년수련활동, 청소년문화활동 및 청소년교류활동으로 범주화하였으며, 다양한 청소년활동에 대한 정책적 지원이 가능하도록 하였다.

(2) 목적

청소년활동진흥법은 다양한 청소년활동을 적극적으로 진흥하기 위하여 필요한 사항을 정함을 목적으로 제정되었다(동법 제1조). 청소년활동은 청소년기본법 제3조 제3항에 의하여 청소년의 균형 있는 성장을 위하여 필요한 활동과 이러한 활동을 소재로 하는 수련활동 · 교류활동 · 문화활동 등 다양한 형태의 활동으로 정의되어 있다.

(3) 주요 내용

청소년활동진흥법은 총칙, 청소년활동의 보장, 청소년활동시설, 청소년수련활동 지원, 청소년교류활동 지원, 청소년문화활동 지원, 보칙, 벌칙에 관한 내용으로 구성되어 있다. 제1장 총칙은 법의 목적, 용어의 정의, 관계기관과의 협조, 청소년운영위원회에 관한 규정으로 이루어져 있다. 제2장 청소년활동의 보장에서는 청소년활동의 지원, 청소년활동

지원본부 및 지방청소년활동지원센터의 설치, 청소년활동정보의 제공 등과 학교와의 협력 등이 규정되어 있다. 제3장 청소년활동시설은 청소년활동시설의 종류, 수련시설의 설치·운영 등, 수련시설의 허가요건, 등록 및 운영대표자, 수련시설 운영의 위탁, 수련시설의 안전 및 운영기준 등을 규정하고 있다. 제4장 청소년수련활동지원은 수련거리의 개발·보급, 청소년수련활동인증제의 운영, 한국청소년수련시설협회, 지방청소년수련시설협회, 한국청소년수련원의 설립, 청소년수련지구의 지정 등에 관한 규정으로 이루어져 있다. 제5장 청소년교류활동의 지원은 청소년교류활동의 진흥, 국제청소년교류활동의 지원, 교포청소년 교류활동의 지원, 청소년교류센터의 설치·운영, 남·북 청소년교류활동의 제도적 지원 등을 규정하고 있다. 제6장 청소년문화활동지원에서는 청소년문화활동의 진흥, 청소년문화활동 기반 구축, 전통문화의 계승, 청소년축제의 발굴 지원, 청소년동아리활동 및 청소년자원봉사활동의 활성화 등이 규정되어 있다. 영역별로 그 내용을 살펴보면 다음과 같다.

① 청소년 활동의 보장

청소년활동진흥법은 청소년들이 다양한 활동에 주체적이고 자발적으로 참여하여 자신의 꿈과 희망을 실현하는데 필요한 충분한 기회와 지원을 받아야 한다고 규정하고 있다(동법 제5조 제1항) 국가 및 지방자치단체는 청소년활동을 활성화하는데 필요한 각종 활동시설·청소년활동프로그램·청소년지도자 등을 위한 시책을 수립·시행하여야 하며(동법 제5조 제2항), 개인·법인 또는 단체가 청소년활동을 지원하고자 할 때에는 그에 필요한 행정적·재정적 지원을 할 수 있다(동법 제5조 제 3항).

② 청소년활동지원본부의 설치·운영

청소년활동진흥법은 청소년수련활동을 비롯하여 문화활동, 교류활동 등 다양한 청소년활동 기회를 보장하고 지원하기 위하여 국가가 청소년활동지원본부를 설치·운영하고(동법 제6조 제1항), 지방자치단체가 지방청소년활동지원센터를 설치·운영할 수 있음을 규정하고 있다(동법 제7조). 청소년활동지원본부는 청소년기본법 제 31조의 규정에 의한 한국청소년진흥센터에 설치 · 운영한다(동법 제6조 제2항). 청소년활동지원본부는 청소년활동을 지원하기 위하여 청소년활동에 필요한 정보의 수집 및 제공, 다양한 청소년활동에 대한 체계적인 지원, 수련활동에 관한 인증제도의 운영, 청소년수련활동의 기록유지 및 확인서 발급 등의 관리, 다양한 활동소재를 연계한 통합적 청소년활동 운영체제의 개발 및 시행, 청소년활동진흥을 위한 학교교육과의 연계 및 협력체제 구축, 청소년활동진흥을 위한 지역사회의 다양한 자원과의 연계 및 협력체제 구축, 청소년활동프로그램의 개발 · 보급, 그 밖에 청소년활동진흥에 필요한 각종 사업을 실시한다(동법 제 6조 제 1항).

③ 청소년활동시설의 설치 · 운영

청소년활동진흥법은 수련활동 · 교류활동 · 문화활동 등 청소년활동에 제공되는 청소년활동시설의 종류를 수련시설과 청소년이용시설로 구분하고 있다. 수련시설에는 청소년수련관, 청소년수련원, 청소년문화의집, 청소년특화시설, 청소년야영장, 유스호스텔이 속하며, 청소년이용시설은 수련시설이 아닌 시설로서 그 설치목적의 범위 안에서 청소년활동의 실시와 청소년의 건전한 이용 등에 제공할 수 있는 시설을 뜻한다(동법 제10조).

청소년활동진흥법은 국가가 시 · 도 또는 전국의 청소년이 이용할 수 있는 국립청소년수련시설을 설치 · 운영하고, 시 · 도지사 및 시장 · 군수 · 구청장은 청소년수련관 및 청소년문화의집을 설치 · 운영하며, 시 · 도지사 및 시장 · 군수 · 구청장이 청소년특화시설 · 청소년야영장 및 유스호스텔을 설치 · 운영할 수 있으며, 국가 또는 지방자치단체는 이러한 수련시설을 설치 · 운영하는 자에게 예산의 범위에서 그 설치 및 운영에 필요한 경비의 일부를 보조할 수 있다(동법 제11조).

또한, 청소년활동진흥법은 청소년이용시설을 설치 · 운영하는 국가 또는 지방자치단체 그 밖에 공공기관 등이 그가 설치 · 운영하는 시설을 그 시설의 운영에 지장이 없는 범위에서 청소년활동에 제공하도록 규정하고 있다. 국가 또는 지방자치 단체는 청소년이용시설을 설치 · 운영하는 개인 · 법인 또는 단체에 대하여 청소년활동프로그램의 제공 그 밖의 필요한 지원을 할 수 있으며, 예산의 범위 안에서 그 시설의 운영에 필요한 경비의 일부를 보조할 수 있다(동법 제32조).

④ 청소년수련활동 지원

청소년수련활동은 청소년이 청소년활동에 자발적으로 참여하여 청소년 시기에 필요한 기량과 품성을 함양하는 교육적 활동으로서, 청소년지도자와 함께 청소년수련거리에 참여하여 배움을 실천하는 체험활동을 말한다(동법 제2조 제3항). 청소년활동진흥법은 국가 및 지방자치단체가 청소년수련거리를 개발 · 보급하여야 하며(동법 제34조), 국가가 수련활동의 내용과 수준을 향상시키기 위하여 청소년수련활동인증제도를 운영하여야 함을 규정하고 있다(동법 제35조). 또한, 수련활동의 활성화를 위한 사업을 추진하기 위하여 법인으로 한국청소년수련원의 설립을 규정하고 있다. 한국청소년수련원의 사업에는 국가가 설치하는 수련시설의 유지 · 관리 · 운영, 국가 및 지방자치단체가 개발한 주요 수련거리의 시범운영, 청소년활동시설이 행하는 국제교류 및 협력에 대한 지원, 청소년지도자의 연수, 그 밖에 문화관광부장관이 지정하거나 법인의 목적 달성에 필요한 사업 등이 속한다(동법 제41조). 시 · 도 지사는 청소년활동을 지원하기 위하여 필요한 경우에 명승고적지, 역사유적지 또는 자연경관이 수려한 지역으로서 청소년활동에 적합하고 이용이 편리한 지역을 청소년수련지구로 지정할 수 있다(동법 제47조 제1항).

⑤ 청소년교류활동 지원

청소년활동진흥법에 따르면, 청소년교류활동은 청소년이 지역간 · 남북간 · 국가간의 다양한 교류를 통하여 공동체의식 등을 함양하는 체험활동을 말한다(동법 제2조 제4항). 청소년활동진흥법은 국가 및 지방자치단체가 청소년교류활동의 진흥시책을 개발 · 시행하여야 함을 규정하고 있다. 국가 및 지방자치단체는 활동시설과 청소년단체 등에 대하여 청소년교류활동을 장려하기 위한 다양한 형태의 교류활동프로그램을 개발하여 운영하게 할 수 있고, 예산의 범위 안에서 교류활동프로그램의 개발·운영에 필요한 경비의 전부 또는 일부를 지원할 수 있다(동법 제53조). 국가 및 지방자치단체는 정부, 지방자치단체, 국제기구 또는 민간 등이 주관하는 국제청소년교류활동을 지원하기 위한 시행계획을 수립하고 이를 추진하여야 하며(동법 제54조), 교포청소년의 모국방문·문화체험 및 국내청소년과의 교류활동을 지원하고 장려하여야 한다(동법 제56조). 국가는 남·불청소년교류에 관한 기본계획을 수립하고 남·북 청소년이 교류할 수 있는 제도적 여건을 조성하여야 한다(동법 제59조).

⑥ 청소년문화활동의 진흥

청소년문화활동은 청소년이 예술활동·스포츠활동·동아리활동·봉사활동 등을 통하여 문화적 감성과 더불어 살아가는 능력을 함양하는 체험활동으로 정의되며(동법 제2조 제5항), 국가 및 지방자치단체는 문화활동에 대한 청소년의 참여기반을 조성하는 시책을 개발·시행하여야 한다(동법 제60조 제1항). 국가 및 지방자치단체는 청소년문화진흥활동에의 자발적인 참여에 대하여 예산의 범위에서 그 경비의 전부 또는 일부를 지원할 수 있다(동법 제60조 제3항). 국가 및 지방자치단체는 전통문화가 청소년의 문화활동에 구현될 수 있도록 필요한 시책을 수립·시행하여야 하며(동법 제63조), 청소년축제를 발굴·지원(동법 제63조), 청소년동아리 활동을 적극 지원(동법 제64조), 청소년자원봉사활동을 활성화할 수 있는 기반을 조성하여야 한다(동법 제65조).

4) 청소년보호법

(1) 입법배경 및 의의

음란·폭력성 노출 등 날로 심각해지고 있는 청소년 유해 매체와 유해 약물, 유해 업소에의 청소년출입 등을 규제함으로써, 성장과정에 있는 청소년을 사회환경으로부터 보호하고 나아가 건전한 인격체로 성장할 수 있도록 하기 위하여 1997년 3월 7일 청소년보호법이 제정되었다. 또한, 이법은 국가가 청소년보호를 위하여 청소년유해환경의 정화에 필요한 모든 시책을 강구·시행하는 노력을 하도록 하고, 청소년보호를 위한 지방자치단체·사회·가정의 역할과 책임을 명시함으로써 청소년보호에 광범위한 국민적 참여 장치를 법적으로 마련하였다. 따라서 청소년보호법은 사회적 유해환경의 규제와 정화를 통해 청소년을 보호하고자 하는 규제법적인 특징을 가지고 있어, 청소년유해환경의 규제에 관한 형사처벌에 있어서 다른 법률에 우선하여 적용된다. 이 법은 제도 운영상 나타난 일부 미비점을 개선·보완하기 위하여 2004년 3월 11일 일부 개정되었다.

(2) 목적

청소년보호법은 청소년에게 유해한 매체물과 약물 등이 유통되는 것과 청소년이 유해한 업소에 출입하는 것 등을 규제하고, 폭력·학대 등 청소년유해행위를 포함한 각종 유해 환경으로부터 청소년을 보호·구제함으로써 이들이 건전한 인격체로 성장할 수 있도록 함을 목적으로 한다(동법 제1조).

(3) 주요내용

이 법은 총칙, 청소년유해매체물의 청소년대상 유통 규제, 청소년유해업소, 청소년유해약물 및 청소년유해행위 등의 규제, 청소년보호위원회, 보칙, 벌칙, 부칙 등의 내용으로 구성되어 있다. 제 1장 총칙에서는 목적, 용어의 정의, 청소년보호에 대한 가정의 역할, 사회의 책임, 국가와 지방자치단체의 책임, 다른 법률과의 관계를 규정하고, 제2장 청소년유해매체물의 청소년대상 유통 규제에서는 매체물의 범위, 유해매체물의 심의·결정, 등급구분, 청소년유해매체물의 심의기준, 유해매체물의 자율규제, 판매금지, 방송시간 및 광고선전 제한, 청소년유해매체물의 고시 등을 규정하고 있다. 제3장 청소년유해업소, 청소년유해약물 및 청소년유해행위 등의 규제는 청소년 고용금지 및 출입제한, 청소년 통행금지 · 제한구역의 지정, 청소년유해약물 등으로부터 청소년보호, 청소년유해행위의 금지, 청소년대상 무효인 채권을 규정하고 있다. 제4장 청소년보호위원회는 청소년보호위원회의 설치, 기능, 구성, 조직 및 운영, 청소년보호센터 등에 관한 규정을 주요 내용으로 하고 있다. 영역별로 그 내용을 살펴보면 다음과 같다.

① 청소년유해매체물의 규제

청소년보호법은 법의 보호대상이 되는 청소년을 19세 미만의 자로 규정하고 있다. 다만, 만 19세에 도달하는 해의 1월 1일을 맞이한 자는 제외하고 있다(동법 제2조 제1항). 청소년을 대상으로 한 유통이 규제되는 매체물은 음반 · 비디오물 및 게임물, 공연물, 정보통신물, 방송프로그램, 각종 간행물, 광고물 등에 대하여 청소년보호위원회나 각 심의기관에서 심의하여 청소년에게 유해하다고 인정되어 청소년유해매체물로 결정된 것이다(동법 제7조 및 제8조). 청소년유해매체물의 심의기준은 선정성이나 음란성, 포악성이나 범죄충동의 유발, 폭력행사 및 약물남용을 자극하거나 미화, 반사회성 및 비윤리성, 정신적 · 신체적 건강에 대한 위해성 등이다(동법 제10조 제1항). 청소년유해매체물에 대해서는 청소년에게 유해한 매체물임을 나타내는 표시를 하여야 하며(동법 제14조), 포장의 의무가 있다(동법 제15조). 청소년유해매체물을 판매 · 대여 · 배포하거나 시청 · 관람 · 이용에 제공하고자 하는 자는 그 상대방의 연령을 확인하여야 하고, 청소년에게 청소년유해매체물을 판매 · 대여 · 배포하거나 시청 · 관람 · 이용에 제공할 수 없다(동법 제17조 제1항).

② 청소년유해업소 및 유해구역의 규제

청소년보호법은 청소년의 출입과 고용이 청소년에게 유해한 것으로 인정되는 청소년유해업소에서의 청소년고용의 금지와 청소년출입 · 고용금지업소에서의 출입자의 연령확인을 통한 청소년의 출입 및 이용의 금지를 규정하고 있다(동법 제24조). 또한 지방자치단체는 청소년에게 정신적·신체적 건강을 해칠 우려가 있는 구역을 청소년통행금지구역 또는 청소년통행제한구역으로 지정하여야 하며, 청소년범죄 또는 탈선의 예방 등 특별한 이유가 있는 때에는 지정된 특정시간 동안 이 구역에 청소년의 통행을 금지 또는 제한할 수 있다(동법 제25조).

③ 청소년유해약물 및 청소년유해행위의 규제

청소년보호법은 청소년을 대상으로 하여 청소년에게 유해하다고 인정되는 청소년유해약물을 판매·대여·배포하는 것을 금지하고 있다(동법 제26조 제1항). 규제대상 청소년유해약물에는 주류, 담배, 마약, 향정신성의약품, 대마, 유해화학물질, 기타 대통령령이 정하는 기준에 따라 청소년보호위원회가 결정하여 고시한 것이 속한다(동법 제2조 제4항).

청소년보호법은 청소년에게 성적 접대행위, 접객행위, 음란행위, 장애기형관람행위, 구걸, 학대, 호객행위, 풍기문란 영업행위, 다류 배달행위 등을 하게 하는 것을 금지하고 있다. 또한 성적 접대행위와 접객행위를 알선·매개하는 행위, 청소년을 이용해서 구걸하는 행위, 풍기문란 영업행위의 목적으로 장소를 제공하는 행위, 다류 배달행위를 조장 또는 묵인하는 행위 등도 금지되고 있다(동법 제26조의2).

청소년보호법은 청소년유해행위를 한 자가 유해행위와 관련하여 청소년에게 가지는 채권을 계약의 형식이나 명목에 관계없이 무효로 규정하고 있다. 또한, 청소년유해업소의 업주가 고용과 관련하여 청소년에게 가지는 채권도 계약의 형식이나 명목에 관계없이 무효로 규정되고 있다(동법 제26조의3).

④ 청소년보호위원회의 설치와 운영

청소년보호법은 이 법의 규정에 의한 청소년보호에 관한 업무를 수행하기 위하여 보건복지부장관 소속 하에 청소년보호위원회의 설치·운영을 규정하고 있다(동법 제27조). 청소년보호위원회는 위원장 1인을 포함하여 11인 이내의 위원으로 구성하되, 보건복지부장관이 지명하는 청소년업무담당 고위공무원단에 속하는 공무원은 당연직 위원이 된다(동법 제28조). 청소년보호위원회에는 청소년폭력·학대 등 유해환경으로부터 청소년을 임시로 보호하기 위한 청소년보호센터와 청소년폭력·학대 등의 피해·가해청소년 및 약물로부터 고통을 받는 청소년의 재활을 위한 청소년재활센터를 둘 수 있다(동법 제33조의2).

5) 청소년의 성보호에 관한 법률

(1) 입법배경 및 의의

청소년의 성보호에 관한 법률은 원조교제 등 청소년의 성을 매매하는 행위가 심각한 사회문제가 되면서 청소년보호법, 윤락행위등방지법과 같은 기존의 법만으로는 효과적으로 대응하기 어렵다는 판단 아래 청소년의 성을 보호하기 위하여 2000년 2월 3일 제정되었다. 이 법은 성매매된 자 및 성을 파는 행위를 한 자의 사회복귀를 돕기 위하여 지원시설 및 상담소의 설치 및 운영을 활성화하고, 이용자의 의사에 따라 지원시설 및 상담소에서 제공하는 의료지원·취업교육 및 법률지원 등을 자유롭게 이용할 수 있도록 하여 원활한 사회복귀와 성매매행위의 재발을 방지하기 위해 2004년 3월 22일 일부 개정되었다. 이 법은 청소년을 대상으로 하는 성매매 및 성매매를 조장하는 중간매개행위 및 성폭력 행위자는 강력하게 형사처벌하지만, 성매매와 성폭력행위의 대상이 된 청소년은 보호처분을 통해서 보호·구제하고자 한다(이용교, 2004:182).

(2) 목적

청소년의 성보호에 관한 법률은 청소년의 성을 사거나 이를 알선하는 행위, 청소년을 이용하여 음란물을 제작·배포하는 행위 및 청소년에 대한 성폭력행위 등으로부터 청소년을 보호·구제하여 이들의 인권을 보장하고 건전한 사회구성원으로 성장할 수 있도록 함을 목적으로 한다(동법 제1조).

(3) 주요 내용

청소년의 성보호에 관한 법률은 총칙, 청소년의 성을 사는 행위 등의 처벌, 대상 청소년의 선도보호, 보칙 등의 내용으로 구성되어 있다. 제1장 총칙에서는 법률의 목적, 용어의 정의, 해석·적용상의 주의 및 국가 및 지방자치단체의 의무가 규정되어 있으며, 제2장 청소년의 성을 사는 행위 등의 처벌에서는 청소년의 성을 사는 행위자, 청소년의 성매매를 강요하는 행위, 청소년에 대한 성폭력행위자, 청소년을 이용한 음란물의 제작·배포자 등에 대한 처벌을 규정하고 있다. 제3장 대상 청소년의 선도보호 등에서는 성매매와 성폭력의 대상이 된 청소년을 보호하는 방안들에 대해 규정하고 있다. 제4장 보칙에는 청소년의 성을 사는 행위 등의 범죄방지를 위한 계도문의 게시 또는 배포와 청소년의 성보호와 관련된 국제협력에 대한 규정이 있다. 영역별로 그 내용을 살펴보면 다음과 같다.

① 해석·적용상의 주의와 국가 및 지방자치단체의 의무

청소년의 성보호에 관한 법률은 이 법을 해석·적용함에 있어서 국민의 권리가 부당하게 침해되지 않도록 주의하여야 한다는 점을 분명히 하고 있다(동법 제3조). 또한, 이 법은 국가 및 지방자치단체가 청소년의 성을 사는 행위, 청소년에 대한 성폭력행위 등의 범죄를 예방하고 청소년을 보호하며 이의 근절을 위하여 조사·연구·교육·계도 기타 필요한 법적·제도적 장치를 마련하고 필요한 재원을 조달하여야 함을 규정하고 있다(동법 제4조).

② 청소년의 성을 사는 행위 등의 처벌

청소년의 성보호에 관한 법률은 청소년의 성을 사는 행위를 청소년, 청소년을 알선한 자 또는 청소년을 실질적으로 보호·감독하는 자 등에게 금품 기타 재산상 이익이나, 직무·편의제공 등 대가를 제공하거나 이를 약속하고 청소년과의 성교행위 또는 청소년과의 구강·항문 등 신체의 일부 또는 도구를 이용한 유사성교행위를 하는 것으로 정의하고 있다(동법 제2조). 이 법은 청소년의 성을 사는 행위를 한 자, 폭행, 협박, 위계, 채무, 업무, 고용 등의 방법으로 청소년으로 하여금 청소년의 성을 사는 행위의 상대방이 되도록 한 자, 청소년의 성을 사는 행위의 장소를 제공하거나 알선하는 행위를 한 자 등을 징역 또는 벌금으로 처벌함을 규정하고 있다(동법 제5조, 제6조 및 제7조).

청소년 성보호에 관한 법률은 청소년이용음란물을 청소년이 등장하여 성교행위 또는 유사성교행위를 하거나, 청소년의 수치심을 야기시키는 신체의 전부 또는 일부 등을 노골적으로 노출하여 음란한 내용을 표현한 것으로서, 필름·비디오물·게임물 또는 컴퓨터 기타 통신매체를 통한 영상 등의 형태로 된 것을 말한다고 정의하고 있다(동법 제2조). 이 법은 청소년이용음란물을 제작·수입·수출, 판매·대여·배포, 전시 또는 상용한 자 및 청소년이용음란물 제작자에게 청소년을 알선한 자 등을 처벌함을 규정하고 있다(동법 제8조). 또한, 이 법은 청소년의 성을 사는 행위 및 청소년이용음란물을 제작하는 행위를 대상으로 청소년을 매매하는 행위, 청소년에 대한 강간, 강제추행 등의 행위를 처벌하고 있다(동법 제9조 및 제10조).

③ 대상 청소년의 선도보호

청소년의 성보호에 관한 법률은 이 법의 규정에 의해 범죄의 대상이 된 청소년에 대해서는 선도보호 및 재활을 위해서 소년부의 보호사건으로 처리함을 규정하고 있다(동법 제13조). 이 법은 대상 청소년을 위해서 필요하다고 인정될 때에는 소년법 제32조 제1항의 규정에 의한 보호처분 외에 성매매방지 및 피해자보호 등에 관한 법률 제5조 제1항 제2호의 규정에 의한 청소년 지원시설 또는 청소년보호법 제33조의2 제1항 및 제3항의 규정에 의한 청소년보호센터 및 청소년재활센터에 선도보호를 위탁하는 처분이 내려질 수 있음을 규정하고 있다(동법 제15조 제1항). 또한, 이 법은 수사 또는 재판을 담당하거나 이에 관여하는 공무원에게 대상 청소년 및 피해 청소년의 인적사항, 사진 및 사생활에 관한 비밀의 누설을 금지하고 있으며(동법 제18조), 수사절차에서 청소년의 인권 및 특성을 배려하여야 함을 규정하고 있다(동법 제19조).

④ 신상공개

청소년 성보호에 관한 법률은 청소년의 성을 사는 행위를 한 자 등, 이 법에서 정한 범죄행위를 범하고 형이 확정된 자에 대하여는 청소년보호위원회가 당해 범죄자의 신상(성명, 연령, 직업)과 범죄사실의 요지를 공개할 수 있도록 규정하고 있다(동법 제20조). 신상공개의 경우, 대상 청소년과 피해 청소녀의 신상은 공개할 수 없다(동법 제20조).

2. 청소년복지 정책

1) 청소년복지 정책의 개념

정책이란 국가 혹은 정부가 개인의 기본적 욕구, 예컨대 의식주, 의료, 교육, 직업 기타 일상생활 등의 욕구를 충족시켜 주기 위해 행하는 궁극적 행동을 위한 지침이라 할 수 있다. 청소년정책 역시 그러한 의미에서 정치, 경제, 사회 모든 분야에서 청소년의 지위와 권익을 향상시켜 이들이 건강한 사회인으로 성장, 적응할 수 있도록 지원하는 포괄적인 국가 정책을 의미한다.

청소년정책의 정의와 범주를 김영모(1995)는 청소년의 기본적 욕구인 소득, 보건, 교육, 주거 이외에도 넓은 의미로 비행, 보호, 고용, 환경, 스포츠, 예술, 레크리에이션, 상담 등을 포함하는 국가 및 공공기관의 개입이라고 하였다. 또한 청소년 관련법의 정의와 내용을 기초로 하면, 청소년정책은 전체 청소년을 대상으로 그들의 성장과 시민의식 함양, 잠재력의 개발 등을 지원하기 위한 청소년육성정책과, 특정계층이나 집단의 청소년을 대상으로 그들을 선도·보호하고 문제를 해결해 주는 청소년대책을 포함한다고 할 수 있다.

최근까지 청소년정책과 청소년복지정책의 개념은 혼용되고 있으나, 청소년복지정책의 정의를 청소년기본법의 정의에 준하여 본다면, 청소년이 정상적인 삶을 영위할 수 있는 기본적인 여건을 조성하고, 조화롭게 성장·발달할 수 있도록 사회적·경제적 지원을 제공하고자 하는 복지 분야의 정책이라 할 수 있다.

또한 청소년복지정책은 사회복지정책의 하위부문이라고 볼 수 있기 때문에, 사회복지정책을 개인과 가족을 원조하고 그들의 삶의 질을 개선시키기 위해 고안된 정부의 사회적 서비스 제도와 프로그램이라고 한다면, 청소년 복지정책이란 국가가 청소년층을 대상으로 그들의 기본적인 욕구를 충족시켜 주기 위하여 청소년 자신은 물론, 그들의 가족까지 원조하고 사회적 환경을 조성함으로써 삶의 질을 개선시키도록 하는 사회적 서비스와 프로그램이라고 할 수 있다.

송정부(1992)는 청소년복지정책을 7가지로 예시하였는데, 경제적 안정을 위한 생활보호제도, 직업안정제도, 의료·보건·위생제도 및 의료부조, 가족적 안정을 위한 가정·주택제도, 교육의 기회를 위한 학교교육·사회교육, 사회적 협동을 위한 사법·도덕·지역사회조직, 문화여가 기회를 위한 문화여가활동을 들고 있다. 따라서 광의의 입장에서 보면 청소년정책과 청소년복지정책의 개념 구분은 모호하며, 법의 의미로 본다면 청소년복지정책은 청소년정책보다 좁은 의미로 볼 수 있다.

결론적으로 청소년복지정책은 정부가 청소년의 욕구와 필요에 대한 광범위한 분석을 토대로 이를 정책의 목표에 반영하는 동시에 사회정책으로 분화하고, 또한 이를 세부적이고 구체적인 사업으로 도출해 내어 실행에 옮기는 일련의 총체적인 복지 수행 과정이라고 볼 수 있다. 그러므로 청소년, 복지, 정책이라는 세 가지 화두를 통합하고 실행하여 소기의 목적에 도달하여야 하는 매우 어려운 개념이라 할 것이다.

2) 청소년복지 정책의 수립과 추진

(1) 청소년복지 정책의 수립

청소년복지정책이 중요한 국가적 차원으로 부각되기 시작한 것은 1964년 내무부장관을 위원장으로 하는 청소년보호대책위원회가 설치되고 문제청소년의 선도 및 대책에 역점을 두기 시작하면서 부터이다. 이 위원회는 국가차원의 청소년 정책방향을 제시하고 관련부처간의 사업내용을 협의·조정하는 기능을 가졌으나 위원회의 결정을 책임 있게 집행할 독립된 행정기구를 갖추지 못하다가, 1977년에 국무총리를 위원장으로 하는 청소년대책위원회로 확대 발전되었다. 그리고 1987년 청소년 육성법의 제정과 함께 청소년대책위원회는 청소년 육성위원회로 바뀌면서 그 기능이 강화되었다. 청소년육성법은 청소년기본법과 청소년보호법으로 이어지면서 청소년복지 정책의 법적 기반을 마련하였다.

우리나라의 청소년정책을 주도하는 기관은 국무총리 소속 청소년위원회이다. 따라서 청소년복지정책은 그 주관처가 아직은 별도의 중앙행정부처로 독립되어 있지 못하며, 복지분야로 접근해 보았을 때는 보건복지부 등 복지를 주관하는 부처와 분리되어 있는 특징을 보인다.

청소년정책의 경우 광범위하게 보면 정책 참여자가 대통령부터 국무총리, 청소년 소관부처, 관련된 부처들을 망라할 수 있다. 그러나 반면 이러한 광범위성은 소관행정부처의 핵심 업무로부터 배제될 수 있는 문제를 도출하게 된다. 따라서 청소년정책과 관련된 각 부처는 각기 고유 업무의 시각에서 청소년을 인식하기 때문에 행정부 내에서 소관업무에 관한 갈등의 소지가 매우 높다. 또한 청소년 정책 형성 과정에서 국무총리나 장관보다는 각 부에서 청소년 업무를 담당하고 있는 소관국과 실의 청소년 담당자의 역할이 크게 작용할 수 있다. 따라서 청소년복지정책은 관련 부처나 관련 전문가들의 적극적인 참여가 더욱 요구되는 분야라 할 수 있다.

한편으로 청소년복지 영역은 수요 당사자들의 의견이 환류되어야 하는 복지정책의 원리가 반영되기 어려운 측면이 있다. 청소년은 선거권과 피선거권이 없기 때문에 이들이 정치적 과정에서 정책형성과정에 참여하기는 매우 어려워 청소년의 입장을 반영하는 데에 한계가 있으므로, 청소년전문가, 청소년단체, 청소년 집단의 의견이 반영될 수 있는 적극적인 창구의 개발이 필요하다.

(2) 청소년복지정책의 추진

과거에 우리나라 청소년 업무는 청소년보호 업무를 주로 시행하던 국무총리 소속 청소년보호위원회와 청소년 육성 및 수련활동을 주로 담당하던 문화관광부 청소년국으로 이원화되어 있었다. 이러한 이원 체제의 문제점이 거듭 지적되면서 2005년 4월 27일자로 정부조직 개편에 의해 청소년 업무가 국무총리 소속 청소년위원회로 통합하여 시행되게 되었다. 또한 2006년 3월 30일자로 청소년위원회에서 국가청소년위원회로 명칭을 변경하였다.

우리나라에서 청소년복지정책의 가장 핵심적인 주무부서라 할 수 있는 국가청소년위원회에서 주로 시행하고 있는 정책은 첫째 청소년정책에 관한 기본계획의 수립·시행, 둘째 청소년의 참여활성화 및 권익보호·증진, 셋째 청소년 수련활동의 활성화, 넷째 청소년의 복지 및 복지시설에 대한 지원 및 운영, 다섯째 청소년 상담 및 선도·보호, 여섯째 청소년유해환경·유해매체에 대한 조사 및 연구·규제, 일곱째 청소년 유해매체·업소·약물·물건 등으로부터의 청소년 보호 및 예방, 여덟째 청소년의 성보호 및 성범죄 피해 청소년의 재활 지원, 아홉째 각종 유해환경 및 유해행위에 대한 신고접수 및 처리, 열 번째 청소년과 관련된 사항에 관한 대국민 홍보 및 관련단체·시민운동 지원 등이다. 이처럼 국가청소년위원회에서 실시하는 청소년관련 사업의 예를 2006년도 정책 추진 핵심 주제를 중심으로 살펴보면 다음과 같다.

- 위기청소년들에게 상담 · 구조 · 치료 · 자활 · 활동 · 참여 등을 One-Stop으로 서비스할 수 있는 청소년 안전망을 구축한다.
- 방과후 아카데미 사업을 확대운영하여 사교육비를 절감하고, 저소득 계층 청소년들의 학습능력을 배양한다.
- 청소년 인터넷 중독 예방 · 치료 · 재활 기반구축사업을 확대 · 추진한다.
- 청소년 대상 성범죄 예방을 강화하고 보호 · 구제활동을 확대한다.
- 주5일 수업제의 확대실시에 따른 다양한 청소년 활동 기회 제공을 확대한다.
- 청소년 국제교류를 다양화하여 글로벌 리더십을 함양시킨다.
- 폭력문화 추방을 위한 「폭력 없는 사회만들기 국민운동」을 적극 추진한다.

3) 청소년복지 정책의 문제와 과제

(1) 보편적 접근

최근의 복지정책은 선별주의적 접근에서 보편주의적 접근으로 변화하고 있는 만큼, 청소년 복지정책 역시 과거의 요보호청소년 중심의 정책에서 일반적인 전체 청소년을 대상으로 하는 정책으로 변환해야 한다. 특히 정보 매체의 발달 등으로 인해서 청소년의 문제가 확산되고 이들의 권리와 요구에 대한 관심이 날로 증가하면서 청소년복지의 대상은 어느 특정 계층이나 집단에 한정되지 않게 되었다. 따라서 청소년 복지정책의 초점은 전체 청소년의 잠재력 개발과 참여 증진을 위한 방향으로 전환하여야 있다. 우리나라의 경우 일반 청소년을 대상으로 하는 포괄적인 정책과 서비스로의 전환을 시도하고 있지만 아직도 주된 정책대상이 요보호청소년에 한정되어 단속과 보호위주의 접근을 행하고 있다. 그러나 요보호청소년의 발생과 그 범주는 매우 유동적이 될 수 있다는 측면에서, 요보호청소년의 치료와 더불어 잠재적인 문제발생 요인을 최소화할 수 있도록, 전체 청소년의 잠재력을 개발하고 부정적인 사회적 효과를 감소시키는 보편적 예방사업이 실시되어야 한다.

(2) 시대 부응적인 정책

최근 들어 급격한 사회적 변화는 특히 청소년세대에게 있어 사고와 행동 양식을 완전히 전환하게 하고 있다. 정책은 사회문제를 예방하고 사회적인 선택을 선도할 수 있어야 한다는 측면에서 시대를 뒤따라가는 형식은 곤란하다. 그러나 현재 많은 청소년정책은 청소년 세대의 변화를 뒤따라가고 있는 형편이며, 이들의 빠른 변화를 정부 정책이 예견하지 못하고 있다. 이처럼 예방보다는 사후 치료에 치중하는 지금의 체제로는 청소년문제의 발생 속도를 따라잡을 수 없다.

특히 매스컴, 정보매체 등의 유효적절한 통제장치가 가동되지 않으면 청소년세대의 욕구에 대한 제동이 불가능하게 될 것이며 이로 인해 청소년들의 상대적 불만족은 더욱 증가할 수밖에 없다. 최근 들어 사이버 범죄의 상당수를 청소년계층이 차지한다는 측면에서 보면, 적절하고 신속한 방어 조치 없이는 향후 청소년정책은 공염불이 될 가능성이 크고 사회적 부담은 날로 가중되리라 본다.

그러한 의미에서 특히 일탈 청소년의 선도 및 상담체계 강화를 통해 청소년문제의 흐름을 진단하고 예방적 정책을 수립하여야 할 것이며, 청소년범죄의 온상이 되고 있는 향락업소 등에 대한 대청소년 방어정책도 강화되어야 하겠다. 이를 위해서는 청소년들이 활용할 수 있는 건전한 놀이문화 공간이 확대되어야 하겠고, 기존 공간에 대한 적절한 지원을 통하여 활용도를 높이는 등 시대적으로 공감할 수 있는 사회적 정책이 수립되고 실현되어야 하겠다.

(3) 청소년의 직접 참여

청소년 복지정책은 청소년을 돌봄의 객체로만이 아닌 복지의 주제로서 보아야 하므로, 성인 중심의 정책에서 청소년과 함께 하는 정책으로 전환해야 한다. 제도적으로는 청소년정책 수립 과정에서 청소년을 참여시켜 청소년 아이디어나 의견을 수렴하도록 권장하고 있으나, 아직은 보편화되고 있거나 체계적이지 못하고 반영 수준이 미흡한 단계이다. 따라서 청소년 복지정책 수립 시 정책수요자인 청소년들의 의견이 정책에 보다 체계적으로 반영될 수 있도록 제도를 강화하고 이들의 의견이 정책의 실천분야에 적극 반영되어야 한다. 다른 나라의 사례를 보면 노르웨이의 경우 국가정책지침서 작성을 통한 공공기획과정에서부터 청소년의 참여가 활성화되어 있다. 이러한 직접 참여는 청소년의 자발성을 높여줌과 아울러 정책 내용에 있어 실효성이 증가하고 시대적인 요청에도 민감하게 적용할 수 있어 보다 효율적인 정책 설정과 실천이 가능하다. 또한 청소년 스스로가 주인의식을 가지고 책임감을 함양하는 데에도 기여할 수 있다. 결국 이러한 역량 개발이 이후 기성세대가 되어서도 국가의 정책에 관한 관심과 역량 강화에 기여하리라 본다.

(4) 자립지원정책 강화

청소년기는 의존적인 존재에서 독립적인 존재로 성장하는 과도기이므로 특히 성인이 되어 사회적 동량으로 활약할 수 있도록 하는 기초 함양이 이 시기에 무엇보다 중요하다. 특히 사회인으로서 기본 기능이 자조 능력이라고 할 때, 이들이 경제적, 사회적 자립을 할 수 있는 기회 마련과 훈련이 매우 필요하다. 따라서 일자리 마련, 주거 지원 등 청소년들의 자립 지원을 위한 적극적인 정책이 추진될 필요가 있다. 일본의 경우에도 청소년 복지정책을 보호보다는 자립 지원으로 전환하고 있으며, 직업훈련 등의 정책을 강화하고 있다. 또한 스웨덴에서는 지방자치단체에 20세 이하 청소년의 직업 파악의 책임을 부과함으로써 청소년들에게 적절한 개별 프로그램을 제공하도록 하고 있다. 우리나라의 경우 대부분의 청소년기 연령층이 학교에 재학 중이라는 점 때문에 해당 교과과정 이외에는 적극적인 자립훈련이 시행되지 않고 있으며 취업 청소년의 경우에도 특별한 정책적 지원이 없이 기업이나 직장 단위의 개별적 지원에 의존하는 경향이 높다. 제도상으로도 일본의 '근로청소년복지법'이나 독일의 '근로청소년보호법' 등과 같은 별도의 법체제가 갖추어 있지 않고 근로기준법 등의 통합법에 의해 청소년 근로나 취업의 문제를 다루고 있어 보다 세밀한 제도적 정비도 필요하다.

(5) 관련기관간 협력과 연계

청소년 복지정책은 현재 국가청소년위원회로 주무부처가 일원화되기는 하였으나 아직은 독립적인 행정부처로 기능하기에는 한계가 있으며, 더욱이 지방 정부에서 청소년사업을 연계 실시할 경우 지자체의 관할 부서가 통일되지 않는 등[1] 아직도 안정적인 위치를 확보하지 못하고 있는 형편이다. 따라서 정책은 주무부처에서 수립하나 이에 대한 실천은 교육, 복지, 노동 등 각 업무의 성격에 따라 분리될 가능성이 있어 부처 간에 유기적인 협력이 이루어지지 못할 경우 정책의 일관성을 갖기 어렵고 각 지역의 현장에서는 정책 혼란을 초래할 여지가 많다.

또한 민간에게 위탁사업 등을 행할 경우 주무부처의 분산으로 그 협력이 원활하지 못하면서 전국적인 연계나 효율적인 프로그램 진행이 이루어지지 못할 가능성이 있다. 특히 복지지원 프로그램의 효과를 크게 하기 위해서는 청소년에 영향을 미치는 가정, 학교, 지역사회의 제 요인들을 종합적으로 고려한 프로그램이 실시되어야 함에도 불구하고, 정책 연계가 원활하지 못하여 청소년 개인에게만 초점을 둔 프로그램이 실시되는 경우가 많다. 반대로 가족복지 사업 등 일반 복지 프로그램에서 청소년이 포함된 경우에는 이에 대한 개별화, 전문화된 접근이 이루어지지 못하는 경우도 있다.

---

1) 2006년 기준, 전국 14개 시도 중 8개 시도에서는 문화관광체육 분야에서 청소년업무를 다루고 있고, 5개 시도는 여성가족분야에서, 1개 시도는 자치행정 분야에서 다루고 있음.

(6) 지역적 특성화

다른 정책 영역과 마찬가지로 청소년복지정책 역시 지방자치제의 강화와 함께 중앙 의존적인 정책에서 벗어나 지방 정부의 기능과 역할을 강화해야 한다. 중앙정부에서는 제도나 기본 정책 수립, 예산 지원 등에 주력하고, 실제적인 세부 실행정책의 설정과 추진은 청소년 개인과 환경적 조건이 가장 잘 반영될 수 있는 지역 기반의 지방 정부에서 진행해 나가야 한다. 그러나 대부분의 지방 정부의 경우 청소년정책 전문가의 부재나 정책의 우선 순위 혹은 비중 때문에 지역별로 차별화된 정책을 수행하고 있지 못하고 있고 정책을 집행할 조직이나 인력도 절대적으로 부족한 형편이다. 특히, 청소년복지 전문가의 부재는 복지정책을 수행하게 하는데 커다란 어려움을 초래하고 있고, 복지 관련 민간기관의 경우에는 재정이나 인력이 매우 취약하며 관련 단체 간의 협력 부족이나 프로그램의 다양성 부족 등이 문제점으로 지적되고 있다. 따라서 날로 증가하는 지역 청소년의 복지적 요구에 대응하는 차별적인 복지정책 수립과 집행을 위해서는 지역 청소년의 실태를 명확히 파악하여 그들의 욕구에 기반한 복지결핍 영역의 전문적 지원이 필요하다. 더불어 지방자치단체의 청소년 복지 증진을 획기적으로 확대하기 위해서는 관련 조례의 제정을 추진해야 한다.

(7) 전문성 강화

청소년복지 정책의 설정과 원활한 집행을 위해서는 전문서비스 기관이 확대되어야 하고, 청소년 전문가도 적극적으로 육성되어야 한다. 또한 이들의 전문성과 기능성 향상을 위한 다양한 방안도 개발되어야 한다. 청소년 정책이 아동 정책이나 노인정책 등과 동일한 구조 속에서 설정되어서는 곤란하며 청소년의 특성에 준하고 이에 기반하는 전문적 정책이 설정되어야 한다. 이를 위해서는 행정기관내 청소년 전문가의 육성과 기용, 민간관련기관 종사자의 기능 강화 및 조직화, 청소년 자신들의 정책적 마인드 형성과 역량 제고 등이 이루어져야 한다.

(8) 타 분야 정책과의 교류

현재의 청소년복지 정책은 사회복지정책의 한 분야로 취급되면서도 포괄적인 청소년정책의 한 부분으로 인식되고 있어 전문적인 복지 영역으로서 단독으로 기능하는데 한계가 있다. 따라서 우선적으로는 다양한 복지정책과의 연계성이 확대되어야 한다. 예를 들어, 청소년 복지정책의 목표 및 대상이 여전히 요보호청소년에 한정되어 단속과 보호 중심으로 이루어진다면 가족복지나 지역사회복지 등 복지 분야의 다른 영역과 기본 방향이 어긋날 수가 있다. 청소년복지정책은 광범위한 청소년정책의 틀 속에 있지만, 한편으로 청소년에 대한 접근은 복지의 기본 정신과 체계 안에서 수렴되어야 한다. 예를 들어 청소년의 지도나 청소년활동 관련 정책이 과연 청소년복지의 질적 수준을 어느 정도 고양시킬 수 있을 것이며, 나아가 이것이 국가 전체의 복지 수준과 어떻게 연관될 수 있는지에 대한 고려 등이 이루어져야 한다.

또한 교육정책처럼 청소년의 대다수에 영향을 미치는 정책 분야와의 교류 역시 고려되어야 한다. 교육정책과 청소년문제는 매우 밀접한 관계를 가지므로, 청소년정책의 설정에도 교육정책의 우선 고려가 필요하며, 반대로 교육정책의 수립에 있어서도 적극적으로 청소년복지정책의 주요 내용이 수렴될 수 있도록 노력하여야 한다. 예를 들어 교육정책이 청소년의 정신건강을 도모할 수 있을 것인가, 청소년간 평등한 교육 혜택이 가능한가, 청소년문제의 예방과 치료처로서 학교가 기능할 수 있도록 하는 정책인가 등, 청소년복지정책과 교육정책이 연계된 무수한 문제들을 정책적으로 상호 소통할 수 있는 창구와 제도적 장치가 필요하다.

제13장

청소년복지의 과제와 전망

1. 청소년복지의 과제

청소년복지의 향상을 위해서는 시대적 변화를 반영하여 현재와 미래의 청소년들의 욕구와 문제를 해결하고, 청소년의 진정한 성장과 삶의 질을 향상시킬 수 있는 대안이 무엇인지 고민해 보아야 한다. 따라서 가족과 사회, 국가의 공동 책임이라는 의식과 노력이 필요하고 이러한 측면에서 각각의 과제를 살펴보고자 한다.

1) 가족적 과제

청소년은 아직은 성장 과정 중에 있으므로 이들의 건강한 삶의 유지와 지원을 위해서는 가족적인 개입이 필수적이며, 이러한 가족적 조건이 불충분한 청소년에 대한 대안들이 제시되고 실행되어야 함과 동시에, 최근 들어 가족의 불안정성이 증가됨에 따라 모든 청소년의 가족적 환경에 대한 분석과 예방, 치료가 이루어져야 한다.

가족의 양육환경이 적절하지 못한 청소년들에게 제공되는 생활보호, 교육보호, 시설보호 등은 이들의 가족적 결손을 보완해주는 역할을 하므로, 이들이 불가피하게 선택하게 되는 제도인만큼 일반 가정과의 차별성이 나타나지 않도록 최선의 대체정책이 필요하다. 전형적인 프로그램에 의한 보호 차원의 서비스가 되지 않도록 통합적 서비스를 강화하는 새로운 제도가 탄생되어야 한다. 특히 시설의 대규모화를 지양하여 가족의 역할과 기능이 발휘될 수 있도록 하는 그룹홈의 형태, 대체(양육)가정의 확대 등이 제도적으로 이루어져야 한다.

시설가정도 마찬가지이지만 청소년자녀를 둔 모든 가족의 건강성을 확보하는 문제는 가족복지의 차원에서 별개로 추진되어야 한다. 가족복지는 전체로서의 가족(family as a whole)을 중시하고 가족의 역동적 체계 속에서 가족구성원 모두의 복지를 증진하도록 하는 궁극적 목표를 가지게 된다. 따라서 청소년자녀를 가진 가족이 자녀의 잠재능력을 비롯하여 가족원의 각자의 능력을 활성화시킴으로써 전체 가족의 기능을 증진시키도록 지원하는 가족복지의 방법론은 청소년 시기에 가장 적절한 대안이 될 수 있다.

부모자녀관계는 혈연으로 맺어진 영속적인 공동 관계로서 사회화의 과정을 통하여 정서적인 관계로 결속되나, 부모의 연령과 자녀의 성장에 따라 변화, 발전하는 관계이기도 하다. 또한 부모자녀관계는 시대적으로 다른 세대간의 인간관계이므로 사회적 지위, 권위뿐만 아니라 사상, 가치, 취미 등에 있어서 불가피한 격차가 있게 된다. 자녀가 어릴 때는 부모에게 전면적으로 의존하지만 시간이 지남에 따라 부모자녀관계에 변화가 오게 되는데, 가족원간의 상호작용의 수준은 감각적인 것에서 정서적인 것으로, 다시 지적인 것으로 진보되어 간다. 자녀가 어릴 때에는 부모의 보존, 양육, 지배관계가 두드러져 자녀는 무조건 부모에게 의존적인 존재이던 것이 청년기가 되면 심리적 이유를 시작하면서 부모자녀관계는 성장과 갈등의 관계로 발전한다. 그러나 자녀가 성숙된 인격을 갖춘 성인이 되었을 때에는 부모자녀관계는 다만 세대를 달리하는 대등한 인간관계로 변하게 된다. 그리하여 어릴 때부터 부모와의 상호작용을 통해서 형성해 온 의존 욕구를 안정성있게 지속시켜 나가는 것이다.

청소년기가 이처럼 부모의 영향이 감소하기 시작하는 시기이므로, 청소년 자녀는 주요 문제에서 부모의 의견을 중시하지만 한편으로 사회문화적인 변화의 영향을 받지 않을 수 없다(Sebald, 1986). 앞서 언급한대로 특히 최근 들어 취업모의 증가, 이혼율 증가 등이 부모자녀관계의 중요한 변수로 작용하고 있다(Demo, 1992).

그러나 한편으로 청소년과 부모의 불일치는 청소년의 적응과 독립을 위하여 필수적인 과정이기도 하다(Holmbeck & O'Donnell, 1991). 이러한 맥락에서 볼 때 부모와 청년기 자녀 사이에 여러 가지 갈등이 일어난다는 것은 자연스런 현상일 수 있다. 그런데 문제는, 이와 같은 부모자녀간 갈등 그 자체가 아니라 이런 갈등이 있고 난 후 자녀를 원상복귀시킬 수 있는 능력이 가족에게 있느냐 하는 것이다. Hann 등(1968)은 건강한 부모자녀관계란 중간 정도의 갈등이 있다가 나중에 쉽게 평형상태로 회복될 수 있는 가족관계를 말한다고 하였다. 실제로 청년기 자녀는 자신의 가치가 부모세대와는 다르다는 세대간 차별성을 인지하고 있으면서도 갈등의 책임은 상호간의 이해 부족으로 보고 부모세대를 긍정적으로 이해하려는 경향이 확대되고 있다는 연구(김태완, 1978)도 있다.

이러한 제반사항을 기초로 부모와 청소년 자녀의 갈등을 줄이면서 가족의 기능성을 향상시키기 위한 가족지원정책들이 실시되어야 한다. 가족정책의 수단을 주로 경제적 수단의 지원체계 영역과 비경제적 지원체계 영역으로 나누어 볼 때 경제복지는 가족수당, 자녀보조급여, 대여금제도, 빈곤가족이나 의존적 가족구성원에 대한 사회보장프로그램 등 직접적인 물적 자원 제공이 이루어지는 경우가 해당되며, 비경제적 복지는 가족상담 및 치료, 가족생활교육, 가족활동지원, 가족구성원의 보호, 가족봉사제도, 가족보건프로그램 등이 해당될 수 있겠다.

또한 이러한 제반 사회복지정책 프로그램 이외에, 청소년자녀를 둔 가족구성원이 취해야 하는 개인적 과제가 있을 수 있겠다. 특히 부모의 역할은 다른 누구보다 중요하다는 측면에서 강조되어야 한다.

우선 첫째는 부모자녀간의 원활한 대화와 의사소통이 중요한데, 이것은 서로 다른 세대간의 차이와 입장을 의사소통을 통해 해결할 수 있으며 각자가 처해있는 난관을 이해할 수 있게 하기 때문이다. 부모는 효율적인 의사소통의 방법을 학습하고, 자녀의 성장 특성에 맞추어 일관된 양육방식으로 행동하여야 한다.

둘째, 청년기의 가치관 형성은 다른 어느 시기의 경우보다 중요한 의미를 지닌다는 측면에서 부모는 청소년자녀의 가치관 정립에 적극적으로 개입하여야 한다. 일반적으로 사회 변동은 젊은 세대에 의해 이끌어지게 되며 이들이 기성세대에 편입되어서 사회 질서를 관리하고 책임짐으로써 새로운 질서를 형성하게 된다. 점진적 방법으로 청소년 세대는 기성세대에게 사회변동의 방향을 감지시켜 주는 압력집단의 역할을 하게 된다. 그러므로 청소년 세대의 가치관을 인정하고 교육하는 것은 성인 세대의 책임이며 사회적 통합성을 이룩하는 수단이다(유인종, 1985).

따라서 무조건적으로 청소년의 가치관을 미숙함의 표현이라 보고 무시하거나 일시적인 현상으로 치부하는 태도, 자신의 세대와의 단절감을 무관심으로 일관하는 태도 등은 바람직하지 못한 부모의 태도라고 볼 수 있다. 적극적으로 청소년의 생각과 태도, 가치관을 학습하고, 수용할 것은 과감하게 수용하면서, 부모가 평소에 신중하게 생각하고 소중히 여겨왔던 나름대로의 가치체계를 전달하려는 노력을 해야만 한다. 청소년기의 가치관은 생애의 선택이 아직 유동적인 상태에서 이루어지는 것이므로, 부모와 같은 강력한 주변 환경의 영향을 받지 않을 수 없다. 따라서 부모세대의 좀더 능동적인 태도가 필요하다.

셋째, 청소년을 알고 이끌어 가기 위해서는 진보적인 소수 집단의 행위를 보고 전체 청소년을 판단해서도 안될 것이며, 대다수의 많은 청소년이 그들 자신의 변화에 적응하지 못하고 갈등함을 이해해야 할 것이다. 그들 자신도 급변하는 환경 변화에 적응하지 못하고 있으며, 과거의 보다 안정적 시대를 살아왔던 부모세대에 비하여 열등감이나 좌절감을 더 많이 겪고 있음을 수용하여야 한다. 또한 문화적으로 신세대의 능동적 표현에 동조하는 대부분의 청소년은, 부모나 사회가 방향을 제시하지 못하고 머뭇거리는 사이에 기성세대에 대한 인내심을 잃어버리고 있다는 것을 깨달아야 한다.

2) 사회적 과제

(1) 학교환경 및 교육제도의 개선

① 학교 환경 개선

우선 청소년 비행과 직결되는 학교 내 폭력을 제거할 수 있는 적극적이고 효과적인 방안이 마련되어야 할 것이며, 처벌 위주의 학교 징계를 선도・보호・예방 차원에서 조정해 나가야 할 것이다. 특히 학교생활에 적응하지 못하는 청소년들을 징계 위주로 처리하기보다는 이들을 학교 제도 안에서 포용하고 치료해 나가는 노력이 절실하다. 각급 학교에서는 성적 위주의 경쟁의식에서 벗어나 청소년들의 심리, 신체적 발달이 적절히 이루어지도록 지원해 주어야 하며, 좀더 개방적인 태도로서 학교 이외의 집단 혹은 기관들과의 네트워킹을 통하여 청소년들이 사회 정착을 원만히 수행하도록 도와주어야 한다.

② 학교 상담실 확충 및 기능 강화

일정 학급 이상이 아니라 전국의 모든 중・고등학교에는 학교 상담실 설치를 의무화하고 가능하면 초등학교까지 확대하도록 해야 한다. 그리고 학교 상담실에는 학교 사회사업가와 학교 상담 전담 교사를 함께 배치하여 청소년의 개인 심리적, 가정적, 사회 환경적 요인에 다각적으로 접근하여 그들을 가장 효과적으로 도울 수 있도록 하여야만 한다. 학생들은 징계 조치 후가 아니라 사전에 상담실을 통해 상담을 받을 수 있도록 하고, 상담실의 의견이 사후 문제를 처리하는 과정에도 반영될 수 있어야 한다.

③ 교육제도의 개선

청소년의 학교 적응을 돕고 문제행동을 감소시키기 위해서는 무엇보다 먼저 교육제도의 개선이 이루어져야 할 것이다. 오로지 대학입학만을 위한 학교 교육의 비정상화 현상은 오래 된 과제이며, 현재의 입시제도로는 실질적으로 건강한 청소년들을 길러내기에 한계가 있고, 내실 있는 진로교육도 이루어지지 못하고 있다. 따라서 입시 위주의 지식 교육에서 탈피하여 전인교육으로 학교 교육을 지향해 나갈 수 있도록 교육제도의 전면적인 체질 개선이 필요하다.

④ 청소년 자치활동 강화

우리나라 청소년들의 학교활동의 대부분은 학습활동에 치우쳐있는 형편이다. 청소년들이 독자적으로 혹은 자치적으로 행할 수 있는 활동에 대한 학교의 관심과 기회가 더욱 확대되어야 한다. 현재 청소년들이 학습 이외에 참여할 수 있는 활동이란 특기활동과 봉사활동이 대표적인데, 특기활동의 경우에도 일부 학교에서는 실제적으로는 교과학습활동이 이루어지는 경우가 많으며 봉사활동도 형식적으로 그치는 경우가 많다. 따라서 봉사활동의 경우에도 학교 단위가 아닌 학급, 동아리 단위 등의 소집단 자치활동으로 이루어지는 것이 바람직하다. 소집단봉사활동이 학교, 청소년단체, 사회복지기관 등에서 잘 정착되기 위해서는 철저한 준비와 체계적인 수행이 필요하다. 청소년들이 소모임을 만들고 봉사거리를 찾으며 봉사활동을 공동으로 수행하는 능력을 키워가려면 지도력 함양도 필요하다. 이처럼 청소년들의 소집단 봉사활동을 조직적으로 지원하기 위해서는 학교단위로 봉사활동센터를 두고 지도교사 혹은 리더가 있어야 하며, 지역사회 내 사회복지기관, 공공기관, 시민사회단체 등과 협력체계를 구축해야 한다. 또한 가족과 함께 봉사활동을 행하는 가족단위 봉사활동으로 발전시킬 필요도 있다.

(2) 청소년 유해환경 개선

우리나라에서 향락풍조와 퇴폐업소가 무분별하게 증가한 것은 정부 주도에 의한 고도성장의 부산물이라 볼 수 있다. 구체적으로 정경유착에 따른 접대경제의 만연, 투기 등 불로소득의 증대, 불균등 배분, 건전한 투자기회의 부족, 대기업 중심의 정책 등 향락산업에 대한 수요와 재원 공급이 존재했다는 것과 고도경제성장을 향한 수출주도형 공업화 정책에 따라 농촌을 떠나거나 떠날 수밖에 없었던 이농인구의 도시집중에 의한 과잉도시화가 이루어졌다는 점을 배경으로 도시 비공식부분이 이상 비대화된 결과이다. 이와 함께 힘든 노동을 기피하는 편의주의, 수단보다는 목적을 중시하는 도구주의적 성향, 어떤 방법으로든지 돈만 벌면 된다는 비도덕적 사고, 돈이면 다 된다는 황금만능주의 등 부정적인 가치관이 사회에 팽배한 것은 향락화와 수반되어 나타난 문제들이다.

이처럼 퇴폐·향락산업의 팽배는 과거에는 단지 시각적 지극이나 간접경험을 통해 청소년들에게 교육적으로 악영향을 미쳐 왔으나, 최근 들어 향락업소에서 미성년자 출입 묵인, 주류 제공 및 판매 행위, 음란 비디오 상영, 환각제 등 불법약물사용 및 판매, 숙박시설에서의 미성년자 혼숙 등 각종 퇴폐 변태영업을 하고 있어 청소년들의 탈선 및 범죄조장의 온상이 되는 경향이 있다. 일부 향락업소들은 주택가나 학교 주변에 위치하여 주로 청소년층을 수요층으로 영업함으로써 청소년 유해업소의 전형을 이루고 있다. 또한 구인광고 등을 통해 청소년들을 유인하여 인신매매를 하며 학대·혹사행위를 하는 등 범죄의 근원이 되고 있다. 특히 최근에는 인터넷 등 온라인 상의 향락적 상업행위가 일반화되면서 판단력이 확고하지 않은 청소년들이 직접적인 타깃이 되고 있다.

따라서 사회적으로 이러한 청소년 유해환경을 일소하고 청소년 보호를 위한 사회적 책임을 강화하기 위해서는 이러한 유해업소 등에 대한 감시활동이 더욱 강화되어야 할 것이며, 정부의 정책적 의지뿐만 아니라 민간 활동이나 관련기관의 적극적 참여, 해당 업주를 비롯한 우리 사회 구성원들의 책임의식 등이 수반되어야 한다. 스웨덴의 경우 비행이나 약물 청소년의 경우 주민이 지역 사회 복지 사무소에 신고하여 선도 귀가 조치 또는 상담이나 훈련 프로그램에 참여케 하는 체제를 갖추고 있다. 따라서 청소년의 건전한 여가선용을 유도할 수 있는 다양한 관민조직의 프로그램 및 시설 제공과 참여가 요구되는 바이다.

3) 국가적 과제

청소년에 대한 국가의 책임은 명백하게 규정되어야 한다. 지금까지 청소년의 경우 아직은 성장기에 있고 학업과정 중에 있다는 이유로 가족과 학교의 책임으로 막연하게 규정하여 왔으나 포괄적인 복지의 주체가 국가라는 점에서 청소년에 대한 궁극적 책임 역시 국가가 져야 한다.

정부는 지금껏 청소년복지 영역에 있어 다각도로 많은 노력은 기울이고 있지만 환경적 변화가 극심하고 예산 지원 등 실질적 사업 진행이 미미하면서 전체적으로 청소년 정책의 실효가 높지 않은 실정이다. 학교폭력은 근원적인 해결책이 마련되지 못한 상태이고, 특히 IMF로 인한 경기침체가 장기화됨에 따라 가정의 해체에 따른 청소년탈선과 비행이 증가하고 있는데 이에 대한 실질적인 대책이 미흡하다고 할 수 있으며, 인터넷 등 정보매체의 공격에도 무방비 상태이다. 또한 우리 정부의 전형적인 유관 부처간 상호협조체제의 미흡과 업무 중복에 따른 정책 혼선도 지적할 수가 있다.

이러한 정책의 문제점을 고려한 향후 개선방향 및 과제를 살펴본다면 먼저, 가족적 요건의 결손 혹은 청소년문제나 일탈행위 등의 예방 및 치료에 대한 제도적 체계가 확충되어야 하겠고, 유해 환경 등 사회적 자극을 최소화하고 차단할 수 있는 장치를 가동함으로써 기초적이고 근원적인 자원들을 정비해 나가야 한다. 또한 중앙 정부나 지방정부의 행정적 제도도 개선되어 청소년 전담 조직이 체계화되어야 하겠고, 이를 통한 청소년정책의 통합 수립과 관리가 요청된다. 또한 청소년복지를 행하는 유관기관들이 정부의 지원에 의하여 상호 소통체제를 원활히 유지하도록 국가가 포괄적인 서비스를 행하여야 할 것이다.

이러한 국가적 과제를 구체적으로 살펴보면 다음과 같다.

(1) 제도적 정비와 협력체계 구축

우선적으로 법과 제도에 있어 청소년복지사업의 명확한 자리매김이 이루어져야 한다. 청소년기본법, 청소년보호법 등에 청소년을 위한 복지시설 규정이 명시됨과 아울러 이를 사회복지사업법 내에 포함시킴으로써 청소년복지도 사회복지의 한 분야로서 정체성이 확립되어야 한다. 특히, 최근 제정된 청소년복지지원법의 경우에는 복지 대상 청소년의 불명확성과 지원체계의 부재, 그리고 선언적 규정으로 인한 실효성 미흡 등이 문제가 되고 있다. 청소년 복지정책의 수행을 위한 중요한 근거가 되는 법체계와 관련해서 통합적인 법체계가 마련되어 있지 못하고 있는 것은 매우 아쉬운 일이며, 청소년복지 관련 법체계간의 유기적인 연계의 부족과 법조항의 실효성 부족 등도 문제점으로 나타나고 있다.

청소년문제에 대한 접근도 제도적, 체계적으로 이루어져야 하는데, 예를 들어 가출청소년의 경우 예방, 조기발견, 일시보호, 사회복귀 등을 위한 법적, 제도적 장치와 이를 효과적으로 실천할 수 있는 전달체계와 기관간 협력체계를 구축해야 한다. 최근 가출청소년은 집을 나온 것만이 아닌 돌아갈 집이 없거나 성매매에 노출된 청소년이 적지 않다. 따라서 가출청소년종합지원센터를 설치하는 등의 노력이 필요하다. 또한 공동생활가정, 선도보호시설 등 유관기관과도 협력체계도 구축해야 한다. 이를 위해서는 청소년쉼터의 역할을 정립하고 중·장기보호시설을 확충하며, 사업과 인력을 전문화하고, 적절한 예산 등을 국가와 지방자치단체가 지원하는 등 제도적 조처가 필요하다.

그리고 보호 관찰 제도 역시 비행 청소년의 보호 복지적 측면에서 매우 고무적인 제도이긴 하나, 조사 제도의 미비와 보호 관찰 요원의 전문성 및 인력 부족, 보호관찰소의 부족 등은 현행 보호 관찰 업무의 집행 과정에서 어려움으로 등장하고 있다. 따라서 재판, 가석방, 가퇴원 심사 때 필요한 조사제도의 강화와 적정 대상자를 합리적으로 선정 할 수 있는 기준 마련 등을 위해서 제도적 보완이 필수적이며, 사회봉사 명령과 수강 명령의 내용 및 프로그램 개발이 시급하다.

(2) 청소년복지시설 및 프로그램의 확충

현재는 청소년시설이 포괄적으로 규정되어 있어 청소년복지시설의 전문화가 이루어지지 못하고 있으나, 점차 이에 대한 정비가 이루어져야 한다. 특히 요보호청소년 뿐만 아니라 일반청소년들에 대한 생활권 단위의 청소년복지사업이 구현되어야 한다. 이를 위해서는 입시부담의 완화와 여가활용을 위한 청소년시설이 확보되어야 하며, 기존 시설에는 보다 활성화된 청소년프로그램을 운영하고 유지할 전문인력의 투입이 적극적으로 고려되어야 한다.

그리고 청소년의 참여활동이 보다 활성화되어야 한다. 학교특별활동으로 조직된 동아리들은 대부분 형식적이며 학교의 의지가 결여되어 있는 상태이다. 학교 밖의 동아리활동도 자유롭지 못해 청소년의 지역사회활동 활성화에 장애요인으로 작용한다. 뿐만 아니라 사회차원에서의 재정적, 물질적 지원도 부족하며 자발적 활동을 수용할 공간도 부족한 실정이다. 따라서 이에 대한 국가 차원에서의 지원이 따라야 한다. 청소년의 풍부한 상상력과 창조력, 활동력을 발휘할 수 있는 여건을 조성해 줌으로써 가능성과 잠재력을 개발해야 한다.

그리고 무엇보다 청소년복지시설 및 프로그램에 대한 다양화와 전문화가 이루어져야 한다. 현재는 청소년의 문제별 접근이 다양하게 이루어지지 못하고 있으나, 학대, 가출, 약물오남용, 학업중단, 성매매, 아동

양육시설 퇴소자, 그룹홈, 공부방 등 청소년의 문제와 상황에 맞는 개별화, 전문화된 지도와 보호가 가능하여야 하며 이에 맞도록 시설이 확대되고 프로그램이 활성화되어야 하겠다.

(3) 문제 청소년의 예방과 치료 강화

청소년 비행예방과 상담을 위한 사회적 접근은 청소년들이 민주 시민으로 성장하며 자기의 역할을 충분히 발휘할 수 있도록 지원해 준다는 차원에서 매우 중요하다. 따라서 청소년 비행을 예방하고 이미 비행에 빠진 청소년을 선도보호하기 위해서는 지역 사회 내 활동을 활발히 전개해 나가고 이를 국가에서 지원해줄 필요가 있다. 외국의 경우 청소년의 비행방지를 위해 지역사회중심의 활동이 전개되고 있는데, 특히 청소년 비행 예방 프로그램을 지역사회조직사업으로 활발히 전개하여 성공을 거두고 있는 나라로 미국을 들 수 있다. 시카고, 뉴욕, 미네아폴리스를 중심으로 이루어진 지역사회조직사업은 비행청소년 예방을 위해 학교, 교회, 사회복지 단체, 청소년 단체, 경찰, 소년법원, 지역 주민 협의회 등이 주체가 되어 청소년 캠프, 우범 지역 및 지역 사회 내 비행문화의 개선 등 비행 청소년 예방을 위한 활동은 물론 비행 청소년 및 소년원 퇴소 청소년들의 사회복귀 적응을 위한 개인 상담, 집단 상담 등 다양한 접근을 시도하고 있다.

또한 학업중단청소년의 보호체계를 만들어야 한다. 중고등학교를 그만 둔 청소년은 절도, 폭력, 성문제 등 비행이나 범죄에 노출될 가능성이 높고, 범죄의 피해자가 되기 쉽다. 따라서 중고등학교에 사회사업가를 배치하여 장기결석, 가출, 성문제 등을 가진 청소년을 적극적으로 상담하고 고민을 가진 청소년이 자유롭게 상담할 수 있는 상담체계를 구축하여야 한다. 아울러 가출청소년, 성매매청소년 등 위기상황에 처한 청소년에 대한 위기개입체계를 갖추어야 한다. 학생일 때는 학교사회사업가가, 학교를 그만둔 경우 읍, 면, 동의 사회복지전담공무원 혹은 청소년상담실의 상담원이 사례관리를 하는 것이 바람직하다.

(4) 유해 환경 정화 및 감시 체제 강화

최근 온라인 문화가 활성화되면서 청소년 유해환경은 폭발적으로 증가하고 있다. 과거에는 본드, 가스 등 약물 남용 청소년의 증가나 일부 비행청소년의 문제가 이슈화되었다면 요즈음에는 인터넷 등을 통한 유해 영상 매체, 인터넷 음란 사이트 운영 등 청소년 스스로가 유해환경을 조장하고 이를 상업화하는 주체가 되고 있는 실정이다. 따라서 정부는 유해 업소 등 유해환경 조장 업소에 대한 철저하고 지속적인 단속과 처벌뿐만 아니라, 청소년 스스로가 이러한 유해환경을 이용하는 사례가 발생하지 않도록 철저한 지도 계몽과 교육, 방지 및 차단 시스템이 필요하다.

이미 관련 부처를 중심으로 관민이 청소년 유해 환경 정화 협조 추진 체제를 구축하여 지속적으로 전개하고 있으나, 온라인 상으로 전개되는 신속한 환경적 자극은 단속 체계가 따라가기 어려울 정도이다.

따라서 법과 제도의 완벽한 구현을 통하여 유해환경의 음성적인 영향력까지 차단할 수 있도록 하여야 할 것이며, 현재 유해 환경 고발 및 감시 모니터제 운영 중심인 청소년 유해환경민간감시단 제도를 정책적으로 강화해 나가는 등 민간의 노력을 활성화하고 지원해 주는 체계가 필요하다. 또한 국가 차원의 매스컴을 이용한 지속적인 홍보와 계몽도 더욱 요구된다.

(5) 가족복지사업 및 교육, 상담 체제 강화

청소년의 안정적 생활과 성장 발달을 위해서는 가정의 안정화가 필수적으로 요구되므로, 국가에서 가족복지사업을 더욱 강화해 나가야 할 것이며, 소년소녀 가장을 비롯한 결손 가정, 빈곤 가정 등에 대한 복지 정책을 확대해 나가야 할 것이다. 특히 이들 가정에 대한 생활자립 지원금을 대폭 증액하고, 직업훈련을 우선 실시하여 취업 알선하며, 상담기관과 연계하여 수시로 상담할 수 있는 상담체제를 확립해 나가는 것이 필요하다. 특히 청소년복지 담당 행정기구나 사회복지 전문요원, 지역 사회내 청소년 상담 기관간의 긴밀한 유대 관계를 통하여 체계적인 접근이 이루어져야 한다. 또한 자녀의 연령별, 성장 단계별로 올바른 자녀 지도·교육을 할 수 있도록 부모교육을 강화해 나가는 것도 필요하다.

또한 시설 입소 아동에게도 가족복지사업의 강화가 필요한데, 국가나 지방자치단체의 책임 하에 보호자와 협의하여 이들에게 보호조치를 취하되 보호기간이 지나면 재사정하여 보호자의 양육여건, 청소년의 욕구 등을 고려하여 시설보호와 거택보호 등의 결정이 이루어져야 한다. 이러한 보호 사업들도 그룹 홈의 형태를 강화하여 가족형태를 기본으로 하고 우선으로 하는 보호 사업이 이루어져야 한다.

(6) 행정체계 개선 및 네트워킹 강화

청소년복지를 구현하기 위해서는 이를 전담할 기관을 정하고 기관간의 역할분담과 함께 협력방안을 체계화시킨 전달체계를 확립하는 일이 중요하다. 청소년복지의 업무가 청소년의 기초적인 생활지원, 학업지원, 의료지원, 직업훈련지원, 청소년활동지원 등 폭넓게 분산되어 있기 때문에 청소년복지기관과 행정기관, 교육기관, 의료기관, 직업훈련기관, 청소년시설과 단체 등이 협력할 수 있는 전달체계를 확립해야 한다.

또한 청소년정책을 실제 수행하는 행정적 제도도 개선되어 청소년만을 전문적으로 다루는 전담 행정체계가 지역별로 수립되어야 하겠다. 지방단위 청소년보호 전담 행정기관, 예컨대 지방청소년사무소 등이 설치되어 청소년정책의 통합관리가 요청되며 이와 함께, 지역사회 내에서 정부-학교-가정-사회단체-유관기관간 청소년복지를 위한 공적 네트워크를 구축하여 생활권 내 지역사회에서 실질적인 서비스를 청소년에게 제공하는 것이 무엇보다도 필요하다.

(7) 지속적 지원제도 구축

청소년 복지정책은 청소년의 발달 특성상 아동과 성인의 중간단계에 있는 만큼 성장발달의 연속적 과정으로 다루어 주어야 한다. 청소년기 혹은 그 이전에 시작된 지원서비스 등이 청소년기 이후의 사회적 적응에 연계되도록 유도해 주어야 한다. 따라서 지속적인 지원시스템이 수립되어 성인기 복지정책과의 통합적 효과가 나타날 수 있도록 함이 필요하다.

예를 들어 비행 청소년들이 소년원이나 소년 교도소에서 퇴원 후 사회에 잘 복귀할 수 있도록 돕는 지원시스템이 필요하다. 통계에 의하면 현재 소년원이나 소년 교도소에서 나온 비행 청소년들의 성인범으로의 전이는 50% 이상인 것으로 나타나고 있다. 따라서 퇴원·출소 후의 비행 청소년을 위한 상담 및 적응 훈련 기관으로서 halfway house를 설치하여 운영하는 것이 이들에 대한 갱생 보호 차원에서도 바람직할 뿐만 아니라 복지적 차원에서도 매우 필요한 조치이다(김성이 외, 1996).

아동양육시설 퇴소자의 경우에도 현실적인 자립정책이 수립되어야 한다. 아동복지시설 퇴소 후 자립으로 연결되지 않은 문제점을 해소하기 위해서는 교육 연한 연장, 취업연령 상승 등을 고려하여 우선 아동복지시설 퇴소연령을 연장하거나 탄력적으로 바꿀 필요가 있다. 동시에 아동양육시설의 기능에 보호와 양육 기능 이외의 자립을 위한 기능을 추가하고 공동생활체 운영의 경험을 쌓게 한다. 이는 가정생활과 동시에 독립된 생활의 체험 기회를 주는데 도움이 된다. 이 밖에 주거지원 등 자립에 필요한 현실적 지원을 통하여 이들이 사회 적응을 원만하게 하여 건강한 성인으로 정착할 수 있도록 도와주어야 한다.

2. 청소년복지의 전망과 미래를 위한 제언

청소년복지의 관심영역은 지금까지는 청소년의 비행과 문제를 중심으로 다루어져 왔으나, 향후 청소년복지의 사회적 관심은 양적, 질적으로 보다 다양화되고 심화될 것이다. 따라서 앞으로 청소년복지는 사회의 급속한 변화와 함께 다음과 같이 변화될 전망이다. 또한 그에 따른 청소년복지의 미래 지향점을 부언하면 아래와 같다.

첫째, 청소년복지의 대상이 일부 문제청소년이나 요보호청소년에 국한되지 않고 전체 청소년으로 확대될 것이다. 복지 인프라의 구축, 삶의 질에 대한 기대수준 향상 등 일반 욕구 및 복지 수요의 증가와 더불어 청소년의 개별적 권리 존중, 청소년 자율활동 확대, 청소년 시기 변화, 발달적 주기 변화로 인한 관심 영역 확대 등을 통하여 청소년 활동 자체가 다양화되고 청소년복지의 일반화도 가속화될 것이다. 따라서 청소년복지는 보다 통합적 관점으로 전개되어야 할 것이며 다른 복지 영역과의 상호교환적 방향 설정이나 미래의 다양한 변화를 수용해나가는 적극적 관점이 더욱 요구된다.

둘째, 청소년복지에 대한 관심 증대는 당연히 청소년 복지제도 확충과 청소년 복지시설 확대로 이어지면서 수요자의 욕구와 서비스에 대한 관심이 늘어날 것이다. 따라서 청소년기본법과 청소년보호법에 의한 청소년시설 뿐만 아니라 사회복지사업법의 지원을 받는 청소년복지시설이 증가할 전망이다. 이러한 복지시설은 요보호 청소년 전문기관으로부터 일반 청소년에 이르기까지 보다 다양하고 특성화된 서비스를 제공해야 할 것이다. 따라서 청소년복지에 대한 기반 설정을 보다 공고히 하고 보다 전문화된 훈련과 프로그램 설정 등을 통하여 양적인 확대에 대비하여 실효성을 거둘 수 있는 조직화가 이루어져야 한다.

셋째, 청소년복지의 관심 영역이 확대되면서 그 활동 분야나 서비스

유형도 보다 세분화될 것이다. 문제 중심적인 분야 즉 청소년의 가출, 집단괴롭힘, 인터넷중독증 뿐만 아니라 청소년의 의식주, 경제생활 등 점차 성인화되고 있는 다양한 청소년의 일상적 활동에 이르기까지 청소년의 활동 영역 확대나 환경변화가 지속되면서 청소년복지의 연구와 정책 수립도 세분화될 필요가 있겠다. 따라서 청소년의 발달에 필수적인 과정 등에 대한 새로운 성찰이 필요하고 이들이 성인과의 또 다른 경계를 어떻게 수립해 나가야 할 것인지 동시에 탐색되어야 한다.

넷째, 청소년문제와 성인문제의 차별성이 사라지면서 오히려 과거의 성인문제가 청소년문제로 전이될 가능성이 크다. 그 대표적인 문제가 성문제이다. 지금도 청소년들의 성의식 및 성행동의 개방화가 급속도로 이루어지므로 향후 이러한 추세가 계속된다면 청소년문제의 가장 중요한 이슈로 등장할 가능성이 크다. 청소년들의 성 관련 문제는 특히 통제하기가 용이하지 않은 인터넷을 통하여 급속도로 확대되고 있으며, 이처럼 환경 변화에 대한 대안 부재가 성인과 청소년의 경계를 무너뜨리면서 부정적인 결과를 낳고 있다. 따라서 청소년의 독립적인 판단력과 자기 통제력을 키워주기 위한 서비스와 프로그램들이 시급히 확대되고 정립되어야 한다.

다섯째, 청소년들의 생활의 장은 아직까지 학교가 주도적인 역할을 하고 있다. 교육체제가 다소 변화한다 하더라도 학교가 청소년세대 육성에 중심적인 기능을 하리라는 것은 당분간 변화되기 어려운 사실일 것이다. 따라서 청소년복지를 학교 안에서 실현하는 노력이 더욱 가중되어야 하리라 본다. 최근 교육복지 5개년계획이 수립되는 등 서서히 학교사회복지의 비중과 기능이 증가하고 있으나 향후에는 이러한 교육복지의 확대에 힘입어 학교체제가 청소년복지를 수렴하기에 용이하도록 더욱 변화되어야 할 것이다. 주관부처가 상이하나 교육인적자원부와 보건복지부가 이에 대한 상호적 관심과 의욕을 가지고 지원을 지속적으로 확대한다면 청소년에게 미치는 긍정적 파급 효과는 매우 크리라 본다.

여섯째, 청소년을 둘러싼 사회적 환경이 크게 변화하면서 인터넷문화의 확산 등 기존의 사회체제를 위협하는 조건들 속에서 청소년의 정신건강은 날로 위협받고 있다. 성인사회 역시 크고 작은 사회적 패러다임이 변화하면서 그 혼란이 커지고 있으므로, 청소년 지도의 방향 설정 역시 명확하게 이루어지거나 제시되지 못하고 있다. 국가는 국가대로, 사회는 사회대로, 가정은 가정대로 기본적인 삶의 틀이 흔들리면서 발생하는 혼란 속에서 청소년은 가장 큰 희생양이 되고 있고 이는 향후에 더욱 가중될 것이다. 따라서 진정한 삶의 질 고양과 정신건강의 향상을 위한 국가정책 수립에 있어 가장 우선적인 대상은 청소년이 되어야 하며, 청소년복지도 그러한 의미에서 사회적 우선 순위를 가져야 할 것이다.

이상과 같이 다양한 측면에서 청소년복지 향상을 위한 대안과 미래 방향을 모색해 보았으나, 결론적으로 청소년은 아직 성장 발전하는 단계에 있으므로 결국 청소년 발달의 궁극적 책임은 우리 사회 구성원 모두에게 있다고 할 수 있고, 사회 구성원 모두가 각기 청소년 양육의 주책임자라는 의식과 태도를 가져야 할 것이다. 특히 가정, 학교, 사회가 삼위일체가 되어 일관된 방식으로 청소년을 이끌어가야만 청소년 성장에 올바른 모델이 되어 줄 수 있고 이들이 습득한 규범과 가치관, 능력이 차후 우리 사회의 가장 주된 원동력이 될 수 있을 것이다.

참고문헌

강무섭(2000)."청소년 직업능력개발을 위한 HRD전략".「제3차 KRIVET HRD 정책포럼」. 한국직업능력개발원.

강병연(2003).『청소년관계법론』. 교육과학사.

강복정(2001). 시설아동을 위한 퇴소준비교육 프로그램의 효과에 관한 연구 : 사회적응 및 건강가정형성을 중심으로. 동국대학교 대학원 박사학위논문.

고기홍(2001). 개인 상담 면접기록의 원리와 방법. 제주대학교 학생생활연구 제22집, 223-256.

고성혜(1997). 청소년비행 억제요인에 관한 연구. 한국청소년개발원.

고승자(1985). 가족체계 상호작용 유형과 청소년 성격차원에 관한 연구. 숙명여자대학교 석사학위 논문

공계순·박현선·오승환·이상균·이현주(2003).『아동복지론』. 학지사.

곽형식 편저(1998).『취업지도와 직업교육』. 학문사.

광주대학교 학생생활연구소(1996).『대학생활 길라잡이』. 광주대 출판부.

광주여성의 전화(1997). '청소년 성의식 통계분석 결과'. 상담일지 및 설문조사 통계분석.

교육부·한국교육개발원(1999).「OECD 교육지표(1998)」.

교육통계연보(2005).

구본용(1992). 비행 청소년 지도를 위한 집단 상담프로그램. 대학생활연구 제10호. 한양대학교 생활연구소.

권미연·전귀연(1998). 약물남용 청소년의 가족적 특성. 한국가족관계학회지 3(2), 1-23.

권성호·류진혜·김경욱(1997). 컴퓨터 매개통신을 활용한 상담활동 활성화 방안연구 Ⅱ: 대화방 이용자를 중심으로. 대학생활연구 15. 한양대학교 학생생활상담연구소.

권세은(2002). 시설보호아동과 일반아동의 사회적 기술, 정서조망능력과 자기역량 지각의 비교. 서울대학교 대학원 석사학위논문.

권정혜·이봉건·김수현(1992). 부모교육변인들과 교유관계 변인들이 청소년 초기의 숨은 비행에 미치는 효과. 한국심리학회 학술발표논문집. 515-524.

김경섭·김원석 외 역(1995).『성공하는 사람들의 7가지 습관』. 김영사.

김경신(1991). 부모와 또래에 대한 청소년의 지향성 연구. 목포대 논문집 12(1), 287-303.

______(1998). 부모와 청소년자녀의 가족가치관과 세대간 유사성. 한국가족관계학회지 3(2), 43-65.

김경준 외(2005). 청소년 복지정책 현황과 개선방안 연구. 한국청소년개발원.

김경화(1989). 부모자녀간 의사소통과 청소년 문제행동에 관한 연구. 이화여자대학교 석사학위 청구논문

김계현(2000).『상담심리학』. 학지사.

______(2002). 『카운슬링의 실제』. 학지사.

______(1992). 적극적 훈련 프로그램 개발연구-대학생의 성취동기 육성. 학생생활연구 제19집. 충남대학교 학생생활연구소.

김계현 외(2000). 『학교상담과 생활지도』. 학지사.

김기환(1996). 시설아동을 위한 심리. 정서치료개발 방향. 《제21회 아동복지세미나》 한국아동복지시설연합회.

김병석(1997). 정보화 사회에서의 상담자의 역할. 대학생활연구 15. 한양대학교 학생 생활상담연구소.

김봉환 외(2000). 『학교진로상담』. 학지사.

김선미(1995). 가족관계와 청소년 문제행동과의 관계. 숙명여자대학교 석사학위 논문.

김선애(1995). 아동 및 청소년의 반사회적 행동 연구-가족요인을 중심으로. 상명여대 박사학위 논문.

김성이(1995). 한국청소년복지의 변화와 발전방향. 한국청소년개발원 광복 50주년 학술세미나.

김성이 · 강지원 · 구본용 · 황순길(1996). 청소년 비행상담. 청소년대화의 광장.

김영채 · 박권생(1992). 『사고력 교육을 위한 학습전략』. 서울 : 교육과학사.

김윤희(1990). 부부관계. 부모-자녀 의사소통. 가족기능과 청소년 자녀 비행과의 관계. 숙명여자대학교 박사학위 논문.

김응석 외(1995). 「아동복지수용시설 운영평가 및 개선방안」. 한국보건사회연구원.

김인자(1991). 가정환경에 따른 청소년의 문제행동 연구:인천시내 고등학생을 중심으로. 인하대 석사학위 논문.

______(1995). '현실요법'. 윤순임 외 14인 공저. 『현대상담 · 심리치료의 이론과 실제』. 중앙적성출판사.

김재은(1974). 『한국가족의 심리』. 이화여대 출판부.

김정희 · 이장호 공역(1993). 『현대 심리 치료』. 중앙적성출판사.

김종옥(1984). 가족치료의 이론과 실제 아동문제에 대한 연구보고서 제11집. 서울특별시시립아동상담소. 15.

김종범(2000). 인터넷 중독 하위집단의 특성연구-자존감, 우울, 외로움, 공격성을 중심으로. 연세대 석사학위 논문.

김주분(1994). 어머니-자녀간의 역기능적 의사소통과 청소년 문제행동과의 관계. 건국대학교 교육대학원 석사학위 논문.

김준호 외(1990). 청소년비행의 원인에 관한 연구. 서울: 한국형사정책연구원

김진화 외(2002). 『청소년 문제행동론』. 학지사.

김충기(1987). 『직업교육과 진로교육』. 교육과학사.

______(1995). 『미래를 위한 진로교육』. 교육과학사.

김충기 · 김현옥 공역(1993). 『상담과 심리치료의 원리와 실제』. 성원사

김충기 · 이재창 공역(2001). 『상담과 심리 치료』. 교육과학사.

김태완(1978). 한국 대학생의 세대의식. 청년연구 제1집. 유네스코 한국위원회.

김현룡(1993). 요보호아동을 위한 시설보호의 개선방향. 《한국아동복지학회》 제3회 학술대회.
김현룡 외(1997). 『현대사회와 아동』. 소화.
김형수 · 최한나(2004). 여자청소년에 대한 국내비행 연구의 동향과 과제. 청소년상담연구 12(1), 15-27.
김형태(2001). 『집단상담의 이론과 실제』. 동문사
김혜란 · 홍선미 · 공계순(2001). 『사회복지실천기술론』. 나남.
나철 · 이길홍 · 민병근(1984). 학생청소년의 가정환경과 문제행동 유형간의 관계분석. 중앙대 의대지 9권 4호.
노동익(1997). 아동복지수용시설의 운영개선 방안에 관한 연구. 중앙대학교 대학원 석사학위논문.
노혜련 · 장정순(1998). 육아시설아동의 심리사회적 문제에 관한 연구. 한국사회복지학 34, 45-67.
대검찰청(2005). 범죄분석.
도종수(1993). 사회변동과 청소년문제. 『청소년문제론』. 서원.
문은영(1993). 또래의 수용이 청소년초기의 고독감과 비행에 미치는 영향. 연세대 석사학위논문.
문인자(1997). 청소년의 성교육을 위한 기초조사 연구. 전남대 교육대학원 석사논문.
문화관광부(2003. 2004). 『청소년백서』.
민수홍(2005). 청소년의 자기통제력이 비행과 범죄에 미치는 영향. 제2회 한국청소년패널 학술대회, 319.
민하영(1991). 청소년 비행정도와 부모자녀간 의사소통. 가족응집 및 적응과의 관계. 서울대학교 석사학위 청구논문
박성수(1991). 『생활지도』. 정민사
박성수 · 김창대 · 이숙영(2000). 『상담심리학』. 한국방송대학교 출판부.
박용택(1994). 시설아동의 양육환경과 교육프로그램의 개발. 한국아동복지학 제2호, 205-225.
박재황(1993). 청소년 상담 교육과정 개발연구. 청소년상담연구, 청소년 대화의 광장.
박철현(2005). 청소년의 자아존중감과 비행의 인과관계. 제2회 한국청소년 패널 학술대회, 275-316.
박태수(2003). 『개인 상담의 실제』. 학지사.
박태영(1998). 아동복지시설의 기능 개편에 관한 연구, 사회복지개발연구 4(3), 256-275.
박태향(1994). 초경에 대한 지식과 불안 정도 및 태도. 한국교원대 석사학위 논문.
방기연(2003). 상담실제에서 윤리강령의 적용. 연세상담연구 19, 81-93.
방기연(2004). 집단 상담에서의 상담 윤리강령. 연세교육연구 제17권 1호, 99-111.
배태순(2000). 해체된 가정의 아동들. 그들은 어떻게 보호되고 있나. 국내 해체가정의 아동 보호현황. 한국아동복지학 9호, 227-246.
법무부 보호국(1994). 청소년의 비행심리와 인성지도.

변용찬 · 이상헌(1998). 아동복지 수용시설 실태조사 결과보고. 한국보건사회연구원.

서울대학교 학생생활연구소(1996). 「대학생활의 길잡이」. 서울대.

서울시 교육연구원(1992). 학생지도: 진로지도. 서울시 교육연구원.

석말숙(1988). 문제행동 청소년 가족과 일반가족간의 가족역동 비교 연구. 이화여자대학교 석사학위 논문.

석정삼(1999). 아동복지 육아시설의 양육환경개선방안에 관한 연구 : SOS 어린이 마을과 일반육아시설의 비교를 중심으로. 경남대학교 행정대학원 석사학위논문.

설기문(1993). 우리나라 대학상담의 이론적 모형 ; 현황과 방향. 대학생활 연구 11호, 한양대학교 생활연구소.

성민선 외(2006). 『학교사회복지의 이론과 실제』. 학지사.

손의목(1995). 아동수용보호시설의 서비스 개선방안. 한국아동복지학 제3호, 63-83.

송명준 · 권정혜(2000). 대학생 인터넷 중독 현황 및 인터넷 중독이 대학생활 적응에 미치는 영향. 한국임상심리학회 학술대회 논문집, 78-93.

송성자(1987). 『가족관계와 가족치료』. 홍익제.

송정부(1992). 『사회복지학 연구』. 법지사.

신인숙(1989). 시설아동의 집단활동 프로그램 실태 및 개선방안에 관한 연구. 서울여자대학교 석사학위논문.

신혜령(1998). 시설아동의 자립준비에 관한 연구 : 자립준비 평가 틀 중심으로. 사회복지연구 논문집 21.

신혜령(2001). 시설아동의 자립준비에 관한 연구 : 청소년과 보육사의 인식 비교를 중심으로. 이화여자대학교 대학원 박사학위논문.

심응철(1992). 청소년 비행의 원인과 대처방안. 한국청소년 연맹 청소년지도자 연수교재.

안양희(1988). 고등학교 남학생 가족의 기능적 특성과 정신건강과의 관계. 연세대 박사학위 논문.

안선영(1997). 청소년 자원봉사활동의 실태에 관한 실증적 연구 : 부산지역 중등학교를 중심으로. 부산대학교 석사학위논문.

안창규 외(1995). 『가출청소년과 학교관리체제』. 집문당.

양숙미(1994). 시설아동에 대한 집단사회사업 실천개입에 관한 연구 : 사회기술훈련 집단프로그램의 활용을 중심으로. 서울대학교 대학원 석사학위논문.

양점도 · 변미희(2001). 아동복지시설의 양육환경이 아동 · 청소년의 발달에 미치는 영향. 청소년복지연구 3(2), 13-23.

엄명용 · 김성천 · 오혜경 · 윤혜미(2005). 『사회복지실천의 이해』. 학지사.

에드윈 A. 로크. 오영희 역(1970). 『효과적인 시험공부와 학습전략』. 을유문화사.

오영재 외(2001). 『청소년복지론』. 양지.

오영재 · 백경숙 · 조선화(2004). 『뉴밀레니엄 시대의 청소년복지론』. 대왕사.

유인종(1985). 한국사회에서의 세대차 문제. 『청년연구』 제8집. 유네스코 한국위원회.

유혜경(1987). 청소년 비행에 영향을 미치는 제변인에 관한 연구. 고려대 박사학위 논문.

윤순임 외(1996). 『현대상담 심리치료의 이론과 실제』. 중앙적성출판사.
윤재희(1998). 인터넷 중독과 우울, 충동성, 감각추구 성향 및 대인관계의 연관성. 고려대 석사학위 논문.
윤진・김인경・김길청(1989). 청소년 비행과 자아중심성 발달과의 관계. 형사정책 4, 67-96.
이경주(1997). 청소년의 스트레스와 사회적 지지 및 행동문제. 전남대 박사학위논문.
이기숙(1998). 맞벌이 주말부부의 일반적 특성. 한국가족관계학회 학술대회 논문집.
이동원(2002). 청소년 비행의 원인에 대한 실증적 연구의 동향. 사회과학연구 12, 87-108.
이무근(1993). 『직업교육학 원론』. 교육과학사.
이삼미(1999). 시설 규모에 따른 시설아동의 자립성과 사회적응력 비교연구. 계명대학교 여성학대학원 석사학위논문.
이소희 외(1998). 『현대청소년복지론』. 양서원.
이순례(2005). 청소년비행의 발전양태에 관한 연구. 제2회 한국청소년 패널 학술대회, 295
이승각 외(1995). 『긍정적인 변화의 바퀴를 돌립시다』. 서울: 한국능률협회.
이영선 외(2001). 사이버 상담의 기법과 윤리. 한국청소년 상담원.
이용교(1995).한국청소년복지의 변화와 발전 방향. 한국청소년개발원 광복 50주년 학술세미나.
______(1995). 『한국청소년정책론』. 서울: 인간과 복지.
______(1999). 청소년복지. 한국청소년학회, 『청소년학총론』. 양서원.
______(2002). 『디지털 사회복지』. 인간과 복지.
______(2004). 『디지털 청소년복지』. 서울: 인간과 복지.
이용교 외(2002). 『청소년문제와 청소년복지』. 인간과 복지.
이장호(1986). 『상담심리학 입문』. 박영사.
______(1996). 『상담심리학』. 박영사.
이장호・금명자(1991). 『상담연습교본』. 법문사.
이장호・김정희(1992). 『집단 상담의 원리와 실제』. 법문사.
이재창(1988). 『생활지도』. 문음사.
______(1992). 진로탐색 프로그램의 활용. 대학생활연구 제10호. 한양대학교 학생생활연구소.
이재창 외(1996). 청소년 폭력 및 성폭력피해근절을 위한 대토론회 발표자료. 청소년대화의 광장.
이종복 외(1998). 『현대청소년복지론』. 양서원.
이춘재 외(1990). 『청년심리학』. 중앙적성출판사.
이태수 외(1997). 『소규모 아동복지시설 연구』. 인간과 복지.
이현림・김영숙(1998). 집단 상담의 윤리문제에 대한 고찰. 새마을지역개발연구 22, 21-43.
이현주(1999). 아동시설의 프로그램 운영실태와 관련요인. 한국아동복지학 8호, 35-58.
이형득 편저(2006). 『상담이론』. 교육과학사.
이혜성(1980). 『완전한 카운슬러』. 이화여대출판부.
______(1996). 『청소년 개인 상담』. 청소년대화의 광장.
이화여자대학교 학생생활지도 연구소(1992). 대학생활의 시작을 위하여.

임두순(1995). 『진로』. 웅진출판.

임선화(1987). 자녀가 지각한 부모의 양육태도와 자녀의 자아개념 및 사회적 적응과의 관계. 숙명여대 석사학위 논문.

임은미(1999). 사이버 상담의 현황과 발전방안. 『사이버 상담을 통해 본 청소년의 세계』. 한국청소년 상담원.

______(1999). 사이버스페이스를 활용한 상담자 교육. 대학생활연구 제 17집, 69-85. 한양대학교 학생생활상담 연구소.

______(2000). 대안적 매체상담 : 사이버 상담. 『청소년매체상담』, 217-241. 한국청소년 상담원.

______(2001). 한국인성교육협회 주최 인터넷강의 강의록.

임은미 · 김지은 · 이영선(2000). 채팅상담 성과측정도구개발. 한국청소년 상담원.

____________________(2001). 문자채팅상담 성과의 요인분석. 『상담학연구』 2, 133-147.

임은미 · 이영선 · 김지은(2000). 사이버 진로상담 지침서: 이메일 상담을 중심으로. 한국청소년상담원.

임은미 · 김지은 · 박승미(1998). 청소년 사이버 상담의 실제와 발전방안. 청소년 상담연구 6, 115-132.

임종렬(1995). 경계선의 자아소유량에 준한 자극 장벽과 인지능력(대상중심이론을 배경으로). 한국가족치료연구소 가족세미나 자료.

임형택(1999). 『함께 성장하는 교육』. 광주: 광주대 출판부.

정기숙(1993). 소년비행의 동향과 가족병리와의 관계. 『대한가정학회지』. 31(3), 143-155.

정선욱(2002). 시설보호아동의 심리사회적 적응에 영향을 미치는 요인. 서울대학교 대학원 박사학위논문.

정영순(2000). 시설보호아동의 가족재결합 촉구방안. 한국아동복지학 9호, 247-262.

정옥분(1998). 『청년발달의 이해』. 학지사

정유미 · 김득성(1998). 청소년의 환경적 변인 및 부모와의 의사소통이 문제행동에 미치는 영향-부산시내 실업계 여고생 중심으로-. 『대한가정학회지』. 36(3), 121.

정혜경 · 장영은(1999). 사회복지시설아동의 신체발육 및 영양상태. 대한지역사회영양학회지 4(1), 3-10.

조계형(1995). 자기계발과 행복한 삶. 화니백화점. 「직장여사원 능력강화과정」, 89-103.

조원탁 외(2004). 『사회복지법제론』. 양서원.

조윤정 · 김경신(1999). 청소년의 문제행동과 개인 및 가족관련 변인. 한국가정과학회 학술대회 발표논문집.

조은경(1997). 충동성과 공격성향이 강력범죄에 미치는 영향. 『형사정책연구』. 8(2).

조은미(1985). 시설아동의 성취동기에 관한 연구. 숙명여자대학교 교육대학원 석사학위논문.

조현경(1994). 시설 청소년의 자아정체감에 과한 연구. 이화여자대학교. 석사학위논문.

조흥식(1999). 청소년학의 정체성 확립을 위한 청소년복지의 과제. 『청소년학연구』. 6(2), 1-19.

주수길 · 김지연(2003). 『아동복지강론』. 양서원.

중앙사회복지연구회(1997). 사회사업사전. 이론과 실천.

지광춘(1987). 한국청소년범죄의 조기 예측법에 관한 연구. 중앙대 박사학위논문

청소년 대화의 광장(1996). 청소년 상담연구.

＿＿＿＿＿＿＿＿(1999). 청소년집단 상담.

＿＿＿＿＿＿＿＿(1996). 비행 청소년상담 프로그램Ⅰ개발연구.

최경원(1987). 사회사업실천에 있어서 체계론적 관점에 관한 연구. 서울대학교 대학원 석사학위 논문.

최선화 · 박광준 · 황성철 · 안홍순 · 홍봉선(1999). 『사회문제와 사회복지』. 양서원.

최연실 외 역(1995). 『새로 보는 가족관계학』. 하우.

최윤미 · 박희경 · 송영숙 · 전명숙 · 김혜원 · 최해림 · 백화정 · 강순화 · 이은경 · 이규미 · 이은순 · 정현희(1998). 『현대청소년심리학』. 학문사.

최인섭 · 이성식(1996). 처벌의 낙인효과에 관한 연구. 한국형사정책연구원.

최일섭 · 최성재(1997). 『사회문제와 사회복지』. 나남.

최충옥(1993). 가정과 청소년문제. 『청소년문제론』. 한국청소년개발원.

최해림(2002). 한국 상담자의 상담윤리에 대한 기초 연구. 한국심리학회지 상담 및 심리치료 14(4), 805-830.

표갑수(2000). 『아동 · 청소년 복지론』. 나남.

한국가족학연구회 편(1993). 『이혼과 가족문제』. 하우.

한국교육개발원(1982). 『진로교육자료』. 서울 : 한국교육개발원.

한국교육학회(1989). 『인간과 교육』. 민문고.

한국직업능력개발원(1999). 주요국가의 직업교육 훈련동향.

한국청소년개발원 편(2005). 『청소년복지론』. 서울: 교육과학사.

한국청소년상담원(2002). 청소년 비행상담. 청소년상담사 자격연수교재.

허인수(1988). 고등학교 일탈행위에 대한 가정과 학교 변인의 관계 분석. 서울대 석사학위 논문.

현온강 · 이순덕(1992). 양친가정과 결손가정의 스트레스 인지도에 관한 비교연구. 한국가정교육학회지 3(1), 131-146.

홍강의(1993). 청소년 상담의 이론적 경향 고찰 : 치료적 관점. 청소년상담연구, 41-55, 청소년 대화의 광장.

홍봉선(1999). 아동복지와 사회복지. 『사회문제와 사회복지』. 양서원.

홍봉선 · 남미애(2005). 『청소년복지론』. 양서원.

황응연(1993). 청소년 상담의 성격과 학문적 과제. 『청소년상담연구』, 3-17, 청소년 대화의 광장.

門田光司(2002). 不登校兒童生徒學校に對するソーシヤルワーク實踐の役割機能について. 社會福祉學 (第42卷 第2). 67-77

小松源助(1995). ソーシヤルワーク實踐におけるエンパワーメンメ　アプローチの動向と課題. ソーシヤルワーク研究 (Vol. 21 No. 2). 76-82

Acock. A. C., Bengston, V. L.(1980). Socialization and attribution process: Actual versus perceived similarity among parent and youth. *Journal of Marriage and the Family*, 42, 501.

Alexander, J. F.(1973). Defensive and supportive communication in normal and deviant families. *Journal of Consulting and Clinical psychology*, 40, 223-231

American Counseling Association(1995). Code of ethics and standards of practice. *Counseling Today*, 37(12), 33-40.

Andrew, D. A.(1996). The psychology of criminal conduct and evidence-based assessment and intervention. In C. R. Hollin & K. Howells(eds.), *Clinical approaches to working with young offenders*. NY : John Wiley and Sons.

Beavers, W. R. & Hampson, R. B.(1993). Measuring family competence: The Beavers systems model. In Walsh, F.(ed.), *Normal family processes.* Guilford Press.

Boggs, K. R.(1980), Career dicision making. Morrill W. H. et al(eds.). *Development of intervention for student development*, New York: John Wiley & Sons, 302-314.

Brammer, L.(1973). *The helping relationship*. Englewood Cliff, NJ : Prentice-Hall.

Brown, Duane et al. (1991), *Career choice and development*, San Francisco: Jossey-Bass, Inc., Publishers.

Bray, J.(1988). Children's development during early remarriage. pp. 279-298 In M. Hetherington & J. Arasteh(eds.), *Impact of divorce, single parenting and stepparenting on children*. Hillsdale, N.J.:Lawrence Erlbaum.

Burhrmester & Furman(1990). Perceptions of sibling relationships during middle childhood and adolescence. *Child Development*, 61. 1387-1398.

Burt, J. J. & Meeks, L. B.(1989). *Education for sexuality (concepts and programs for teaching)*. USA.

Carkuff, R.(1969). *Helping and human relation : A primer for lay and professional helper*. New York : Holt, Rinehart and Winston.

Cicirelli, V. G.(1978). Effect of sibling presence on mother-child interaction. *Developmental Psychology*, 14(b), 315-316.

Coleman, M. & Ganong, L.(1984). Effects of family structure on family attitudes and expectations. *Family Relations* 33, 425-432.

Corey, G., Corey, M. S., & Callanan, P.(1993). *Issues and ethics in the helping professions*. Pacific Grove, CA : Brooks / Cole.

Corey, M. S., & Corey, G.(1997). *Groups : Process and practice*. Pacific Grove, CA: Brooks/Cole.

Corey, G.(1996). *Theory and practice of counseling and psychotherapy*(5th ed.). CA : Brooks/Cole.

Cormier, W. H., & Cormier L. S.(1985). *Interviewing strategies for helpers*, CA :

Brooks/Cole.

Council for Accreditation of Counseling and Related Educational Programs(1994). *Acrep accreditation standards and procedures manual*. Alexandria, VA: Author.

Cushman D. P. & Craig, R. T.(1976). Communication systems, interpersonal implications. G. R. Miller(ed.), *Explorations in interpersonnal communication*. Beverly Hills: Sage Publications.

Demo, D. H. (1992). Parent-child relations : Assessing recent changes. *Journal of Marriage and the Family*, 54, 104-117.

Demo, D. & Acock, A.(1988). The impact of divorce on children. *Journal of Marriage and the Family* 50, 619-645.

Dunn, J. & Munn, P.(1985). Becoming a family member: Family conflict and development of social understanding in the second year, *Child Development*, 56, 480-492.

Duncan, P.(1971). Parental attitudes and interactions in delinquency. *Child Development*, 42, 1751-1766.

Duvall, E. M.(1977). *Marriage and family development*. J. P. Lippincott Co.

Ebel, R. L. (1969). *Encyclopedia of education research*. The macmillan company.

Ellis, A.(1962). *Reason and emotion in psychotherapy*. New York : Stuart.

Epstein, L.(1988). *Task-centered approach*. New York : Free Press.

Farrington, D. P.(1978). Family backgrounds of aggressive youth. Hersov & Berger(eds.), *Aggression and anti-social behavior in childhood and adolescence*. Pergamon Press.

Gambrill, E. (1983). *Casework : A competency-based approach*. Englewood Cliffs, NJ : Prentice-Hall.

Glasser, W. (1965). *Realty therapy : A new approach to psychiatry*. New York : Harper and Row.

Goldstein, H. (Ed.) (1984). *Creative change : A cognitive-humanistic approach to social work practice*. New York : Tavistock.

George, R. H., & Cristiani, T. S.(1995). *Counseling : Theory and practices*(4th ed.). Boston, MA : Allyn and Bacon.

Grogan, H. & Grogan, R.(1971). The criminilogic family. *J of Criminology* 14, 220-225.

Hann, N. Smith, M. B. & Block, J.(1968). Moral reasoning of young adult: Political-social behavior, family background, and personality correlate. *J of Personality and Social Psychology*, 183-201.

Hepworth D. & Larsen, J. A.(1986). *Direct social work practice*. (2nd ed.). Homewood, Ill : The Dorsey Press.

Hetherington, E. M.(1979). Divorce:A child perspectives. *Developmental psychology*

34, 851-858.

Hetherington, E. M., & Martin, B.(1979). Family interaction. In H. C., Quary & J. S. Frumo(eds), *Intensive family therapy*, New York: Harper & Row.

Hetherington, M. & Anderson, E.(1989). Marital transition : A child's perspective. *American Psychologist,* 44, 303-312.

Hetherington, E. M., Cox, M. & Cox, R.(1982). Effects of divorce on parents and young children. In M. Lamb(ed.), *Nontraditional families*. Hillsdale:Erlbaum.

Hirschi, T.(1969). *Causes of delinquency*. Berkeley, CA : University of California Press.

Hollis, F.(1964). *Casework : A psychosocial therapy*, 1st ed. New York : Random House.

Hollis, P. F.(1964). *Casework : A psychosocial therapy* (1st ed.). New York : Random House.

Holmbeck, G. N., & O'Donnell, K.(1991). Discrepancies between perceptions decision-making and behavioral autonomy. In R. L. Paikoff & W. A. Collins(eds.), *Parent-adolescent directions for child development* (pp. 51-69). San Francisco: Jossey-Bass.

Jacob, T.(1975). Family interaction in disturbed and normal families: A methodological and substantive review. *Psychological Bulletin*, 82, 33-65.

Jensen, C. F.(1972). Deliquency and adolescent self-conceptions: A study of the personal relevance of infraction. *Social Problems*, 20, 84-103.

Jensen, Curries & Harris, Oliver,(1972). *Family treatment in social work practice.* Illinois: F. E. Peacock Publishers inc.

Kadushin, A.(1983). *The social work interview*(2nd ed), New York : Columbia University Press.

Kinnaird, K. & Gerrard, M.(1986). Premarital sexual behavior and attitudes toward marriage and divorce among young women as a function of their mother's marital status. *Journal of Marriage and the Family* 48, 757-765.

Kuhn & Janosik(1980). Establishment of a family function. In J. R. Miller & E. H. Janosik(eds.), *Family-focused care*. New York: McGraw Hill Book Company.

Konopka, G.(1983). *Social group work: A helping process*(3rd ed.). Englewood Cliffs, NJ:Prentice Hall.

Lamanna, M. A. & Riedmann, A.(1991). *Marriage and families*. Wadsworth Publishing Co.

Lerner, R. M. & Knarp, J. R.(1975). Actual and perceived international attitude of late adolescents and their parents. *J. of Youth and Adolescence*, 17-36.

Martin, B.(1975). Parent-child relations. In F. D. Horowits(ed), *Review of child develpoment research* . Chicago: Uiversity of Chicago Press.

Mather, J. H. & Lager, P. B.(2000). *Child welfare:Unifying model of practice.* Brooks/Cole Publishing Company.

McCord, W. & Zola I.(1959). *Origins of crime: A new evaluation of the Cambridge somerville youth study*. New York: Columbia University Press.

Miley, et al. (1995). *Generalist social work practice: An empowering approach.* Allyn and Bacon.

Minuchin, S.(1974). *Families and family therapy*, Boston: Harvard University Press.

Montemayor, R.(1984). Maternal employment and adolescents' relations with parents, siblings, and peers. *Journal of Youth and Adolescence* 13(6), 543-557.

Montemayor, R.(1986). Family variation in parent-adolescent storm and stress. *Journal of Adolescent Research*, 1, 15-31.

Mussen, P. H., Conger, J. J., Kagan, J., & Huston, A. C.(1984). *Child development and personality*. New York: Haper & row.

Mussen, P. H.(1979). *The psychological development of the child.* New York: Practice- Hall.

Northem, H., & Kurland, R. (2001). *Social work with groups* (3rd ed.). New York: Columbia University Press.

Papini, D. R., Micha, J. C. & Barnett, J. K.(1989). Perceptions of intrapsychic and extrapsychic funding as bases of adolescent ego identity status. *Journal of Adolescent Research* 4, 462-482.

Payne, M. (1991). *Modern social work theory*. Macmillan Education Ltd.

Patterson, G. R., DeBarshe, B. D. & Ramsey, E.(1987). A developmental perspectives an antisocial behavior. *American Psychologist* 44(2), 329-335.

Peterson, D. R & Becker, W. C.(1965). Family interaction & delinquency, In H. C. Quay(ed.), *Juvenile delinquency; Research & theory*. Princeton, New Jersey: Van Nostrant

Peterson, G. W. & Rollins, B. C.(1987). Parent-child socialization: A review of research and applications of symbolic interaction concepts. Sussman & Steinmetz(eds.), *Handbook of marriage and the family*. Plenum Press.

Rogers, C.(1952). *Client-centered theory*. Boston : Houghton Mifflin.

Rubin, H. J. & Rubin, I. R.(1986). *Community organizing and development.* Columbus:Charles E. Merill Publishing Co.

Saleebey, D. (ed.).(1992). *The strength perspective in social work practice.* Longman.

Sebald, H. (1986). Adolescents' shifting orientation toward parents and peers. *Journal of Marriage and the Family*, 48, 5.

Sheafor. B. W., Horejsi, C., & Horejsi, G. A.(1997). *Tecbniques and guidelines for social work practice*. (4th ed.). Boston : Allyn and Bacon.

Simons, R. L. & Miller, M. G.(1987). Adolescents depression:Assessing the impact of negative cognitions and socio-environmental problems. *Social Work*, 326-330.

Skidmore, R. A. Thackeray, M. G., & Farley, O. W.(1994). *Introduction to social work*(C. New York:Harper & Row Publisher.

Smetana, J. G.(1989). Adolescent's and parents' reasoning about actual family conflict. *Child Development*, 60, 1052-1067.

Snyder, J. & Patterson, G.(1987). Family interaction and delinquent behavior. In H. C. Quay(ed.), *Handbook of juvenile delinquency*. New York: A Wiley interscience publication.

Solomon, B. B.(1982). Social work values and skills to empower women. In Weick & Vandiver (eds.). *Women, power, and change* (pp. 206-214). NASW.

Steinberg, L.(1987). Single parents, stepparents, and the susceptability of adolescents to antisocial peer pressure. *Child Development* 58, 269-275.

Steinberg, L., Elmen, J. D., & Mounts, N.(1989). Authoritative parenting, psychosocial maturity, and academic success among adolescents. *Child Development*, 60, 1424-1436.

Strobino, J., & Salvaterra, M.(2000). *School transitions among adolescent children of military personnel: A strengths perspective*. NASW. Inc.

Swenson, L. C.(1993). *Psychology and law for the helping professions*. Pacific Grove, CA : Brooks / Cole.

Weiner, I. B.(1982). *Child and adolescent psychopathology*. NY : John Wiley and sons.

Zastrow, C. H.(1999). *The practice of social work*(6th ed.). Brooks/Cole Publishing Company.

Zill, N.(1988). Behavior, achievement, and health problems among children in stepfamilies. In E. Hatherington & J. Arasteh(eds.), *Impact of divorce, single parenting and stepparenting on children*. Hillsdale:Erlbaum.

Zunker, V. G.(1986), *Career counseling applied concepts of life planning*, Monterey: Brooks/ Cole Publishing Company.

http://education.sangji.ac.kr

http://www.seogumhc.or.kr/center_006.htm

찾아보기

[저자 소개]

김경신 전남대학교 생활환경복지학과 교수
박옥임 순천대학교 소비자 · 가족아동학과 교수
임형택 광주대학교 사회복지학부 교수
이민창 조선대학교 행정복지학부 교수
김오남 대불대학교 사회복지학과 교수

청소년복지론

2007년 3월 10일 초판1쇄발행
2008년 8월 20일 중판1쇄발행

저 자 김경신 · 박옥임 · 임형택
이 민 창 · 김 오 남
발행인 유 성 렬
발행처 청 목 출 판 사

150-845
서울특별시 영등포구 신길4동 233-96
전화 (02) 849-6157(代) · 2820
FAX (02) 849-0817
· 등록 제318-1994-000090호/1994.2.2

·파본은 바꾸어 드립니다. 값 20,000원

http : //www.chongmok.co.kr

ISBN 978-89-5565-171-3